하나님과의 관계 이야기

그리스도인의 회복 : 정체성

어떻게 사는 것이 그리스도인다움인가?

그리스도인의 회복 :

정체성

김완섭 지음

기독교신앙회복연구소

그리스도인의 회복 : 정체성

지 은 이 : 김완섭

초판 1쇄 인쇄 : 2020. 2. 10.
초판 1쇄 발행 : 2020. 2. 20.
펴 낸 곳 : 기독교신앙회복연구소
펴 낸 이 : 오복희
디 자 인 : 이준구

등록번호 : 제2018-000044호
등록일자 : 2018년 4월 12일
서울특별시 송파구 마천로 100 C동 402호(오금동)
편 집 부 : 010-6214-1361
관 리 부 : 010-8339-1192
팩   스 : 02-3402-1112
이 메 일 : whdkfk9312@naver.com
총   판 : 소망사(031-977-4232)

ISBN 979-11-89787-10-3 03230
CIP 2020006323

한 권 값 20,000원

무단전제와 복제를 금합니다.

머 리 말

그리스도인들에 대한 시각은 세 가지이다. 하나는 세상은 나를 어떻게 보고 있는가? 두 번째는 나는 나 자신을 어떻게 보는가? 세 번째는 하나님께서는 나를 누구로 생각하고 계실까? 세상이 보는 나와 하나님께서 보시는 나와 나 자신이 바라보는 나의 정체 사이에는 상당한 차이가 존재할 것이다. 그리스도인의 정체성이란 이 세 가지 모습들의 다양한 조합에 의해 형성되는 것이다. 대개는 자기 자신이 생각하는 자신이 모습을 자기 정체성이라고 생각하기 쉬울 것이다. 왜냐하면 사람은 자기 자신을 객관화시키기 힘든 존재이기 때문이다. 그렇기 때문에 자기 자신에 대해 엄청난 오해를 간직한 채 왜곡된 정체성을 자기 자신으로 인식하고 살아가기 쉽다. 그러나 진정한 그리스도인이라면 이 세 가지 시각을 일치시키는 삶이 되도록 애를 쓰게 될 것이다. 어떤 면에서 이런 마음 자체가 정직한 정체성일 수 있다. 왜냐하면 세 가지 시각이 일치하는 그리스도인은 존재할 수 없기 때문이다.

그러면 어떤 모습이 그 사람의 정체성인가? 대개 자신이 생각하고 있는 자신의 정체성보다는 겉으로 드러나는 모습이 더 정확한 정체성일 수 있다. 예를 들어 어떤 도둑이 있다고 하자. 사람들은 틀림없이 이 사람을 도둑이라고 평가한다. 하지만 도둑 자신은 자기는 도둑이 아니라 생존을 위한 생활인, 또는 부정한 부자의 것을 잠시 빌리는 사람일 뿐이라고 생각할 수 있다. 물론 자기 죄를 덮기 위한 핑계로 그렇게 말하는 것일 수는 있지만, 아무튼 이럴 때 어떤 것이 그 도둑의 정체성인가? 생활인인가? 도둑인가? 이 도둑의 정체성은 생활인이 아니라 도둑이다. 자기가 자신을 누구라고 인식하느냐 하는 것과 세상이 자기를 누구로 보느냐의 차이는 대개는 스스로 거의 의식하지 못하고 있는, 어떻게 보면 보편적인 인간에게서 나타내 보이는 모습들일 것이다.

이와 똑같은 것은 아니지만, 우리 그리스도인들을 대상으로 한 번 생각해보자. 세상은 교회에 대해 굉장히 공격적으로 변하고 있다. 기독교를 '개독교'라고 부를 정도로 교회와 그리스도인들에게 반감을 가지고 일방적으로 비난하고 있다. 물론 그들의 비난에는 일정한 부분에서 논리적인 근거가 있을 것이다. 동시에 아무 이유 없이 무조건적으로 비난하는 것일 수도 있다. 아무튼 우리 그리스도인들이 자기 자신에 대해 가지고 있는 인식과 세상 사람들이 바라보는 인식에는 엄청나 차이가 있다. 그리스도인들은 교회를 기독교(그리스도교)라고 생각하고 있는데 세상은 교회를 개독교라고 생각한다면 이 얼마나 안타까운 이야기인가? 그렇다면 교회는 기독교인가, 개독교인가?

오늘날 왜 교회는 그토록 쇠퇴해가고 있는가? 왜 성도들은 나날이 줄어들고 있고, 교회학교와 학생회는 점점 사라지고 있으며, 젊은 층들이 교회를 떠나가고 있을까? 왜 교회를 개척하는 일은 거의 불가능에 가까워져 버렸고, 전도해도 거의 열매를 거두지 못하게 되어버렸는가? 왜 이웃을 자기 자신처럼 사랑해야 할 그리스도인들이 오로지 자기 집, 자기 교회, 자기 사업에만 몰두하고 있는가? 모든 것을 버리지 않으면 예수님의 제자가 될 수 없다고 하셨는데도 오직 축복, 축복 하면서 쌓으려고만 하게 되었는가? 왜 그리스도인의 진정한 삶보다는 교회생활에만 중점을 두게 되었는가? 지금 교회는 어느 몇 개 부분만 그런 것이 아니라 전방위적으로 쇠퇴일로의 길을 걷고 있다. 왜 이렇게 되었는가? 많은 원인이 있지만 핵심적인 요인을 꼽으라면 주저 없이 정체성의 붕괴라고 말할 수 있을 것이다. 자신이 도대체 누구인지를 모르고 있다. 알고 있더라도 자기 정체성을 착각하거나 오해하거나 거짓 정체성을 가지고 그것이 자기 자신인 줄로 생각하고 있다. 사실은 개독교인처럼 살고 있으면서도 자기는 진정한 기독교인이라고 생각하는 것이다.

물론 세상이 보는 우리가 우리 자신의 전부일 수는 없다. 세상이 평가하는 점수로만 우리 그리스도인들을 평가할 수는 없다. 그러나 상당 부분은 이유가 없는 것은 아니다. 아니 오히려 우리 그리스도인들이 세상이 바라보는 그런 모습만을 그들에게 보여주고 있는 것은 사실이다. 이 책은 바로 여기에서 출발한다. 사람들의 정체성 인식과는 달리 우리 그리스도인들은 하나님과의 관계 속에서 우리의 정체성을 분별해 보아야만 하는 다소 특수한 경우에 해당된다. 어떻게 보면 하나님과 세상 사이에 끼어서 우왕좌왕하는 모습이 오늘날 우리들이 모습일 수 있다. 하지만 그것이 우리 그리스도인들의 참모습이다. 세상이 보는 우리들과 하나님께서 보시는 우리들 사이에 서서 하나님께서 은혜로 주시는 삶의 모습을 살아내야 하는 것이 그리스도인들이다. 세상이 보는 시각은 굉장히 중요하지만 세상이 보는 시각을 따라 살아가는 사람들이 아니라 하나님께서 부여하신 삶을 살아가는 것이 우리 그리스도인들인 것이다. 그래서 그리스도인들은 하늘의 거울이다. 또는 하늘의 통로라고 할 수도 있다. 그리스도인들은 하나님의 사랑을 비춰주는 삶을 살아야 하는 사람들이다. 세상이 기독교를 개독교라고 부르는 이유는 교회와 그리스도인들이 하나님의 사랑을 비춰주지 못하고 있기 때문이다. 더러운 거울로는 아무 것도 볼 수 없다.

이 책은 교회를 교회답게, 그리스도인을 그리스도인답게 만들 수 있는 길을 열기 위해 기획된 내용으로 되어 있다. 그것은 한 마디로 해서 '정체성 회복'이다. 정체성이란 자신이 누구인가에 대한 자기인식이다. 그리스도인이 그리스도인답지 못한 가장 큰 이유는 이 정체성이 건강하고 진실하지 못하기 때문이다. 거짓된 자기인식을 자기 자신이라고 생각하면 정체성의 괴리가 나타날 수밖에 없다. 바리새인들이 생각하던 자기 자신들과 세상이 바라보는 그들, 그리고 하나님께서 바라보시는 그들은 전부 제각각이었다. 그들은 오로지 자기들만 천국백성이 될 자격이 있다고 스스로 생각했지만, 세상은 그들을 돈을 좋아하는 사람들이라고 평가했었고, 예수님은 그들을 지옥자식들이라고 말씀하셨다. 결국 이스라엘은 멸망할 수밖에 없었다. 정체성은 굉장히 중요한 자기인식이다.

우리는 우리가 가지고 있는 거짓 정체성을 깨뜨려야 한다. 자신을 거지라고 생각하는 사람이 왕자처럼 행동할 수는 없다. 반면에 자신이 왕자인 사람이 거지처럼 행동할 수도 없다. 그것이 세상에서의 일반적인 원리이지만 이상하게 우리 그리스도인들 중에는 자신이 왕자라면서 마치 거지처럼 행동하는 사람들이 너무 많다. 그 사람은 왕자가 아니라 거지이다. 그냥 왕자면 왕자처럼 행동하면 되고 거지라면 거지처럼 행동하면 되는데, 자신이 왕자라고 말하면서 거지 짓을 하니까 비난을 받는 것이다. 정의를 부르짖으면서 불의하게 살면 비웃음밖에 더 사겠는가? 어느 것이 진짜 정체성인가? 그리스도인의 진정한 정체성은 누가 주는 것인가? 세상 사람들의 평가는 굉장히 중요하지만, 그렇다고 그리스도인의 정체성을 저들이 정의할 수는 없다. 그리스도인의 참된 정체성은 하나님 앞에 서 있는 것이어야 한다. 하나님 앞에 서 있는 정체성으로 살면 세상이 바라보는 정체성은 긍정적일 수밖에 없다. 그러므로 세상에 비쳐지는 그리스도인의 모습 자체가 바로 하나님께서 보시는 정체성인 것이다.

우리는 그리스도인의 진정한 정체성을 다시 되찾아야 한다. 우리는 우리의 존재에 대해 많은 오해를 하고 있다. 하나님의 자녀들이라면서 세상의 자녀들과 거의 다름없는 삶을 살고 있다. 그러면서도 스스로는 하나님의 자녀답게 살고 있다고 생각한다. 이 착각과 오해를 어떻게 하면 깰 수 있을까? 거짓되거나 과장된 정체성을 가지고 살고 있는 한 그리스도인은 참된 변화를 가져올 수 없다. 그래서 자신의 실제 정체성을 들여다볼 수 있어야 하는 것이다. 자신의 정체성은 벽에 부딪혀 보아야 깨달을 수 있다. 그러므로 말씀과 복음의 거울 앞에 우리를 비춰볼 수 있도록 이 책을 기획하였다. 거울을 보지 않고 스스로의 더러움을 느낄 수는 없다. 그리스도인으로서의 참된 정체성의 모습을 비춰볼 수 있도록 이 책을 내놓는 것이다.

우선 우리들이 몹시도 부족한 존재이며 결코 완벽하지 않다는 사실을 인정해야 한다. 그리고 우리가 알고 있고 믿고 있는 것을 결코 전부라고 생각해서는 안 된다. 우리는 죄 사함을 받은 사람들이지만 여전히 죄 가운데 살고 있고, 우리는 의인이라고 칭함을 받은 사람들이지만 여전히 불의에 노출되어 있다. 이것을 진솔하게 인정하는 것이 겸손이고, 겸손하지 못하면 더 이상 하나님의 은혜를 얻을 수 없다. 사람이 아니라 그 말씀에 귀를 기울이는 사람들이 참된 그리스도인들이다. 그 내용에 겸손하게 귀를 기울인다면 반드시 스스로 변화를 체험할 것이며, 세상에서 승리하는 그리스도인의 삶을 살 수 있을 것이다. 이 책을 통하여 그리스도인으로서의 건강한 정체성을 소유할 수 있다고 믿는다. 물론 성령 하나님께서 이 글들을 진지하게 읽는 분들을 감동시키심으로써 참된 변화로 이끌어주실 줄을 또한 굳게 믿는다.

차례

머리말 ··· 5

제1부 | 정체성을 새로 읽는다.

1. 새로운 인류의 출현 ··· 19
   - 하나님과 이 세상
   - 예수님과 그 제자들
   - 새로운 피조물
   - 거듭난 족속
   - 부르심 받은 사람들
   - 새로운 인류의 미래

2. 용서하는 그리스도인 ··· 39
   - 십자가와 용서
   - 용서의 상관관계
   - 용서의 순서
   - 어떻게 용서할 수 있을까?
   - 용서의 능력

3. 버려야 사는 그리스도인 ·· 59
   - 배설물처럼
   - 썩을 것과 썩지 않을 것
   - 자기 소유를 전부 버린다?
   - 자기를 버려야 산다.

4. 싸우는 그리스도인 ·············· 81
- 잘 싸우는 사람?
- 선한 싸움의 실체
- 영적 싸움의 무기
- 싸워서 이겨라.
- 지금 싸우고 있는가?

5. 정체성의 정리 ·············· 105
- 신분으로 보는 정체성
- 세상 속에서의 정체성
- 택하신 족속, 왕 같은 제사장

제2부 | 당신의 정체성을 진단한다.

1. 정체성 인식과 정체성 행동 ·············· 119

2. 당신의 소망을 진단한다. ·············· 127
- 무엇을 구하는가?
- 무엇을 위해 기도하는가?
- 소망을 어디에 두는가?

3. 당신의 낙심을 진단한다. ·············· 147
- 소망이 없으면 낙심도 없다.
- 땅의 낙심과 하늘의 낙심
- 육적인 낙심과 영적인 낙심
- 상한 심령의 제사

4. 당신의 행동을 진단한다. ·············· 167
- 베드로의 자기인식과 정체성
- 처음 사랑인가, 식었는가?

- 궁핍한가, 부요한가?
- 발람인가, 이세벨인가?
- 살았는가, 죽었는가?

제3부 | 하늘의 상이 정체성이다.

1. 정체성과 하늘의 상 ················ 193
- 자기중심적 신앙과 하나님 중심적 신앙
- 천국의 보물은 어떻게 쌓일까?
- 그리스도에 속한 자라 하여
- 예수의 이름으로
- 작은 것의 힘

2. 가장 큰 상 : 이웃사랑의 상 ················ 216
- 전도의 상?
- 가장 큰 상
- 이웃사랑의 정의
- 상을 빼앗기지 말자.

3. 박해 받는 사람이 받을 상 ················ 237
- 선지자들에 대한 박해
- 초대교회 성도들에 대한 박해
- 그리스도인들이 받는 박해
- 박해받을 때 어떻게 해야 할까?

4. 주님과의 동행 상 ················ 256
- 담대함이 만들어주는 상
- 담대함의 뿌리 : 예수님과의 동행
- 주님과 동행해도 오는 고난
- 주님과의 동행 자체가 큰 상

5. 하늘의 영원한 상 ·· 275
- 보상종교인가 은혜종교인가?
- 하나님나라의 상속자
- 하늘의 상의 내용
- 하늘의 상의 등급?
- 상을 받기 위한 마지막 조건

제4부 | 이 땅에서 천국을 누린다.

1. 부요함을 누리자. ··· 303
   - 천국의 부요함을 누리자.
   - 그리스도의 부요를 누리자.
   - 풍성한 은혜를 누리자.
   - 지혜의 부요를 누리자.
   - 삶의 부요를 누리자.

2. 평안과 안식을 누리자. ·· 326
   - 화평에 대하여
   - 평안을 누리자.
   - 안식이란 무엇인가?
   - 어떻게 안식을 누릴 것인가?

3. 천국의 기쁨을 누리자. ·· 348
   - 천국의 두 가지 특성
   - 하나님의 기쁨
   - 예수님의 기쁨
   - 기쁨을 잃어버렸을 때

4. 땅에서 천국 누리기 ·· 370
   - 그리스도인과 유대인의 정체성

- 그리스도인의 보존성
- 그리스도인의 전달성
- 그리스도인의 실천성
- 그리스도인의 개혁성
- 그리스도인의 준비성

맺는 말 : 다시 맑은 물을 마시기 위하여 ·············· 397

제1부

정체성을 새로 읽는다.

1. 새로운 인류의 출현

일찍이 예수님께서 제자들을 통하여 만들려고 하신 세상과 지금 기독교인들이 만들어내고 있는 세상은 얼마나 어떻게 다를까? 그리고 예수님께서 만들어내려고 하신 제자들의 모습과 현대 기독교 지도자들이나 성도들의 모습은 또 어떻게 얼마나 차이가 날까? 예수님께서 만들고 싶으셨던 세상은 예수님께서 키워내셨던 제자들이 만들어나가는 세상이다. 곧 예수님께서 의도하신 세상은 예수님께서 키워내신 제자들을 통하여 이루어질 수 있는 것이다. 결국 어떤 제자들이냐 하는 것이 어떤 세상이냐 하는 것을 결정하게 될 것이다.

하나님께서 계획하신 이 세상은 어떤 모습이이야 하겠는가? 그것을 안다면 예수님께서 만들어나가려고 하셨던 제자상을 알 수 있을 것이다. 우리는 물론 성경을 통하여 예수님께서 만들어내셨던 제자들의 모습을 잘 알고 있다. 하지만 복음서에 나오는 제자들의 모습과 사도행전에 나오는 제자들의 모습은 너무나도 다르다. 모든 제자들이 보여주고 있는 상반된 모습들은 이름만 바꾸면 전혀 다른 사람인 것처럼 보인다. 복음서의 제자들과 사도행전의 제자들, 분명히 같은 사람들인데 전혀 다른 사람처럼 보이는 이 괴리를 잘 알아야 예수님께서 우리 그리스도인들을 통하여 만들어내고 싶으신 세상을 어떻게 이루어나갈 수 있을 것인가에 대해 알 수 있을 것이다.

하나님과 이 세상

하나님은 원래 가장 이상적인 세상에 대한 완벽한 계획을 가지고 계셨다. 그리고 하나님은 에덴동산을 창설하셨다. 하나님의 대적자 사탄이 에덴동산의 완벽한 평화를 깨뜨렸다. 인간은 죄로 오염되었고 하나님은 벌을 내리실 수밖에 없었다. 그리고 인간은 죄악의 존재가 되고 말았다. 하지만 하나님께서 직접 창조하신 사람을 그대로 내버려두실 수는 없었기 때문에 비록 에덴에서 쫓아내셨지만 사람에 대한 관심을 버리지 않으셨다. 그러나 사람은 오히려 하나님으로부터 점점 멀어지기만 했고, 세상에은 하나님께서 극도로 싫어하시는 죄악만 가득하게 될 뿐이었다. 그리고 무엇보다도 사람의 생각과 계획 자체가 악한 것을 심히 안타까워하셨다. 인간은 악한 생각만 넘치는 존재로 정의할 수 있었던 것이다.

"여호와께서 사람의 죄악이 세상에 가득함과 그의 마음으로 생각하는 모든 계획이 항상 악할 뿐임을 보시고"(창 6:5)

마침내 하나님은 사람을 지으신 것을 한탄하시기에 이르렀다. 이제 그냥 내버려 두기에는 모든 것이 너무 나가버렸다. 그러면 어떻게 할 것인가? 하나님은 인간을 비롯하여 지면의 모든 동물들까지 아예 멸절시켜 버리기로 작정하셨다. 죄와 악의 정체성을 가진 인간은 아무리 많아도 전혀 아무 소용이 없는 것이었다. 그 정도로 하나님은 인간에 대해 크게 실망하셨던 것이다.

"땅 위에 사람 지으셨음을 한탄하사 마음에 근심하시고 이르시되 내가 창조한 사람을 내가 지면에서 쓸어버리되 사람으로부터 가축과 기는 것과 공중의 새까지 그리하리니 이는 내가 그것들을 지었음을 한탄함이니라 하시니라"(창 6:6-7)

그런데 하나님이 보시기에 올바른 정체성을 가진 한 사람이 있었다. 오직 그 한 사람과 그의 가족들, 이것이 하나님께서 모든 생물을 지면에서 쓸어버리기로 작정하실 수 있었던 유일한 근거였다. 하나님도 믿는 구석이 있으셨던 것이었다. 그 믿는 구석은 바른 정체성을 가진 노아라는 사람이었다.

"그러나 노아는 여호와께 은혜를 입었더라"(창 6:8)

세상에 가득한 죄악 속에서 항상 악한 생각만 하고 악한 계획만 꾸며대는 지면의 모든 사람들은 그 정체성 자체가 악한 것이었지만 노아라는 그 사람만은 하나님의 은혜를 입을 만큼 선한 정체성을 가지고 있었다. 정체성이란 그냥 악하거나 선한 마음이 아니라 그가 어떤 존재인가 하는 데 대한 자기인식이다. 그 당시 세상의 모든 사람들은 하나님과는 전혀 관계없이 그저 잘 살고 성공하고 권력자가 되고 지배자가 되는 일에만 관심을 가진 존재들이었다. 이것은 자신들이 인식하고 있든 그렇지 못하든 사탄이 제시하는 삶의 원리를 따르는 사람들이라는 의미였다. 곧 그 당시 모든 사람들의 정체성은 사탄에 대한 충성이었다. 그것은 당연한 이야기로서 사탄이 에덴을 망가뜨린 주인공이었기 때문이었다.

그러나 노아의 정체성은 전혀 달랐다. 그냥 자신이 옳다고 생각하는 일을 하는 것이 아니었다. 노아는 하나님의 정체성을 가지고 있었다. 곧 창조주 하나님께 속한 사람으로서 하나님을 믿고 그 악한 세상을 승리하며 사는 유일한 사람이었다. 노아의 정체성은 하나님께 속한 사람이라는 자기인식이었던 것이다. 당연히 하나님의 눈에 독보적으로

띄었고 하나님은 이 하나님께 속한 사람이라는 정체성을 가진 노아를 믿고 온천지를 홍수로 쓸어버리기로 결단하신 것이었다. 결국 세상에는 노아의 8식구만 존재하게 되었다. 이제 에덴동산만은 못하지만 지금까지와는 전혀 다른 새로운 세상을 시작하신 것이었다. 사탄의 정체성을 가진 무리들은 다 사라져버렸고 오직 하나님의 정체성을 가진 일가족만 남게 된 것이었다.

> "하나님이 노아에게 말씀하여 이르시되 너는 네 아내와 네 아들들과 네 며느리들과 함께 방주에서 나오고 너와 함께 한 모든 혈육 있는 생물 곧 새와 가축과 땅에 기는 모든 것을 다 이끌어내라 이것들이 땅에서 생육하고 땅에서 번성하리라 하시매 노아가 그 아들들과 그의 아내와 그 며느리들과 함께 나왔고 땅 위의 동물 곧 모든 짐승과 모든 기는 것과 모든 새도 그 종류대로 방주에서 나왔더라"(창 8:15-19)

그러나 하나님께 속한 정체성을 가진 노아의 일가족만 남았지만 아무래도 타락한 인간이기는 마찬가지였다. 하나님의 축복으로 놀라울 정도로 노아의 자손들이 온 세상에 퍼졌지만 결국 그들의 내면에 숨어 있던 사탄의 정체성을 여지없이 드러내고 말았다. 인간들은 결국 하나님과 대적하려고 바벨탑을 쌓기에 이르렀다. 하나님은 그 원인을 언어가 하나라는 데에 있다고 보시고 인간의 언어를 다 흩어버리셨다. 갑자기 코앞에 있는 사람을 보고도 말이 전혀 통하지 않았다. 오늘날 온 세상이 언어와 통신으로 점점 하나가 되어 가고 있는데 그것이 곧 바벨탑을 쌓고 있는 것인 줄 모르고 있는 것 같다.

> "여호와께서 거기서 그들을 온 지면에 흩으셨으므로 그들이 그 도시를 건설하기를 그쳤더라 그러므로 그 이름을 바벨이라 하니 이는 여호와께서 거기서 온 땅의 언어를 혼잡하게 하셨음이니라 여호와께서 거기서 그들을 온 지면에 흩으셨더라"(창 11:8-9)

아무튼 하나님은 인간구원의 계획을 변경하셔야만 했다. 이제는 인간이 아무리 큰 죄를 지어도 홍수로 쓸어버리는 것과 같은 일은 하지 않기로 하셨다. 그 대신 한 사람을 택하시고 그를 통하여 인류구원의 기틀을 만들기로 하셨다. 그렇게 해서 선택받은 사람이 바로 믿음의 조상 아브라함이었다. 그리고 하나님의 계획은 착착 진행되어갔다. 아브라함의 후손인 요셉에 의해 한 민족으로 성장시키셨고, 모세를 통하여 비로소 율법을 제정하심으로써 택함 받은 이스라엘 민족을 하나님의 정체성을 가진 사람들로 만들어나가셨다. 하나님은 특별한 믿음을 가진 여호수아, 갈렙, 사무엘, 다윗 등으로 하여금 유대민족을 이끌게 하심으로써 이 세상 속에서 하나님의 통치가 이루어지는 그런 나라를 만들어 나가기로 하신 것이었다. 그렇게 하나님의 정체성을 가진 믿음의 지도자들을 통하여 참된 하나님의 나라를 만들어나가셨지만 결국 사탄이 뿌린 죄의 존재들인 인간은 하나님의 계획을 무력화시키고 말았다. 하나님의 마음에 맞는 사람이었던 다윗을 통하여 세운 이스라엘 왕국은 그렇게 세상 나라에 의해 무너져버렸던 것이다.

하나님은 그렇게 세상나라와 똑같았던 민족을 향하여 끊임없이 선지자들을 보내셨다. 때로는 선지자들로 인하여 개혁이 일어나기도 했었고 선지자들의 예언들이 하나하나 성취되어 가기도 했지만 하나님은 결국 채찍을 들어 이스라엘과 유다를 강하게 내리쳐버리셨던 것이다. 비록 포로귀환 후에 성전을 재건하고 성벽을 중수하여 새로운 유다를 만들어나가는 것처럼 보였지만 이스라엘은 회복하지 못하고 로마의 식민지로 전락하고 말았다. 중간에 마카비 왕조 등 독립왕국이 있기는 했었지만 하나님의 계획은 이미 왕조를 통한 하나님나라 재건은 아니었다. 하나님의 계획은 아예 전혀 새로운 인류를 재창조하시는 것이었다.

예수님과 그 제자들

하나님은 지금까지 인간의 역사에서는 전혀 발견할 수 없는 전혀 새로운 방식으로 인간구원을 행하셨다. 하나님과 동등 되신 하나님의 외아들을 사람들에게 내려 보내신 것이었다. 지금까지는 하나님의 일을 진행하기 위해 이 땅에 성령을 보내시거나 천사를 보내서서 택함 받은 사람들을 통하여 일을 해오셨다. 그러나 이제 마지막으로 하나님의 아들을 직접 보내심으로써 새로운 인류탄생의 기원을 만드셨다. 그 하나님의 아들은 하나님의 뜻을 전하거나 행하려고 오시는 것이 아니라 목숨을 버리기 위해 오셨다. 결국 인간타락의 가장 근원적인 문제는 죄였기 때문이었다. 마귀는 인간에게 치명타가 될 죄를 온 세상에 퍼뜨렸다. 예수님의 탄생은 이 죄를 소멸하기 위한 하나님의 고육지책이었던 것이다. 그것이 유일한 방법이었다.

그리고 예수님은 높은 사람, 귀한 사람, 유능한 사람이 아니라 내세울 깃도 없고 학식도 없으며 무능한 사람들을 제자로 삼으시고 앞으로 펼쳐질 새로운 인류에게 감당시키실 삶의 방식을 이 제자들과 함께 3년 동안 펼쳐나가셨다. 이 제자들은 어디에 내놓을만한 사람들은 아니었지만 예수님은 이런 사람들을 제자로 삼으셔야만 했다. 왜냐하면 새로 창조하실 신인류는 지금까지 세상에서 신분의 높낮이나 능력의 유무와는 관계없는 전혀 다른 기준에 의해 만들어질 것이기 때문이었다. 그래서 우리는 새롭게 창조될 사람과 그 이전의 죄인 된 인간을 극명하게 대비할 수 있는 것이다.

앞서 이야기했듯이 복음서의 제자들과 사도행전의 제자들은 달라도 너무 다른, 전혀 새로운 종족이라고 밖에는 말할 수 없을 만큼 완전히 다른 사람들이었다. 무엇이 그들을 이렇게 만들었던가? 그리고 어떤 계기로 이렇게 완전히 변화되어서 새로운 인류의 탄생으로 나타나게 했던가? 어떻게 그들은 이 세상에 살면서 하나님의 나라를 사는 것처럼 살 수 있게 되었던가? 그 분기점은 성령강림이었다. 물론 예수님께서 사람들의 죄를 짊어지시고 십자가에 못 박혀 죽으셨다가 사흘 만에 부활하심으로써 가능하게 된 일이었다. 예수님의 죽으심과 부활로써 인간 죄의 소멸의 길을 열어 놓으셨고, 성령님의 감동에 따라 이 사실을 믿는 사람들에게 구원이 베풀어졌던 것이었다. 그렇게 구원받은 사람들이 바로 하나님께서 계획하신 신인류였다. 곧 예수님을 따르던 제자들이 변화되어 새로운 인류가 만들어졌던 것이다.

그러면 성령강림 이전과 이후로 나누어진 제자들의 변화의 핵심은 과연 무엇일까? 수많은 요인들이 있지만 그 중에 한 가지를 꼽으라면 단연 정체성을 말할 수 있을 것이다. 왜냐하면 그들의 정체성이 그들의 세상을 만들어가기 때문이다. 어떤 정체성을 가지느냐에 따라 그가 살아가는 세상은 완전히 다른 양상을 띠게 될 것이다. 우선 그들의 삶의 목적이 달랐다. 가장 적나라하게 그들의 정체성을 보여주는 사건은 바로 야고보와 요한이 드러내주고 있다. 야고보와 요한으로 대표되는 제자들의 현실적인 목적은 무엇이었던가? 그것은 권력자가 되는 것이었다. 곧 복음서의 제자들의 정체성은 세상에 속한 자였던 것이다. 그래서 그들은 예수님을 3년 동안이나 따라다니고서도 주의 왕국이 임한 후에 그들이 얻을 자리에만 관심이 있었던 것이다.

"세베대의 아들 야고보와 요한이 주께 나아와 … 여짜오되 주의 영광 중에서 우리를 하나는 주의 우편에, 하나는 좌편에 앉게 하여 주옵소서"(막 10:35-37)

그러나 성령강림으로 인하여 새로운 인간이 되었을 때의 야고보와 요한은 전혀 다른 사람이 되어 있었다. 야고보는 헤롯 왕에 의해 제자들 중 가장 먼저 순교를 당하였지만, 요한은 가장 오래 살면서 하나님의 계시를 따라 요한계시록까지 기록한 당사자가 되었던 것이다. 사도 요한의 서신서를 보면 그의 정체성이 얼마나 달라졌는가를 알 수 있다. 모든 제자들 중에서 자기들을 높여달라고 요청했던 요한이 오히려 형제들을 위하여 목숨을 버리는 것이 마땅하다고까지 주장했던 것이다. 사도 요한의 정체성은 곧 새로운 인류의 정체성인 것이다.

"그가 우리를 위하여 목숨을 버리셨으니 우리가 이로써 사랑을 알고 우리도 형제들을 위하여 목숨을 버리는 것이 마땅하니라"(요일 3:16)

새로운 피조물

많은 그리스도인들이 그리스도인으로서의 정체성을 가지고 있지 못하다. 그리스도인의 정체성이란 우리의 신분이나 삶의 원리나 지향점을 아는 것이어야 한다. 그리스도인의 정체성을 한마디로 하면 하늘에 속한 자로서 이 세상에서 하늘의 원리로 살아가면서 본향인 저 천국을 지향점으로 삼는 것이다. 이 하늘의 정체성은 지금까지 인류역사에 있어서 결코 존재하지 않았던 모습이다. 어떤 민족, 어떤 종족에게서도 발견할 수 없는 전혀 새로운 정체성이 바로 새로운 인류가 가져야 할 인식인 것이다. 하나님은 태초에 천지를 창조하시고 사람을 만들어 에덴동산에 두셨지만, 하나님은 또 새로운 인간을 창조하심으로써 하나님의 원래 창조계획을 완성시키려는 것이었다. 그래서 사도 바울은 이 점을 아주 명확하게 표현하였다. 우리는 새로운 피조물인 것이다.

"그런즉 누구든지 그리스도 안에 있으면 새로운 피조물이라 이전 것은 지나갔으니 보라 새 것이 되었도다"(고후 5:17)

대부분의 그리스도인들은 이 새로운 피조물이라는 자의식이 없다. 물론 그들은 거듭난 백성으로서 저 천국을 지향점으로 삼고 살아가는 사람들임에는 틀림이 없다. 분명히 신분적으로 천국백성이고 혈통으로는 하나님의 자녀들이며 이 땅에서 예수님의 제자들로 살고 있다. 하지만 자신들이 이 땅을 사는 대부분의 사람들과는 전혀 다른 새로운 인종이라는 사실을 자각하고 있지는 못하다. 여기에 심각한 문제가 있는 것이다. 하늘에 속한 자로서의 정체성을 가지고 있지 못한 그리스도인들, 오히려 하늘이 아니라 이 땅이 최종목적지인 것처럼 행세하는 사람들, 하늘에 속한 자이면서 어떻게든지 빼앗기지 않고 모으려고 하는 지도자들, 이들이 진정한 그리스도인인가의 문제는 또 다른 문제이지만, 아무튼 그리스도인으로서의 정체성을 가지고 있지 못한 그리스도인들로 인하여 교회가 세상으로부터 온갖 비난과 공격을 받고 있는 것이다.

우리는 지금 완전히 새로운 피조물들이다. 전혀 다른 사고방식과 삶의 원리를 따라 말하고 행하고 가르치고 달려 나가는 사람들이다. 만약에 그렇지 못하다면 왜 예수님은 십자가에서 온갖 고통을 참으시고 죽으셔야만 했을까? 오로지 예수님의 육체의 죽으심만이 새로운 피조물을 재창조하실 수 있는 유일한 방법이었다. 만약에 하나님께서 노아의 홍수와 같은 천재지변이나 우주의 대변혁을 통해서 사람을 새롭게 만드셨다면 우리가 굳이 하늘의 정체성으로 살아야 할 이유는 없을 것이다. 그러나 하나님의 아들 예수님께서 목숨을 버리셔야만 했을 정도로 엄청난 희생의 대가를 치르셨다면 우리도 마땅히 모든 것을 하늘에 두고 이 세상에서 승리하면서 살아야 할 것이다. 그래서 예수님이 운명하시던 순간에 지성소와 성소의 휘장이 위에서 아래로 쫙 갈라져버리게 된 것이다. 하나님의 직접 통치를 받는 신인류의 탄생이 이루어지게 된 것이다.

> "그 길은 우리를 위하여 휘장 가운데로 열어 놓으신 새로운 살 길이요 휘장은 곧 그의 육체니라"(히 10:20)

아담과 하와의 타락 이후로 하나님께서 새로운 피조물을 만드신 적이 없었다. 죽음을 보지 않고 하늘로 올라간 에녹도 새로운 인간은 아니었고, 모든 인간이 다 죽고 그 가족만 남았던 노아조차도 새로운 인간은 아니었다. 물론 아브라함도 마찬가지이고 요셉도 모세도 사무엘도 다윗도 마찬가지로 새로운 인류는 아니었다. 하나님께서 선택하셔서 위대한 민족으로 탄생시키신 믿음의 출발점 아브라함에게 주신 복은 이 땅에 정체성을 두고 살아가는 것이 진정한 복인 것처럼 착각하게 만들 수 있다. 진리의 그림자로서 눈에 보이는 하늘의 원리를 제시하신 것이지만, 실체적으로 아브라함이 하늘에 속한 자로서 세상을 살게 하셨다고 보기는 어려울 것이다. 믿음의 조상이라고 불리는 아브라함이지만 그는 여전히 땅에 속한 사람으로서의 정체성만 보여주었던 것이다. 그는 새로운 피조물이 아니었다.

> "내가 너로 큰 민족을 이루고 네게 복을 주어 네 이름을 창대하게 하

리니 너는 복이 될지라 너를 축복하는 자에게는 내가 복을 내리고 너를 저주하는 자에게는 내가 저주하리니 땅의 모든 족속이 너로 말미암아 복을 얻을 것이라 하신지라"(창 12:2-3)

거듭난 족속 (성령으로 새로 태어난 사람)

새로운 피조물은 어떻게 탄생하는가? 천지창조 때처럼 흙으로 사람을 새롭게 만드시는 것은 아니다. 그러나 새로운 인간은 다시 태어나야만 한다. 다시 태어난다는 것은 기존의 생명이 죽는다는 말이다. 죽어야 새로 태어날 수 있다. 그런데 사람은 죽으면 그만이다. 죽은 다음에 새로 태어나는 방법은 없다. 하지만 사람들 대신 죽음을 받아들이시는 예수님과 연합하면 이야기가 달라진다. 우리가 직접 죽는 것은 아니지만 마치 죽었다가 다시 태어나는 것과 같은 결과를 가져올 수는 있다. 그래서 바울은 어떻게 자신이 죽었다가 새로 태어났는지를 잘 설명하고 있다. 우리는 예수님과 함께 십자가에 못 박혀 죽은 것이다. 그것은 우리의 옛 사람, 곧 땅에 속한 정체성을 가진 사람이 죽은 것이라고 설명한다.

"우리가 알거니와 우리의 옛 사람이 예수와 함께 십자가에 못 박힌 것은 죄의 몸이 죽어 다시는 우리가 죄에게 종 노릇 하지 아니하려 함이니"(롬 6:6)

그리고 땅에 속한 우리의 옛 사람은 죽고 완전히 새로운 피조물로 거듭나서 하늘에 속한 자로 탄생하게 된 것이다. 예수님은 이 점을 너무나도 잘 알고 계셨다. 예수님이 세상에 오신 것은 여러 가지로 설명할 수 있다. 인간의 죄 사함을 위하여, 우리의 치유를 위하여, 죽음의 권세에 승리하기 위하여, 사람을 구원하기 위하여, 복음을 전하기 위하여, 마귀의 일을 멸하려 하여 이 땅에 오셨다. 그러나 이 모든 설명을 단 한 마디로 말하라면 거듭난 백성들을 만들기 위하여, 곧 새로운 인류를 창조하시기 위함인 것이다. 이미 예수님은 공생애 초기부터 니고데모를 통하여 사람은 누구나 거듭나야 할 것을 말씀해주셨다.

> "예수께서 대답하여 이르시되 진실로 진실로 네게 이르노니 사람이 거듭나지 아니하면 하나님의 나라를 볼 수 없느니라"(요 3:3)

하지만 어느 누구라도 실제로 거듭나지 못하고는 이 말씀을 결코 이해할 수 없다. 왜냐하면 거듭나는 것은 오직 성령님의 은혜로만 가능한 것이기 때문이다. 그리고 그렇게 거듭나지 못한 사람은 하나님의 나라를 볼 수 없으며 하나님나라에 들어갈 수도 없다. 곧 땅에 속한 옛 사람으로 머물러 있을 뿐이다. 니고데모도 물론 전혀 이해할 수 없었다. 새로 태어나려면 늙어서 죽고 나서 태어나든지 아니면 어머니 모태에 다시 들어가는 수밖에는 다른 생각을 할 수가 없었다. 당연한 이야기이다. 거듭나는 것은 물과 성령으로만이 가능하기 때문이다.

> "니고데모가 이르되 사람이 늙으면 어떻게 날 수 있사옵나이까 두 번째 모태에 들어갔다가 날 수 있사옵나이까 예수께서 대답하시되 진실로 진실로 네게 이르노니 사람이 물과 성령으로 나지 아니하면 하나님의 나라에 들어갈 수 없느니라"(요 3:4-5)

예수님은 그것을 영으로 나는 것이라고 설명하신다. 육으로 태어난 것은 그냥 땅에 속한 사람이다. 그러나 영으로 다시 태어나면 영의 사람이 된다. 육체는 그야말로 모태에 다시 들어가지 않는 이상 다시 태어날 수 없다. 그러나 영은 반드시 다시 태어나야 한다. 육의 주인이 영이기 때문이다. 그래서 거듭난 사람은 성령으로 인하여 다시 태어난 사람인데 영이 새롭게 태어난 사람을 가리키는 것이다. 그러니까 새로운 인류란 죽었던 영이 예수님의 죽으심과 부활을 통하여 성령으로 거듭 태어난 사람들을 가리키는 말이다. 눈에 보이지는 않지만 성령으로 두 번째 태어난 사람들은 전혀 다른 종족이 되는 것이다. 그것은 인종이나 민족이나 나라와는 전혀 관계없는 새로운 인류이다.

> "육으로 난 것은 육이요 영으로 난 것은 영이니 내가 네게 거듭나야 하겠다 하는 말을 놀랍게 여기지 말라 바람이 임의로 불매 네가 그 소리는 들어도 어디서 와서 어디로 가는지 알지 못하나니 성령으로 난 사람도 다 그러하니라"(요 3:6-8)

그렇게 성령으로 거듭날 수 있는 영적 원리는 예수 그리스도로 인하여 모든 것이 가능해진 것이다. 왜냐하면 어떤 사람이 다른 사람 대신 죽는다고 해서 다른 사람이 새로 태어날 수 있는 것이 아니기 때문이다. 곧 사람이 다시 태어나려면 그 사람을 위해 대신 죽는 분이 영원한 분일 때에만 가능해지는 것이다. 생명의 주인일 때에만 그분이 대신 죽어주신 그 사람이 영의 사람으로 변화될 수 있는 것이다. 바울은 이것을 썩어질 씨와 썩지 아니할 씨로 설명하고 있다. 인간이 인간을 위해 죽을 수 없는 이유는 모든 인간이 썩어질 존재이기 때문이고, 예수님의 죽으심과 부활을 통하여 거듭난 백성이 될 수 있는 것은 우리 대신 죽으신 예수님이 썩지 아니하실 영원한 생명이기 때문인 것이다.

> "너희가 거듭난 것은 썩어질 씨로 된 것이 아니요 썩지 아니할 씨로 된 것이니 살아 있고 항상 있는 하나님의 말씀으로 되었느니라"(벧전 1:23)

그리하여 성령으로 거듭난 백성은 하늘에 속한 자로 변화되었고, 그럼으로써 하늘에 산 소망을 두고 땅에서 하나님의 말씀대로 살아가는 사람들이 된 것이다. 그것이 거듭난 백성들의 정체성이다. 그리스도인이라면 이 정체성을 반드시 가지고 있어야 한다. 그 정체성을 따라 움직이고 일평생을 그 정체성으로 살아가는 사람들이 새로운 인류요 거듭난 그리스도인들인 것이다. 이런 인식이 없으면 흙의 정체성, 마귀의 정체성을 가진 사람들과 조금도 다를 바가 없어지는 것이다. 그래서 지금은 교회와 세상의 구분이 모호해져버린 시대인 것이다.

"우리 주 예수 그리스도의 아버지 하나님을 찬송하리로다 그의 많으신 긍휼대로 예수 그리스도를 죽은 자 가운데서 부활하게 하심으로 말미암아 우리를 거듭나게 하사 산 소망이 있게 하시며"(벧전 1:3)

부르심 받은 사람들

그러면 하나님은 누구를 부르셔서 새로운 종족을 만드시는가? 하나님의 부르심은 물론 온 우주가 있기 전부터 이미 작정된 사람들을 불러주신다. 하나님은 어떤 사람을 거듭나게 하실 때 인간의 공로는 전혀 보지 않으시고 오로지 하나님의 주권으로만 판단하신다. 이중예정론이든 예지예정론이든 아무튼 구원의 주체는 하나님이신 것이다. 하나님의 구원계획에 만약에 사람의 공로가 조금이라도 들어가면 (들어갈 수도 없지만) 하나님의 은혜는 줄어들 것이고 인간의 노력만으로도 새로운 인류에의 동참이 가능해지게 될 것이다. 그렇다면 하나님의 부르심이라는 것은 그 효력의 상당부분을 상실하고 말게 될 것이다. 그렇게 되어서는 하나님의 신인류 재창조의 계획은 상당히 불완전한 계획에 그치고 말게 될 것이다. 그래서 우리는 하나님의 부르심은 전적으로 하나님께만 맡기게 되는 것이다.

"너희도 그들 중에서 예수 그리스도의 것으로 부르심을 받은 자니라 로마에서 하나님의 사랑하심을 받고 성도로 부르심을 받은 모든

자에게 하나님 우리 아버지와 주 예수 그리스도로부터 은혜와 평강이 있기를 원하노라"(롬 1:6-7)

어떤 사람을 부르시고 어떤 사람을 버리시는가에 대한 판단은 우리가 전혀 할 수 없지만, 하나님의 부르심을 받은 사람이 거듭날 때의 상태에 대해서는 어느 정도 분간이 가능하다. 그 상태는 하나님께서 영으로 거듭나게 하시기 위한 전제조건이라고도 할 수 있을 것이다. 비록 하나님께서 미리 아시고 우리를 부르시지만 그 부르심에 응답하고 순종하는 일은 우리들에게 달려있다. 하나님은 유명한 사람이나 유식하거나 부유한 사람들은 대체적으로 배제하시는 것 같다. 그래서 하나님의 백성으로 불러주신 사람들을 보면 많은 경우에 다른 사람들보다 좀 못한 사람들이거나 실패한 사람들인 경우가 많다. 그것은 사람들에게나 하나님께나 자랑하지 못하도록 하시기 위함이었다. 자기들의 공로를 주장해서는 결코 거듭날 수 없다.

"형제들아 너희를 부르심을 보라 육체를 따라 지혜로운 자가 많지 아니하며 능한 자가 많지 아니하며 문벌 좋은 자가 많지 아니하도다 그러나 하나님께서 세상의 미련한 것들을 택하사 지혜 있는 자들을 부끄럽게 하려 하시고 세상의 약한 것들을 택하사 강한 것들을 부끄럽게 하려 하시며 하나님께서 세상의 천한 것들과 멸시 받는 것들과 없는 것들을 택하사 있는 것들을 폐하려 하시나니 이는 아무 육체도 하나님 앞에서 자랑하지 못하게 하려 하심이라"(고전 1:26-29)

그렇게 하나님으로부터 부르심을 받은 사람들은 하나님께서 몇 가지 목적을 위하여 특별히 부르신 것이다. 물론 새로운 인류는 마지막 날에 새 하늘과 새 땅이 임할 때 그 나라의 백성으로 영원토록 하나님과 함께 살게 될 것이다. 하지만 그 날이 올 때까지는 이 세상에서 살아야 한다. 최종적으로 그 영원한 나라의 백성이 되려면 하늘의 정체성을 가지고 끝까지 싸워나가야만 한다. 하나님은 그런 사람들을 미리 아시고 선택하시고 부르셨던 것이다. 가장 분명한 하나님의 목적은 성령께 순종함으로써 그리스도의 피 뿌림을 받게 하기 위하여 우리를 부르신 것이다. 다른 말로 하면 믿고 순종한 사람들을 거듭나게 하시기 위해 부르신 것이다.

> "곧 하나님 아버지의 미리 아심을 따라 성령이 거룩하게 하심으로 순종함과 예수 그리스도의 피 뿌림을 얻기 위하여 택하심을 받은 자들에게 편지하노니 은혜와 평강이 너희에게 더욱 많을지어다"(벧전 1:2)

그리고 우리로 하여금 고난을 참고 견뎌서라도 선을 행하게 하기 위해 부르셨다. 그것은 그리스도 예수님의 발자취를 따라감으로써 이 세상에서 하늘의 원리로 승리하게 만들기 위함이었던 것이다.

> "죄가 있어 매를 맞고 참으면 무슨 칭찬이 있으리요 그러나 선을 행함으로 고난을 받고 참으면 이는 하나님 앞에 아름다우니라 이를 위하여 너희가 부르심을 받았으니 그리스도도 너희를 위하여 고난을 받으사 너희에게 본을 끼쳐 그 자취를 따라오게 하려 하셨느니라"(벧전 2:20-21)

동시에 세상의 악을 악으로 갚지 말고 오히려 복을 비는 용서의 사람으로 살게 하시고, 그러나 하나님의 선을 지키기 위하여 세상과 자신과 싸우도록 하기 위함이었으며, 그리스도의 평강이 모든 거듭난 백성들에게 함께 임하게 하시기 위해 부르신 것이었다. 이런 모든 목적은 그리스도의 십자가로 인하여 거듭난 백성들로 하여금 마귀의 욕심이 지배하는 이 세상에서 하늘에 속한 사람으로서 승리하게 하기 위함이었던 것이다.

"악을 악으로, 욕을 욕으로 갚지 말고 도리어 복을 빌라 이를 위하여 너희가 부르심을 받았으니 이는 복을 이어받게 하려 하심이라"(벧전 3:9)

"믿음의 선한 싸움을 싸우라 영생을 취하라 이를 위하여 네가 부르심을 받았고 많은 증인 앞에서 선한 증언을 하였도다"(딤전 6:12)

"그리스도의 평강이 너희 마음을 주장하게 하라 너희는 평강을 위하여 한 몸으로 부르심을 받았나니 너희는 또한 감사하는 자가 되라"(골 3:15)

새로운 인류의 미래

그러면 하나님은 이 신인류를 통하여 어디로 가려고 하시는가? 너무나 당연하게도 하나님은 새로운 에덴을 창설하려고 하신다. 이미 계획대로 하나하나 성취해 가고 계신다. 예수님께서 부활승천하시고 성령강림이 있고 난 후부터 하나님은 계속 그 계획을 진행하고 계신다. 수많은 사람들이 거듭난 백성들인 것 같았지만 오히려 이 땅의 하나님 나라를 무너뜨려 버리곤 하였다. 이 지구상에는 사람들의 눈에 보기에 불공정하고 불합리한 일들이 아주 많이 있다. 왜 그런 일들을 내버려 두시는가? 특히 예수님을 믿는다고 하는 역사상의 모든 그리스도교인들이 오히려 역사를 왜곡하고, 하나님의 뜻과는 전혀 상반된 권력을 추구하며, 불필요하고 잔인한 전쟁을 일으키고, 온갖 권모술수로 이 땅의 권력을 얼마나 많이 도모하였던가? 그런데 하나님은 왜 그냥 내버려두셨던가?

요한계시록을 비롯하여 모든 성경은 새로운 인류의 최종목적지로 갈 수 있는 영원한 나라의 순전한 백성들을 선택하시기 위함이라고 설명하고 있다. 세상의 불합리를 비판하는 것이 아니라 스스로 영원한 하나님의 나라에 합당하도록 이 세상과 싸워 이기라고 하신다. 물론 불합리와 불공정을 고치려고 힘을 써야 하지만 영원한 천국 말고는 불합리와 불공정이 없는 곳은 없다. 그것과 싸워야 하는 이유도 이 땅에 천국을 건설하라는 것이 아니라 이 땅에서의 천국의 삶을 통하여 수많은 사람들을 구원으로 인도하라는 것이다. 아무튼 그래서 성경은 끝까지 이기는 자에게 영원한 하나님의 나라가 상속으로 주어진다고 약속하고 있다.

"이기는 자는 이것들을 상속으로 받으리라 나는 그의 하나님이 되고 그는 내 아들이 되리라"(계 21:7)

그 나라는 어떤 나라인가? 영원한 나라이다. 하지만 그냥 영원한 나라는 아니다. 그 영원한 나라는 마지막까지 승리한 새로운 인류가 마치 왕국을 다스리는 것과 같이 누리면서 사는 곳이다.

"이같이 하면 우리 주 곧 구주 예수 그리스도의 영원한 나라에 들어감을 넉넉히 너희에게 주시리라"(벧후 1:11)

"이기는 자와 끝까지 내 일을 지키는 그에게 만국을 다스리는 권세를 주리니"(계 2:26)

그 나라는 전혀 새로운 곳이다. 이 땅 위에 내려오는 새 예루살렘은 원래 있었던 하늘과 땅은 사라지고 완전히 새로운 새 하늘과 새 땅 위에 세워지게 될 것이다.

"또 내가 새 하늘과 새 땅을 보니 처음 하늘과 처음 땅이 없어졌고 바다도 다시 있지 않더라 또 내가 보매 거룩한 성 새 예루살렘이 하나님께로부터 하늘에서 내려오니 그 준비한 것이 신부가 남편을 위

하여 단장한 것 같더라"(계 21:1-2)

또한 그 나라는 영원한 영광이 주어지는 곳이다. 이 영광은 주 예수 그리스도의 영광인데 구원과 함께 끝까지 이겨낸 사람들에게 값없이 주어지는 것이다.

"그러므로 내가 택함 받은 자들을 위하여 모든 것을 참음은 그들도 그리스도 예수 안에 있는 구원을 영원한 영광과 함께 받게 하려 함이라"(딤후 2:10)

"이기는 그에게는 내가 내 보좌에 함께 앉게 하여 주기를 내가 이기고 아버지 보좌에 함께 앉은 것과 같이 하리라"(계 3:21)

그 마지막 나라는 하나님께서 친히 백성들과 함께하시고 눈물도 사망도 애통이나 곡하는 것도 심지어 아픈 것도 하나도 없어지는 영원한 나라가 될 것이다.

"내가 들으니 보좌에서 큰 음성이 나서 이르되 보라 하나님의 장막이 사람들과 함께 있으매 하나님이 그들과 함께 계시리니 그들은 하나님의 백성이 되고 하나님은 친히 그들과 함께 계셔서 모든 눈물을 그 눈에서 닦아 주시니 다시는 사망이 없고 애통하는 것이나 곡하는 것이나 아픈 것이 다시 있지 아니하리니 처음 것들이 다 지나갔음이러라"(계 21:3-4)

이것이 신인류가 나아가야 할 방향이고 목적지이고 삶의 의미이고 세상을 살아가는 원리인 것이다. 새롭게 거듭난 새 인간은 하늘에 속한 사람이다. 하늘에 속해서 영원한 나라로 나아가는 사람들이다. 이 땅의 모든 것은 반드시 썩어지게 되어 있다. 이 세상에서는 영원한 것은 하나도 없다. 그러나 저 하늘에는 모든 것이 영원하다. 이미 영원한 것을 가지고 있는데도 영원하지 못한 것을 위하여 애를 쓰는 모습이 얼마나 많은가?

　그리스도인은 마치 독수리와 같다. 높은 창공을 유유히 날아다니는 독수리의 모습을 상상해보라. 우리는 하늘에 속한 사람들이다. 독수리는 독수리의 삶의 원리를 따라 살아야 한다. 그런 데 마치 독수리가 땅으로 내려와 기어 다니면서 하찮은 동물들에게 쫓김을 당하는 것과 같은 모습이 오늘날 그리스도인들의 모습이다. 세상을 무시하는 것이 아니다. 하늘에 속한 사람은 하늘에 속한 마음가짐을 가지고 권위를 가지고 위엄을 가지고 살아가야 한다는 말이다. 주님은 이미 마귀를 이겨놓으셨다. 우리는 싸우기만 하면 반드시 승리한다. 그것이 하늘에 속한 사람들에게 주어지는 능력이요 힘이다. 그리스도인으로서의 정체성을 확고하게 가져야 한다.

　이 책을 통하여 하늘에 속한 사람들이 어떻게 살아야 하는지, 어떻게 이겨야 하는지, 어떻게 영향력을 끼치면서 살아야 하는지를 살펴보려고 한다. 진짜 그리스도인의 정체성을 가지고 이 세상을 이기는 백성들이 될 수 있을 것이다.

2. 용서하는 그리스도인

십자가와 용서

　기독교의 가장 큰 특징은 용서이다. 그것은 새로운 인류가 드러내는 특징이 용서라야 한다는 의미이다. 왜 용서가 기독교의 가장 큰 특징인가? 그것은 기독교가 십자가의 종교이기 때문이다. 다른 종교에서도 얼마든지 기독교와 비슷한 가르침을 줄 수 있다. 인내, 희생, 승리, 사랑, 배려, 버림, 비움, 정의, 평화, 공평, 축복 등 어떤 면에서 겉으로는 거의 비슷하다고까지 할 수 있을 것이다. 물론 강조하는 바가 전부 다르지만, 아무튼 인류가 추구하고자 하는 보편적인 가치들을 제시할 수 있다. 그러나 아무리 좋은 가치를 제공한다고 할지라도 절대로 줄 수 없는 것이 있다. 그것은 십자가이다.

　십자가야말로 새로운 인류탄생의 유일한 통로이다. 새로운 인류의 특징 한 가지만 말하라고 한다면 단연코 십자가를 이야기할 수 있다. 십자가야말로 그리스도인의 정체성인 것이다. 십자가에는 모든 것이 다 들어있다. 다른 종교나 가치에 들어있는 인내, 희생, 승리, 사랑, 배려, 버림, 비움, 정의, 평화, 공평, 축복 등이 빠짐없이 들어있는 것이 십자가이다. 참으로 놀라운 개념이 아닐 수 없다. 인간이 만들어낸 언어로 이와 같이 모든 것이 포함되어 있는 단어나 가치가 있는가? 오직 십자가가 유일하다. 그래서 십자가를 통해서 새로운 인류가 출현할 수 있는 것이다.

그런데 이 십자가를 한 단어로 말하라고 한다면 자신 있게 '용서'라고 말할 수 있다. 하나님은 십자가의 용서를 통하여 모든 가치를 단 한 번에 실현하셨다. 십자가에는 인내도 들어있고 희생도 들어있고 사랑도 들어있다. 버림도 비움도 공평도 정의도 다 포함되어 있다. 그것들은 모두 용서라는 문을 통하여 들어왔다. 물론 그 가치들은 인간의 가치로서 성취할 수 있는 것은 아니다. 창조주이신 하나님의 가치가 인간에게 실현될 수 있도록 하는 것이 바로 용서이기 때문이다. 공평이든 정의이든 인간의 세상에는 온전한 가치가 없지만 하나님의 가치로 볼 때 모든 것이 정의이고 공평일 수 있는 것이다. 그런데 이 십자가를 잃어버린 채 살고 있는 그리스도인들이 너무 많다. 십자가를 망각하면 용서도 정의도 사랑도 인내도 전부 잃어버리는 것이다. 한 마디로 십자가에서 멀어지면 그리스도인의 정체성을 잃어버리게 되는 것이다.

알다시피 인간에게 십자가가 필요한 이유는 인간의 죄 때문이다. 죄가 세상에 들어오지 않았다면 십자가도 필요 없다. 십자가를 제시하신 이유는 인간으로 하여금 더 이상 죄의 노예로 살지 말라는 것이다. 옛 사람이 죽고 새로운 피조물이 되어야만 죄의 종노릇을 하지 않을 수 있다. 이것은 공의의 하나님께서 죄인인 인간을 용서하셔야만 가능해지는 일이다. 그렇지만 하나님은 그 속성상 죄를 묵인할 수 없으시다. 죄를 용서하시려면 필요충분조건이 있어야 가능하다. 그것은 누군가가 그 죄를 대신 감당해야만 하는 것이다. 하나님의 공의의 속성을 만족시켜야만 비로소 용서가 성립되는 것이다. 그 조건을 예수님께서 십자가에서 성취하신 것이다.

> "우리가 알거니와 우리의 옛 사람이 예수와 함께 십자가에 못 박힌 것은 죄의 몸이 죽어 다시는 우리가 죄에게 종노릇 하지 아니하려 함이니 이는 죽은 자가 죄에서 벗어나 의롭다 하심을 얻었음이라" (롬 6:6-7)

그래서 이 십자가의 용서를 통하여 하나님과 사람은 화목하게 된 것이고, 하나님과 화목하게 된 사람들이 새로운 피조물이 되는 것이다. 그러니까 새로운 인간은 이 십자가상에서의 하나님의 용서를 받아들인 사람들이다. 새로운 피조물은 예수님의 십자가 고난을 통하여 절대로 씻을 수 없는 죄를 용서받은 사람들이다. 그리하여 영원토록 하나님과 화목하게 되어서 화평을 누리는 사람들이다. 그래서 우리는 하늘에 속한 사람들인 것이다.

> "그의 십자가의 피로 화평을 이루사 만물 곧 땅에 있는 것들이나 하늘에 있는 것들이 그로 말미암아 자기와 화목하게 되기를 기뻐하심이라"(골 1:20)

하지만 땅에 속한 사람들은 용서를 받아들이지 못하면 미련한 것에 불과하다. 천하 없는 사람이라도 십자가의 화목을 통하여 죄용서 받지 못한 사람은 거듭날 수 없다. 성령과 십자가가 아니면 그야말로 죽었다가 깨어나도 새 인종이 되지 못한다. 십자가야말로 결코 연합할 수 없는 근본적인 차이를 만들어내는 것이다. 그러므로 그리스도인은 세상과 합할 수도 없고 세상과 짝할 수도 없고 세상을 누릴 수도 없는 존재들이다. 그런데 땅에 속한 사람으로 살 수 있는가? 번영이나 성공이나 부를 지향할 수 있는가? 하늘의 가치 외에 다른 가치를 추구하고, 하늘이 아니라 땅의 목표를 추구할 수 있는가? 그런 정체성은 멸망하는 정체성인데 그런 정체성을 가지고 세상을 이길 수 있겠는가?

"십자가의 도가 멸망하는 자들에게는 미련한 것이요 구원을 받는 우리에게는 하나님의 능력이라"(고전 1:18)

용서의 상관관계

인간의 심리는 용서하느냐 용서하지 못하느냐에 따라 엄청나게 달라진다. 사회에서 문제를 일으키는 경우의 상당 부분은 자신이 받은 상처를 해결하지 못하기 때문에 일어나는 일이다. 물론 다른 사람들이 자신에게 끼친 상처의 종류도 아주 다양할 것이고 깊이도 천차만별일 것이다. 그렇다면 이 상처를 대하는 반응도 천차만별일 것이 분명하다. 앙갚음이나 대적이나 해코지나 심하면 살인까지도 불러올 수 있다. 그 반대의 개념으로는 관용이나 체념이나 무관심이나 용납이나 용서가 있을 것이다. 두 단어로 설명한다면 원수 갚음과 용서라고 할 수 있다.

이 세상의 가치관으로 대표적인 것은 '눈에는 눈으로, 이에는 이로'라고 할 수 있다. 내가 당한 것만큼 상대에게 갚아주는 것이다. 하지만 내가 당한 것 이상으로 갚으려는 데에 심각한 문제가 있다. 그래서 율법에 이 구절이 있는 것은 당한 것만큼만 똑같이 갚음으로써 더 이상 원수로 살지 말라는 것이다. 그것으로 깨끗하게 끝내라는 것이다. 그리고 더 이상의 악을 제거하라는 것이다.

"그가 그의 형제에게 행하려고 꾀한 그대로 그에게 행하여 너희 중에서 악을 제하라 그리하면 그 남은 자들이 듣고 두려워하여 다시는 그런 악을 너희 중에서 행하지 아니하리라 네 눈이 궁휼히 여기지 말라 생명에는 생명으로, 눈에는 눈으로, 이에는 이로, 손에는 손

으로, 발에는 발로이니라"(신 19:19-21)

그대로 시행할 수만 있다면 '눈에는 눈으로, 이에는 이로'라는 개념만으로도 사실은 상당히 효과적일 수 있다. 왜냐하면 그렇게 외형적인 되갚음으로 모든 것이 끝나게 되니까. 공동체에게 누를 끼치지 않을 뿐만 아니라 자신에게도 더 이상의 상처를 입히지 않는 방책이 될 것이다. 그러나 심리적인 상처는 그렇게 외형적인 조치만으로 해결되는 것은 아니다. 내가 당한 것만큼 되갚는다고 마음속이 깨끗해지는 것은 아니다. 하지만 그렇게라도 문제를 해결하면 더 이상의 외형적인 원수 갚음은 사라질 것이다. 그래서 '눈에는 눈으로, 이에는 이로'라는 율법은 최선책이 아니고 차선책인 것이다. 모세의 모든 율법은 차선책이다. 차선책을 준행했다고 해서 의인이 되는 것은 아니다. 하나님의 최선책을 알아야 한다. 물론 당연히 하나님의 최선책은 용서이다.

예수님께서 이 땅에서 사람들에게 가르쳐주신 것은 하나님의 최선책이었다. 바리새인들은 차선책을 철저하게 지킨다면서 백성들을 이 차선책으로 꽁꽁 묶어 놓았다. 그리고 뒤로는 욕심을 부리고 부정을 저질렀다. 이 차선책이 그들을 위선자로 만들었던 것이다. 바리새인들의 위선은 하나님께 대한 위선이었다. 그래서 바리새인들의 위선은 지옥행의 위선이었던 것이다. 그러나 예수님의 모든 가르침과 선포는 차선책이 아니라 최선책을 말씀하신 것이었다. 곧 그 차선책 속에 들어 있는 하나님의 의도를 말씀하셨던 것이다. 너희들이 차선책을 최후의 보루로 생각하고 있지만 '본래는', 최선책은 그렇지 않다고 설명하신 것이었다. 그 최선책이 바로 하나님의 마음이다.

"예수께서 이르시되 모세가 너희 마음의 완악함 때문에 아내 버림

을 허락하였거니와 '본래는' 그렇지 아니하니라"(마 19:8)

성경의 많은 인물들을 보면 대부분이 이 용서의 사람들이었다. 아브라함도 이삭도 요셉도 용서의 사람이었다. 요셉이 감옥에 갇혀 있던 기간은 요셉의 용서의 시간이었다. 모세도 다윗도 자신에게 해를 끼친 사람들을 용서했다. 물론 시간이 필요했을 것이고 힘든 과정을 거칠 수도 있었겠지만 그들은 용서를 통하여 하나님의 큰일을 이루어나갔던 것이다. 그들이 가진 공통적인 철학은 원수 갚음이 사람에게 있지 않고 하나님께 달렸다는 고백이었을 것이다.

"내 사랑하는 자들아 너희가 친히 원수를 갚지 말고 하나님의 진노하심에 맡기라 기록되었으되 '원수 갚는 것이 내게 있으니 내가 갚으리라'(신 32:35)고 주께서 말씀하시니라"(롬 12:19)

이렇게 본다면 하나님의 원래 속성 중 한 가지가 바로 용서이고 사랑이라는 점과도 맞아떨어진다. 원수 갚는 것이 하나님의 일이라면 우리의 할 일은 용서인 것이다. 이것은 신약시대만의 가르침이 아니라 이미 율법을 주실 때부터 존재하던 가치였다. 원수 갚음은 하나님께 맡기고 우리는 그것을 털어내어야 한다. 그래야 치유가 된다. 용서하지 못하는 마음을 가지고 있는 한 언제 어디에서 터질지 아무도 모른다. 이렇게 본다면 거듭나서 새로운 피조물이 된 그리스도인과 아담의 죄를 여전히 벗어버리지 못하는 사람들 사이의 차이점은 과연 무엇인가? 바로 여기에서 십자가상의 예수님의 피 흘리심이 대두되는 것이다. 구약에서의 용서가 원수 갚음을 하나님께 맡기는 것이었다면 신약에서의 용서는 스스로를 희생함으로써 상대방이 되어주는 것이다. 예수님의 십자가 고난이 바로 그렇지 않았던가? 우리는 그 십자가의 희생으로 이루어진 용서를 받아 가지고 있는 사람들이다. 그래서 우리의 용서는 피로 이루어진 값진 용서라야 하는 것이다. 다른 사람의 죄를 용서할 때에는 바로 이 예수님의 고난의 피 흘리심으로부터 근거하는 것이어야 한다. 이것이 그리스도인의 정체성이다.

"그러므로 예수도 자기 피로써 백성을 거룩하게 하려고 성문 밖에서 고난을 받으셨느니라"(히 13:12)

물론 이 용서는 사람의 용서가 아니라 하나님의 용서이다. 그리스도께서 우리 죄를 위하여 고난당하시고 피 흘리신 것만 보고도 우리는 당연히 그 크신 은혜에 감격해야 한다. 하지만 그리스도 예수님의 그 희생은 어디에서부터 비롯되는 것인가? 이스라엘 제사법에 근거를 둔 것이다. 예수님의 십자가 고난은 어느 날 갑자기 하늘에서 결정된 것이 아니라 이스라엘이 죄를 용서받기 위하여 죽어갔던 수많은 짐승들을 대신하여 예수님께서 단 한 번에 희생당하심으로써 인간의 모든 죄에 대한 용서가 성취되었던 것이다. 그렇다면 우리가 우리에게 죄를 지은 사람들을 용서해 줄 수 있는 근거는 우리의 심령이 아니라 그리스도의 피에 의존하는 것이다. 곧 우리의 용서는 사람의 용서가 아니라 하나님의 용서인 것이다.

"서로 친절하게 하며 불쌍히 여기며 서로 용서하기를 하나님이 그리스도 안에서 너희를 용서하심과 같이 하라"(엡 4:32)

우리의 용서는 우리의 용서가 아니라 하나님의 용서이다. 내가 하나님이 되라는 것이 아니라 하나님의 용서를 내 마음속에 끌어당겨서 그 용서로 사람을 용서하라는 것이다. 그러므로 그리스도인으로서 다른 사람을 용서하지 못한다는 것은 아직 그리스도의 보혈의 공로로 인한 하나님의 용서를 체험하지 못한 사람일 수도 있는 것이다. 우리가 다른 사람의 죄를 용서할 수 있는 것은 우리가 하나님께 용서받은 것과 똑같은 원리로 가능해지는 것이다.

"누가 누구에게 불만이 있거든 서로 용납하여 피차 용서하되 주께서 너희를 용서하신 것 같이 너희도 그리하고"(골 3:13)

용서의 순서

주님께서 가르쳐주신 기도문에 보면 조금은 곤란한 문제가 나온다. "우리가 먼저 다른 사람을 용서하오니 그러므로 우리 죄도 용서해 달라."는 부분이다. 과연 이것을 어떻게 해석해야 할까? 우리가 다른 사람을 용서하지 못한다면 우리가 아무리 회개를 해도 우리의 죄를 용서받을 수 없다는 이야기이다. 그렇다면 우리가 다른 사람을 용서하지 못하면 하나님도 우리를 용서하지 않으신다는 뜻이다. 그런데 주님께서 이것을 모범 기도문에 분명하게 제시하셨다. 여기에서 누가는 '죄'(하말티아, $\dot{\alpha}\mu\alpha\rho\tau\acute{\iota}\alpha$)라는 단어를 사용하고 있고 마태는 '빚'(옵헤일레마, $\dot{o}\phi\epsilon\acute{\iota}\lambda\eta\mu\alpha$)이라는 단어를 사용하고 있지만 용서의 의미는 달라지지 않는다.

"우리가 우리에게 죄 지은 모든 사람을 용서하오니 우리 죄도 사하여 주시옵고 우리를 시험에 들게 하지 마시옵소서 하라"(눅 11:4)

"우리가 우리에게 죄 지은 자를 사하여 준 것 같이 우리 죄를 사하여 주시옵고"(마 6:12)

이 말씀을 그대로 적용하기에는 부담스러운 면이 분명히 있다. 하지만 우리가 다른 사람의 죄를 용서하지 않는다면 하나님도 우리의 죄를 용서하지 않으신다. 그러니까 우리가 용서받을 때의 전제조건은 회개인 것이 분명하지만 그러나 이 회개보다 먼저 와야 하는 조건이 바로 우리의 용서라는 것이다.

"너희가 사람의 잘못을 용서하면 너희 하늘 아버지께서도 너희 잘못을 용서하시려니와 너희가 사람의 잘못을 용서하지 아니하면 너희 아버지께서도 너희 잘못을 용서하지 아니하시리라"(마 6:14-15)

"서서 기도할 때에 아무에게나 혐의가 있거든 용서하라 그리하여야 하늘에 계신 너희 아버지께서도 너희 허물을 사하여 주시리라 하시니라"(막 11:25)

하지만 과연 그럴 수 있을까? 아무리 그리스도인이라고 할지라도 용서하지 못하는 경우가 얼마나 많은가? 자신이 받은 상처를 꽁꽁 숨기고 안 그런 척하는 경우도 얼마나 많은가? 결국 그것이 빌미가 되어 공연한 감정의 표출이나 육적인 아픔으로까지 발전되는 것이 아닌가? 용서하고 싶은데도 불구하고 용서가 되지 않아서 괴로운 적도 얼마나 많은가? 그러면 용서하지 않거나 용서하지 못하는 상처를 안고 있다면 과연 우리의 회개기도는 아무런 소용이 없다는 말인가? 만약에 그렇다면 모든 종류의 회개는 전부 아무 소용이 없다는 말인가? 나라를 위해 회개 기도한다고 모여서 아무리 열심히 부르짖고 울부짖으면서 회개해도 내가 용서하지 못한 상처를 안고 있는 한은 그 회개도 무용지물이라는 말이 아닌가? 불행인지 다행인지는 몰라도 이것은 사실이다. 예수님은 분명하게 이것을 말씀하셨다.

"너희가 각각 마음으로부터 형제를 용서하지 아니하면 나의 하늘 아버지께서도 너희에게 이와 같이 하시리라"(마 18:35)

그런데 이 말씀은 베드로의 질문으로부터 비롯된 예수님의 답변의 일부분이다. 형제의 죄에 대해서 어떤 조치를 취해야 할지를 예수님께서 말씀하시자 베드로가 몇 번이나 형제의 죄를 용서하면 되겠느냐고 질문했던 것이다. 예수님의 대답은 490번이라도 용서해야 한다는 것이었다. 490번이라고? 그것은 무한용서를 뜻한다. 무한용서는 완전한 용서를 말하는 것이고, 완전한 용서는 반드시 용서해야 한다는 말이며, 반드시 용서해야 한다는 말은 우리가 용서하지 못하면 하나님도 우리 죄를 용서하지 못하신다는 말이다. 그래서 우리는 반드시 용서해야 하는 것이다.

> "그 때에 베드로가 나아와 이르되 주여 형제가 내게 죄를 범하면 몇 번이나 용서하여 주리이까 일곱 번까지 하오리이까 예수께서 이르시되 네게 이르노니 일곱 번뿐 아니라 일곱 번을 일흔 번까지라도 할지니라"(마 18:21-22)

여기에서 의문이 생긴다. 상대방이 용서를 청하지 않아도 우리는 용서해야 하는가? 예수님의 비슷한 말씀을 누가는 좀 다르게 해석하고 있다. 하루 일곱 번이라도 '회개하고' 용서를 구하면 용서하라는 것이다. 마태가 전하는 말씀과는 온도차가 상당한 것 같다. 상대방이 용서를 먼저 청하지 않으면 우리는 용서하지 않아도 되는 것인가? 그렇다면 우리의 부담은 상당히 줄어들 것이다. 상대방이 회개하지 않을 때에는 용서하지 않아도 되고, 따라서 우리가 용서하지 않은 채 하나님께 회개해도 하나님은 우리의 죄를 용서하실 것이기 때문이다.

> "너희는 스스로 조심하라 만일 네 형제가 죄를 범하거든 경고하고 '회개하거든' 용서하라 만일 하루에 일곱 번이라도 네게 죄를 짓고 일곱 번 네게 돌아와 내가 '회개하노라' 하거든 너는 용서하라 하시더라"(눅 17:3-4)

그러나 안심하지 마시라. 우리의 용서는 하나님의 용서라는 것을 잊어서는 안 된다. 우리는 과연 어떻게 죄 사함을 받았는가? 예수님의 용서는 언제 성취되었던가? 물론 우리가 회개했을 때 죄 용서를 받았지만, 예수님의 용서는 우리가 죄가 무엇인지 알기도 전에 이루어주신 것이다. 그러니까 우리가 받은 용서가 완성된 것은 우리가 회개했을 때였지만, 그 이전에 이미 하나님은 용서를 마치신 것이다. 우리의 용서가 하나님의 용서라면 상대방의 반응에 관계없이 용서해야 하는 것이다. 예수님께서 자신을 십자가에 못 박는 무리들을 용서하셨다고 해서 그들의 모든 죄가 그 자리에서 사해지는 것은 물론 아니다. 저들 중에서 회개하는 사람만 그 죄를 용서받을 뿐이다.

"이에 예수께서 이르시되 아버지 저들을 사하여 주옵소서 자기들이 하는 것을 알지 못함이니이다 하시더라 … "(눅 23:34)

어떻게 용서할 수 있을까?

그러면 도저히 용서가 안 되는데 어떻게 용서하라는 말인가? 또는 머리로는 용서하고 싶은데 마음으로는 전혀 용서하고 싶지 않고 그냥 이대로 살고 싶다면 어떻게 해야 하는가? 용서라는 것이 과연 가능하기는 한 것일까? 그리스도인의 정체성의 가장 첫째 되는 것이 용서라는 것은 인정하겠는데, 용서하고 싶지도 않고 용서할 수도 없는 이 현상을 어떻게 극복할 수 있겠는가? 결과론적인 이야기이지만 만약에 상대방을 용서하지 않겠다고 마음먹고 있다면 그는 그리스도인이 아닐 수도 있다. 왜냐하면 그리스도인이라면 반드시 용서해야 하기 때문이다. 용서하고 싶은데 용서가 안 될 수는 있지만, 아예 어떤 사람을 용서하는 그 일 자체를 거부하거나 시도하지 않는다면 그는 그리스도인의 정체성을 가지고 있지 못한 사람일 것이다.

우리는 우리의 용서를 예수 그리스도께 의지함으로써만이 행할 수 있다. 세상에서도 마음이 착한 사람들이 많아서 웬만한 것은 원수 맺지 않고 앙금을 털어버리는 경우도 참 많다. 그런데 세상의 평가는 예수쟁이들이 속이 참 좁다고 말한다. 속이 좁다는 말은 결코 용서하지 못한다는 말과 방향성에서 일치한다. 편협하고 자기주장을 굽히지 않으며 돌아서면 다시 돌아보지 않는다. 인간관계에서 후회도 없고 자기만이 옳으며 모든 잘못된 것을 다른 사람 탓으로 돌리는 경우도 많다. 여기에는 비판하고 정죄하는 것도 포함된다. 속이 좁은 사람은 남을 많이 비판하고 툭 하면 정죄하기 일쑤이다. 그래서 예수님은 이것을 용서와 연결하여 말씀하신다.

"비판하지 말라 그리하면 너희가 비판을 받지 않을 것이요 정죄하지 말라 그리하면 너희가 정죄를 받지 않을 것이요 용서하라 그리하면 너희가 용서를 받을 것이요"(눅 6:37)

용서가 그리스도인들의 정체성이어야만 하는데 오히려 비판과 정죄가 정체성인 것처럼 행한다면 그러면 바른 복음은 어떻게 전파되겠는가? 하나님께서 용서하셨음에도 불구하고 그리스도인들이 사람을 잘 용서하지 않는다면 그 사람은 그리스도인이 맞는가? 참 난감한 일이다. 용서가 안 되어 그 뿌리 때문에 열등감이나 우울증에 빠질 때도 있고, 그 뿌리에 대한 자기보상으로 극단적인 경우까지 생기기도 하는데, 일반적인 사람들은 거기까지는 아니라도 반드시 상처에 대한 보상이 그 사람의 행동양식을 정하게 되어 있는데, 그런데 용서하지 않으면 그리스도인이 아닐 수도 있다고 한다면 그러면 어떻게 해야 하겠는가? 여기에 대한 해답이 바로 십자가로 깊이 들어가는 것이다.

우리가 놓치는 부분 중의 하나는 용서에는 대가가 따른다는 점이다. 대가 없이 용서할 수는 없다. 용서하기 위해서 치러야 하는 값이 있어야 용서가 이루어질 수 있는 것이다. 아니, 용서에도 금액이 있다고? 용서라는 것은 마음으로 하는 것이 아닌가? 물론 용서를 받기 위해서 선물을 가지고 간다든가 그에 상응하는 행동을 통하여 마음을 보일 수는 있지만, 내가 용서하는데 내가 대가를 치러야 한다고? 어딘가 안 맞는 말인 것 같은데? 하지만 우리는 용서의 출발점이 어디인가를 생각해야 한다. 우리의 용서의 출발점은 하나님의 용서이다. 우리가 다른 사람을 용서할 수 있는 근거가 우리가 하나님의 용서로 용서하는 것이기 때문이다. 곧 우리의 용서는 예수 그리스도께 의지함으로써 가능해지는 것이다. 하나님은 우리를 용서하시기 위해 무슨 일을 하셨는가? 예수 그리스도를 이 땅에 내려 보내셨다. 그리고 그분으로 하여금 인간이 당할 수 있는 모든 죄와 허물과 상처와 아픔을 전부 감당하게 하셨다. 하나님은 우리를 용서하시기 위해 목숨까지 아낌없이 희생하셨다. 이것보다 더 큰 대가가 있는가?

사실 우리도 다른 사람을 용서하려면 그에 걸맞는 대가를 지불해야 한다. 차라리 용서하기 위해 돈을 지불하라면 훨씬 좋겠다. 돈을 주고라도 우리의 상처를 치유할 수만 있다면. 물론 정신과 치료를 위해 돈을 지불하고 개선되기는 한다. 아무튼 우리가 다른 사람을 용서하려면 많은 시간과 상처와 망각과 깨어진 관계와 같은 비용을 지불해야만 할 것이다. 그런데 그렇게라도 용서가 이루어진다면 얼마나 좋겠는가? 내가 노력함으로써 나에게 상처를 입힌 모든 사람을 용서할 수만 있다면 그것은 최상일 것이다. 그러나 그렇게 잔뿌리까지 싹 없애는 것은 거의 불가능에 가깝다. 그래서 우리는 하나님의 용서에 기대야 하는 것이다. 그리고 그렇게 함으로써 우리의 마음속에 남아있던 상처는 완전하게 치유될 수 있는 것이다.

우리는 예수님의 십자가에 연합해야 한다. 예수님이 십자가에 못 박혀 운명하시기까지 당하셨던 모든 고통을 생각해보자. 예수님이 빌라도의 관정에서 채찍질 당하시는 장면을 생각해 보자. 채찍 한 번 맞으실 때마다 엄청난 고통을 당하셨는데 그 때 예수님은 무슨 생각을 하셨을까? 물론 우리가 상상할 수 없지만 우리의 용서와 관련하여 짐작해보자는 말이다. 예수님께서 채찍질 당하시는 것은 순전히 우리의 죄 때문이다. 예수님은 채찍 맞으실 어떤 이유도 없는 분이다. 예수님은 우리가 당해야 할 상처를 대신 당하신 것이다. 곧 우리의 상처치유를 위해 대가를 지불하신 것이다. 예수님께서 손과 발에 못을 박힌 채 십자가에 매달리셔야 할 이유가 있었던가? 전혀 없었다. 오로지 우리의 죄를 위하여 대신 대가를 지불하신 것이다. 예수님은 우리의 죄 용서를 위해 생명이라는 값을 지불하고 계셨던 것이다.

"또 잔을 가지사 감사 기도하시고 그들에게 주시며 이르시되 너희가 다 이것을 마시라 이것은 죄 사함을 얻게 하려고 많은 사람을 위하여 흘리는 바 나의 피 곧 언약의 피니라"(마 26:27-28)

예수님이 왜 십자가에 달린 채 6시간 동안 매달려서 죽어 가셔야만 했던가? 우리가 당할 수 있는 온갖 모욕과 수치와 조롱과 마음의 상처들을 전부 짊어지시려고 그렇게 고통의 시간을 매달려계셨던 것이다. 십자가에 매달리셨을 때의 그 고통은 채찍질당하거나 손에 대못을 박히는 고통과는 또 다른 종류의 고통이었다. 인간이 당할 수 있는 모든 종류의 고통을 예수님은 다 감당하셨던 것이다. 그 고통을 생각해보았을 것이다. 그 비명과 아픔의 신음소리와 채찍 휘두르는 소리, 손과 발을 못 박는 망치 소리들은 얼마나 괴롭게 느껴지는가? 예수님께서 무엇 때문에 그런 일을 당하고 계셨던가? 하나님으로부터 우리의 죄를 용서받으시기 위함이었던 것이다. 순전히 우리의 죄 용서를 위해서인 것이다.

그렇다면 내가 예수님 고통당하시는 그 앞에 서있다고 생각해보자. 예수님이 그 앞에 서 있는 나를 향하여 "나는 네가 용서받도록 하기 위해 이런 일을 당하고 있다. 너의 용서를 위해 값을 치르는 중이다. 죽음과 살이 찢어지는 고통으로도 씻을 수 없는 너의 죄를 위해 내가 대신 너의 고통을 당하고 있다. 순전히 너 때문이다." 이러신다면 우리의 가슴이 찢어지지 않겠는가? 바로 내 앞에서 온 얼굴이 피범벅이 되어 있고, 온몸에 살가죽이 다 벗겨지는 심한 채찍자국이 수없이 나 있고, 손과 발을 못 박힐 때 너무나도 고통스럽게 일그러져 있는 예수님의 얼굴을 보고 있다면 그 앞에서 통곡이 나오지 않겠는가? 그런데 도저히 씻을 수 없는 원죄도 아니고 나 개인에게 잘못한 사소한 죄를 보고 용서하지 못하겠다는 말이 나오겠는가?

물론 아무리 그래도 우리는 성령님의 역사하심으로써만이 그런 은혜를 누릴 수 있다. 하지만 우리는 모두 그리스도인들이다. 우리가 느끼든 느끼지 못하든 그리스도의 그 고통과 희생으로써 하나님으로부터 죄 용서를 받은 사람들이다. 남은 것은 그 은혜를 제대로 느껴야 한다는 점일 것이다. 미처 깨닫지 못한 상태로 예수님을 구주로 영접할 수는 있다. 그러나 아주 분명히 예수님의 그 고통과 상처와 희생으로써 우리들이 구원받았다. 그렇다면 그 십자가에서 예수님이 고통당하시면서 죽어 가실 때 우리도 예수님과 함께 매달려 있었다는 것을 생각해야 한다. 그것이 그리스도와의 연합이다. 그리스도와의 연합은 그리스도와 함께 죽고 그리스도와 함께 살아나며 그리스도와 함께 살아가는 것을 뜻한다. 그렇게 그리스도와 연합한 사람은 자신이 받은 그

놀라운 은혜를 생각하면서 자기도 당연히 다른 사람들의 죄를 용서해야 한다. 그리스도의 은혜를 알면서도 다른 사람의 잘못을 용서하지 못한다면 그는 가짜라고 할 수밖에 없을 것이다.

십자가를 안다면 사람을 용서하지 못할 이유가 없다. 예수님께서 우리의 용서를 위하여 얼마나 큰 고통과 조롱을 당하셨는지를 조금이라도 안다면 어떻게 다른 사람의 죄를 용서하지 못할 수가 있단 말인가? 그리스도인인 우리가 다른 사람을 용서하는 것은 우리의 의지나 노력으로 되는 것이 아니라 그리스도를 통하여 하나님의 용서를 받은 사람이 그 하나님의 용서를 가지고 다른 사람을 용서하는 것이다. 기독교 복음의 핵심이 용서라면 그 복음으로 거듭난 백성들은 당연히 이 용서를 행할 수 있다. 그리고 그것은 그리스도인의 가장 우선되는 정체성이다. 남을 용서하려고 억지로 애를 쓰지 말라. 용서가 잘 안 되면 그리스도의 십자가로 돌아오면 된다. 물론 그리스도인은 어떤 경우에라도 십자가로 돌아와야 한다. 실패해도 성공해도 십자가로 돌아오면 된다. 기쁨도 아픔도 상처도 모두 이 십자가 밑으로 가져오면 다 된다. 우리는 용서하는 사람들이다.

용서의 능력

우리가 사람을 용서한다는 것은 우리를 위하여 피 흘리신 그리스도 앞에서 용서하는 것이다. 곧 우리의 용서의 증인이 곧 그리스도 예수님인 것이다. 우리가 사람을 용서하면 인간관계에 국한되는 것 같지만 우리의 용서에 대한 증인이 그리스도라는 사실을 알아야 한다. 우리가 사람의 죄를 용서함으로써 하나님도 우리의 죄를 용서하시는 차원을 넘어서, 우리의 용서를 하나님도 인정하신다는 뜻이다. 하나님께서 인정하신다는 것이 무엇인지 아는가? 그것은 하나님의 상을 의미하는 것이고 또 그것을 통하여 하나님의 능력이 임한다는 뜻이다. 곧 용서는 우리의 심령 가운데 일어난 작은 영적 현상이 아니라 용서가 바로 능력이요 힘이 된다는 사실을 말하는 것이다.

"너희가 무슨 일에든지 누구를 용서하면 나도 그리하고 내가 만일 용서한 일이 있으면 용서한 그것은 너희를 위하여 그리스도 앞에서 한 것이니"(고후 2:10)

하나님은 용서를 통하여 우리의 죄뿐만 아니라 우리의 상처와 고통까지 치유해 주셨다. 그렇다면 우리의 용서도 죄뿐만 아니라 상처도 치유할 수 있다. 다른 사람에 대한 용서와 치유뿐 아니라 이 세상의 용서와 치유에도 능력을 발하게 되는 것이다. 생각해보면 하나님의 용서가 이 세상을 변화시켰다. 지금 비록 인간의 죄악으로 인하여 지상에서의 천국은 요원해 보이지만, 예수님의 제자들은 이 세상을 변화시켰다. 그것이 무엇의 힘인가? 그리스도의 용서의 힘이요 그리스도인들의 용서의 힘이었던 것이다. 용서는 힘이요 능력이다. 사람을 변화시킬 수 있는 직접적인 에너지가 될 수 있다. 물론 단순히 용서한다고 세상의 힘이 되는 것은 아니다. 그러나 용서의 힘이야말로 마치 무엇이든지 빨아들이는 블랙홀처럼 수많은 죄인들을 구원으로 인도할 수 있었던 것이다. 심지어 예수님은 지상에서 우리가 용서하면 하나님도 우리의 용서를 인정하신다고까지 말씀하셨다. 그래서 용서의 능력은 대단하다는 것이다.

"너희가 누구의 죄든지 사하면 사하여질 것이요 누구의 죄든지 그대로 두면 그대로 있으리라 하시니라"(요 20:23)

우리가 땅에서 용서하면 하늘에서 하나님이 일하신다. 용서의 힘의 근원은 바로 여기에 있는 것이다. 의인이란 무엇인가? 아무런 흠도 허물도 없는 사람을 말하는 것인가? 물론 어떤 면에서는 그렇다고 할 수 있다. 그러나 아무런 흠도 허물도 없는 사람이 존재할 수 있는가? 영적인 의미에서 의인이란 죄 용서를 받은 사람을 말한다. 그렇다면 우리가 지금까지 살펴보았던 것처럼 하나님의 용서를 받은 사람은 다른 사람의 죄를 이미 용서해준 사람이다. 전후관계와 시간순서에 차이가 있을지 모르지만 진정한 의미에서 죄 사함을 받은 사람은 다른 사람의 죄를 용서한 사람이다. 그러면 의인이란 다른 사람의 죄를 용서해준 사람이라는 뜻이 된다. 성경은 의인의 간구는 역사하는 힘이 크다고 했다. 풀어서 이야기하자면 다른 사람들의 죄를 용서해준 의인의 기도는 능력이 있다는 말과 같다.

> "믿음의 기도는 병든 자를 구원하리니 주께서 그를 일으키시리라 혹시 죄를 범하였을지라도 사하심을 받으리라 그러므로 너희 죄를 서로 고백하며 병이 낫기를 위하여 서로 기도하라 의인의 간구는 역사하는 힘이 큼이니라"(약 5:15-16)

의인이란 자신의 죄를 사함 받은 사람이면서 동시에 다른 사람의 죄를 용서하는 사람이다. 우리는 신분적으로 의인이다. 씻을 수 없는 원죄를 사함 받고 다른 사람을 용서하는 사람들이 그리스도인들이다. 용서하는 사람이라는 뜻은 저 하늘에 속한 것 외에는 다 양보할 수 있는 사람이라는 것이다. 그러니까 이 세상에서 상대방이 어떤 상처를 입히건 그것이 진리의 문제가 아니라면 손해를 보더라도 그냥 물러나는 사람이라는 말이다. 물론 수많은 상황들이 있을 것이다. 그러나 한결같은 원칙은 용서하고 용납하고 손해보고 양보하는 것이어야 한다. 그것이 용서하는 그리스도인이라는 것이다. 그리스도인의 정체성이 용서하는 사람이라면 이 정도는 되어야 정체성이라고 할 수 있는 것이 아니겠는가?

우리가 용서하고 용납하고 양보하면서 살 때 사람들은 우리를 그리스도인이라고 인정해 줄 수 있는 것이다. 그것이 우리가 이 땅이 아니라 저 하늘을 지향하면서, 이 세상의 삶의 원리가 아니라 하나님의 말씀대로 사는 사람이라는 증거가 되는 것이다. 용서하지 못하면 세상 사람들은 우리를 자신들과 똑같은 사람으로 생각할 것이다. 그러면 그들의 마음에는 하나님도 예수님도 비춰지지 못할 것이다. 우리는 세상의 거울이다. 하늘을 비추는 거울이다. 거울은 깨끗하게 닦여 있어야 한다. 그래야 하늘을 뚜렷하게 보여줄 수 있으니까. 깨끗하게 닦여진 거울이 바로 다른 사람을 용서한 그리스도인이다. 용서하지 못하고 잔뜩 웅크리고 있으면 하늘은 우리를 통하여 세상에 비춰질 수 없다. 곧 더러운 거울이 되는 것이다. 깨끗한 거울은 깨끗한 영혼을 말하는 것이며 깨끗한 영혼으로 뜨겁게 서로 사랑할 수 있게 되는 것이다. 참된 용서가 참된 사랑의 근원이 되는 것이다.

> "너희가 진리를 순종함으로 너희 영혼을 깨끗하게 하여 거짓이 없이 형제를 사랑하기에 이르렀으니 마음으로 뜨겁게 서로 사랑하라"(벧전 1:22)

용서로부터 비롯되는 능력은 사실상 믿음의 전 영역에 걸쳐서 다양하게 나타날 수 있다. 용서하지 못한다면 사실상 우리는 아무것도 할 수 없다. 하나님의 용서를 통하여 거듭난 백성이기 때문이다. 하나님께서 모든 인간을 구원하실 수 있는 근거가 바로 예수 그리스도의 보혈의 피를 통한 용서라면, 그 용서를 힘입어 죄 사함 받고 거듭난 백성들은 당연히 용서할 수 있어야 한다. 용서할 수 있으면 좋고 용서하지 못해도 어쩔 수 없는 것이 아니다. 우리가 다른 사람을 용서하지 못하면 하나님도 우리를 용서하실 수가 없다. 곧 우리의 용서의 능력이 우리 스스로 용서받을 수 있는 힘이 되는 것이다. 우리의 용서가 우리를 원한에서 해방시킨다. 상처의 종노릇하던 우리가 용서하면 거기에서 해방될 수 있다. 우리가 용서하면 사람들은 우리를 통하여 하나님의 용서에 눈을 뜬다. 그리스도인은 용서하는 사람들이다. 용서야말로 내가 먼저 사는 길이고 사람들을 하나님께로 인도하는 길이며 그리스도의 복음이 만민에게 전파될 수 있는 지름길이다. 마치 세례 요한의 선포처럼 우리의 용서가 주의 길을 곧게 하는 능력이 되는 것이다.

"선지자 이사야의 책에 쓴 바 광야에서 외치는 자의 소리가 있어 이르되 너희는 주의 길을 준비하라 그의 오실 길을 곧게 하라 모든 골짜기가 메워지고 모든 산과 작은 산이 낮아지고 굽은 것이 곧아지고 험한 길이 평탄하여질 것이요 모든 육체가 하나님의 구원하심을 보리라 함과 같으니라"(눅 3:4-6)

3. 버려야 사는 그리스도인

배설물처럼

그리스도인은 마치 공중을 날아다니는 새와 같은 면이 있다. 새들이 하늘을 마음껏 날아다니기 위해서는 끊임없이 버려야 한다. 만약에 버리지 못하면 그 무게 때문에 자유롭게 하늘을 날 수 없다. 하늘을 날아다니지 못하는 새는 새로서의 존재가치를 상실하게 된다. 날지 못하는 새는 더 이상 새가 아니다. 새가 계속 버려야 하는 것은 배설물이다. 새들은 새똥을 아무 데서나 즉각 즉각 버려야 계속 날아다닐 수 있다. 그리스도인의 본질은 무엇인가? 그리스도인은 이 세상을 살면서 버리는 사람들이다. 버려야 사는 것이 그리스도인의 두 번째 정체성이다. 버리지 못하고 계속 쌓는 사람들은 이미 그리스도인의 정체성을 잃어버린 사람이다.

그리스도인으로서 버릴 수 있는 것은 여러 가지가 있을 것이다. 소유, 지위, 명예, 돈, 인기, 권력, 자랑 등 이야기하자면 끝이 없다. 소유이든 지위이든 명예이든 그 자체가 귀하지 않은 것은 아니다. 왜냐하면 대부분의 경우 그것을 얻기 위해서 많은 노력이 뒤따랐을 것이고 땀과 눈물과 인내가 그 속에 숨어 있을 것이기 때문이다. 하지만 그런 것은 어디까지나 이 세상에 속한 것들이다. 세상에 속한 것들은 쌓으면 쌓을수록 명성을 얻는다. 세상은 점점 크고 넓고 높아지려는 속성을 가지고 있다. 그런데 그 속성의 결말이 무엇이겠는가? 하나님과 멀어지는 것이다. 결국 배설물을 버리지 못하고 날지 못하는 새가 되어버리는 것이다.

배설물이란 필요한 부분을 다 사용하고 난 찌꺼기이다. 곡식이든 벌레든 새가 먹고 나서 소화시키고 난 찌꺼기가 배설물이다. 세상에 찌꺼기를 가지고 보물처럼 간직하는 사람은 없다. 혹 시 찌꺼기가 도움을 주는 경우도 있지만 새들에게는 아무 필요 없는 배설물일 뿐이다. 배설물은 속히 버려야 한다. 그러면 그리스도인에게 있어서 배설물, 찌꺼기는 과연 무엇인가? 사도 바울은 자신에게 유익하던 모든 것을 배설물로 여긴다고 하였다. 실로 그는 모든 것을 잃어버렸고 배설물로 여겼다. 무엇을 위해서? 그리스도를 얻고 그 안에서 발견되기 위해서이다. 그러니까 바울에게 있어서 배설물이란 그리스도 안에서 사는 데 필요한 것 이외의 모든 것을 의미한다. 거기에는 소유, 지위, 명예, 돈, 인기, 권력, 자랑 등이 다 포함되어 있다. 아무리 보화처럼 보일지라도 그리스도와 함께 하는 데 방해가 된다면 그 모든 것은 배설물일 뿐인 것이다.

> "그러나 무엇이든지 내게 유익하던 것을 내가 그리스도를 위하여 다 해로 여길뿐더러 또한 모든 것을 해로 여김은 내 주 그리스도 예수를 아는 지식이 가장 고상하기 때문이라 내가 그를 위하여 모든 것을 잃어버리고 배설물로 여김은 그리스도를 얻고 그 안에서 발견되려 함이니 내가 가진 의는 율법에서 난 것이 아니요 오직 그리스도를 믿음으로 말미암은 것이니 곧 믿음으로 하나님께로부터 난 의라"(빌 3:7-9)

그러니까 똑같은 소유, 지위, 명예, 돈, 인기, 권력, 자랑이라 할지라도 그리스도와 함께 하는 데 도움이 된다면 그것은 보화이다. 그러나 아무리 위대한 모든 것이라도 그리스도와 함께 하는 데 조금이라도 방해가 된다면 그것은 전부 배설물이다. 누구든지 소유, 지위, 명예, 돈, 인기, 권력, 자랑을 쌓을 수는 있지만, 쌓는 것이 목적이 되거나 그것으로 자신을 높이려고 한다면 그것은 빨리 버려야 할 찌꺼기일 뿐인 것이다. 그리스도인에게도 모든 것이 쌓일 수는 있지만 쌓으려고 하면 안 된다. 쌓으려고 하는 순간 그것은 전부 배설물이나 찌꺼기로 전락할 뿐이다. 그렇다면 그런 것들은 마땅히 배설물로 여겨야 한다. 버려야 할 것을 버리지 못한다면 결코 온전한 그리스도인이라고 할 수는 없다. 그리고 절대로 예수님을 따르지는 못한다.

"이와 같이 너희 중의 누구든지 자기의 모든 소유를 버리지 아니하면 능히 내 제자가 되지 못하리라"(눅 14:33)

예수님의 제자들은 모든 것을 버려두고 예수님을 따라갔다. 자기 직업뿐만 아니라 그들 소유의 배도 가족들도 다 떠나갔다. 베드로와 안드레, 그리고 야고보와 요한, 세리 마태는 일체의 것을 버리고 오직 예수님만 믿고 따라 나섰다. 그들은 그들의 인생을 걸었다. 남은 인생 전부를 예수님께 맡긴 것이었다. 그 결과가 무엇인가? 베드로의 질문에 예수님은 모든 것을 버린 사람은 영원한 나라에서 열두 보좌에 앉게 될 것이라고 약속하셨다.

"이에 베드로가 대답하여 이르되 보소서 우리가 모든 것을 버리고 주를 따랐사온대 그런즉 우리가 무엇을 얻으리이까 예수께서 이르시되 내가 진실로 너희에게 이르노니 세상이 새롭게 되어 인자가 자기 영광의 보좌에 앉을 때에 나를 따르는 너희도 열두 보좌에 앉아 이스라엘 열두 지파를 심판하리라"(마 19:27-28)

그러면 버리고 떠나서 예수님을 따르기만 하면 무조건 하늘의 보좌가 주어지는가? 버리고 떠났다고 하면서도 야고보와 요한은 예수님이 세상을 정복했을 때 주님의 좌우편에 앉게 해달라고 했다. 이것은 무엇을 말하는가? 저들이 가족을 떠나기는 했지만 정말 버려야 할 것들을 버리지는 못했음을 뜻한다. 육신의 가족은 떠날 수 있었지만 세상에서 좀 더 높아지려고 하는 욕심으로부터 떠나지 못했다. 사실 이 제자들이 정말 하늘나라 열두 보좌에 앉게 되기까지는 앞으로 엄청난 고난의 여정이 필요하다. 결코 가족을 떠난 것만으로는 아무 자리에도 앉을 수가 없는 것이다. 그럼에도 불구하고 예수님은 제자들이 집과 배와 가족을 버리고 주님을 따른 것만으로 하늘나라의 보좌를 약속하신 것이다. 무엇을 말하는가? 그리스도인의 가장 우선되는 정체성이 바로 버리는 것을 뜻한다는 것이다.

버려야 시작된다. 버려야 모든 것을 얻을 수 있고 버릴 수 있어야 참된 신앙인이 될 수 있다. 버리지 못한다면 아무 것도 할 수 없다. 그리스도인으로서 출발조차 못하게 되는 것이다. 우리가 오해하는 것이 바로 이것이다. 내가 예수님을 믿는다는 것은 하나님 외에는 그 어떤 것도 우선할 수 없다는 것을 받아들인다는 말이다. 물론 처음 예수님을 영접할 때 이런 것을 다 알고 믿지는 않는다. 그러나 예수님을 내 인생의 주인으로 받아들일 때 누구든지 그 주인 외에는 어떤 사람이나 상황이나 조건도 따르지 않는다는 무언의 인식이 들어 있는 것이다. 현대인들에게는 이런 인식이 자동으로 생기지는 않겠지만, 박해 받던 시절에는 내가 예수님을 믿는다고 하면 모든 조건을 다 벗어버리겠다는 결단이 있는 것으로 간주될 수 있었다. 곧 예수님을 영접하고 믿는다는 것은 심하면 목숨까지도 위협받을 수 있다는 사실을 받아들이는 것이었다. 현대 교회의 위기는 이렇게 인식의 차이에 따르는 자연스러운 현상이다. 그렇기 때문에 이런 책이 필요해지게 된 것이다.

아무튼 그리스도인이 된다는 것은 가장 먼저 버릴 것을 버릴 때 성립될 수 있는 개념이다. 예수님께서 제자들에게 모든 것을 버리고 주를 따르는 사람들에게 영광의 자리를 주겠다고 하신 것은 어떤 의미일까? 아직 전혀 준비되어 있지 않을 뿐만 아니라 오히려 이 세상 왕국의 권세를 얻고자 하는 제자들에게 너무나도 엄청난 말씀을 주신 것이다. 어떤 의미인지조차 알지 못하던 제자들에게 이런 말씀을 주셨다는 것은 모든 출발점이 버림으로부터 시작되지 않으면 안 된다는 의미이다. 왜 그리스도인의 정체성이 버림이어야 하는가? 버리지 않으면 주님을 따를 수 없기 때문이다. 곧 그리스도인은 버리지 않으면 그리스도인으로서 살 수가 없다. 배설물을 버리지 못하는 새처럼 창공을 훌훌 날아갈 수 없게 되는 것이다. 그러므로 그리스도인은 버리는 존재이다.

모든 것을 버리려면 어떻게 해야 하는가? 모든 것을 버린다는 개념에 대해서는 다시 살펴보겠지만, 정말로 모든 것을 버리기 위해서는 우리에게 무엇이 가장 필요할까? 바울의 인식이 필요하다. 이 세상에서 추구하던 모든 것은 단순히 배설물에 불과하다는 인식이다. 물론 생활을 위하여 일을 하고 가족을 부양하기 위해서 돈을 벌고 살아갈 집을 마련하기 위해 예금하는 등의 일이 배설물이라는 이야기가 아니다. 삶을 위해 일하는 것은 고귀한 행위이다. 그러나 목적이 돈이 되고 목적이 집이 될 때 그것은 분명히 배설물이다. 집 몇 채 사고 팔고, 얼마나 큰 집에서 살고 있는지가 자랑이 되고 목적이 된다면 아무리 근사한 저택도 배설물이요 쓰레기에 불과하다. 똑같이 직장에 다녀도 어떤 목적을 가지고 일하느냐에 따라 그 가치는 엄청나게 차이가 난다. 그렇기 때문에 이 배설물 의식이 있어야 모든 것을 버릴 수 있게 되는 것이다.

썩을 것과 썩지 않을 것

배설물인가 아닌가를 분간하게 만드는 것은 썩을 것인가 썩지 않을 것인가의 문제로 이끌어질 수 있다. 왜냐하면 이 세상에서 추구하는 모든 것은 결국에는 썩어 없어질 것이기 때문이다. 그러니까 썩을 것을 추구한다면 그것은 배설물인 것이고 썩지 않을 것을 바라보고 나아간다면 그것은 배설물이 아니라 보화가 되는 것이다. 예를 들어 직장에 나가서 일을 하거나 사업을 할 때 그렇게 번 돈으로 가족들을 먹이고 입히고 헌금으로 교회를 돕고 그 중 일부를 다른 사람을 돕기 위해 일을 한다면, 그 사람이 번 돈은 배설물이 아니라 하늘의 보화로 쌓이게 될 것이다. 똑같이 일하고 돈을 벌어도 한 사람은 썩을 양식을 위해 일하는 것이고 다른 사람은 썩지 않을 영원한 양식을 위하여 일을 하게 되는 것이다. 이원론에 의하여 세상 일은 썩을 양식이고 교회 일은 썩지 않을 양식인 것이 아니다. 그리스도인은 당연히 썩지 않을 양식을 위하여 일하는 사람들이다.

"썩을 양식을 위하여 일하지 말고 영생하도록 있는 양식을 위하여 하라 이 양식은 인자가 너희에게 주리니 인자는 아버지 하나님께서 인 치신 자니라"(요 6:27)

우리가 썩을 것을 위하여 일하는 것은 어리석은 짓인 것을 모르는 것은 아니다. 문제는 썩을 것이 마치 썩지 않을 것처럼 보인다는 것이다. 썩을 것이라는 말은 처음에는 싱싱하다는 것을 전제로 하는 말이다. 원래는 새것이었다는 말이다. 새것은 영원히 새것일 것처럼 여겨지기 쉽다. 언제까지나 변치 않을 것 같은 착각이 들게 만드는 것이다. 돈이 그렇다. 돈을 많이 벌면 영원히 내 돈일 것이라고 생각하게 된다. 돈이 없어졌을 때를 생각하지 못한다. 큰 명예를 얻었다면 그 명예가 영원할 것이라고 생각하게 된다. 무슨 회장이니 총장이니 하는 자리에 연연한다면 그 삶은 언젠가는 여지없이 벗겨질 것이다. 이 세상에서 영원한 것은 없다. 이 세상에서 벌고 받고 얻고 쌓은 것들은 금방 사라지게 되어 있다. 명예와 명성도 그 사람이 죽으면 다 사라진다. 역사책에 기록된다고 해서 그의 명예가 그에게 영원토록 남아 있는 것은 아니다. 자신은 지옥에 떨어져서 고통당하고 있는데 살아있는 사람들은 그 이름을 칭송하는 일이 얼마든지 가능하다. 그 사람이 받은 명예와 명성은 반드시 썩어질 것들에 불과하다.

사람들은 이 썩어질 것들을 붙들고 결코 놓지 않으려고 발버둥 친다. 절대로 사라지지 않고 영원할 것처럼 그것을 죽도록 붙잡고 살아간다. 썩을 것을 껴안고 있으면 어떻게 되는 줄 아는가? 함께 썩어져서 고통당하면서 사라져버린다. 고대의 사형법 중에서 죽은 사람과 함께 묶어놓는 사형법이 있었다. 멀쩡하던 사형수도 죽은 시신과 함께 묶어놓으면 얼마 못가서 함께 썩으면서 고통당한 후에 죽게 된다. 지나친 비유일까? 우리들의 눈에 보이는 것은 허상이고 눈에 보이지 않는 것이 실상이다. 눈에 보이지 않는 썩을 것을 볼 줄 아는 사람이 그리스도인이다. 아무리 길어도 우리의 목숨과 함께 사라지는 것이 이 세상의 가치들이다. 온 천하를 얻어도 목숨이 다하는 날 그가 얻은 것 같은 모든 것은 썩어져버리게 되어 있다. 그래서 목숨보다 귀중한 것이 썩지 않을 것들인 것이다.

3. 버려야 사는 그리스도인

"사람이 만일 온 천하를 얻고도 자기 목숨을 잃으면 무엇이 유익하리요 사람이 무엇을 주고 자기 목숨과 바꾸겠느냐"(막 8:36-37)

썩을 것과 썩지 않을 것을 분별할 수 있다면 썩을 것을 배설물로 여기고 아낌없이 다 버릴 수 있을 것이다. 예를 들어 일반적으로 한 달 급여를 100이라고 놓았을 때 70은 가정을 위해 사용하고 15는 교회를 위해 사용한다고 해 보자. 이 때 남겨진 15에 대한 개념이 썩어질 것이 될 수도 있고 썩지 않을 것이 될 수도 있다. 15 중에서 얼마를 이웃을 위해 쓸 수 있느냐 하는 것이 쟁점이 될 것이다. 15 전부를 이웃을 위해 사용한다면 그 사람의 15는 전부 하늘나라의 보화가 될 것이다. 물론 돈의 사용처는 사람에 따라 너무나도 다양하게 쓰일 수 있기 때문에 딱 부러지게 어떤 것이라고 단정할 수는 없다. 대략적인 예를 든다면 그렇다는 것이다.

이럴 때, 그러면 70이라는 돈은 어떻게 보아야 할까? 70이라는 돈은 소모품이라고 생각하면 될 것 같다. 어떤 가치를 부여할 수 없는 돈이다. 하나님을 모르는 사람들도 자기 식구 살리기 위해 열심히 일하기 때문이다. 그러면 교회에 헌금으로 드린 15라는 돈은 어떻게 되는가? 이것은 그 사람의 마음가짐이나 믿음에 따라 전혀 달라지게 될 것이다. 하나님을 사랑하고 주님의 몸 된 교회를 세우기 위해 믿음으로 드린다면 그것은 분명히 썩지 않을 것들이다. 그러나 만약에 헌금을 드릴 때 보상으로 큰 복을 주실 줄 믿고 드린다거나 많은 것으로 드리면서 자랑하는 마음으로 드린다면 그것은 어쩌면 드린 만큼의 가치는 인정받지 못할 것이다. 물론 이웃에게 나눈 15의 돈도 마찬가지 원리가 적용된다. 하지만 그것은 대개 썩지 않을 것으로 인정받기 쉬운 돈이 될 것이다. 왜냐하면 얼마든지 자신을 위해 쓸 수 있는데 그것을 이웃에게 사용하는 것이기 때문이다.

우리는 지금 그리스도인의 정체성 중에서 버려야 산다는 주제로 이야기를 나누고 있다. 자기 자신이나 가족 등 아무튼 개인을 위해 소유하고 있는 모든 것들은 분명하게 썩을 것과 썩지 않을 것과 유지비 등 세 가지로 나눌 수 있다. 개인의 유익이나 욕심이 이 세상에서의 부를 쌓기 위해 일하거나 모으는 것은 그리스도인의 정체성에 전혀 맞지 않는다. 일하다가 보면 부가 쌓일 수는 있지만 스스로 쌓으려고 하면 그것은 단연코 썩어 없어질 것들이다. 그러나 교회를 위해서든 이웃을 위해서든 전도나 선교를 위해서든 하나님나라의 일에 쓰임받기 위해서 사용한다면 그것은 대개 썩지 않을 보화로 돌아오게 된다. 그러나 그것조차도 이 세상에서의 보상을 바라고 행하는 일이라면 그 효과는 반감되거나 그 마음만큼 차감되어버릴 것이다.

문제는 재산이 변동될 때일 것이다. 이사를 하기 위해 주택을 팔았는데 그 차액이 수천 내지는 수억에 이를 수도 있다. 그럴 때 그것을 어떻게 사용하느냐에 따라 썩을 것이 될 수도 있고 썩지 않을 것이 될 수도 있을 것이다. 보통 신앙생활을 하고 있는 성도라면 십일조와 감사헌금은 아마도 교회 헌금으로 드릴 것이다. 그러면 남은 돈이 문제가 되는데 일반적으로 교회에 헌금하는 것으로 하나님께 대한 물질적인 의무를 다했다고 생각할 것이다. 그리고 나머지는 자신이 어떻게 사용하든 별 문제가 없다고 생각한다. 그러나 중요한 것은 그 남은 돈이 썩어질 것인가 썩지 않을 것인가를 생각해야 한다는 점이다. 예수님은 교회에 대한 의무보다는 우리의 삶 속에서 이웃들에 대한 의무를 훨씬 더 강조하셨다. 교회에 헌금을 충실하게 하는 것으로 그리스도인의 물질생활이 끝나는 것은 전혀 아니다. 물론 그 헌금이라는 것도 어떤 마음으로 드리느냐에 따라 썩을 것이 될 수도 있고 썩지 않을 것이 될 수도 있겠지만 말이다.

조금 더 나아가서, 예수님께서는 교회생활에서의 의무보다 실제 삶에서의 태도를 훨씬 더 중요하게 여기신다. 우리가 천국에 갔을 때 지상에서의 물질생활에 대해서 어떤 평가를 받을 수 있을 것인가 하는 문제는 실제 삶에서 굉장히 중요한 문제이다. 하지만 복음이 종교화되면서 교회에 대한 의무만 다하면 우리 인생의 평가는 높게 나올 것이라는 생각으로 굳어져버렸다. 물론 그렇지 않다는 말이 아니다. 그러나 물질생활의 본질은 실제 삶에서 어떻게 사용하느냐에 주로 달려있는 것 또한 사실이다. 잘 알려져 있는 대로 주님은 우리 그리스도인들을 청지기로 보고 계신다. 청지기란 각자 자신에게 맡겨진 모든 소유를 자기 것이 아니라 하나님의 것으로 여기고 하나님의 마음으로 사람들에게 나누어주는 사람이다. 물론 여기에 교회도 포함될 수 있지만 예수님의 모든 가르치심과 삶의 모습을 보면 교회는 2차적이고, 날마다 함께 부딪치며 살아가는 사람들에게 직접 행할 것을 강조하신다. 교회에 헌금으로만 물질생활을 다한다면 예수님께서 정작 우리에게 원하시는 이웃에 대한 사랑과 긍휼과 헌신의 마음은 충분히 반영되기 힘들다. 그러므로 썩지 않을 것이란 사람들에게 직접 제공하는 물질이나 재능이나 수고가 될 것이 확실한 것이다.

> "주께서 이르시되 지혜 있고 진실한 청지기가 되어 주인에게 그 집 종들을 맡아 때를 따라 양식을 나누어 줄 자가 누구냐"(눅 12:42)

지금 교회의 구조는 사실상 이웃에게 직접 접촉하면서 그리스도의 사랑을 전파하기 어려운 구조이다. 모든 것이 교회로만 집중되어 있기 때문이다. 오해하지 마시라. 교회에서 행해지는 모든 신앙생활이 잘못 되었다는 것이 아니다. 다만 1 주일 중 5-6일을 세상에서 살아가는데 그 세상에서 행할 구체적인 행동방식과 방향성에 대한 지도가 많이 부족하다는 것이다. 그러니까 아주 예전에 선데이 크리스천이라는 말이 유행처럼 이야기되던 때가 있었는데, 지금 대부분의 성도들이 일요일에만 크리스천인 것처럼 비쳐질 때가 너무나도 많은 현실이다. 이래서는 교회가 힘을 펼 수가 없다. 복음이 능력을 드러내기가 어렵다. 왜냐하면 물질생활이든 예배나 기도 등 신앙생활이든 현실 속에서 삶의 방식으로 드러내는 사람들이 그리스도인이어야 하는데, 일요일에 교회에 다니는 것 외에 평일에는 세상 사람과 전혀 다를 것이 없는 삶을 영위하고 있기 때문인 것이다. 이래서는 세상의 빛도 아니고 소금도 아니다.

그러므로 썩지 않을 것은 생활 속에서 복음의 삶을 살 때에 성립되는 개념이고 썩을 것이란 세상 사람과 전혀 다를 것이 없는 생활을 할 때에 적용할 수 있는 말이다. 이것은 어떤 객관적인 기준을 들이밀 수 있는 것은 아니다. 다만 원리를 설명하고 있는 것이다. 사람은 사람의 마음이나 의도를 알 수 없기 때문이다. 그러나 하나님은 모든 것을 다 아신다. 우리의 의도가 어떤 것인지, 목적이 무엇인지, 그래서 그것이 썩을 것인지 썩지 않을 것인지를 다 아신다. 우리도 물론 스스로는 잘 알고 있다. 착각할 때도 많지만 기본적으로는 스스로 의도나 목적을 다 알고 있다. 그래서 우리의 믿음이 자라야 하는 것이다. 그것을 분별하기 위해서. 믿음이 적을 때에는 자신이 하는 일이 최선인 것으로 생각하기 쉽다. 하지만 스스로는 아주 잘 하고 있다고 생각하는데 사실은 하나님과 아무 관계없는 행동일 때가 많다. 아무튼 우리는 썩을 것과 썩지 않을 것을 잘 분별할 수 있도록 노력을 많이 해야 한다. 작고 사소한 것이라도 하늘에 썩지 않을 보화로 쌓일 수도 있고, 크고 대단한 것이라도 전부 이 세상에서 썩어 없어져버릴 것일 수도 있다. 우리는 썩지 않을 것을 위해 열심히 살 수 있어야 하겠다.

"이기기를 다투는 자마다 모든 일에 절제하나니 그들은 썩을 승리자의 관을 얻고자 하되 우리는 썩지 아니할 것을 얻고자 하노라"(고전 9:25)

자기 소유를 전부 버린다?

어떤 부자 청년이 예수님께 찾아와 영생을 얻으려면 어떻게 하면 되느냐고 질문을 하였다. 이 청년은 어릴 때부터 율법을 철저하게 지키며 신앙생활을 열심히 해 왔던 청년이었다. 그렇게 열심히 충성했기 때문에 마가는 예수님도 이 청년을 사랑하셨다고 기록하고 있다. 예수님도 사랑하는 마음이었지만 영생을 얻는 것에 대해서는 분명하게 가르쳐주셨다. 예수님은 영생을 얻는 비결을 모든 소유를 다 팔아서 가난한 사람들에게 나누어주는 것이라고 하셨다. 그것이 시작이라는 말씀이다. 왜냐하면 단순히 재산을 다 팔아서 가난한 사람들에게 나누어주는 것만으로 영생을 얻는 것은 아니기 때문이다. 물론 만약에 그렇게 할 수 있다면 정말 위대한 일이 아닐 수 없다. 우리들도 간혹 매스컴에서 평생 모든 재산을 어떤 기관에 기부한 이야기를 들을 때가 있다. 그것으로 대단한 일을 한 것이지만 단순히 그것 때문에 영생을 얻을 수 있는 것은 아니다. 믿음 안에서 그렇게 한 일이라면 하늘에는 보화가 쌓인다. 하지만 그 후에 예수님을 따라야 영생이 주어지는 것이다. 말하자면 전 재산을 다 팔아 가난한 사람들에게 나누어 주는 것은 영생의 출발점 또는 전제조건이라고 할 수 있는 것이다.

> "예수께서 그를 보시고 사랑하사 이르시되 네게 아직도 한 가지 부족한 것이 있으니 가서 네게 있는 것을 다 팔아 가난한 자들에게 주라 그리하면 하늘에서 보화가 네게 있으리라 그리고 와서 나를 따르라 하시니 그 사람은 재물이 많은 고로 이 말씀으로 인하여 슬픈 기색을 띠고 근심하며 가니라"(막 10:21-22)

이 믿음 좋은 청년은 예수님의 제안을 받아들이지 못하고 슬픈 얼굴로 예수님을 떠나갔다. 여기에서 질문 하나. 만약에 우리가 이 청년이었다면 예수님의 말씀에 순종하여 모든 재산을 다 팔아버릴 수 있을까? 아마도 우리들 대부분은 당장 결단하기 힘들 것이다. 물론 우리가 모두 부자인 것도 아니고 부자라고 해도 아주 다양한 상황이 있을 것인데 이것을 일률적으로 적용하기는 어려울 것이다. 그런데 성경은 이 청년이 재물이 많기 때문에 근심하며 가버렸다고 기록하고 있다. 문제는 재물 때문이라는 것이다. 그 청년이 쓸쓸한 걸음으로 뒤돌아서서 떠나가는 모습을 바라보시던 예수님은 또 받아들이기 힘든 말씀을 하신다. 부자는 천국에 가기가 어렵다는 말씀이었다. 부자는 이 세상에서 성공한 사람인데 천국에는 그 성공이 오히려 방해거리가 된다는 말씀이다. 곧 다 썩어질 것들을 보물처럼 꽉 껴안고 있다면 천국에는 갈 수 없다는 말씀이었다.

> "예수께서 둘러보시고 제자들에게 이르시되 재물이 있는 자는 하나님의 나라에 들어가기가 심히 어렵도다 하시니 제자들이 그 말씀에 놀라는지라 예수께서 다시 대답하여 이르시되 얘들아 하나님의 나라에 들어가기가 얼마나 어려운지 낙타가 바늘귀로 나가는 것이 부자가 하나님의 나라에 들어가는 것보다 쉬우니라 하시니"(막 10:23-25)

성경에는 이 청년과는 반대되는 사람이 등장하는데 삭개오가 그 사람이다. 이 청년과 삭개오의 공통점은 돈이 많다는 점이다. 하지만 여러모로 대조적인 사람들인 것도 분명하다. 청년은 믿음이 좋았고 삭개오는 세리장으로서 믿음과는 별로 관계없는 사람이었다. 청년은 젊었지만 삭개오는 나이가 많았다. 그러나 삭개오는 구원을 받았고 이 청년은 구원을 받아들이지 못했다. 그렇다. 청년은 스스로 구원을 받아들이지 못한 것이다. 그런데 예수님께서 이 청년에게는 가지고 있는 것을 다 팔아서 가난한 사람들에게 나누어주라고 하셨지만, 삭개오가 이런 말씀 없이 자기 재산의 절반을 가난한 사람들에게 나누어주겠다고 했고 혹시 잘못 거둔 세금이 있다면 네 배로 갚아주겠다고 했을 때 삭개오에게 구원을 선포하셨다. 무슨 차이인가?

> "삭개오가 서서 주께 여짜오되 주여 보시옵소서 내 소유의 절반을 가난한 자들에게 주겠사오며 만일 누구의 것을 속여 빼앗은 일이 있으면 네 갑절이나 갚겠나이다 예수께서 이르시되 오늘 구원이 이 집에 이르렀으니 이 사람도 아브라함의 자손임이로다 인자가 온 것은 잃어버린 자를 찾아 구원하려 함이니라"(눅 19:8-10)

물론 얼마만큼을 가난한 사람들에게 나누어주겠다는 그 금액만의 문제는 아니다. 그들의 결단을 통해서 그들의 믿음의 순수성을 볼 수 있다는 뜻이다. 모든 것을 버린다는 것은 믿음의 출발점이다. 그렇지만 삭개오는 모든 것이 아니라 절반만을 버리겠다고 했다. 그리고 혹시 토색한 것이 있으면 네 배로 갚겠다고 했다. 율법에는 자발적으로 갚으려는 경우에 20%만 더 얹어서 갚으면 된다(레 6:5)고 했지만 삭개오는 자발적으로 네 배를 갚겠다고 한 것이다. 아마도 삭개오가 탐관오리로서 많은 사람들을 억울하게 만드는 사람 같지는 않으므로 그런 약속을 할 수 있었을 것이다. 어쨌든 삭개오는 절반만 버리고서도 예수님으로부터 영생에 들어갈 자격을 인정받았던 셈이다. 물론 조건이 아니라 하나님의 전적인 은혜로써만 가능한 일이다.

중요한 것은 모든 것을 버린다는 의미가 무엇인가 하는 점이다. 문자 그대로 모든 것을 버린다면 두말 할 필요조차 없겠지만 그것은 문자적으로만 해석할 일은 아니다. 실제로 예수님을 따른다는 의미도 모든 것을 뒤로 하고 오직 예수님만 따라다닌다는 의미만은 아닌 것과 같은 이치이다. 삭개오는 절반만 버렸지만 그는 예수님의 말씀에 합당한 결단을 했다고 볼 수 있다. 그 부자 청년에게 예수님께서 하셨다는 말씀을 삭개오가 전해 들었을 리가 만무하다. 그럼에도 불구하고 삭개오는 예수님을 따른다는 것의 의미를 정확하게 알고 있었다고 볼 수 있다. 물론 다른 제자들처럼 직접 예수님을 따라간 것은 아니지만 그는 가장 우선시되는 것이 무엇인지를 이해하고 있었던 것이다. 복음의 본질을 잘 이해하기 위해서 꼭 많이 배우고 공부를 많이 해야만 하는 것은 아니다.

모든 것을 버린다는 의미를 우리는 베드로와 안드레, 야고보와 요한을 통하여 다시 한 번 점검하는 것이 좋겠다. 베드로와 안드레 형제, 야고보와 요한 형제는 공통적으로 자기 직업과 집과 가족을 떠나서 물리적으로 예수님을 따라나섰다. 어쩌면 모든 것을 버리고 예수님을 따르는 사람들의 가장 이상적인 모델일 수도 있을 것 같다. 그들은 각각 그물을 버려두고 따랐고 배와 아버지와 품꾼들을 버려두고 따라갔다. 그들은 일터에서 일하다가 말고 예수님을 따라가겠다고 훌훌 털고 나가 버린 것이었다. 이것이 모든 것을 버린다는 의미인가?

"갈릴리 해변으로 지나가시다가 시몬과 그 형제 안드레가 바다에

> 그물 던지는 것을 보시니 그들은 어부라 예수께서 이르시되 나를 따라오라 내가 너희로 사람을 낚는 어부가 되게 하리라 하시니 곧 그물을 버려두고 따르니라 조금 더 가시다가 세베대의 아들 야고보와 그 형제 요한을 보시니 그들도 배에 있어 그물을 깁는데 곧 부르시니 그 아버지 세베대를 품꾼들과 함께 배에 버려두고 예수를 따라가니라"(막 1:16-20)

그들이 가족들까지 버려두고 예수님을 따라 집을 떠난 것은 분명하지만 그렇다고 모든 혈연을 다 끊은 것은 아니다. 예수님을 따라서 함께 다니기 시작한 후로도 베드로에게는 집이 있었고 장모가 아파서 예수님께서 기도로 고쳐주기도 하셨다. 모든 것을 버렸다고 하지만 집과 가족들은 여전히 있었고 왕래하고 있었다.

> "예수께서 베드로의 집에 들어가사 그의 장모가 열병으로 앓아 누운 것을 보시고 그의 손을 만지시니 열병이 떠나가고 여인이 일어나서 예수께 수종들더라"(마 8:14-15)

뿐만 아니라 야고보와 요한의 어머니는 아들의 출세를 위해 예수님을 찾아 따로 청탁까지 했다. 세베대의 아들의 어머니는 누구인가? 야고보와 요한의 어머니이다. 표현을 빙빙 돌려서 했지만 세배대의 아들의 어머니 곧 세베대의 아내는 살로메를 가리키며, 예수님의 어머니 마리아의 친자매로 추정된다. 따라서 예수님을 따라 집을 나왔음에도 불구하고 그들에게는 여전히 집이 있었고 가족들과 긴밀한 왕래가 있었고 심지어 자식을 위해 청탁까지 하고 있었던 것이다.

> "그 때에 세베대의 아들의 어머니가 그 아들들을 데리고 예수께 와서 절하며 무엇을 구하니 예수께서 이르시되 무엇을 원하느냐 이르되 나의 이 두 아들을 주의 나라에서 하나는 주의 우편에, 하나는 주의 좌편에 앉게 명하소서"(마 20:20)

모든 경우를 살펴보았을 때 주님께서 모든 것을 버려야 함을 말씀하신 것은 근원적인 본질을 말씀하신 것이라고 볼 수 있다. 부자 청년은 예수님께서 말씀하신 본질을 거의 깨닫지 못하였고, 삭개오는 소유의 근원적인 이치를 알고 있었다. 베드로와 제자들은 분명히 물리적으로 모든 것을 떠나서 예수님을 따라다녔지만 복음의 핵심을 알지는 못하는 상태였다. 결국 모든 것을 버린다는 뜻은 우리의 모든 것, 심지어 목숨까지도 전부 주의 것이라는 사실을 완전히 인정하고 주께서 필요로 하실 때 아낌없이 주를 위해 사용할 수 있다는 뜻이다.

"우리가 살아도 주를 위하여 살고 죽어도 주를 위하여 죽나니 그러므로 사나 죽으나 우리가 주의 것이로다"(롬 14:8)

예수님을 찾아온 부자 청년에게 모든 소유를 팔아서 가난한 사람들에게 나누어주라고 하신 후에 그가 실망하며 돌아가자, 예수님은 부자가 천국에 들어가는 것은 낙타가 바늘구멍으로 들어가는 것보다 더 어렵다고 말씀하신다. 이 때 베드로의 질문에 대한 예수님의 말씀은 상당히 놀라운 것이라고 할 수 있다. 왜냐하면 그리스도의 참 제자는 예수님과 복음을 위하여 집이나 형제나 자매나 어머니나 아버지나 자식이나 전토를 버려야 할 것을 말씀하신 것이기 때문이다. 사실상 이런 기본전제가 되어 있지 못하면 그것은 예수님을 믿는 것이라고 할 수 없다. 물론 자식이고 부모고 전부 버려야 한다는 이야기는 아니다. 그러나 예수님과 복음보다 집이나 가족을 더 중요시한다면 그것은 거듭난 것이 아니다.

예수님을 믿자말자 그렇게 할 수 있는 것은 물론 아니다. 다만 복음이 무엇인지를 알게 된다면 그 모든 것보다 최우선적으로 하나님의 말씀을 따라야 하는 것은 틀림이 없다. 우리의 생명은 물론 물질이든 가족이든 집이든 재산이든 전부 하나님의 것이라는 실천적인 고백이 뒤따라야 우리는 비로소 그리스도인의 정체성을 소유할 수 있게 된다. 그리고 예수님과 복음과 부딪치는 모든 것은 전부 배설물이요 썩어질 것으로 여길 수 있어야 한다. 그가 가지고 있는 생각이나 가치 중에서 하나님의 말씀과 배치되는 모든 것이 배설물인 것이다.

> "베드로가 여짜와 이르되 보소서 우리가 모든 것을 버리고 주를 따랐나이다 예수께서 이르시되 내가 진실로 너희에게 이르노니 나와 복음을 위하여 집이나 형제나 자매나 어머니나 아버지나 자식이나 전토를 버린 자는 현세에 있어 집과 형제와 자매와 어머니와 자식과 전토를 백 배나 받되 박해를 겸하여 받고 내세에 영생을 받지 못할 자가 없느니라"(막 10:28-30)

자기를 버려야 산다.

버리는 것이 그리스도인으로서 가장 중요한 가치기준 중 하나이지만 본격적인 논의는 다른 곳에서 펼치기로 한다. 그렇지만 마무리하기 전에 우리가 진짜로 버려야 할 것을 생각해보고자 한다. 정작 버려야 할 것을 버리지 못하면 물질이든 재산이든 쉽게 포기할 수가 없다. 그것은 한 인간으로서의 존재가치이다. 그리스도인의 존재가치는 이 세상이나 땅에 있는 것은 아니다. 우리의 존재가치는 하나님께 있다. 하나님께서 우리의 존재가치를 높여주시면 우리는 가치 있는 사람이 되지만 만약에 하나님께서 우리의 존재가치를 인정하지 않으신다면 우리는 존재가치를 상실해버릴 것이다. 그것은 세상의 존재가치와는 정반대일 때가 많다.

하나님으로부터 우리의 존재가치를 인정받으려면 세상에서의 존재가치를 버려야 한다. 돈도 마찬가지이고 재산도 이 범주에 속한다. 인생에 있어서 돈이란 만능을 뜻하는 것이기 때문이다. 돈은 이 세상에서의 존재가치를 높여줄 수 있는 최상의 도구이다. 그러므로 자신의 존재가치를 하늘에 두지 못한다면 그는 돈을 포기할 수 없다. 존재가치란 곧 자기 자신을 말하는 것이다. 세상에서 자기를 포기하지 못하면 그리스도인으로서의 정체성을 유지할 수가 없다. 우리가 이 장에서 지금까지 생각해본 것도 전부 돈에 대한 이야기이지만 동시에 자기를 버릴 수 있느냐에 관한 문제이다. 하나님과 반대편에 있는 돈을 추구한다는 것은 절대로 자기를 버릴 수 없음을 뜻하는 것이다.

"돈을 사랑함이 일만 악의 뿌리가 되나니 이것을 탐내는 자들은 미혹을 받아 믿음에서 떠나 많은 근심으로써 자기를 찔렀도다"(딤전 6:10)

겉으로는 돈의 문제인 것 같지만 사실은 그 사람의 인격 전체에 대한 문제이다. 자기사랑, 돈사랑, 자랑, 교만, 비방, 감사하지 않음, 거룩하지 않음 등은 전부 같은 말이나 마찬가지이다. 왜냐하면 자기를 사랑하는 사람이 돈을 사랑하게 되어 있으며, 그런 사람은 이 세상의 것으로 자랑하는 사람이고, 동시에 그로 인하여 다른 사람을 깔보는 교만한 사람인 것이다. 또한 다른 사람을 비방하기를 잘 하고 부모를 거슬리며, 그런 사람은 감사가 없고 구별될 수도 없는 것이다. 마치 고구마의 뿌리를 캐면 줄줄이 열매들이 달려 올라오는 것처럼 전부 한 뿌리, 한 가지, 한 인격에서 같은 특징들이 나오는 것이기 때문이다. 그러므로 하나님께 자기존재의 가치를 두는 사람이어야 이런 현상을 이겨나갈 수 있는 것이다. 그러므로 자기를 버리지 않으면 살 수 없는 사람들이 그리스도인들이다.

> "사람들이 자기를 사랑하며 돈을 사랑하며 자랑하며 교만하며 비방하며 부모를 거역하며 감사하지 아니하며 거룩하지 아니하며"(딤후 3:2)

자기를 버린 모습을 가장 극적으로 보여주신 분이 바로 그리스도 예수님이다. 예수님은 하늘나라의 가장 높은 보좌에서 자기를 버리셨다. 그리고 이 세상에서도 가장 낮은 곳의 구유에 눕혀지셨다. 그리고 목수의 아들로서 사시다가 가장 험악한 사형수가 되어서 십자가에 못 박히셨다. 이것보다 더 낮아질 수는 없다. 뿐만 아니라 군병들에게 체포되어 십자가에서 운명하시기까지 숱한 조롱과 모욕과 수치를 다 감당하셨다. 인간으로 본다면 세상에서는 존재가치 제로의 모습일 수밖에 없다. 자기를 낮추시고 자기를 버리지 못하셨다면 결코 이루어질 수 없는 대사건이었다.

> "오히려 자기를 비워 종의 형체를 가지사 사람들과 같이 되셨고 사람의 모양으로 나타나사 자기를 낮추시고 죽기까지 복종하셨으니 곧 십자가에 죽으심이라"(빌 2:7-8)

그러나 세상에서는 존재가치가 거의 없으셨지만 하나님께는 모든 만물들보다 높은 존재가치를 인정받으셨다. 만약에 예수님께서 자기를 버리지 못하셨다면 그 결과는 어땠을까? 말할 것도 없이 우리의 구원은 결코 이루어질 수 없었을 것이고 세상은 더욱 더 멸망으로 치달을 수밖에 없었을 것이다. 그러나 예수님의 낮아지심과 버리심이 있었기 때문에 죄 가운데 버려져 있었던 인생들에게 구원의 길이 활짝 열릴 수 있었던 것이다. 우리 그리스도인들의 버림도 이와 같아야 한다. 버림의 목적은 1차로 하나님께 모든 영광을 돌려드리는 것이고, 2차로는 저 하늘에서의 우리들의 존재를 인정받는 것이다.

> "모든 통치와 권세와 능력과 주권과 이 세상뿐 아니라 오는 세상에 일컫는 모든 이름 위에 뛰어나게 하시고 또 만물을 그의 발 아래에 복종하게 하시고 그를 만물 위에 교회의 머리로 삼으셨느니라"(엡 1:21-22)

예수님은 끊임없이 자기를 낮추고 자기를 버리라고 말씀하셨다. 왜 다른 사람들이 요구하는 것을 갑절 이상 갚아주라고 명하시는 것인가? 이 세상에서의 존재가치가 우리들을 결정하는 것이 아니라 하나님께서 인정하시는 존재가치가 진정한 우리들의 가치이기 때문이다. 자기를 버리지 못한 사람은 그렇게 행동해야 할 이유도 없고 그렇게 행동할 필요도 없는 것이다. 그리스도인들은 하나님 앞에서 자신의 가치를 보여주는 사람들이다.

> "나는 너희에게 이르노니 악한 자를 대적하지 말라 누구든지 네 오른편 뺨을 치거든 왼편도 돌려 대며 또 너를 고발하여 속옷을 가지고자 하는 자에게 겉옷까지도 가지게 하며 또 누구든지 너로 억지로 오 리를 가게 하거든 그 사람과 십 리를 동행하고 네게 구하는 자에게 주며 네게 꾸고자 하는 자에게 거절하지 말라"(마 5:39-42)

그러므로 그리스도인으로서 세상에 자기를 높이 보이려고 하는 사람들보다 더 어리석은 사람은 없다. 그렇게 어리석은 사람들이 바로 바리새인들이었다. 저들은 모든 종교적인 일을 사람에게 보이려고 의식적으로 행하는 사람들이었다. 그들은 하나같이 하나님으로부터 버림받은 사람들이었던 것이다.

> "그들의 모든 행위를 사람에게 보이고자 하나니 곧 그 경문 띠를 넓게 하며 옷술을 길게 하고 잔치의 윗자리와 회당의 높은 자리와 시장에서 문안 받는 것과 사람에게 랍비라 칭함을 받는 것을 좋아하느니라 그러나 너희는 랍비라 칭함을 받지 말라 너희 선생은 하나

요 너희는 다 형제니라"(마 23:5-8)

우리 그리스도인들은 자기를 버리지 않으면 하나님 앞에 설 수 없는 사람들이다. 그것이 그리스도인의 정체성이다. 스스로를 돌아보자. 하나님 앞에 서기 위하여 살고 있는지를.

"누구든지 자기를 높이는 자는 낮아지고 누구든지 자기를 낮추는 자는 높아지리라"(마 23:12)

4. 싸우는 그리스도인

그리스도인이란 용서하는 사람이고 모든 것을 버려야 사는 사람들이다. 그들은 사람을 미워하지 않으려고 애를 쓰며, 자신에게 잘못을 저질러도 원망하지 않으며, 아무리 억울해도 스스로 무엇을 갚으려고 하지 않고 하나님께 모든 것을 맡기는 사람들이다. 그들은 용서하기를 잘 하고 다른 사람들이 잘못한 일을 곧잘 잊어버리며 관용하고 용납하고 화합하기를 위해 애를 쓰는 사람들이다. 그리고 그리스도인들은 도대체가 욕심이 없는 사람들이다. 혹시 다른 사람들과 이익이 부딪칠 때에는 어김없이 양보하고, 손해를 보아도 별로 개의치 않는다. 그들이 모르거나 어리석어서가 아니라 다 알면서도 양보하는 것이다.

그들은 무엇인가 쌓았던 것을 나누기를 좋아하고, 올라갔던 지위에서도 기꺼이 내려올 줄 아는 사람들이다. 그들은 지위나 쌓아놓은 부 자체에 관심이 없고 그것을 통하여 이루어질 일에 대해서 관심이 많은 사람들이다. 그러다 보니까 그리스도인은 마음 좋고 양보 잘 하며 남을 돕는 일에 적극적이고 도대체가 싸울 줄을 모르는 사람들이다. 그렇다고 사람들이 이런 그들의 모습을 보고 무시하거나 하찮게 여기는 것도 아니다. 왜냐하면 그들의 마음속에 흐르는 모든 것이 사랑으로부터 출발하는 것이기 때문이다. 물론 때로는 그리스도인들을 비난하거나 공격하는 사람들도 있다. 그런데 그런 비난은 근거가 희박하거나 종교적인 편견을 가지고 일방적으로 비판하는 것일 때가 대부분이다. 때로는 같은 기독교인이라고 하는 사람들이 지나칠 정도로 끈질기게 그리스도인들을 비난하고 공격하는 경우도 있지만, 자세하게 들여다 보면 소위 기독교 내의 이단사상자들이나 인본주의적인 사람들의 활동인 것을 알 수 있다.

이상과 같이 그려낸 그리스도인의 모습은 상당히 과장된 것일 수도 있고, 현실적인 기독교인들의 모습과는 괴리가 클 것임에 틀림없을 것이다. 하지만 원래 그리스도인들의 모습은 지금 설명한 바와 같은 그런 모습들이다. 그리스도인들이 이런 모습들을 보여줄 때 그들은 새로운 피조물로서 완전히 다른 종족의 모습을 드러내주는 것이다.

잘 싸우는 사람?

조금은 바보스럽거나 순진해 보이는 이런 모습이 원래 그리스도인들의 모습이라면 그들은 정말 이상한 사람들인가? 그들의 입장에서 복음과 진리에 도전을 받을 때 외에는 거의 무조건 양보하고 용서하고 나누어주는 그런 모습을 보여준다면 그리스도인이란 태생적으로 그런 것인가? 그렇게 세상을 아름답고 유익하게 만드는 일에 그리스도인들이 많이 사용된다면 그것이 그들의 본능이라고 말할 수 있을까? 하지만 우리가 알아야 할 것은 만약에 그런 온전한 그리스도인의 모습을 보여주는 사람이 있다면 그것은 본래 그런 사람이라서가 아니라 스스로 엄청난 싸움을 싸운 결과라는 것을 알아야 한다. 그러니까 그렇게 아름다운 그리스도인의 모습을 외적으로 보여주는 삶을 살고 있는 사람이라면 그는 신앙적으로 잘 훈련되어 있으며 언제나 스스로 싸우고 있는 사람이라고 보는 것이 정확할 것이다. 자신과 싸우고 영적으로 싸우고 세상의 가치체계와 싸우고 비본직적인 요소들과 싸우고 있는 사람인 것이다. 그렇게 잘 싸우지 않고는 일관된 그리스도인의 자세를 유지하기 어려울 것이다. 사도 바울조차도 스스로 싸우지 않고 그 모든 것을 이룰 수는 없었다.

> "그러므로 나는 달음질하기를 향방 없는 것 같이 아니하고 싸우기를 허공을 치는 것 같이 아니하며 내가 내 몸을 쳐 복종하게 함은 내가 남에게 전파한 후에 자신이 도리어 버림을 당할까 두려워함이로다"(고전 9:26-27)

물론 그리스도인의 싸움은 육신적이거나 세상적인 싸움은 아니다. 때로 아주 잘 싸우는 기독교인을 본다. 조금도 양보가 없고 자신만이 옳고 상대방을 깎아내리는 데 여념이 없다. 걸핏하면 고소나 고발부터 한다. 조금도 손해 안 보려고 발버둥을 친다. 싸워서 이겨야 직성이 풀리고 경쟁에서 승리해야 하나님이 도왔다고 말한다. 자기가 옳은 것을 증명하기 위하여 억지주장을 펼치고 돈을 써서라도 자기편을 만들어 낸다. 굳이 선거 이야기를 언급하지 않더라도 잘 싸우는(?) 기독교인들이 참 많다. 하지만 그런 것은 그리스도인의 싸움이 절대 아니다. 그런 것이라면 세상 사람들 중에 훨씬 뛰어난 사람들이 부지기수이다. 만약에 그리스도인이라면서 그런 싸움을 잘 하고 자주 한다면 그 사람은 온전한 그리스도인일 수 없다. 그리스도인으로서의 정체성을 전혀 가지고 있지 않기 때문이다. 물론 어쩌다가 그런 일에 부딪칠 때도 있다. 그리고 거기에서 자존심 대결을 펼치며 싸워 이기려는 모습을 보일 수도 있다. 그러나 그것이 일시적, 순간적인 것이라면 아직 그리스도인으로서의 훈련이 덜 된 결과일 뿐일 수도 있을 것이다.

그렇다면 그리스도인들은 어떤 싸움을 싸우는 사람들인가? 예수 믿으면 평안이 있고 기쁨이 오고 문제가 풀리고 축복을 받는다고 하는데, 그런데 싸워야 한다고? 그저 열심히 교회에 다니고 기도 열심히 하고 봉사 잘 하면 다 잘 되는 줄 알았는데 무엇을 또 싸우라는 말인가? 결론부터 말하자면 싸우지 않고는 온전한 신앙생활을 할 수가 없다. 물론 싸움이란 눈에 보이는 그런 싸움은 아니다. 그렇지만 싸움은 싸움이다. 누구와 싸우건 조건과 싸우건 스스로와 싸우건 우리는 싸우는 사람들이다. 싸운다는 것은 무엇인가? 사도 바울은 이것을 선한 싸움이라고 말하고 있다. 특별히 바울은 영적 아들 디모데에게 보내는 편지에서 선한 싸움을 강조하고 있다. 왜 특히 디모데에게만 선한 싸움을 강조하는 것일까? 어떻게 보면 싸우기를 싫어하는 디모데에게 전하는 권면이라고 볼 수도 있을지 모르겠다.

"아들 디모데야 내가 네게 이 교훈으로써 명하노니 전에 너를 지도한 예언을 따라 그것으로 선한 싸움을 싸우며 믿음과 착한 양심을 가지라"(딤전 1:18-19上)

이것은 어떤 의미에서 그리스도인으로 하여금 계속해서 선한 싸움을 싸울 것을 권면하는 것과 같다. 그리스도인은 싸우지 않으면 실패하는 사람들이다. 마치 자전거 페달을 밟지 않으면 한 쪽으로 쓰러지는 것과 같고 새가 날갯짓을 멈추면 그대로 추락해버리는 것과 같은 이치이다. 그리스도인의 정체성은 어떤 싸움을 어떻게 싸우느냐에 달려있다. 바울은 디모데를 향하여 하나님께서 너를 부르신 목적은 선한 싸움을 싸우게 하기 위한 것이라고까지 썼다. 그렇다. 하나님은 그리스도인을 새로 창조하시면서 스스로 싸우는 사람들로 재창조하셨다. 당연히 싸워야 할 싸움을 싸우지 않는다면 목적지인 영생에 이르지 못할 뿐만 아니라 마귀의 밥이 되고 만다. 그리고 하나님은 선한 싸움을 싸우도록 우리를 부르시고 세상에 그리스도의 증인으로서의 역할을 감당하도록 부르셨다.

> "믿음의 선한 싸움을 싸우라 영생을 취하라 이를 위하여 네가 부르심을 받았고 많은 증인 앞에서 선한 증언을 하였도다"(딤전 6:12)

그리고 바울은 자신이 어떻게 선한 싸움을 싸워 왔는지를 설명하고 있다. 선한 싸움은 달려갈 길을 끝까지 달려가는 것이다. 사실 바울의 선한 싸움은 우리가 쉽게 따라갈 수 있는 것은 아니다. 바울이 죄와 욕심과의 싸움은 물론이고 자기 사명을 지키기 위해 얼마나 심한 싸움을 해왔는가를 생각하면 이 선한 싸움은 참으로 어려운 싸움임에 틀림이 없다. 육신의 싸움이라면 이길 때도 있고 질 때도 있으며 싸움의 결과에 깨끗하게 승복하고 나면 그만이다. 그러나 그리스도인들이 싸워야 하는 선한 싸움에서는 반드시 이겨야 한다. 물론 실패할 때도 있겠지만 그렇기 때문에 믿음을 가지고 선한 싸움을 싸워나가야 하는 것이다. 그렇게 달려갈 길을 끝까지 달려간 후에 그를 기다리는 것은 무엇인가? 의의 면류관이 그를 기다리고 있는 것이다. 믿음의 선한 싸움은 하늘의 면류관으로 돌아오는 것이다.

> "나는 선한 싸움을 싸우고 나의 달려갈 길을 마치고 믿음을 지켰으니 이제 후로는 나를 위하여 의의 면류관이 예비되었으므로 주 곧 의로우신 재판장이 그 날에 내게 주실 것이며 내게만 아니라 주의 나타나심을 사모하는 모든 자에게도니라"(딤후 4:7-8)

선한 싸움의 실체

그러면 구체적으로 그리스도인들은 어떤 종류의 싸움을 싸우는 사람들인가? 보통 싸움이란 생각이 충돌하거나 이익이 부딪칠 때 일어나는 현상이다. 그렇다면 그리스도인의 싸움에는 어떤 이익이 포함되겠는가? 그리스도인의 선한 싸움도 얻을 수 있는 이익이 있기 때문에 벌어지는 것이 아니겠는가? 만약에 그 이익을 잃어버렸을 때 심각한 결과가 나타날 수 있다면 그 이익은 반드시 지켜야 한다. 여기에서 이익이라고 하니까 아무리 심각하다고 표현을 해도 거의 심각하게 느껴지지 않을 수도 있다. 그렇다면 그 이익이 우리의 생명과 직접적인 관련이 있다고 하면 보다 심각해지겠는가? 그렇다. 그리스도인의 싸움은 생명과 깊은 관련이 있다. 이기면 목숨을 살릴 수 있지만 지면 목숨을 잃어버릴 수도 있는 아주 중차대한 이익이다. 그러니까 그리스도인의 싸움은 죽기 살기로 싸워야만 하는, 모든 힘을 다해야만 승리할 수 있는 그런 싸움이다. 이기면 엄청난 보화가 하늘에서 기다리지만, 지면 모든 것을 다 잃어버릴 뿐만 아니라 아예 사탄의 먹이가 될 수도 있는 심각한 싸움인 것이다.

그리스도인들이 가장 먼저 싸워야 할 대상은 말할 것도 없이 죄이다. 사람이 어떻게 죄와 싸워 이길 수 있겠는가? 물론 성령님의 능력이 아니고서는 죄와 싸울 수 없다. 하지만 이미 예수님은 우리의 죄와 싸워 이기셨다. 죄의 주인인 사탄의 권세를 십자가 죽으심으로 깨뜨려 버리셨다. 그래서 그것이 우리가 죄와 싸워 이길 수 있는 근거가 되는 것이다. 단순히 죄라고는 하지만 우리가 죄를 짓는 순간 우리는 누구에게 속하는 사람이 되겠는가? 적어도 죄를 짓는 순간은 마귀에게 순종하는 마귀의 자식과 같이 되는 것을 알아야 한다. 베드로가 예수님의 십자가 고난을 반대했을 때 예수님은 베드로를 향하여 무엇이라고 책망하셨는가? "사탄아, 물러가라!"고 강하게 말씀하셨다. 모든 죄는 마귀에게 속한 것이다.

"죄를 짓는 자는 마귀에게 속하나니 마귀는 처음부터 범죄함이라 하나님의 아들이 나타나신 것은 마귀의 일을 멸하려 하심이라"(요일 3:8)

그러면 죄와 싸운다는 것은 마귀와 싸우는 것인데, 마귀와 싸울 때 우리가 어떻게 해야 하겠는가? 적어도 죄와 싸울 때에는 죽을 것같이 싸워야 한다. 물론 우리를 위해 이미 예수님께서 다 싸워주셨다. 그러면 된 것인가? 우리가 죄와 싸운다는 것은 죽기 살기로 예수님을 의지하는 것이다. 싸우는 것이 아니라 주님만을 신뢰하고 절대적으로 의존하는 것이다. 그것이 우리의 싸움의 정체이다. 우리가 죄와 싸울 때에는 물론 직접적으로 죄와 대항해서 죄에 빠지지 않고 물리쳐야 하는 것은 맞지만, 싸우는 그 자체를 성령님께 맡겨야 하는 것이다. 무심코 죄와 싸워 가볍게 이길 수는 없다. 그래서 히브리서는 죄와 싸울 때에는 피 흘리기까지 대항해야 한다고 하는 것이다. 죄와는 적극적으로 맞서야 한다. 소극적으로 방어만 해서는 이길 수가 없다.

"너희가 죄와 싸우되 아직 피 흘리기까지는 대항하지 아니하고"(히 12:4)

그리고 물론 우리는 고난과 싸워야 한다. 고난이 오면 특별한 기회가 왔다고 기뻐해야 하는 것은 맞지만, 그 고난과 싸워 이기지 않으면 한낱 패잔병에 지나지 않게 된다. 고난은 큰 복으로 갚아질 수도 있고 마귀의 밥이 되는 결과로 나타날 수도 있다. 그런데 싸우지 않으면 틀림없이 패배하게 되고 하나님께서 고난을 이긴 사람들을 위해 예비하신 그 어떤 것도 받아 누릴 수 없게 된다. 고난은 믿는 사람들에게 필수적으로 준비하신 복의 통로이다. 그러므로 이 고난에 들어가지 못하거나 고난을 피하거나 고난과 싸우지 않거나 싸우더라도 패하면 그 어떤 복도 얻을 수 없다. 고난은 필수과정이고 시험과목이다. 예수님은 엄청난 고난을 단지 우리들의 죄 사함을 위해 당하시고 이기셨다. 우리에게도 바로 그 길이 열려있다.

"그리스도를 위하여 너희에게 은혜를 주신 것은 다만 그를 믿을 뿐 아니라 또한 그를 위하여 고난도 받게 하려 하심이라 너희에게도 그와 같은 싸움이 있으니 너희가 내 안에서 본 바요 이제도 내 안에서 듣는 바니라"(빌 1:29-30)

그러면 고난과 싸워 이기려면 어떻게 하면 되겠는가? 단지 환경으로 다가오는 고난과 어떻게 싸워야 이길 수가 있는 것인가? 물론 고난에는 마귀가 주는 고난도 있지만 하나님의 징계도 있을 수 있다. 하지만 어떤 고난이라도 그것과 싸워 이길 수 있는 힘은 오래 참음에 있다고 할 수 있다. 마귀가 주는 고난이든 하나님께서 주시는 시험이든 고난의 성격은 동일하다. 끝까지 참되 피하거나 떠나거나 포기하거나 뒤돌아서지 않는 것이 고난과 싸워 이길 수 있는 비결이다. 그러므로 고난이 왔을 때 무조건 마귀가 주는 것이라고 단정해서는 안 된다. 다만 고난은 우리가 강하게 싸워서 이겨야 할 대상인 것만은 분명하다.

"주께서 그 사랑하시는 자를 징계하시고 그가 받아들이시는 아들마다 채찍질하심이라 하였으니 너희가 참음은 징계를 받기 위함이라 하나님이 아들과 같이 너희를 대우하시나니 어찌 아버지가 징계하지 않는 아들이 있으리요 징계는 다 받는 것이거늘 너희에게 없으면 사생자요 친아들이 아니니라"(히 12:6-8)

또 다른 중요한 싸움은 육체의 정욕과 싸우는 것이다. 물론 이것은 죄와 깊은 관련이 있지만 육체적이고 본능적인 싸움은 어떤 의미에서 독립된 싸움이라고 할 수 있다. 왜냐하면 어떤 거룩한 목적을 위해 싸우는 것이 아니기 때문이다. 곧 육체의 정욕적인 유혹에서 벗어나기 위해서 그 유혹의 환경 자체를 이겨내야 하는 것이기 때문이다. 다른 싸움은 대적하여 참고 견뎌야 하지만 육체와의 싸움은 참고 견디는 것이 아니라 피하고 잊어버리는 것이 선한 싸움인 것이다.

"이로써 그 보배롭고 지극히 큰 약속을 우리에게 주사 이 약속으로 말미암아 너희가 정욕 때문에 세상에서 썩어질 것을 '피하여' 신성한 성품에 참여하는 자가 되게 하려 하셨느니라"(벧후 1:4)

다만 피하는 것이 선한 싸움인 경우는 육체와의 싸움에만 국한 되는 것은 아니다. 우상숭배의 자리도 피해야 한다. 또한 인간관계에서 쓸데없이 부딪치는 자리도 피하는 것이 좋다. 끊임없이 세상 속에서 세상의 가치와 싸워야 하는 그리스도인으로서 피해야 할 자리나 상황은 너무나도 많다. 그것은 선한 싸움에서 승리하는 비결이기도 한 것이다.

"그런즉 내 사랑하는 자들아 우상 숭배하는 일을 '피하라'"(고전 10:14)

"그러나 어리석은 변론과 족보 이야기와 분쟁과 율법에 대한 다툼은 '피하라' 이것은 무익한 것이요 헛된 것이니라"(딛 3:9)

그리고 세상 속에서 혹은 교회 안에서도 싸움이나 다툼이 많이 일어날 수 있는데 이것을 피해야 한다. 이것은 세상 사람들에게 대한 이야기가 아니라 믿음의 사람들 가운데에서도 반드시 피해야 할 상황들이다. 물론 선한 싸움과 직결되는 것은 아니지만 그리스도인들의 영적 유익에는 아무런 도움이 되지 않을 뿐만 아니라 큰 훼방거리가 될 수도 있기 때문이다. 교회 안에서나 또는 그리스도인들 사이에서 벌어질 수 있는 마찰들은 그리스도인의 정체성을 잃어버릴 때 크게 드러날 수 있다. 사실은 모든 것이 결코 얻을 수 없는 것들임에도 일시적인 욕심 때문에 각종 분규가 일어나게 되는 것이다.

> "너희 중에 싸움이 어디로부터 다툼이 어디로부터 나느냐 너희 지체 중에서 싸우는 정욕으로부터 나는 것이 아니냐 너희는 욕심을 내어도 얻지 못하여 살인하며 시기하여도 능히 취하지 못하므로 다투고 싸우는도다"(약 4:1-2上)

우리는 지금 그리스도인의 정체성을 살펴보고 있다. 그리스도인은 싸우지 않으면 앉아서 패배하는 사람들이다. 싸우지 않으면 영문도 모르는 채 마귀에게 점령당하여 그의 조종을 받는 사람이 될 뿐이다. 그리스도인이 아니라면 이런 종류의 싸움을 싸울 필요가 없다. 어차피 자기들끼리는 같은 편이니까. 그리고 그들은 자신들의 번영과 성공을 위해 싸우는 사람들이니까. 그러나 우리는 싸우지 않으면 그리스도인의 정체성을 잃어버린 사람들이 될 뿐이다. 곧 선한 싸움을 싸우지 않으면 우리도 여전히 세상과 똑같이 번영과 성공을 위하여 싸우는 사람들로 머물게 될 뿐인 것이다. 그래서 그리스도인의 선한 싸움의 출발점은 자기 자신과의 싸움이다. 자신의 죄와 욕심과 온갖 종류의 연약함과 싸우겠다는 의지가 가장 먼저 필요하다. 사도 바울 같은 사람조차도 마음속에서는 날마다 싸움이 일어나고 있는 것을 고백할 정도이다.

> "내 지체 속에서 한 다른 법이 내 마음의 법과 싸워 내 지체 속에 있는 죄의 법으로 나를 사로잡는 것을 보는도다"(롬 7:23)

우리 자신과의 싸움의 목적은 자기 십자가를 지고 주님을 따르는 것이다. 그것을 예수님은 자기를 부인하는 것이라고 말씀하신다. 자기를 부인하려면 자신의 내면의 자아와 싸워야 한다. 내면의 자아는 죄를 지으려는 자아이다. 자신의 본능을 따르려는 자아이다. 육체의 욕심과 마음의 탐욕을 쫓아가려는 자아이다. 이 자아는 스스로 만들어내는 것이 아니다. 그것은 욕심을 따라가려는 강력한 힘을 가지고 있다. 그래서 이런 자아와 싸우려면 자기 자신을 부인할 수밖에 없다. 그것을 부인할 수 있어야 비로소 날마다 자기 십자가를 질 수 있고 언제나 주님을 따라갈 수 있는 것이다.

"또 무리에게 이르시되 아무든지 나를 따라오려거든 자기를 부인하고 날마다 제 십자가를 지고 나를 따를 것이니라"(눅 9:23)

하지만 현실적으로 우리를 공격하는 실체는 마귀 곧 악한 영들의 세력이라는 것을 알아야 한다. 못된 자아가 우리를 괴롭히지만 그 죄와 연약함과 허물을 파고들어오는 것은 마귀이기 때문이다. 사실상 그리스도인의 싸움은 거의 전부가 이 마귀와의 영적 싸움이다. 마귀는 어떻게 하면 그리스도인의 약점을 잡을 수 있을까, 어떻게 하면 그리스도인을 넘어뜨릴 수 있을까만을 생각하는, 오직 죄와 악밖에는 남지 않은 존재이다. 그래서 마귀는 굶주린 사자가 먹이를 찾아 사방을 헤매는 것처럼 연약한 성도들을 찾아다닌다. 그리스도인으로서 생명을 걸고 끝까지 싸우려고 하지 않으면 그는 번번이 패배할 수밖에 없다. 그래서 성경은 마귀와 대적해야 한다고 말하는 것이다. 오직 성령님의 도우심을 믿고 마귀를 대적할 때에 마귀는 믿음이 강한 그리스도인을 피하게 되어 있는 것이다.

"근신하라 깨어라 너희 대적 마귀가 우는 사자 같이 두루 다니며 삼킬 자를 찾나니 너희는 믿음을 굳건하게 하여 그를 대적하라 이는 세상에 있는 너희 형제들도 동일한 고난을 당하는 줄을 앎이라"(벧전 5:8-9)

"그런즉 너희는 하나님께 복종할지어다 마귀를 대적하라 그리하면

너희를 피하리라"(약 4:7)

영적 싸움의 무기

영적 싸움이든 선한 싸움이든 싸움에는 반드시 무기가 필요하다. 세상에서는 돈이나 권력이나 지혜나 경험이 무기가 될 수 있을 것이다. 그러나 우리의 싸움은 싸움의 종류 자체가 다르기 때문에 그런 것으로 싸울 수는 없다. 왜냐하면 우리의 싸움이 세상의 것을 얻기 위한 싸움이 아니기 때문이다. 모든 경우에 그리스도인들이 대적해야 할 대상은 악한 영들이다. 그들이 장악하고 있는 세상의 가치체계이며 세상이 지향하고 있는 목적들이다. 그래서 하나님께 속한 그리스도인들이 세상과 똑같은 무기로 싸울 수는 없는 것이다.

> "마귀의 간계를 능히 대적하기 위하여 하나님의 전신갑주를 입으라 우리의 씨름은 혈과 육을 상대하는 것이 아니요 통치자들과 권세들과 이 어둠의 세상 주관자들과 하늘에 있는 악의 영들을 상대함이라"(엡 6:11-12)

우리는 육체의 무기로 세상과 싸우는 것이 아니다. 우리의 최종적인 무기는 하나님의 능력이다. 아무리 정체성을 확고하게 가진 그리스도인이라 할지라도 자기의 힘으로 마귀의 세력과 대적할 수는 없다. 대적이 되지 못하기 때문이다. 물론 우리는 승리하기 위해서 애를 쓰면서 대적해야 하지만 근본적으로는 하나님의 능력을 힘입기 위해서 싸우는 것이다. 그리스도께 복종하는 것이 우리 싸움의 본질이다.

> "우리가 육신으로 행하나 육신에 따라 싸우지 아니하노니 우리의 싸우는 무기는 육신에 속한 것이 아니요 오직 어떤 견고한 진도 무너뜨리는 하나님의 능력이라 모든 이론을 무너뜨리며 하나님 아는

것을 대적하여 높아진 것을 다 무너뜨리고 모든 생각을 사로잡아 그리스도에게 복종하게 하니"(고후 10:3-5)

그래서 바울은 에베소 교회에게 이 싸움의 무기에 대해 자세하게 설명하고 있다. 당연한 이야기이지만 이 싸움은 정복이 목적이 아니다. 정복은 싸움의 결과로서 주어지는 것이지 싸움의 본질이 아니다. 이 싸움은 마귀와 대적하는 것이다. 마귀는 최후의 날까지 여전히 세상을 지배하고 있을 것이다. 하나님께서 허락하신 일이다. 그러므로 마귀를 정복하는 일은 하나님의 소관이다. 무슨 말이냐 하면 우리는 다만 대적하는 사람들일 뿐이라는 말이다. 그런데 그 대적의 과정이 우리에게 아주 큰 유익을 준다. 어떤 면에서 마귀는 하나님께서 자녀들의 믿음을 성장시키는 훈련대상일 수도 있다. 물론 그 훈련은 완전 실전이다. 패하면 저 영원한 나라에 들어가지 못할 수도 있다. 그렇기 때문에 바울은 그것을 위해서 전신갑주를 입을 것을 강하게 권면한다.

"그러므로 하나님의 전신 갑주를 취하라 이는 악한 날에 너희가 능히 대적하고 모든 일을 행한 후에 서기 위함이라"(엡 6:13)

마귀를 멸망시키는 것이 아니라 대적하는 것이라는 사실을 이 영적 무기들이 증명하고 있다. 전신갑주 자체는 거의 전적으로 수비를 위한 복장이다. 공격무기는 오로지 성령의 검 곧 하나님의 말씀뿐이다. 물론 이 말씀도 공격용이라기보다는 방어무기에 가깝다.

"그런즉 서서 진리로 너희 허리띠를 띠고 의의 호심경을 붙이고 평안의 복음이 준비한 것으로 신을 신고 모든 것 위에 믿음의 방패를 가지고 이로써 능히 악한 자의 모든 불화살을 소멸하고 구원의 투구와 성령의 검 곧 하나님의 말씀을 가지라 모든 기도와 간구를 하되 항상 성령 안에서 기도하고 이를 위하여 깨어 구하기를 항상 힘

쓰며 여러 성도를 위하여 구하라"(엡 6:14-18)

우리는 이 강력한 방어무기에 대해서 예수님을 통해서 적나라하게 배울 수 있다. 예수님은 공생애 직전에 마귀의 시험을 받으셨다. 즉, 마귀의 공격에서 승리하셨다는 말이다. 무엇으로? 바로 하나님의 말씀으로 마귀의 공격을 물리치셨던 것이다. 마귀도 말씀을 공격무기로 사용할 수 있다. 하지만 어떤 공격이든 우리의 방어무기는 하나님의 말씀이다. 예수님은 하나님의 말씀으로 세 가지 공격을 모두 물리치셨고 마귀는 예수님을 떠나버렸다.

"시험하는 자가 예수께 나아와서 이르되 네가 만일 하나님의 아들이어든 명하여 이 돌들로 떡덩이가 되게 하라 예수께서 대답하여 이르시되 '기록되었으되' 사람이 떡으로만 살 것이 아니요 하나님의 입으로부터 나오는 모든 말씀으로 살 것이라 하였느니라 … 또 '기록되었으되' 주 너의 하나님을 시험하지 말라 하였느니라 … 이에 예수께서 말씀하시되 사탄아 물러가라 '기록되었으되' 주 너의 하나님께 경배하고 다만 그를 섬기라 하였느니라"(마 4:3-10)

그런데 하나님의 말씀이 강력한 방어무기가 되기 위해서는 그 말씀이 살아있어야 한다는 사실도 또한 알고 있어야 한다. 그리스도인은 말씀 속에 거해야 하고 그 말씀이 자기 속에서 자신을 지배하도록 해야 한다. 왜냐하면 그 말씀이 곧 하나님이기 때문이다. 말씀에 순종해야 그 말씀이 마귀를 물리칠 수 있는 강력한 무기가 될 수 있는 것이다.

"태초에 말씀이 계시니라 이 말씀이 하나님과 함께 계셨으니 이 말씀은 곧 하나님이시니라"(요 1:1)

약간 곁가지이기는 하지만, 영적 싸움에서 또 한 가지 필요한 것이 바로 지혜라고 할 수 있다. 이 지혜는 싸워 이기는 지혜가 아니라 마귀의 올무를 분별하는 지혜이다. 마귀는 모든 경우에 올무나 함정을 잘 사용한다. 이 올무나 함정은 거짓과 속임수로 가짜 진리를 믿게 만들려는 온갖 종류의 공격이다. 번영과 성공을 내세우기도 하고 가짜 그리스도를 앞세우기도 한다. 유혹이나 미혹으로 분별력을 흐리게도 하고 권력이나 지배 욕구를 자극하기도 한다. 이미 우리는 하와를 유혹한 마귀의 함정을 잘 알고 있다. 마귀는 태초에 인간을 무너뜨린 그 전략을 오늘날에도 여전히 똑같이 사용하고 있다. 예수님을 시험할 때도 똑같은 거짓과 속임수로 공격한 것이다. 그런데도 성도들은 번번이 마귀에게 속아 넘어가는 실수를 반복하고 있다.

> "뱀이 여자에게 이르되 너희가 결코 죽지 아니하리라 너희가 그것을 먹는 날에는 너희 눈이 밝아져 하나님과 같이 되어 선악을 알 줄 하나님이 아심이니라"(창 3:4-5)

그러므로 마귀의 올무 자체를 피하는 것이 상책이다. 그래서 마귀에게 틈을 주지 말고 빌미를 제공하지 말아야 하는 것이다. 마귀는 사소한 인간의 감정싸움의 틈을 파고들어올 수 있으며, 말의 실수를 통해서도 그리스도인을 공격할 수 있다. 그래서 세상에서 칭찬받는 생활을 해야 하는 이유도 좋지 않은 평판을 듣게 되면 그것이 마귀의 올무가 될 수 있기 때문인 것이다.

> "분을 내어도 죄를 짓지 말며 해가 지도록 분을 품지 말고 마귀에게 틈을 주지 말라"(엡 4:26-27)

> "책망할 것이 없는 바른 말을 하게 하라 이는 대적하는 자로 하여금 부끄러워 우리를 악하다 할 것이 없게 하려 함이라"(딛 2:8)

> "또한 외인에게서도 선한 증거를 얻은 자라야 할지니 비방과 마귀의 올무에 빠질까 염려하라"(딤전 3:7)

싸워서 이겨라.

그리스도인이 선한 싸움을 싸워야 하는 현실적인 이유는 이겨야 하기 때문이다. 어떤 싸움이든지 싸움이 시작되면 이겨야 한다. 지려고 싸우는 사람은 없다. 물론 스포츠 정신 같은 것에 대한 이야기가 아니다. 이 싸움은 영적 싸움이며 전쟁이라는 것을 알아야 한다. 그래서 작전상 후퇴는 있을지 몰라도 그리스도인은 이겨야 하는 사람들인 것이다. 때로 세상에서는 실패로 나타날 때도 있다. 싸워서 이겼다고 하는데 객관적으로 볼 때는 실패의 연속이다. 세상에서의 성공과는 거리가 멀다. 그러나 그 실패가 가장 위대한 승리일 때가 많다. 예수님의 십자가 고난이 그렇지 않았던가? 그래서 그리스도인은 성공하는 사람들이 아니라 승리하는 사람들인 것이다.

세상에서의 번영이나 성공이나 부유함이나 높아짐이나 명예를 위해 싸우는 것이 아니다. 원래 세상의 특성이 그 모든 것들을 포함하고 있다. 그래서 그리스도인은 세상과 싸워 이기는 사람이라고 말할 수 있는 것이다. 여기에서 어떤 방식으로 세상을 이길 수 있느냐의 문제가 대두된다. 그것은 그리스도인의 정체성을 가진 사람의 삶의 방식이다. 그리스도인은 삶의 방식으로 세상을 이기는 사람들인 것이다. 가정 먼저는 믿음이다. 단순히 믿음이라고만 하면 삶의 방식과 관련이 없는 것 같지만 그리스도인 각자의 삶의 방식이 바로 믿음의 표출인 것이다. 그 사람의 믿음이 그 사람의 삶의 방식을 결정하는 것이다. 예수님의 신성을 믿는 사람의 믿음이 세상을 이기는 삶의 방식이다.

"무릇 하나님께로부터 난 자마다 세상을 이기느니라 세상을 이기는 승리는 이것이니 우리의 믿음이니라 예수께서 하나님의 아들이심

을 믿는 자가 아니면 세상을 이기는 자가 누구냐"(요일 5:4-5)

마찬가지로 우리는 우리 안에 계신 성령님의 도우심으로 이길 수 있다. 성령님이 임재해 계신다는 것은 바로 그리스도인들이 전혀 새로운 종류의 사람들임을 드러내어 주는 것이다. 당연히 성령님의 능력으로 세상을 이길 수 있다. 성령님의 임재로 말미암아 죄를 깨닫게 되는 것이고, 그리스도 예수님의 십자가 죽으심을 통하여 죄 사함을 받는 것이고, 성령님의 능력으로 말미암아 그리스도와 연합하고 그리스도와 함께 살아가는 사람들이 우리 그리스도인들이다. 그렇다면 아주 당연하게 이 성령님께서 인도하시는 삶의 방식을 따라가면 세상에서의 승리는 자연스럽게 우리에게 주어지는 것이다. 곧 성령님의 능력으로 싸우려는 사람들에게 하나님은 반드시 승리를 안겨주시는 것이다.

"자녀들아 너희는 하나님께 속하였고 또 그들을 이기었나니 이는 너희 안에 계신 이가 세상에 있는 자보다 크심이라"(요일 4:4)

그리스도인은 하나님의 사랑 안에 거함으로써 세상을 이길 수 있다. 하나님의 사랑을 벗어난다면 그는 여지없이 패배하게 될 것이다. 하나님의 사랑을 잊어버린다면 그 누가 세상을 이길 수 있겠는가? 사실상 하나님의 사랑의 힘으로 우리들이 전혀 새로운 인간으로 거듭난 것이 아닌가? 하나님의 사랑의 힘이 그리스도로 하여금 십자가에서 승리하실 수 있게 만들었다. 절대로 씻을 수 없는 죄를 완전히 사해 주신 것도 하나님의 사랑의 힘이다. 사실상 모든 것을 이기게 하는 근원적인 힘은 바로 하나님의 사랑인 것이다.

"누가 우리를 그리스도의 사랑에서 끊으리요 환난이나 곤고나 박해나 기근이나 적신이나 위험이나 칼이랴 기록된 바 우리가 종일 주를 위하여 죽임을 당하게 되며 도살당할 양 같이 여김을 받았나이

4. 싸우는 그리스도인

다 함과 같으니라 그러나 이 모든 일에 우리를 사랑하시는 이로 말
미암아 우리가 넉넉히 이기느니라"(롬 8:35-37)

또한 그리스도인은 선으로 악을 이길 수 있어야 한다. 그래서 원수를 원수로써 대하면 오히려 그리스도인은 패하게 되는 것이다. 이미 앞 장에서 상세하게 살펴본 바 있다.

"내 사랑하는 자들아 너희가 친히 원수를 갚지 말고 하나님의 진노하심에 맡기라 기록되었으되 원수 갚는 것이 내게 있으니 내가 갚으리라고 주께서 말씀하시니라 네 원수가 주리거든 먹이고 목마르거든 마시게 하라 그리함으로 네가 숯불을 그 머리에 쌓아 놓으리라 악에게 지지 말고 선으로 악을 이기라"(롬 12:19-21)

그리스도인은 또한 절제함으로써 세상을 이기는 사람들이다. 썩을 것을 얻기 위하여 싸우는 사람들과 썩지 않을 것을 얻기 위해 싸우는 사람들은 근본적으로 싸움의 방식이 다르다. 사실은 대결 자체가 성립되지 않는다. 이는 축구의 룰이 다르고 야구의 룰이 다른 것과 같은 이치이다. 하지만 우리는 같은 운동장에서 싸워야 하는 사람들이다. 다만 그리스도인은 절제하는 방식으로 싸우는 사람들이다. 똑같이 힘으로 대들어서는 결코 세상을 이길 수 없다. 우리가 돈으로 세상을 이기겠는가, 권력으로 이기겠는가?

"이기기를 다투는 자마다 모든 일에 절제하나니 그들은 썩을 승리자의 관을 얻고자 하되 우리는 썩지 아니할 것을 얻고자 하노라"(고전 9:25)

또 다른 독특한 싸움의 방식은 그리스도를 아는 향기를 자꾸 풍기는 방식이다. 우리는 우리가 생각하고 말하고 살아가는 외적인 모습 속에서 자꾸 그리스도의 향기를 풍겨야 하는 사람들이다. 예수님께서 생각

하시는 방식과 말하고 행동하시는 방식을 잘 배우고 훈련해야 한다. 그럼으로써 그리스도를 알 수 있는 향기를 풍기게 되고 그것을 통하여 세상을 이길 수 있게 되는 것이다. 참 독특한 방식으로 싸우는 사람들이 우리 그리스도인들이다.

> "항상 우리를 그리스도 안에서 이기게 하시고 우리로 말미암아 각처에서 그리스도를 아는 냄새를 나타내시는 하나님께 감사하노라"(고후 2:14)

가장 명확하고 당연하게도 그리스도인은 십자가로 세상을 이기는 사람들이다. 십자가를 떠난다면 우리는 절대로 세상을 이길 수 없다. 그리스도인들 중에 죄를 짓거나 실패하는 경우는 모두 다 십자가에서 멀리 떠나있기 때문에 생기는 자연스러운 현상일 것이다. 십자가를 잃어버리면 비전을 이야기하고 사역을 이야기하더라도 그들은 자신의 명예나 권세를 구하는 사람이 될 뿐인 것이다.

> "통치자들과 권세들을 무력화하여 드러내어 구경거리로 삼으시고 십자가로 그들을 이기셨느니라"(골 2:15)

싸움의 방식이 아닐 수는 있겠지만 평안을 누림도 세상을 이길 수 있는 힘이 될 수 있다. 평안은 그리스도 안에 거할 때 생성되는 현상이다. 그것은 그리스도께 전부 위임하고 있다는 증거이다. 그래서 세상의 책략이나 박해 상황에서도 불안하거나 두려워하지 않고 세상을 이길 수 있게 되는 것이다.

> "이것을 너희에게 이르는 것은 너희로 내 안에서 평안을 누리게 하려 함이라 세상에서는 너희가 환난을 당하나 담대하라 내가 세상을 이기었노라"(요 16:33)

이와 같이 세상적인 시각으로 보자면 참 이상한 방식으로 싸우는 사람들이 바로 그리스도인들이다. 그것이 새로운 피조물들이 살아가는 독특한 삶의 방식이다. 기독교는 그들의 삶의 방식으로 세상을 정복하였다. 예수님의 제자들이 성령님의 능력으로 거듭난 백성들이 되고 성령님께서 인도하시는 방식으로 세상을 대할 때 거기에서 힘과 능력이 나타난다. 그리스도인은 싸우는 사람들이다. 다만 선한 싸움 곧 삶의 방식으로 싸우는 사람들이다. 기독교는 바로 그것으로 세상을 정복한 것이다. 그것은 복음과 기독교가 일치할 때 비로소 가능해지는 정복이다.

지금 싸우고 있는가?

우리는 지금 복음과 일치된 기독교를 살고 있는가? 복음과 일치된 신앙생활, 복음과 일치된 교회, 복음과 일치된 삶의 방식, 복음과 일치된 물질생활 등 모든 그리스도인이 이 복음의 가치와 방향과 목적을 뚜렷하게 인식하고 있다면 기독교는 쇠퇴하지 않고 여전히 세상을 정복하고 있을 것이다. 그러나 어느새 세속주의가 교회를 삼켰고 자유주의가 교회에 침투했으며 번영주의가 성도들의 삶의 방식을 지배하고 성경의 가치와 반대되는 온갖 사상들로 교회가 더럽혀져 있다. 교회와 세속을 구분하기 힘든 세상이 되었고 기독교인과 세상 사람들의 삶의 방식이 전혀 구별되지 않고 있다. 그들이 추구하는 바를 기독교인들이 똑같이 쫓고 있고 세상에서 잘되고 성공하는 것이 하나님의 축복이라고 단정해버린다. 하나님은 그리스도인들을 그분의 자녀로 삼으시기 위해서 그리스도 예수님을 십자가에 못 박히게 하셨지만, 하나님의 자녀 된 우리들은 더 이상 그리스도의 삶의 방식을 따라가지 않으려고 한다. 그리스도의 핏 값 주고 사신 교회는 거룩하게 구별된 공동체이지만, 지금은 공동체로서의 정체성을 다 잃어버렸다.

이렇게 된 원인이 어디에 있는가? 교회가 더 이상 싸우려고 하지 않기 때문이다. 목표를 잃어버린, 과녁을 놓쳐버린 채 어디로 나아가야 할지도 모르고, 어떻게 해야 할지도 감을 잡지 못하고 있다. 아니, 해답은 있다. 우리에게 해답이 없어서 이러는 것이 아니다. 그 해답을 얻기 위해 싸우려고 하지 않기 때문이다. 그리스도인으로서의 정체성을 다 버렸기 때문이다. 새로운 인류로서의 자긍심이 없는데 어떻게 싸울 수 있겠는가? 믿음의 목적도 믿음으로 인한 열매들도 전혀 맛볼 수 없는 시대가 되어 버렸다. 달콤한 승리의 열매를 따본 적도 없고 맛을 본 적도 없는데 어떻게 열심히 일할 수 있겠는가? 하나님의 사랑을 체험한 적도 능력을 경험한 적도 없는데 어떻게 싸울 수 있겠는가? 결국 교회의 쇠퇴는 싸우지 않기 때문에 일어난 일일 뿐이다.

그리스도인의 싸움이라니까 영적 싸움이라고만 생각하고 귀신을 내쫓고 기도로 귀신에게 선포하며 질병을 고치는 싸움만 생각할 수도 있겠지만, 그런 싸움은 극히 일부의 현상일 뿐이다. 가볍게 생각한다는 것이 아니라 그리스도인의 싸움의 근원을 알아야 한다는 이야기이다. 물론 우리의 싸움은 죄와 마귀를 향한 대적임에는 틀림이 없다. 하지만 마귀의 공격이 그렇게 눈에 보이고 즉각적인 현상으로만 나타나는 것은 결코 아니다. 거짓과 속임수와 함정과 올무와 협박과 염려와 두려움과 게으름과 분쟁과 타락 등 마귀의 공격은 우리들의 삶에 전방위적으로 펼쳐져서 우리를 옭죄어오는 것이다.

4. 싸우는 그리스도인

싸움의 기술을 가르쳐야 한다. 기교를 말하는 것이 아니다. 몸에 배는 삶의 방식을 훈련하는 것이라는 이야기이다. 지금 당신은 싸우고 있는가? 물론 우리들 모두는 싸우고 있다. 우리들뿐만 아니라 세상 모든 사람들은 싸우고 있다. 지치거나 낙심하여 싸우기를 포기한 사람들도 부지기수로 많지만 대다수의 사람들은 지금 싸우고 있는 사람들이다. 무엇을 위해서? 자기들의 번영을 위해서, 어려운 환경을 이겨내고자, 성공하고자 싸우고 있다. 혹시 당신도 그런 싸움을 싸우고 있는가? 만약에 그렇다면 당신은 진정한 그리스도인이라고 말하기 어려운 사람이다. 당신은 단지 자기 유익을 위하여 복음을 이용하고 있는 것일 수도 있다. 그것도 복음의 극히 일부 단면만을 사용하고 있는 것이다. 그리스도인은 복음을 아는 사람들이다. 복음을 쫓고 있는 사람들이며 복음을 사용하여 세상을 이기는 사람들이다. 복음의 원리대로 세상과 싸워 이기는 사람들이다. 그러므로 복음을 위해 싸움의 기술을 가르쳐야 한다고 말하는 것이다.

싸움의 기술이란 무엇이며 그것을 어떻게 가르쳐야 한다는 말인가? 엄밀하게 말하면 가르치는 것이 아니라 훈련하는 것이어야 한다. 교회는 싸움의 훈련장이며 세상은 싸움의 실전현장이다. 교회에서 싸움을 가르치지 않으면 세상에 나가서 승리할 수 없다. 그런데 영적 싸움은 많이 가르치는데 선한 싸움은 별로 가르치지 않는다. 가르치기는 하는데 자기들의 유익을 위한 싸움으로 가르친다. 오로지 하나님만을 위한 싸움을 잘 가르치지 않고 성공하기 위해 어떻게 견뎌야 하는지를 가르친다. 모든 것이 자기중심적이다. 아무리 기도를 많이 하고 성경박사가 되더라도 오로지 자기가 받을 것에만 집중되어 있다면 그는 싸움의 기술을 모르는 사람이다. 우리의 싸움은 하나님만 의지하기 위한 싸움이지 위로받기 위한 싸움은 아니다. 치유는 십자가를 붙잡고 있으면 자연적으로 이루어주시는 것이다. 언제까지 교회 안에서 치유만 반복할 것인가? 나가서 싸우도록 하면 치유랄 것도 없이 자연 치유된다.

싸움의 기술은 세상과 대항하는 방식이다. 세상 사람들이 아니라 그들의 가치관, 그들의 삶의 방식, 그들의 생각과 싸우는 것이다. 결국 싸움의 기술이란 어떻게 하나님만을 의지할 수 있는가에 대한 것이다. 얼마나 성령님께 자신을 비워드리느냐에 대한 훈련이다. 하나님을 전적으로 신뢰하려면 문제가 생겼을 때 어떤 식으로 접근해야 하는가에 대한 훈련이다. 그것이 싸움의 기술이다. 하나님만을 의존할 수 있다면 그는 언제라도 싸움을 이길 수 있지만, 아무리 능력 있는 사람이라도 자기를 더 의지한다면 그는 틀림없이 세상에 패배하게 될 것이다. 어떤 때는 승리한 것 같은데 사실은 세상 속에 파묻혀 세상 속에서 허우적거리는 것일 수도 있다. 아니 거의 다 그렇다. 싸움의 기술은 세상에서의 성공이 아니라 세상에 대한 태도를 말하는 것이다. 승리의 결과는 오로지 하나님만 아신다. 다양한 방식으로 그 열매를 부어주신다. 다만 세상에서의 객관적인 평가와는 관계없다.

우리는 싸워야 한다. 싸움의 대상이 누구인지, 왜 싸워야 하는지, 목적지는 어디인지, 어떤 과정을 거치게 되는지 등에 대해서 가르쳐야 한다. 성도가 교회를 떠날까 두려워서 싸움의 기술을 가르치지 못한다면 그것은 전적으로 지도자의 책임이다. 가르쳐도 안 되는 것은 책임이 아니다. 그러나 가르치지 않아서 성도가 세상에서 패배한다면 그것은 지도자의 책임으로 돌아간다. 물론 궁극적으로는 성도 개인의 책임이다. 하지만 말씀을 가르치는 사람은 자기 의무를 다해야 한다. 그 의

무는 세상과 싸우도록 가르치는 일이다.

그리스도인의 정체성은 싸우는 것이다. 싸워야 이길 수 있다. 싸워야 대적자의 정체를 알 수 있고, 싸워야 하나님의 능력과 힘을 깨달을 수 있다. 영적 싸움을 싸우고 선한 싸움을 싸워야 한다. 죄와 싸우고 마귀와 싸우고 탐욕과 싸우고 그리고 자기 자신과 싸우는 사람이 그리스도인이다. 우리의 싸움은 그 어떤 경우에도 오로지 하나님만을 신뢰하고 성령님의 능력에만 의존하기위한 싸움이다. 목숨이 걸린 일이라도 우리 주 예수 그리스도만 높여드리는 것이 그리스도인의 싸움인 것이다. 당신은 지금 어떤 싸움을 어떻게 싸우고 있는가?

5. 정체성의 정리

지금까지 그리스도인의 정체성의 가장 큰 특징 세 가지를 살펴보았다. 물론 그리스도인들은 다른 많은 특징들을 가지고 있다. 가장 핵심적인 모습들을 집중적으로 살펴보았을 뿐이다. 그리고 아직 그리스도인의 신분적인 정체성은 제대로 설명하지 않았다. 물론 그리스도인이란 전혀 새로운 피조물이며 두 번 태어난 새로운 종족임을 강조하며 설명한 바가 있다. 하지만 구체적으로 삶의 현장에서 우리가 어떤 신분으로 세상을 살아야 하는가에 대해서는 깊이 이야기하지 않았다. 그래서 그리스도인의 신분적인 정체성에 대해서 조금 더 정리하고 넘어가기로 한다.

우리 그리스도인들은 자신의 신분을 망각할 때가 많이 있다. 정체성이란 신분을 말하는 것이지만 만약에 올바른 정체성을 가진 사람이라면 그 신분에 맞게 생각하고 말하고 행동하게 될 것이다. 그렇지 않고 단지 정체성을 가지고 있는 것만으로 자랑이 되고, 그것 때문에 세상 속에 섞여서 마음대로 살면서도 평안을 누리고 천국소망을 소유하고 있다면, 그것은 명백한 거짓 정체성이다. 물론 정체성이 확립되어 있어도 그 정체성이 자아가 되어 있지 못한 상태에서는 정체성에 걸맞는 행동을 하기 어려울 것이다. 곧 신앙이 자라면서 정체성도 확고하게 변화되어 성숙한 그리스도인으로서의 모습을 보이게 될 것이다. 하지만 적어도 성숙하지 못한 상황이라도 정체성을 의식하고는 있어야 한다. 신앙이 어릴수록 오히려 무작정 하나님만을 의존하게 되지 않겠는가? 하나님께 대한 이런 의존도조차 갖추고 있지 못하다면 그는 정체성을 다시 시작해야 할 것이다. 아무튼 신분적으로 과연 어떤 존재인지 간략하게 살펴보도록 한다.

신분으로 보는 정체성

우선 하나님과의 관계성 속에서 우리의 정체성은 무엇인가? 이미 너무나도 잘 알다시피 우리는 하나님께 속한 사람들이다. 하나님께 속한 사람들은 하나님의 말씀을 듣는 사람들이다. 더 정확하게 말하면 하나님의 말씀이 귀에 들리는 사람들이다. 왜냐하면 하나님의 진리의 영이 우리 속에 내주하시기 때문이다. 그러므로 하나님의 말씀을 흘려버리거나 외면하거나 순종하지 않는 사람들은 그리스도인으로서의 정체성에 문제가 있는 사람일 것이다.

> "우리는 하나님께 속하였으니 하나님을 아는 자는 우리의 말을 듣고 하나님께 속하지 아니한 자는 우리의 말을 듣지 아니하나니 진리의 영과 미혹의 영을 이로써 아느니라"(요일 4:6)

하나님께 속한 사람이라는 말은 하나님의 자녀(요일 3:2)라는 뜻이요, 하나님의 권속(엡 2:19), 곧 식구, 가족이라는 말이다. 우리가 알아야 할 것은 하나님의 자녀는 상속권이 있다는 사실이다. 당연히 그리스도께서 받으시고 누리셔야 할 것을 우리들에게 함께 물려주신다는 말이다. 우리는 그리스도의 피의 권세로 거듭난 백성이기에 모두 동일하게 하나님의 상속자들이다. 하지만 상속자라면 그리스도께서 받으셨던 고난도 함께 받는 사람이어야 한다. 고난과 싸워서 이겨야 상속자로서 받아야 할 권리를 누리게 될 것이다.

"자녀이면 또한 상속자 곧 하나님의 상속자요 그리스도와 함께 한 상속자니 우리가 그와 함께 영광을 받기 위하여 고난도 함께 받아야 할 것이니라"(롬 8:17)

하지만 그리스도 예수님의 십자가 고난을 믿는 것만으로 하나님께서 우리를 부르시는 목적이 끝나는 것은 아니다. 우리가 흔히 잊어버리기 쉬운 것이 우리가 하나님의 일을 감당하는 하나님의 동역자들이라는 사실이다. 하나님의 동역자라는 사실을 잊어버리면 하나님의 일을 하는 것이 아니라 우리 자신의 일을 하고 말게 될 것이다. 그래서 우리 그리스도인들은 하나님의 밭이요 하나님의 집이라고 하는 것이다. 물론 바울 자신과 또 다른 일꾼들에 관한 이야기이지만, 모든 그리스도인들은 하나님의 동역자로서의 사명을 가지고 세상에서 승리해야 하는 존재들이다.

"우리는 하나님의 동역자들이요 너희는 하나님의 밭이요 하나님의 집이니라"(고전 3:9)

간략하게 우리의 신분적인 정체성을 살펴보고 있지만, 사실은 다 같은 본질의 다른 표현이라고 생각할 수 있다. 물론 우리가 어떤 신분을 깨달았다고 해서 그 모든 것을 전부 이해할 수 있는 것은 아니다. 그렇기 때문에 성경은 다양한 방식으로 그리스도인의 정체성을 설명하고 있는 것이다. 그러면 복음의 가장 핵심이라고 할 수 있는 그리스도 예수님과의 관계를 더 생각해 보자. 예수님은 우리의 목자시요 우리는 양이다(요 10:14-15). 예수님은 포도나무요 우리는 가지이다(요 15:5). 예수님은 신랑이요 우리는 신부이다(마 25:1). 그리고 우리는 예수님의 친구이다(요 15:14-15). 우리가 예수님을 구주로 영접했을 때 우리

앞에 새롭게 펼쳐지는 중요한 신분적인 변화를 설명하는 말씀들이다. 곧 우리의 정체성의 일부이다.

여기에서 더 나아가서 사도 바울은 우리와 그리스도 예수님의 관계에 대해 더 집중적으로 잘 설명하고 있다. 그것은 교회와의 관계로 설명하는 것인데 우리 그리스도인들은 그리스도 예수님을 머리로 하는 몸의 각 지체들이라는 설명이다. 예수님과의 일대일의 관계에서는 물론 우리는 양이요 가지요 신부요 친구이다. 하지만 그것을 기능적으로 볼 때에는 우리 모든 그리스도인들이 모여서 그리스도의 몸을 이루고 있다는 설명인 것이다. 혼자 떨어져서 존재할 수 있는 지체가 없듯이 모든 그리스도인들은 전부 그리스도의 한 몸인 것이다. 그런데 그런 의식들이 너무 없다. 대부분 개교회만을 위해서 움직이고 있다. 그래서 한 몸이라는 정체성이 긴요해지는 시대인 것이다.

"너희는 그리스도의 몸이요 지체의 각 부분이라"(고전 12:27)

그런 의미에서 우리가 그리스도의 집이라는 말씀도 너무나도 정확하게 우리의 정체성을 설명하고 있다. 만약에 집이 무너지면 그냥 한쪽만 무너지는 것이 아니다. 한쪽이 무너지면 집 전체가 무너지게 되어 있다. 사람이 병들어 죽는 것은 몸 전체가 한꺼번에 병들어 한 번에 모든 지체가 죽는 것이 아니다. 몸의 어느 한 부분이 병들어서 온몸이 죽게 되는 것이다. 모든 교회와 모든 그리스도인들이 그리스도의 집이라는 정체성을 기억하고 있어야 할 것이다.

"그리스도는 하나님의 집을 맡은 아들로서 그와 같이 하셨으니 우리가 소망의 확신과 자랑을 끝까지 굳게 잡고 있으면 우리는 그의 집이라"(히 3:6)

그런 정체성 의식을 가지고 그리스도의 지체로서의 삶을 살 때 우리는 그리스도의 일꾼이요 하나님의 비밀을 맡은 자가 되는 것이며, 사나 죽으나 우리가 주의 것이라는 사실을 굳게 믿을 수 있게 되는 것이다. 그리스도인으로서의 자기 정체성이 뚜렷하지 않으면 이 사실을 머리로는 알아도 가슴으로, 몸으로는 깨달을 수가 없다. 그리스도인이란 살아도 주를 위하여 살고 죽어도 주를 위하여 죽는 존재라는 사실을 가슴 깊이 새기지 못한다면 그는 절대로 주를 위해 죽을 수가 없다. 그리스도인의 신분적인 정체성의 결론은 그리스도인이란 주를 위해 죽을 수 있는 사람이라는 것이다.

"사람이 마땅히 우리를 그리스도의 일꾼이요 하나님의 비밀을 맡은 자로 여길지어다"(고전 4:1)

"우리가 살아도 주를 위하여 살고 죽어도 주를 위하여 죽나니 그러므로 사나 죽으나 우리가 주의 것이로다"(롬 14:8)

하지만 아무리 그리스도인으로서 우리가 주의 것이라는 정체성을 가지고 있어도 주를 위해 죽는 일은 그렇게 쉬운 일은 아니다. 그래서 하나님은 하나님의 영이시며 그리스도의 영이신 성령님을 우리에게 보내신 것이다. 성령님께서 우리 가운데 거하시면 우리는 더 이상 육의 사람이 아니고 영의 사람이다. 영의 사람이 아니고서는 주를 위하여 죽을 수가 없다. 하나님의 영의 사람이라는 것이 곧 전혀 새로운 인류라는 이야기이다.

"만일 너희 속에 하나님의 영이 거하시면 너희가 육신에 있지 아니하고 영에 있나니 누구든지 그리스도의 영이 없으면 그리스도의 사람이 아니라"(롬 8:9)

그것을 로마서에서는 양자의 영이라고 표현하였다. 양자는 물론 친아들은 아니지만 친아들이 가질 수 있는 모든 권리를 공유한다. 하나님께는 신분적으로 친아들이나 양자에 전혀 구별이 없으시다. 우리는 완전한 하나님의 아들들이다. 바울은 그것을 강조하기 위하여 우리에게 하나님 아버지를 그냥 아버지가 아니라 아빠 아버지라고 설명하는 것이다. 하나님은 영으로 우리의 친아버지이다. 그러니 그리스도인은 아버지를 무조건 신뢰할 수 있는 것이다. 그것이 그리스도인과 그렇지 못한 사람들 사이의 가장 큰 차이인 것이다. 그것이 우리의 정체성이다.

"너희는 다시 무서워하는 종의 영을 받지 아니하고 양자의 영을 받았으므로 우리가 아빠 아버지라고 부르짖느니라"(롬 8:15)

"무릇 하나님의 영으로 인도함을 받는 사람은 곧 하나님의 아들이라"(롬 8:14)

그래서 우리를 하나님의 영이 계신 성전이라고 말하는 것이다. 성령의 전(고전 6:19), 하나님의 집(고전 3:9), 그리스도의 집(히 3:6), 하나님의 성전이라는 말들도 전부 같은 의미를 지닌다. 사실 이것보다 더 그리스도인의 정체성을 잘 설명하는 말도 없을 것 같다. 그리스도인들은 하나님의 영을 소유하고 있는 사람들이다. 다른 말로 하면 우리는 예수님의 피가 흐르는 사람들이다. 우리의 육체는 예수님께서 죄인들을 위하여 버리신 그리스도의 몸이다. 마찬가지로 하늘에 속한 사람, 천국이 본향인 사람, 거듭난 사람, 천국시민, 새로운 피조물 모두 같은 말이다. 가장 현실적인 표현이 성령의 전이라는 말이 아닐까 한다. 성령께서 우리 속에 거하시면서 우리를 하나님의 길로 인도하신다. 이것만 확실하게 믿어도 세상과 싸워 이기는 존재들이 될 것이다. 우리가 우리 자신을 비우기만 하면 성령님은 100% 우리를 의의 길로 인도하신다.

"너희는 너희가 하나님의 성전인 것과 하나님의 성령이 너희 안에 계시는 것을 알지 못하느냐"(고전 3:16)

"하나님의 성전과 우상이 어찌 일치가 되리요 우리는 살아 계신 하나님의 성전이라 이와 같이 하나님께서 이르시되 내가 그들 가운데 거하며 두루 행하여 나는 그들의 하나님이 되고 그들은 나의 백성이 되리라"(고후 6:16)

세상 속에서의 정체성

이제 남은 것은 단 한 가지이다. 우리가 가지고 있는 정체성의 실현이다. 그리스도인의 정체성이 현실 속에서 이루어지지 않는다면 누가 그 정체성을 믿을 것인가? 그리스도인의 정체성에는 보이는 정체성과 보이지 않는 정체성이 있다. 일반적으로 보이지 않는 신분적인 정체성은 많이들 이야기하지만, 사람들의 눈에 고스란히 드러나는 정체성을 많이 언급하고 있지는 않다. 이 보이는 정체성을 세상 속에서의 정체성이라고 말할 수 있을 것이다. 우리가 올바른 정체성을 가지고 있다면 반드시 세상 속에서 그 정체성을 드러낼 수 있어야 한다. 결국 내면의 정체성의 외적인 모습이 세상에서 보이는 정체성인 것이다.

예수님은 그리스도인의 정체성을 빛과 소금이라고 정의하셨다. 우리를 향하여 세상의 빛이라고 말씀하신 것은 정말이지 우리 그리스도인들이 세상에서 어떻게 나타내 보여야 할지를 너무나도 정확하게 말씀하신 것이다. 빛은 사방에서 잘 보여야 하고 따라서 높은 곳에 있어야 한다. 그리스도인의 정체성을 가진 사람이라면 높은 곳에서 밝은 빛을 비치며 사람들로 하여금 사물을 잘 분별할 수 있도록 해야 한다. 빛이란 어두운 곳을 비출 뿐 아니라 빛으로 인하여 죄와 의를 구별할 수 있게 하고, 빛으로 말미암아 아름다움이 드러나게 되어 있다. 예수님은 우리로 하여금 그런 빛 된 삶을 살기를 원하시는 것이다. 그래서 그리스도인은 세상을 살면서 부정과 부패, 불의를 행하지 말아야 하는 것이다. 부정과 부패는 결코 세상의 빛이 될 수 없게 만든다. 물론 우리는 발광체가 아니라 반사체이다. 반사체인 우리가 우리 자신을 깨끗하게 만듦으로써 그리스도의 빛이 온 세상에 반사될 수 있도록 하는 것이 세상 속에서의 우리의 정체성이다.

"너희는 세상의 빛이라 산 위에 있는 동네가 숨겨지지 못할 것이요"(마 5:14)

또한 예수님께서 우리 그리스도인들을 세상의 소금이라고 정의하신 것도 너무나도 탁월한 말씀이다. 소금은 세 가지 기능을 가진다. 맛과 멋과 생명이다. 그래서 기독교는 세 가지 모습으로 세상에 나타날 수 있는 것이다. 맛은 음식의 맛을 내는 기능으로서 인생살이의 맛을 더해주는 역할을 한다. 사람들이 살 맛 나는 세상을 만들어주는 것이 그리스도인들의 역할이다. 멋이란 무엇인가? 약간 비유적으로 생각한 것이지만 소금이 부패를 막아주는 것을 생각할 때 그것은 삶의 멋으로 드러낼 수 있는 것이다. 온갖 악한 일을 하는 곳을 멋있다고 하지는 않는다. 지킬 것은 반드시 지키는 그런 모습이 멋있는 모습이라고 할 수 있을 것이다. 그리스도인은 진짜 멋이 무엇인지를 세상에 보여주는 사람들이어야 한다. 그렇다면 생명이란 무엇인가? 모든 동물들은 소금이 없으면 생명을 유지할 수가 없다. 짐승들도 소금을 찾아다닐 정도로 소금은 생명의 필수요소인 것이다. 그렇게 본다면 그리스도인들은 참으로 세상의 소금이어야 한다. 예수님께서 그리스도인들의 정체성을 세상의 소금이라고 하신 것은 얼마나 적절한 비유인가?

> "너희는 세상의 소금이니 소금이 만일 그 맛을 잃으면 무엇으로 짜게 하리요 후에는 아무 쓸 데 없어 다만 밖에 버려져 사람에게 밟힐 뿐이니라"(마 5:13)

그런 의미에서 우리를 그리스도의 향기라고 말한 바울의 표현도 아주 적절하다. 보통 보는 것과 맛과 냄새가 음식의 맛을 결정하는 것이 아니던가? 소금의 역할을 중심으로, 빛으로 보이는 것과 향기로운 냄새로 덧붙여지는 것이 최상의 모습이 될 수 있을 것이다. 우리가 알고 있듯이 하나님의 말씀을 영의 양식이라고 한다면 그 양식이 시각적으로나 미각적으로 훌륭할 뿐 아니라 냄새까지도 맛을 자극하게 만든다면 그것보다 더 훌륭한 것이 어디 있겠는가? 그렇다면 영의 양식의 시각, 미각을 북돋워주는 것이 무엇일까? 그것은 바로 세상 속에서 그리스도인의 삶을 통하여 빛과 소금과 향기를 드러내는 것이 아닐까 한다. 그런 경험들이 일상에서 이루어질 수 있다면 우리가 취하는 영의 양식은 그 영양소를 하나도 잃어버리지 않은 채 풍성한 식탁으로 제공될 수 있을 것이다. 그것이 세상 속에서의 그리스도인의 정체성이며 실천신앙의 능력이 되는 것이다.

> "우리는 구원 받는 자들에게나 망하는 자들에게나 하나님 앞에서 그리스도의 향기니"(고후 2:15)

또한 세상에서의 그리스도인의 정체성은 우리의 삶이 그리스도의 편지라는 표현과도 잘 들어맞는다. 아주 잘 드러나 보이는 편지, 누구라도 읽을 수 있고 읽으면 금방 이해되는 편지, 그 편지의 발신자가 누구인지, 그 편지가 말하려는 핵심이 무엇인지, 그 필체와 문장과 문맥까지 세상에 아주 잘 읽혀지게 만드는 그것이 바로 그리스도인의 정체성이 되어야 한다. 때로 그 편지가 훼손되거나 오염되어서 내용이 흐려져 있거나 구겨져서 글씨가 잘 구별되지 않거나 아니면 아예 찢겨져 있어서 일일이 맞추어보기 어려운 편지일 수도 있다. 그래서 그 편지는 마치 거울과도 같은 기능과 역할을 해야 하는 것이다. 아무튼 하나님의 영으로 쓴 편지는 하나님의 영을 소유하고 있는 사람만이 나타내 보일 수 있다. 우리는 세상을 향한 그리스도의 편지들이다.

> "너희는 우리로 말미암아 나타난 그리스도의 편지니 이는 먹으로 쓴 것이 아니요 오직 살아 계신 하나님의 영으로 쓴 것이며 또 돌판에 쓴 것이 아니요 오직 육의 마음판에 쓴 것이라"(고후 3:3)

택하신 족속, 왕 같은 제사장

또 한 가지 우리들에게 아주 잘 알려져 있는 그리스도인의 정체성을 사도 베드로가 잘 설명하고 있다. 우리는 택하신 족속, 왕 같은 제사장, 거룩한 나라, 그의 소유 된 백성이다. 물론 이것은 신분적인 정체성이다. 그러나 그 신분을 주신 목적은 그리스도의 아름다운 덕을 세상 구석구석까지 퍼지게 만드는 것이다. 그래서 이 정체성은 세상 속에서 활짝 펼쳐져야 하는 정체성인 것이다. 교회 안에서의 신앙생활은 반쪽 신앙이다. 우리의 정체성은 결코 교회 안에 머물도록 만드는 것이 아니다. 그것은 철저하게 세상 속에서 펼쳐져야 하는 정체성이다. 이 정체성을 가지고 세상을 도와주고 세상을 변화시키며 세상을 정복해 나가야 하는 것이다.

> "그러나 너희는 택하신 족속이요 왕 같은 제사장들이요 거룩한 나라요 그의 소유가 된 백성이니 이는 너희를 어두운 데서 불러내어 그의 기이한 빛에 들어가게 하신 이의 아름다운 덕을 선포하게 하려 하심이라"(벧전 2:9)

정체성이란 무엇인가? 정체성은 어떤 방향이나 목적이 아니다. 정체성은 지금 현재의 상태이다. 세상 속에서 빛과 소금의 역할을 감당해야 하는 것이 아니라 지금 현재 세상의 빛과 소금이다. 성경 어디에 너희는 그리스도의 편지가 되라거나 그리스도의 향기를 퍼뜨리라고 하였던가? 성경은 정의를 내린다. 너희는 세상의 빛이고 세상의 소금이며 세상의 향기이고 세상의 편지이다. 성경은 단언하고 있다. 지금 현재 세상의 빛과 소금이 되지 못하고 있다고 해도 앞으로 먼 훗날에 언젠가는 빛과 소금의 역할을 하는 사람이 되어야 하겠다는 것과 비록 지금 완전하지는 못하지만 자신이 현재 세상의 빛과 소금이라고 생각하고 있는 것은 완전히 다르다. 정체성이 확고한 사람은 세상의 빛과 소금의 역할을 조금이라도 감당할 수 있다. 언젠가 미래가 아니라 지금 현재 자신이 있는 현장에서 자기가 할 수 있는 모든 것을 실천하고 있는 사람이다. 정체성이 그래서 중요한 것이다.

예를 들어 예수님께서 가르쳐주신 팔복도 마찬가지이다. 보통은 앞으로 언젠가는 심령이 가난하고 애통하고 온유하며 의에 주리고 목마른 자가 되도록 노력해야 한다고 생각한다. 긍휼히 여기고 마음이 청결하고 화평하게 하고 의를 위하여 박해를 받는 사람이 되어야 한다고 생각한다. 그러나 예수님께서 가르쳐주신 것은 너희는 이미 팔복을 받아서 누리고 있는 사람들이라는 것이다. 그러니까 팔복은 그리스도인의 정체성이지 그리스도인들이 나아가야 할 방향이나 목적지가 아니다.

생각해보라. 하나님 아니면 죽을 수밖에 없는 상황이 심령이 가난한 상태이다. 그렇다면 우리 모두가 예수님을 인격적으로 믿을 때 심령이 가난한 사람이 되어 있었다. 왜냐하면 심령이 가난하지 않고는 하나님을 믿을 수가 없기 때문이다. 그러므로 예수님을 믿는 사람들은 모두가 이미 심령이 가난한 사람들인 것이다. 억지로 심령이 가난해지기 위해서 애를 써야 하는 것이 아니다. 심령의 가난은 우리가 도달할 수 없는 이상향이 아니다. 우리는 이미 심령이 가난해진 사람들이다. 그렇게 심령이 가난해서 하나님을 믿게 된 사람들은 즉시 자신의 죄를 깨닫고 애통하게 된다. 애통해서 모든 것을 버린 사람은 온유한 사람이 될 수밖에 없다. 그리고 그렇게 온유하고 겸손한 마음으로 하나님을 바라보게 된 사람은 하나님의 의에 주리고 목마를 수밖에 없는 것이다. 정체성이란 어떤 지향점이 아니고 지금 현재의 모습을 말하는 것이다.

우리는 택하신 족속들이고 왕 같은 제사장들이며 거룩한 나라요 그의 소유가 된 백성들이다. 이것이 우리의 정체성이다. 앞으로 그렇게 된다는 것이 아니라 지금 현재 그런 사람들이다. 하지만 우리를 그렇게 만들어주신 하나님의 계획 속에 있다는 사실 또한 믿어야 한다. 정체성은 정체성에 걸맞는 삶을 살라고 허락하신 것이다. 지금까지 존재하던 인류와는 완전히 다른 정체성을 가진 사람들이 우리 그리스도인들이다. 자기 신분에 취해서 세상을 호령하라고 하시는 것이 아니다. 그리스도인의 정체성은 언제나 하나님과의 관계, 세상과의 관계 속에서만 그 성격을 분명히 드러낼 수 있다. 어떤 형태로든 드러내지 못하는 정체성은 정체성이 아니다. 그리스도인으로서의 정체성을 확실하게 정리하고 신앙인으로서의 자긍심을 가지고 담대하게 세상을 이길 수 있게 만드는 것이 이 책의 목적이다. 그리고 정체성을 잃어버리고 세속의 문을 활짝 열어젖힌 교회를 다시 교회답게 만드는 데 일조하기를 바라는 것이다.

제2부

당신의 정체성을 진단한다.

1. 정체성 인식과 정체성 행동

이제 우리는 우리 자신이 과연 어떤 정체성을 가지고 있는가를 점검해보아야 한다. 그리스도인의 정체성이 어떤 것인가를 잘 알고 있다고 해서, 깊은 신학적인 연구를 통하여 그 정체성을 정확하게 파악하고 있다고 해서 그 사람이 그런 정체성을 가지고 있는 것은 아니다. 정체성은 교육이 아니라 훈련을 통해서 획득될 수 있는 것이기 때문이다. 물론 우리는 우리의 정체성이 어떤 것인가를 배워야 한다. 우리가 올바른 정체성을 가지고 있지 못하다고 해서 우리가 올바르지 못하다는 것은 아니다. 정체성은 우리의 신분이나 자격을 가리키는 것이기 때문이다. 우리가 그리스도인의 정체성을 가지고 있지 못해도 우리는 그리스도인들이다. 물론 거듭난 백성에 한해서 하는 이야기이다.

우리는 우리가 알고 있는 정체성과 우리가 진짜로 가지고 있는 정체성을 깨달아야 한다. 그리고 우리는 하나님께서 그리스도 예수님을 통해서 우리에게 부여하신 정체성을 회복해야 한다. 정체성을 회복하면 살아있는 그리스도인으로서 세상을 이길 수 있게 되지만, 지금과 같이 흐릿한 정체성을 가지고는 세상과 싸워서 이길 수가 없다. 그러면 어떻게 그것을 알 수 있단 말인가? 나의 정체성을 진단할 수 있는 도구라도 있는가?

바리새인들은 어떤 정체성을 가지고 있었을까? 그들은 하나님의 선민이라는 정체성을 가지고 있었다. 유대인은 하나님의 율법을 받아 가지고 있는 유일한 민족이고 하나님의 임재를 상징하는 성전에서 제사를 드리는 유일한 민족이었다. 만약에 하나님께서 수많은 민족 중에서 한 민족을 구원하신다면 100% 이스라엘을 구원하실 것이다. 왜냐하면 하나님은 다윗의 후손 중에서 그리스도를 보내실 것이라고 약속하셨기 때문이다. 그런 이스라엘 민족을 영적으로 다스리는 지도자들이 바리새인들이었다. 그러니 그들의 정체성은 하늘 높은 줄을 몰랐고 민족의 모든 가치 판단의 기준이 되는 것이었다. 이것이 그들이 생각하고 있던 스스로의 정체성이었다. 하지만 그들이 가지고 있는 정체성이 오히려 메시야를 십자가 못 박게 만들고 말았다. 그들이 인식하고 있는 정체성과 그들이 실제로 가지고 있는 정체성은 이렇게 완전히 다른 것이었다. 그래서 우리는 우리가 실제로 소유하고 있는 정체성을 진단해야 하는 것이다.

정체성을 진단하려면 실제로 드러내는 자신의 모습을 살펴보는 수밖에 없다. 바리새인들을 다시 예로 든다면, 우선 바리새인들이 무엇을 소망하고 있는지를 살펴보아야 한다. 그들은 입으로는 항상 메시야를 대망한다고 하지만 사실 메시야는 그들의 소망이 아니었다. 그들의 소망은 백성들로부터의 변함없는 존경이며, 자신들이 권위이며, 자손 대대로 그 자리를 빼앗기지 않으려는 것이었다. 그렇기 때문에 그들은 혹시 자기들의 기득권이 손상당할까봐 전전긍긍하는 것이었다. 예수님의 말씀에서 그들이 스스로 인식하고 있는 정체성과 실제 정체성의 차이를 발견할 수 있다.

"그들의 모든 행위를 사람에게 보이고자 하나니 곧 그 경문 띠를 넓

게 하며 옷 술을 길게 하고 잔치의 윗자리와 회당의 높은 자리와 시
장에서 문안 받는 것과 사람에게 랍비라 칭함을 받는 것을 좋아하
느니라"(마 23:5-7)

정작 바리새인 자신들은 율법의 수호자로서 메시야를 대망하는 사
람들이라고 인식하고 있었다. 물론 메시야를 기다리는 사람들은 바리
새인들뿐 아니라 모든 이스라엘인들이었다. 그러나 그들은 특별히 자
신들이 모든 이스라엘 중에서 가장 하나님의 뜻을 정확하게 알고 있고
가장 바르게 하나님을 섬기는 사람들이라고 생각하고 있었다. 하지만
그들의 삶 가운데에서 소망하는 자신들이 모습은 메시야와 전혀 관계
없는 것들이었다. 그들은 단지 사람들에게 잘 보이고 거룩하게 보이고
존경받을 만한 사람으로 보이게 하는 데 모든 초점을 맞추고 있는 사
람들이었다. 바리새인들이 자기들이 인식하고 있는 것처럼 하늘에 속
한 정체성을 가지고 있었다면 그들은 소망을 땅에 두지 않았을 것이
다. 자기들이 생각하고 있는 정체성대로라면 세례 요한이 활동할 때부
터 과연 누가 진짜 메시야일까를 찾아야만 했을 것이다. 하지만 그들
의 현실적인 정체성은 물질에 있었던 것이다.

"바리새인들은 돈을 좋아하는 자들이라 이 모든 것을 듣고 비웃거
늘"(눅 16:14)

한편 실제 정체성을 알아보는 또 한 가지 지표는 그들이 언제 절망
하는가이다. 어떤 일이 닥칠 때 그들이 두려워하고 어떤 위기에서 가
장 낙심하는가를 보면 그들의 진짜 정체성을 미루어 짐작할 수 있는
것이다. 왜냐하면 혹시 자신들의 속마음을 숨기고 저 하늘과 메시야에
소망을 두고 있는 것처럼 행동할 수는 있겠지만, 저들의 낙심과 두려
움을 살펴볼 수 있다면 그들의 진짜 정체성을 확인할 수 있게 되기 때

문이다. 모든 권한을 쥐고 있었던 바리새인들에게 두려움을 주는 것은 무엇이었을까? 물론 그들은 헤롯 왕의 권세나 로마 총독의 군대를 두려워했을 것이다. 하지만 그것은 정치적인 현실 때문에 어쩔 수 없는 것으로 치더라도, 저들의 두려움이 오히려 예수가 진짜 메시야가 아닐까 하는 것에 있었다면 정말로 기가 막힌 일이 아니겠는가? 그들이 진짜로 기다려야 할 메시야가 실제로 온 것이 아닐까 하는 두려움이라면 그들의 진짜 정체성은 마귀의 정체성이었던 것이다. 하지만 그들은 철저하게 하나님 편이라고 생각하고 있었다. 그러나 예수님의 예루살렘 입성 때 낙심한 바리새인들이 한탄하지 않았던가?

> "바리새인들이 서로 말하되 볼지어다 너희 하는 일이 쓸 데 없다 보라 온 세상이 그를 따르는도다 하니라"(요 12:19)

심지어 바리새인들은 대제사장들과 장로들로 구성된 공회에서 이 일을 심각하게 의논할 정도였다. 메시야가 오심으로써 망할지도 모르는 사람들은 바리새인들 뿐만은 아니었던 것이다. 당시에 온갖 기득권을 받아 누리고 있던 모든 지도자들도 똑같은 입장에 서 있었던 것이다. 그래서 신앙은 수시로 개혁되어야만 하는 것이다. 버릴 것을 버리고 내려놓을 것을 정기적으로 내려놓지 않으면 우리 모두 바리새인들이나 대제사장의 무리들과 똑같아지는 것이다. 아무튼 그들이 스스로 인식하고 있는 정체성과 실제 정체성 사이에는 도저히 건널 수 없는 큰 간격이 있었다.

> "이에 대제사장들과 바리새인들이 공회를 모으고 이르되 이 사람이 많은 표적을 행하니 우리가 어떻게 하겠느냐 만일 그를 이대로 두면 모든 사람이 그를 믿을 것이요 그리고 로마인들이 와서 우리 땅과 민족을 빼앗아 가리라 하니"(요 11:47-48)

그들은 심지어 니고데모의 염려 같은 데에는 관심조차 없을 정도로 예수님의 그리스도 되심을 두려워했던 것이다. 혹시나 하는 마음조차도 없이 그들은 예수가 그리스도가 아니어야 할 이유만을 찾기에 급급했던 것이다.

"그 중의 한 사람 곧 전에 예수께 왔던 니고데모가 그들에게 말하되 우리 율법은 사람의 말을 듣고 그 행한 것을 알기 전에 심판하느냐 그들이 대답하여 이르되 너도 갈릴리에서 왔느냐 찾아보라 갈릴리에서는 선지자가 나지 못하느니라 하였더라"(요 7:50-52)

그들의 정체성 인식과는 달리, 실제로는 예수가 그리스도일 가능성이 아주 큰데도 불구하고 그들은 백성들에게 예수를 그리스도라고 절대로 말하지 못하도록 엄명을 내렸다. 그 당시에 출교는 이스라엘 공동체에서 나가서 죽으라는 말과 똑같은 의미였다. 이처럼 예수님이 그리스도 메시야일 가능성이 여러모로 아주 컸음에도 그들의 실제 정체성은 현실에서 누리던 것을 계속 누리는 것이었다.

"그 부모가 이렇게 말한 것은 이미 유대인들이 누구든지 예수를 그리스도로 시인하는 자는 출교하기로 결의하였으므로 그들을 무서워함이러라"(요 9:22)

자신들이 인식하고 있는 정체성과 실제로 품고 있는 정체성을 구별할 수 있는 또 하나의 지표는 그들의 실제 행동이다. 물론 그들의 소망이나 낙심, 두려움 등에서 이미 거의 모든 내용을 알 수 있겠으나, 소망과 낙심의 결과는 반드시 행동으로 드러나게 되어 있다는 점에서 실제 행동은 정체성의 괴리를 분석할 수 있는 또 하나의 지표가 되는 것이다. 이들의 정체성의 본질에 대하여 예수님은 너무나도 정확하게 분석해주셨다. 바리새인들은 마치 전혀 관계없는 남의 이야기를 하듯이 자기들이 조상 때에 있었다면 선지자들을 죽이지 않았을 것이라고 이야기한다고 하셨다. 이것은 바리새인들 자신이 인식하고 있는 정체성이다. 그러나 그들은 참 선지자 예수님을 십자가에 못 박지 않았던가? 그들이 행동으로 보여준 진짜 정체성은 하나님이고 메시야고 오로지 자기들의 안위에만 관심이 있었던 것이다.

> "화 있을진저 외식하는 서기관들과 바리새인들이여 너희는 선지자들의 무덤을 만들고 의인들의 비석을 꾸미며 이르되 만일 우리가 조상 때에 있었더라면 우리는 그들이 선지자의 피를 흘리는 데 참여하지 아니하였으리라 하니 그러면 너희가 선지자를 죽인 자의 자손임을 스스로 증명함이로다"(마 23:29-31)

바리새인들의 이런 거짓 정체성은 예수님께서 성전에 기도하러 들어온 한 바리새인의 기도에서 아주 극명하게 나타난다. 세리와 함께 기도하러 들어온 바리새인은 이 세리를 경멸하는 식으로 자기를 드러내 보인다. 그는 신앙생활에서 완벽하다. 하지만 하나님과의 관계성에서는 낙제점이다. 이것이 정체성의 괴리이다. 우리의 정체성이 실체가 되려면 언제나 하나님과의 관계와 이웃과의 관계의 조화 속에서 생각해야 한다. 바리새인들의 정체성은 하나님께서 싫어하시는 것으로만 채워져 있었다.

> "두 사람이 기도하러 성전에 올라가니 하나는 바리새인이요 하나는 세리라 바리새인은 서서 따로 기도하여 이르되 하나님이여 나는 다른 사람들 곧 토색, 불의, 간음을 하는 자들과 같지 아니하고 이 세리와도 같지 아니함을 감사하나이다 나는 이레에 두 번씩 금식하고 또 소득의 십일조를 드리나이다 하고"(눅 18:10-12)

정체성이란 자신의 존재나 위치에 대한 자기인식이다. 어떤 정체성을 가지고 사느냐 하는 것이 그 사람을 결정한다. 그러나 이 자기인식이 때로는 오해에 의한 거짓 정체성이 될 수도 있고, 자기 행동이나 삶과는 전혀 다른 허상의 정체성이 될 수도 있다. 특히 하나님과의 관계에서의 거짓 정체성은 자칫 하나님의 나라와는 완전히 상반된 결과를 가져올 수 있다는 것을 알아야 한다. 그 결말은 무엇인가? 적나라하게 이야기해서 교회에 열심히 다니기는 하는데, 그리고 자신은 천국의 정체성을 가지고 있다고 하는데, 사실은 지옥으로 떨어지게 만들어버릴 수 있다는 것이다. 더 나아가서 자신은 열심히 순수하게 잘 믿고 있는데, 그래서 예수님의 제자라는 정체성을 가지고 있는데 실제 말과 행동은 예수님의 제자로서의 정체성과는 전혀 관계없는 모습을 보이기도 하는 것이다. 거짓된 정체성을 가지고 있으면 자신만 지옥으로 떨어지는 것이 아니라 다른 사람들까지 지옥으로 끌고 가며, 그리고 하나님께 영광을 돌려드리는 것이 아니라 하나님의 얼굴에 먹칠을 해대는 결과가 올 수도 있는 것이다.

> "화 있을진저 외식하는 서기관들과 바리새인들이여 너희는 천국 문을 사람들 앞에서 닫고 너희도 들어가지 않고 들어가려 하는 자도 들어가지 못하게 하는도다 … 화 있을진저 외식하는 서기관들과 바리새인들이여 너희는 교인 한 사람을 얻기 위하여 바다와 육지를 두루 다니다가 생기면 너희보다 배나 더 지옥 자식이 되게 하는도다"(마 23:13, 15)

이것은 자기 개인의 죄로 멸망당할 뿐 아니라 오히려 세상에 펼쳐져야 할 그리스도의 복음의 세계를 가로막는 결과를 가져올 뿐인 것이다. 이것은 하나님 앞에 너무나도 큰 죄를 짓는 것이다. 앞에서 바리새인들의 정체성 괴리를 예로 들었지만, 바리새인들에게서 나타났던 그런 현상들이 현대를 살아가는 우리 그리스도인들에게서도 여전히 발견될 수 있다. 물론 바리새인들처럼 예수님을 십자가에 못 박는 것까지는 아닐지 몰라도, 인간의 종교심에 바리새인들의 함정이 반드시 존재한다는 사실을 믿어야 한다. 그리고 기독교 역사 속에서 무수한 바리새인들이 존재했음을 알아야 하고, 우리 시대의 교회에도 바리새인들이 요소요소에 존재할 뿐만 아니라, 우리들 자신의 내면에도 바리새인들의 요소가 존재한다는 것을 깨닫고 있어야 한다. 우리 자신이 그것을 인정해야 개혁도 될 수 있고 갱신도 가능해질 수 있는 것이다. 그리고 이 책은 바로 그것을 깨기 위한 절규인 것이다. 그것이 깨지지 않으면 한국 교회에 미래는 없다. 망하는 것은 시간문제일 뿐이다. 그만큼 우리 그리스도인들에게 정체성의 괴리가 깊이 뿌리박고 있는 것이다.

2. 당신의 소망을 진단한다.

　그리스도인의 정체성이란 예수 그리스도를 구세주이며 주인으로 삼고 그 길을 따라가는 사람들이 가지고 있는 본질적이고 공통적인 특성을 말한다. 이 정체성은 상황이나 환경이 변하여도 좀처럼 바뀌지 않고 유지해야 하는 성질이다. 정체성은 내적인 요소이지만 외적인 조건에 대한 반응으로 드러나게 되어 있다. 그러므로 우선 내적으로 분명한 자기의식이 있어야 자기 고유의 본질을 확립할 수 있게 된다. 따라서 그리스도인으로서의 정체성이 분명한 사람은 외부세계의 어떤 변화에도 자기만의 특질을 보여줄 수 있는 것이다.

　과연 그리스도인은 누구인가? 우리의 정체는 무엇인가? 무슨 목적으로 살아가고 있는가? 같은 그리스도인이라고 하더라도 주님과 더 가까운 사람이 있고 세상과 더 가까운 사람이 있다. 세상에서 살면서 자기 정체를 분명하게 드러내는 사람도 있고 거의 숨기고 사는 사람도 있다. 그리고 자기 정체에 맞게 행하는 사람이 있고 자기 정체와는 전혀 다른 삶을 살아가는 사람도 있다. 그리고 대다수의 그리스도인들은 그리스도인으로서의 자기정체에 맞는 삶을 살아가고 있지 못하다. 사실 그리스도인으로서 이 정체성의 혼란 가운데 살아가는 사람들이 훨씬 더 많기 때문에, 그 결과가 바로 기독교의 쇠퇴라는 현상으로 나타나는 것이다.

신앙인으로서의 자기정체성을 어떻게 점검할 수 있을까? 이미 이야기한 대로 우리의 소망을 살펴볼 수 있다면 어느 정도 우리 자신을 진단할 수 있을 것이다. 물론 이 소망은 입으로만 말하는 관념적인 소망이 아니라 삶의 현실 속에서 우리가 진짜로 추구하는 목표지점을 보아야만 할 것이다. 말로는 하늘에 소망을 두고 산다고 하면서 실제로 향하고 있는 방향이 이 땅이 우선이라면 그 정체성은 거짓 정체성이다. 오히려 땅의 정체성이 진짜 정체성이 될 것이다. 반면에 별다른 하늘의 소망에 대해서 이야기하지 않지만 그가 하늘의 가치기준을 따라 살려고 애를 쓰고 있다면 그의 진짜 정체성은 하늘의 정체성이 될 것이다.

그러면 어떻게 그 소망의 실체를 정확하게 알 수 있겠는가? 얼마나 정확한지는 알 수 없지만 아마도 세 가지를 보면 그 사람의 소망의 방향을 알 수 있지 않을까 한다. 그가 구하는 것과 기도하는 것과 목표지점의 교집합이 그 사람의 참 정체성일 가능성이 높다.

무엇을 구하는가?

우리가 그리스도인으로서 참으로 구하는 것은 어떤 것이어야 할까? 물론 당연히 그리스도를 위하여, 복음을 위하여, 교회를 위하여 구하는 것이 가장 이상적인 우리의 정체성이어야 한다. 하지만 교회를 위하여 구하는 마음만 가지고 있다고 해서 그것이 바로 그 사람의 정체성이라고 할 수는 없다. 신앙생활을 거의 제대로 하지 못하면서도 나중에 교회를 짓고 싶다는 소원을 갖고 있는 사람도 있을 수 있다. 일종의 보상 또는 보험의 성격으로 얼마든지 그런 소원을 품을 수 있다. 그래서 구하는 것이란 불투명하거나 뭉뚱그려진 방향성이 아니라 구체적이고 실질적으로 구하는 것을 이야기해야 하는 것이다. 야고보는 그렇게 구체적으로 구해도 얻지 못하는 이유에 대해 잘 설명하고 있다. 그리스도인으로서 자기가 구하는 것의 목적에 대해서 정확하게 알고 있어야 한다는 뜻이다. 구해도 못 받는 이유는 잘못 구하기 때문이다. 정욕에 쓰건 자기 명예를 위해 쓰건 올바른 목적이 아니라면 하나님으로부터 원하는 것을 받기는 어렵다.

> "너희는 욕심을 내어도 얻지 못하여 살인하며 시기하여도 능히 취하지 못하므로 다투고 싸우는도다 너희가 얻지 못함은 구하지 아니하기 때문이요 구하여도 받지 못함은 정욕으로 쓰려고 잘못 구하기 때문이라"(약 4:2-3)

일반적으로 볼 때 우리는 많은 경우에 구하는 것을 얻지 못한다. 물론 올바로 구하는 것이라 할지라도 이루어지는 때와 방법이 상당히 힘든 경우도 아주 많다. 진심으로 구하는 것은 하나님께서 이루어주신다는 확신이 있어야 하고, 그 확신을 붙들고 끝까지 인내하는 믿음이 꼭 필요하다. 다만 많은 경우에 그런 확신을 잃어버리고 구하는 것을 멈추게 된다면 그것은 바른 것이든 정욕에 쓰려는 것이든 마찬가지 결과로 나타나게 된다. 그러나 여기에서 진짜로 중요한 것은 구하는 그것이 이루어지는가 그렇지 못한가의 문제가 아니다. 중요한 것은 구하는 내용의 분별이다. 하나님께서 기뻐하시는가 외면하시는가의 방향이다. 구하는 것이 바른 것이라면 이루어지는가의 여부와는 관계없이 그 사람의 정체성을 올바로 드러내는 것이다.

가장 먼저 모든 그리스도인들은 두 가지 갈림길에 서 있다는 것을 알아야 한다. 그것은 그 사람이 예수님의 일을 구하는가, 자기의 일을 구하는가의 문제이다. 바울은 다른 사람들이 다 자기의 일을 구하는 반면에 제자 디모데만은 예수님의 일을 구하는 사람으로 소개하고 있다. 그만큼 자기 일이 아니라 그리스도 예수님의 일을 진실하게 구하는 사람이 적다는 뜻이다. 그러면 그리스도 예수의 일을 구한다는 것은 무엇을 말하는가? 우선 바울은 디모데의 연단을 첫손으로 꼽는다. 연단이란 몹시 어려운 환경 속에서도 인내를 가지고 하나님의 일을 하면서 생기는 훈련의 과정이다. 연단이 없으면 하나님 중심의 정체성을 확립하기 힘들다. 정체성이 바로 세워지고 그 정체성대로 행동하기 위해서는 훈련의 과정이 반드시 필요하다. 그러나 고난을 만났을 때 피하거나 숨으면 올바른 정체성은 생길 수가 없다. 그리고 그 연단은 복음을 위한 순수한 섬김이 목표가 되었을 때 비로소 인정받을 수 있다는 점을 알고 있어야 한다.

"그들이 다 자기 일을 구하고 그리스도 예수의 일을 구하지 아니하되 디모데의 연단을 너희가 아나니 자식이 아버지에게 함같이 나와 함께 복음을 위하여 수고하였느니라"(빌 2:21-22)

바울이 인정한 디모데의 또 다른 정체성은 교회를 진실하게 생각할 수 있는 사람임을 인정하는 것이기도 하다. 디모데가 구하는 것은 분명히 그리스도 예수의 이름을 구하는 것이다. 그리스도 예수의 일이란 무엇인가? 하나님의 교회를 향한 사랑이다. 우리 개인이 희생되더라도 교회는 살아야 한다. 무슨 조직의 부속을 말하는 것이 아니라, 그리스도인의 사랑과 희생과 헌신으로 말미암아 교회는 든든하게 세워져 간다는 것이다. 당신은 진정으로 교회를 생각하는 사람인가, 아니면 조금이라도 교회가 아니라 당신 개인의 뜻을 구하고 있는가? 냉정하게 뒤돌아보지 않으면 구분하기 어려울 것이다.

"내가 디모데를 속히 너희에게 보내기를 주 안에서 바람은 너희의 사정을 앎으로 안위를 받으려 함이니 이는 뜻을 같이하여 너희 사정을 진실히 생각할 자가 이밖에 내게 없음이라"(빌 2:19-20)

또 한 가지 우리가 구하는 것이 과연 그리스도인다운 것인가를 생각해볼 수 있게 하는 것이 자기 영광인가, 하나님께로부터 오는 영광인가 하는 점이다. 하나님의 일을 열심히 하다가 보면 영광스러운 일이 자신에게 다가올 때가 있다. 많은 사람들에게 유명해지는 것으로 올 수도 있고, 명예나 존경이 올 수도 있고, 표창이나 다른 상으로 올 수도 있다. 물론 그것은 그리스도인 자신에게 영광스러운 일이다. 대개는 실력 있고 유능한 그리스도인들에게 이런 일들이 주로 일어나게 될 것이다. 그런데 문제가 되는 것은 마치 이 영광이 목적인 것처럼 행동하게 되거나 또는 어떤 영광이 주어지지 않거나 대접받지 못하는 상황에서 화가 나거나 몹시 섭섭할 수 있다는 점이다. 목회자들의 모임 같은 데에서도 서로가 서로에게 순서대로 영광을 주는 비슷한 일들이 많이 일어날 수 있다. 희생과 헌신으로 하나님의 일을 이루어낸 것은 훌륭한 일이지만, 만약에 그것을 통하여 자기 영광을 구하는 마음이 강하다면 그 사람의 정체성은 위험한 것이 될 수밖에 없다. 만약에 자신의 마음을 면밀하게 점검하여 하나님으로부터 오는 영광이 아니라 자기가 받을 영광에 더 마음이 쓰인다면 그 사람은 빨리 회개기도를 시작해야 한다. 연약한 인간을 지킬 수 있는 것은 그 길밖에 없다. 이것이 그리스도인의 건강한 정체성이 될 수 있는 것이다.

"너희가 서로 영광을 취하고 유일하신 하나님께로부터 오는 영광은 구하지 아니하니 어찌 나를 믿을 수 있느냐"(요 5:44)

바울의 편지 중에서 받기 어려운 말씀도 있다. 그것은 바울이 진정한 그리스도인의 정체성은 다른 사람들의 유익을 구하는 것이라고 설명하는 데에서 찾을 수 있다. 도대체가 어떻게 하는 것이 자기 유익이 아니라 다른 사람의 유익을 구하는 것이라는 말인가? 이것을 상호간에 이해관계가 얽혀있을 때로 가정해본다면, 내게 유익이 되지 않는 것에서 더 나아가 내가 큰 손해를 보게 되는 상황에서도 상대편에게 유익이 되도록 행동할 수 있을까를 생각해 보아야 할 것이다. 바울은 '누구든지'라고 하여 상대방의 형편이나 위치나 자신과의 관계에서나 가릴 것 없이 그에게 유익을 주라고 말하는 것이다. 내가 손해 보는 것에는 관심도 없는 것 같다. 단지 조금 손해보고 양보하는 정도가 아니라 아예 나의 유익 자체보다 상대방의 유익을 우선적으로 생각하라는 것이다. 도대체 왜 그래야 한다는 말인가?

"누구든지 자기의 유익을 구하지 말고 남의 유익을 구하라"(고전 10:24)

그것은 단지 한 가지 목적 때문이다. 우리가 상대하는 사람들로 하여금 구원에 이르게 만들기 위해서이다. 물론 쓸데없이 굽신거리라는 말은 아니다. 그리고 전도대상자가 아니면 막 대해도 좋다는 말도 물론 아니다. 다만 그리스도인으로서 자기 유익 때문에 다른 사람들과 조금이라도 마찰을 일으키는 사람들이 아니라 많은 사람에게 유익을 가져다줌으로써 기쁨도 함께 제공하기 위해서이다. 그렇다고는 하지만 우리가 마치 죄인처럼 기죽어 살아야 할까? 물론 아니다. 우리는 하늘에 속한 사람들로서 언제나 당당하고 기품 있게 행동할 수 있어야 한다. 우리의 삶의 목적이 이 땅에 있는 것이 아니기 때문에 모든 그리스도인들은 자기 유익보다 남의 유익을 우선적으로 구할 수 있는 사람인 것이다. 당신은 그 어떤 경우에도 다른 사람의 유익을 먼저 생각하는가? 아니면 생각은 하고 있지만 좀처럼 그렇게 하지 못하고 있는가? 당신이 삶의 현장에서 실제로 구하고 있는 그것이 당신의 정체성이다.

"나와 같이 모든 일에 모든 사람을 기쁘게 하여 자신의 유익을 구하지 아니하고 많은 사람의 유익을 구하여 그들로 구원을 받게 하라" (고전 10:33)

끝으로 우리의 참된 정체성을 점검해볼 수 있는 마지막 문제가 남아 있다. 그것은 당신이 구하는 것이 일상의 필요인가, 아니면 하나님의 나라인가 하는 문제이다. 참 쉽지 않은 문제가 될 것이다. 당신이 구하는 대부분의 문제는 무엇인가? 당신은 주로 무엇을 위해 간구하는가? 그리스도인은 일상의 필요를 위해서는 하나님께 구할 필요가 없는 존재들이다. 왜냐하면 하나님께서 우리에게 필요한 모든 것을 이미 다 알고 계시기 때문이다. 먹을 것과 입을 것, 살 집은 물론이고 직장문제, 아이들 양육비와 등록금, 이웃사람 도와 줄 것까지도 우리가 직접 구할 필요가 없다. 그런 생활의 필요에 대해서는 구할 필요도 없고 근심해서도 안 된다. 이런 것들은 전부 하나님을 모르는 백성들이 그들의 우상에게 구하는 것들이다. 물론 일하지 말라거나 돈을 벌지 말라는 말씀이 결코 아니다. 이런 내용들을 가지고 하나님께 기도하지 말라는 말도 아니다. 그러나 그것은 하나님과의 교제 차원에서 기도하는 것이지 그것만을 심각하게 구하는 것은 아니라는 말이다. 그런데 이런 일이 가능한가? 이런 정체성을 가진 그리스도인이 얼마나 되겠는가?

"오늘 있다가 내일 아궁이에 던져지는 들풀도 하나님이 이렇게 입히시거든 하물며 너희일까 보냐 믿음이 작은 자들아 너희는 무엇을 먹을까 무엇을 마실까 하여 구하지 말며 근심하지도 말라 이 모든 것은 세상 백성들이 구하는 것이라 너희 아버지께서는 이런 것이 너희에게 있어야 할 것을 아시느니라"(눅 12:28-30)

물론 하나님은 믿는 구석을 마련하고 계신다. 다만 하나님의 나라를 구하라는 최후의 조건이다. 하나님의 나라를 세우는 일을 최우선적으로 구하면 이 세상에서의 모든 필요는 하나님께서 다 채워주신다는 말이다. 어떻게 하는 것이 하나님의 나라를 구하는 것일까? 마태는 그 나라뿐만 아니라 그의 의를 구하라고 더 확실하게 예수님의 말씀을 소개하고 있다. 아무튼 그리스도인 개인의 목적이 아니라 하나님의 목적을 위하는 일을 먼저 구해야 한다고 가르치시는 것은 사실이다.

"다만 너희는 그의 나라를 구하라 그리하면 이런 것들을 너희에게 더하시리라"(눅 12:31)

"그런즉 너희는 먼저 그의 나라와 그의 의를 구하라 그리하면 이 모든 것을 너희에게 더하시리라"(마 6:33)

그런데 누가는 한 술 더 떠서 그 다음에 할 일을 가르쳐준다. 아예 가지고 있는 소유물조차도 다 팔아서 구제하는 일에 써버리라고 예수님께서 가르치셨다고 말하고 있는 것이다. 따로 하신 말씀이 아니라 먹을 것, 입을 것을 구하지 말고 근심하지도 말라고 가르치신 결론으로 그런 말씀을 하신 것이다.

"너희 소유를 팔아 구제하여 낡아지지 아니하는 배낭을 만들라 곧 하늘에 둔 바 다함이 없는 보물이니 거기는 도둑도 가까이 하는 일이 없고 좀도 먹는 일이 없느니라"(눅 12:33)

이것이 그리스도인의 정체성이다. 당신은 당신 자신의 일을 구하는가, 그리스도 예수의 일을 구하는가? 이것은 우선순위에 대한 이야기이다. 당신은 남의 유익을 구하는가, 자기의 유익을 구하는가? 이것은 우선순위가 아니라 목표에 대한 이야기이다. 그리고 당신은 하나님께로부터 오는 영광을 구하는가, 아니면 자기 힘으로 영광을 구하고 있는가? 이것은 영광의 근원을 말하는 것이다. 그리고 당신은 생활의 필요를 위해 구하는가, 아니면 하나님나라와 그 의를 구하는가? 이것은 얼마나 하나님 의존적인가를 말하는 것이다. 이상과 같이 당신이 구하는 것의 정체를 순수하고 솔직하게 밝혀보라. 그러면 당신의 진짜 정체성을 느낄 수 있을 것이다.

무엇을 위해 기도하는가?

구하는 것과 기도하는 것은 어떻게 다른가? 그리스도 안에 있는 사람에게는 구하는 것이 기도하는 것이고 기도하는 것이 구하는 것이 아닌가? 하지만 만약에 그렇다면 예수님은 일상의 삶 가운데에서 하나님께 구하는 것으로 충분할 텐데 왜 때로 밤이 새도록 산에서 기도하셨는가? 구하는 것과 기도하는 것은 비슷한 방향인 것 같지만 전혀 달라질 수 있는 신앙의 요소들이다. 왜냐하면 기도하는 것은 하나님과의 관계 속에서 인격적인 교제로 대화하는 것이지만, 구하는 것은 (물론 당연히 하나님 안에서의 소원이지만) 하나님과의 대화가 아니어도 얼마든지 가능한 것이기 때문이다. 구하는 것이 기도하는 것일 수 있지만 기도의 전제조건이 인격적인 대화라는 뜻이다. 그러므로 우리의 기도제목을 잘 살펴보면 좋을 것 같고, 또 그 기도제목들 중에서 정말 하나님께서 원하시는 부분을 분별해볼 수 있다면 큰 도움이 되리라고 생각한다. 물론 진심을 다하여 기도하는 조건 안에서의 이야기이다.

성경에서 기도에 대한 이야기는 무수하게 많이 소개되어 있다. 어떤 경우에도 기도를 통하여 하나님의 은혜를 얻을 수 있기 때문이다. 그런데 성경이 가르치는 올바른 기도의 모습들을 보면 우리가 신앙생활에서 실제로 기도하는 모습들과는 상당한 차이가 있는 것을 알 수 있을 것이다. 성경에는 질병을 고치기 위해서나 영적인 싸움에서 승리하기 위한 기도 외에는 개인의 문제를 해결하기 위한 기도는 거의 소개되어 있지 않다. 특히 앞 절에서 이야기했듯이 먹을 것이나 입을 것에 대한 기도는 전혀 알려져 있지 않다. 오히려 하나님께서 그냥 채워주시는 그런 경우가 훨씬 많다. 광야의 만나가 대표적인 경우이다. 일상의 삶에 필요한 것들은 하나님의 나라와 그 의를 구하기만 하면 하나님께서 다 알아서 채워주신다. 그렇다면 우리는 무엇을 위해 기도하는가? 우리가 기도하지 못할 내용은 전혀 없다. 대표적인 것 몇 가지만을 이야기하고자 한다.

우선 우리는 성령받기를 위해 먼저 기도해야 한다. 왜냐하면 성령 없이 세례 주고 성령 없이 예배드리고 성령 없이 기도할 수 있기 때문이다. 성령 받는 것과 성령 충만을 받는 것에 대해서는 다른 곳에서 설명하려고 하지만, 아무튼 그리스도인의 정체성은 모든 경우에 성령님께 힘입어 살아가는 것이다. 성령님 없이 아무리 큰 열매를 거두어도 그것은 개인의 노력이나 힘으로 된 것이지 하나님의 작품이 아닐 수 있다. 하나님께서 주시는 열매가 아니라면 그것은 거품이나 그림자처럼 일시적인 것에 그칠 수 있다. 하지만 성령님께서 이끄신 열매는 영원하고 결코 깨지지 않는 것이 되는 것이다. 근원적으로 말하자면 그리스도인의 정체성 자체가 곧 성령님인 것이다.

> "그들이 내려가서 그들을 위하여 성령받기를 기도하니 이는 아직 한 사람에게도 성령 내리신 일이 없고 오직 주 예수의 이름으로 세례만 받을 뿐이더라"(행 8:15-16)

그리고 모든 기도는 교회적으로 행하는 것이어야 한다. 물론 개인

기도를 하지 말라는 이야기가 아니라 적어도 모든 기도는 주님의 몸 된 교회를 세워나가는 것을 기본으로 하여 행해지는 것이 맞는다는 이야기이다. 교회는 그리스도를 머리로 하는 몸이며 성도는 그 몸의 각 부분의 지체들이다. 손가락이 가시에 찔리면 온몸이 아픈 것과 마찬가지로 지체의 문제가 곧 교회의 문제이다. 모든 것을 교회적으로 행하는 것이 그리스도인의 정체성이다.

> "이에 베드로는 옥에 갇혔고 교회는 그를 위하여 간절히 하나님께 기도하더라 … 홀연히 주의 사자가 나타나매 옥중에 광채가 빛나며 또 베드로의 옆구리를 쳐 깨워 이르되 급히 일어나라 하니 쇠사슬이 그 손에서 벗어지더라 "(행 12:5, 7)

조금은 추상적인 표현 같지만 우리는 의의 열매를 위해 기도해야 한다. 의의 열매란 성도에게 나타나는 인격적, 영적 감화력을 말한다. 그것은 곧 성령의 아홉 가지 열매로 집약하여 설명할 수 있다. '사랑과 희락과 화평과 오래 참음과 자비와 양선과 충성과 온유와 절제'(갈 5:22-23)로 거두어지는 열매들이다. 이 열매들은 모두 예수 그리스도에게서 발견될 수 있는 중요한 특징들이다. 성도는 작은 예수들이다. 그러므로 예수님의 성품의 특징들로 의의 열매를 맺어야 하는 것이다. 이것을 위해 진정으로 기도하는 것이 그리스도인의 정체성이다.

> "내가 기도하노라 너희 사랑을 지식과 모든 총명으로 점점 더 풍성하게 하사 너희로 지극히 선한 것을 분별하며 또 진실하여 허물없이 그리스도의 날까지 이르고 예수 그리스도로 말미암아 의의 열매가 가득하여 하나님의 영광과 찬송이 되기를 원하노라"(빌 1:9-11)

물론 그런 내적 열매들만 위해서 기도해야 하는 것은 아니다. 우리는 외적인 열매들을 위해서도 기도할 수 있어야 한다. 전도는 복음에 대한 뜨거움으로 전파해야 하지만 전도의 능력자라고 해서 스스로 전도의 열매를 맺을 수 있는 것은 아니다. 성령님께서 어떤 사람에게 임하시지 않는다면 아무리 정성을 다 쏟아 섬긴다고 해도 거듭남의 역사는 일어나지 않는다. 그러므로 전도의 문이 열리도록 지속적으로 기도해야 한다. 생각해보라. 그리스도인이 왜 부르심 받았는가를. 우리는 말로나 행동으로나 문서로나 삶으로나 그리스도의 구원의 복음이 전파되게 하기 위해 택하심 받은 사람들이다. 그렇다면 모든 기도의 가장 기본적인 초점은 전도에 두어야 하지 않겠는가? 과연 우리의 기도의 초점이 전도에 있는가? 만약 우리의 관심이 전도에서 멀어져 있다면 우리가 가지고 있는 그리스도인으로서의 정체성도 희미해져 있는 것이다.

> "또한 우리를 위하여 기도하되 하나님이 전도할 문을 우리에게 열어 주사 그리스도의 비밀을 말하게 하시기를 구하라 내가 이 일 때문에 매임을 당하였노라"(골 4:3)

우리가 교회적으로 기도할 때 절대 빠져서는 안 될 내용이 바로 사역자, 동역자들을 위한 기도이다. 하나님은 어떤 경우에도 사람을 통해서 일하시는 분이시기 때문이다. 물론 하나님은 각종 기적과 은사를 주시면서 하나님의 일을 이루어 가시는 분이시다. 그러나 그런 모든 경우에 반드시 사람을 앞세우셔서 일해 나가신다. 이런 기도가 현실적으로 많이 부족하다. 바울은 일꾼들을 위한 기도에 전념하는 사람이었고 동시에 일꾼들에게 자신을 위해 기도해 달라고 부단하게 부탁하는 사람이었다. 그리스도인의 정체성은 함께 일하는 사람들을 위한 기도에 집중하는 것이다. 마음이 맞지 않는 사람을 비판하고 자기합리화를 꾀하는 것이 아니라, 서로의 부족함을 위해 진심어린 기도로 협력하는 것이 그리스도인의 진정한 정체성인 것이다.

> "이로써 우리도 듣던 날부터 너희를 위하여 기도하기를 그치지 아니하고 구하노니 너희로 하여금 모든 신령한 지혜와 총명에 하나님의 뜻을 아는 것으로 채우게 하시고"(골 1:9)
>
> "끝으로 형제들아 너희는 우리를 위하여 기도하기를 주의 말씀이 너희 가운데서와 같이 퍼져 나가 영광스럽게 되고 또한 우리를 부당하고 악한 사람들에게서 건지시옵소서 하라 믿음은 모든 사람의 것이 아니니라"(살후 3:1-2)

이제 교회적인 기도와 함께 진짜 그리스도인의 정체성을 진단할 수 있는 기준이 있다. 그것은 우리 앞에 원수와 같은 사람이 나타났을 때 우리에게서 어떤 기도가 나오는가 하는 점이다. 원수를 갚아달라는 기도인가, 축복하는 기도인가? 이때 자연스럽게 나타내 보이는 기도의 내용이 바로 우리의 정체성인 것이다. 알다시피 원수 갚는 것은 우리들에게 달려있는 것이 아니라 하나님께서 갚으시는 것이다(롬 12:19). 감정적으로는 직접 갚고 싶은 마음이 드는 것이 당연하지만, 그러나 성경은 스스로 원수를 갚으려고 하기보다는 오히려 원수들을 위해서 축복하는 기도를 하라고 하신다. 예수님은 더 나아가서 그 원수를 사랑하라고 하신다. 원수를 사랑하라는 말씀은 원수를 위해 섬기라는 말이 아니라 그가 회개하고 돌이켜 하나님의 사람으로 변화되도록 기도하라는 말이다. 원수를 사랑하고 축복하고 기도하는 사람이라면 그 사람은 그리스도인의 건강한 정체성을 소유하고 있는 사람임에 틀림이 없을 것이다.

> "나는 너희에게 이르노니 너희 원수를 사랑하며 너희를 박해하는 자를 위하여 기도하라"(마 5:44)
>
> "너희를 저주하는 자를 위하여 축복하며 너희를 모욕하는 자를 위하여 기도하라"(눅 6:28)

마지막으로 우리 속에 혹시 남아있을지도 모르는 공명심을 제거해야 한다. 그것은 공개적인 기도인가, 은밀한 기도인가 하는 점이다. 때로 우리는 교회 프로그램에 따라 마지못해 기도회에 참석하는 경우도 있다. 물론 예수님의 말씀은 그런 말씀은 아니다. 다만 똑같이 기도하는 경우라도 하나님을 의식하는 사람과 자기 자신을 의식하는 사람이 있을 것이다. 이것은 기도하는 방식의 문제가 아니라 정말 진심으로 하나님께 기도하는가의 문제이다. 자신을 기도 많이 하는 사람, 말씀을 많이 보고 많이 아는 사람, 봉사를 많이 하는 사람으로 보이고자 한다면 그 사람의 정체성을 바른 것이 아니다. 신앙행위는 전적으로 하나님과 자신의 관계에서 출발해야 한다. 그 어떤 경우에라도 사람을 먼저 의식하게 되면 하나님과의 관계는 그만큼 막혀버리게 되는 것이다. 기도이든 삶이든 얼마만큼이나 하나님께 집중하고 있는가? 그것이 당신의 정체성을 결정하는 것이다.

> "또 너희는 기도할 때에 외식하는 자와 같이 하지 말라 그들은 사람에게 보이려고 회당과 큰 거리 어귀에 서서 기도하기를 좋아하느니라 내가 진실로 너희에게 이르노니 그들은 자기 상을 이미 받았느니라 너는 기도할 때에 네 골방에 들어가 문을 닫고 은밀한 중에 계신 네 아버지께 기도하라 은밀한 중에 보시는 네 아버지께서 갚으시리라"(마 6:5-6)

지금까지 이야기한 내용을 보고 그리스도인의 정체성에 대해 지나치게 가혹하고 완벽한 요구가 아닌가 생각될 수도 있을 것이다. 그러나 그리스도인의 신앙이 성장하면 성장할수록 더욱 뼈저리게 느껴져야 하는 것이 성경이 말하는 하나님의 의이다. 영성이 깊다는 말은 이 하나님의 의를 더 깊이 깨닫는다는 말이다. 더 깊이 깨달을수록 자신의 부족함과 연약함과 죄 된 모습은 두드러지게 되어 있다. 그럼으로써 그는 하나님 앞에 더 겸손하게 무릎을 꿇을 수 있게 되는 것이다. 신앙생활을 오래 하면 할수록 더 겸손해지고 낮아지고 자신의 죄를 철저하게 고백하게 되어야 하는 것은 바로 이 때문이다. 그리스도인의 정체성은 이러한 내면의 깊이를 어느 만큼이나 인식하고 있느냐에 달린 것이다. 그리고 그 인식이 얼마만큼이나 현실화되느냐에 대한 것이다. 정체성 의식이 높아지면 높아질수록 하늘에 속한 그리스도인으로서의 삶이 더욱 온전해지게 될 것이다.

소망을 어디에 두는가?

모든 그리스도인들이 현실적으로 가장 먼저 소망을 두어야 할 곳은 바로 그리스도 예수님이시다. 그리스도는 모든 그리스도인들의 소망이요 목표이며 삶의 이유이며 목적이시다. 그러므로 그리스도인의 올바른 정체성은 어떤 경우에라도 그리스도 예수님께로 향해야 한다. 그러나 현실적으로 볼 때 생활이나 사역에 있어서 그리스도 예수님이 아니라 자신들이 세운 목표나 비전이 소망인 듯이 보이는 경우가 비일비재하다. 어떻게 분별할 수 있을까? 자신들도 오직 그리스도 예수님께만 모든 소망을 두고 있다고 말하고 있고 또 스스로도 그렇게 믿고 있기 때문이다.

우선 우리는 사도 바울의 기쁨과 소망과 자랑이 무엇인지를 살펴보아야 한다. 바울은 소망과 기쁨과 자랑의 면류관이라고 말했다. 그의 면류관은 데살로니가 교회와 성도들이었다. 물론 꼭 데살로니가 교회만을 말하는 것은 아니다. 우리의 소망이 참 소망이 되려면 우리의 자랑이 성도들이어야 한다는 말이다. 그것도 주 예수 앞의 성도들이다.

한 사람에게 복음을 전하여 자라게 하고 일꾼으로 만들어나가는 과정 자체가 우리의 소망이어야 한다. 사역자나 성도나 마찬가지이다. 이것을 벗어난다면 그리스도인으로서의 정체성은 병든 것이거나 모자라는 것이다. 정말 이것이 우리의 소망인가를 살펴보아야 한다.

"우리의 소망이나 기쁨이나 자랑의 면류관이 무엇이냐 그가 강림하실 때 우리 주 예수 앞에 너희가 아니냐"(살전 2:19)

그리고 오직 그리스도 예수님께 소망을 두는 사람이라면 예수님을 따라 스스로를 깨끗하게 하기를 게을리 하지 않는 사람이며, 소망의 인내를 끝까지 잊지 않고 승리하는 사람이다. 이런 마음가짐과 태도를 가지고 있지 않다면 그리스도 예수님을 향한 우리의 소망은 온전하지 못한 것이고, 아직 그리스도인으로서의 정체성이 확립되어 있지 못한 것이다.

"주를 향하여 이 소망을 가진 자마다 그의 깨끗하심과 같이 자기를 깨끗하게 하느니라"(요일 3:3)

"너희의 믿음의 역사와 사랑의 수고와 우리 주 예수 그리스도에 대한 소망의 인내를 우리 하나님 아버지 앞에서 끊임없이 기억함이니"(살전 1:3)

그리스도께 소망을 둔다는 말은 곧 부활의 소망을 가지고 있음을 뜻한다. 만약에 예수님을 믿고 따른다면서 부활의 소망을 가지고 있지 못하다면 그 사람은 거듭난 사람이 아니다. 물론 거듭났으면서도 확신이 없고 부활에 대한 소망을 소유하지 못한 사람이라고 할 수도 있을 것이다. 하지만 거듭났다는 것은 하나님과 나, 예수님과 나의 관계를 깨닫고 있다는 뜻이다. 완전히 새신자일 때에는 잠시 이런 혼란을 느낄 수도 있겠지만, 믿음이 어느 정도 자랐는데도 부활에 대한 믿음이 없다면 성령님께 간구하여 믿음을 가질 수 있도록 해야 할 것이다. 나아가서 성경을 가르치거나 목회를 한다고 하는 사람들 중에 만약에 예수님의 부활을 믿지 못한다거나 그로 말미암아 자신의 부활을 받아들이지 못하고 예수님의 육체의 부활을 부인한다면 그가 믿는 것은 온전한 복음이라고 할 수 없다. 왜냐하면 예수님의 부활을 믿는 것도 성령님께서 임하셔서 깨닫게 하셔야 가능한 것이기 때문이다.

"그들이 기다리는 바 하나님께 향한 소망을 나도 가졌으니 곧 의인과 악인의 부활이 있으리라 함이니이다"(행 24:15)

당신은 보다 확실한 부활의 소망을 가지고 있는가? 그러면 부활의 소망을 바라보는 사람처럼 행해야 한다. 말로는 부활의 소망을 바라본다고 하면서 실제로는 부활이 없는 세상 사람처럼 살아간다면, 그 사람의 정체성은 그리스도인의 그것이 아니지 않겠는가? 부활의 소망을 소유한 사람만이 거듭난 그리스도인이다. 그런데 왜 우리는 부활을 망각한 채 이 땅의 소망만을 바라고 있는가? 마치 하나님을 알지도 못하고 죄를 깨닫지도 못했던 과거의 불신자들과 같은 생각과 행동을 보여준다는 말인가? 부활을 모르는 사람들은 이 세상에서 소망이 없는 사람들이다.

"그 때에 너희는 그리스도 밖에 있었고 이스라엘 나라 밖의 사람이라 약속의 언약들에 대하여는 외인이요 세상에서 소망이 없고 하나님도 없는 자이더니"(엡 2:12)

여기에서 우리가 보다 확실하게 우리의 정체성을 정리해야 할 필요가 생긴다. 그리스도인의 정체성이 진정으로 향해야 하는 곳이 무엇인가? 그것은 바로 영생에 대한 소망이 아니던가? 내세와 영생을 믿는 그리스도인이라면 당연히 이 세상에 소망을 둘 수가 없다. 이 세상살

이가 편하고 풍부하든 가난하고 부족하든 모든 그리스도인들이 영생을 향하여 나아가는 것만은 분명하다. 만약에 영생을 의식하지 않고 세상을 살고 있다면 그러면 기독교인이란 무엇인가? 왜 교회에 출석하고 왜 예배를 드리는가? 영생이 아니라 이 세상에 소망을 두고 살아간다면 그 사람에게 복음이란 무엇이고 거듭남이란 무엇인가? 도대체 하나님께서 왜 우리를 부르셨겠는가?

"너희 마음의 눈을 밝히사 그의 부르심의 소망이 무엇이며 성도 안에서 그 기업의 영광의 풍성함이 무엇이며"(엡 1:18)

그리스도인은 영생의 소망을 가진 사람들이다. 그리스도인의 올바른 정체성은 영생에 있다. 그래서 하늘에 소망을 두고 사는 사람들이라고 하는 것이다. 그리스도인의 정체성은 하늘에 속한 사람으로서 이 땅에서 하늘을 누리면서 사는 사람들이다. 하늘을 누리는 사람들이 이 땅의 번영을 소망할 수 있을까? 이 세상에서 자기 영광의 소망을 가지고 살 수 있을까? 우리는 무엇을 쌓아도 이 세상이 아니라 하늘에 쌓는 사람들이다. 그런데 기독교 신앙인이라고 하면서 살아가는 모습들은 전혀 하늘에 소망을 두고 살아가는 사람들이 아닌 경우가 많다.

"너희를 위하여 하늘에 쌓아 둔 소망으로 말미암음이니 곧 너희가 전에 복음 진리의 말씀을 들은 것이라"(골 1:5)

만약에 하늘의 소망, 영생의 소망을 가지고 있다고 하면서 이 세상에 미련을 두고 다투고 경쟁하면서 살아간다면 그 사람이 가지고 있는 소망은 죽은 소망이다. 죽은 소망으로는 영생에 이를 수 없다. 그리스도인의 정체성은 살아있어야 한다. 머리로만 알고 있는 정체성은 거짓 정체성이다. 지금 우리 주변에 거짓 정체성을 가지고 살아가는 성도들이 얼마나 많은가? 성령님의 능력으로 이것을 깨야 한다. 우리는 지금도 여전히 살아계시는 하나님을 소망하는 사람들이다.

"우리 주 예수 그리스도의 아버지 하나님을 찬송하리로다 그의 많으신 긍휼대로 예수 그리스도를 죽은 자 가운데서 부활하게 하심으로 말미암아 우리를 거듭나게 하사 산 소망이 있게 하시며"(벧전 1:3)

영생의 소망은 하늘의 상속자가 되게 만든다. 그것은 하나님께서 영원 전부터 약속하신 것이다. 그것은 하나님께 대한 소망이며 예수님의 재림에 대한 소망이며 그리스도인의 정체성의 근간을 이루는 것이다. 이 책의 전체적인 흐름이기도 한 것이다. 영생의 소망을 굳게 붙잡아야 한다. 만약에 영생의 소망을 가지고 있지 못하다면 성령님을 크게 의지해야 한다.

"우리로 그의 은혜를 힘입어 의롭다 하심을 얻어 영생의 소망을 따라 상속자가 되게 하려 하심이라"(딛 3:7)

"영생의 소망을 위함이라 이 영생은 거짓이 없으신 하나님이 영원 전부터 약속하신 것인데"(딛 1:2)

당신의 소망은 어디를 향하고 있는가? 정말 주님을 향하고 있는가, 아니면 다른 목적을 향하고 있는가? 당신이 가지고 있는 소망은 부활의 소망인가, 육체의 소망인가? 영생의 소망인가, 번영에 대한 소망인가? 하늘에 쌓는 소망인가, 땅에 쌓는 소망인가? 문제를 만날 때에, 어려움이 닥쳤을 때 당신의 소망은 어디를 향하는가? 혹은 추구하던 일이 성공적이었을 때 자기 자신의 영광을 향하는가, 아니면 모든 영광을 하나님께 돌리는가? 하늘에 소망이 있는 사람이라면 이 세상의 덧없음을 잘 깨닫고 스스로에게 쏟아질 수도 있는 칭찬과 영광을 벗어버리려고 애를 쓰게 될 것이다. 우리의 소망을 확실하게 자주 점검해야 한다. 우리가 구하는 것이나 우리가 기도하는 것이나 실질적으로 소망하는 것을 수시로 구분할 줄 알아야 한다. 스스로는 잘 깨달을 수 없다. 직접 부딪쳤을 때에야 자신의 정체성을 느낄 수 있다. 내 속에 있는 진짜 소망을 통하여 현재 가지고 있는 실제 정체성을 진단해보자.

3. 당신의 낙심을 진단한다.

우리의 정체성을 진단하는 두 번째 수단은 우리가 어떨 때 가장 크게 실망하고 낙심하는가이다. 왜냐하면 낙심은 모든 것을 무너뜨릴 수 있는 가장 크고 실질적인 요소이기 때문이다. 마귀가 성도들을 무너뜨리기 위해 숨겨둔 수단이 바로 낙심이다. 아무리 순수한 열정으로 넘친다고 해도 낙심해버리면 그 열정은 싸늘하게 식어버린다. 사람의 감정은 실제로 낙심에 처해보지 않으면 자기 속마음을 스스로도 알기 어렵다. 그래서 어떨 때 어떻게 실망이 되고 낙심이 일어나는지를 현실적으로 살펴본다면 우리의 진짜 정체성을 더 깊이 알 수 있게 될 것이다. 자신의 내면을 실체적으로 느껴볼 때 그리스도인으로서의 정체성은 더욱 높아질 수 있는 기회를 얻게 될 것이다.

소망이 없으면 낙심도 없다.

앞 장에서 우리는 그리스도인이 소망을 어디에 두는가에 대해 살펴보았다. 알다시피 낙심이란 기대했던 바가 이루어지지 않았을 때 자연적으로 생기는 감정이다. 그러니까 소망을 두지 않은 것이라면 낙심할 이유도 없다. 크게 기대했거나 강한 소망일수록 이루어지지 않았을 때 실망감이 크고 낙심까지 하게 될 것이다. 그러므로 낙심한 내용을 살펴보면 그가 무엇을 위해 살았는가를 어렴풋이 짐작할 수 있을 것이다. 물론 우리의 소망을 진단해보았기 때문에 낙심을 따로 살펴볼 필요가 없지 않을까 하는 생각을 가질 수도 있다. 그러나 우리의 소망을 진단해보았다고 해서 우리의 정체성을 완벽하게 진단할 수 있는 것은 아니다. 자신이 무엇에 낙심하는가를 실제로 겪어 보아야 자신도 모르던 자신의 정체성을 조금이나마 깨달을 수 있기 때문이다. 그리고 그 소망이 쉽게 이루어진다면 그것이 진정 하늘나라에 대한 소망인지 아닌지를 분간할 수 없기 때문이기도 하다. 예를 들어 자신이 추진하던 일이 성취되었을 때 사실은 그것이 하늘의 정체성이 아니라 땅에 속한 정체성인데도 불구하고 스스로는 하나님께서 복을 주신 결과라고 생각할 수도 있을 것이다. 그럴 때 자신이 인식하고 있는 정체성과 진짜 내면의 정체성은 혼동이 되어 버릴 것이다. 당연히 일에 실패했을 때 낙심이 오고 그럴 때 스스로의 정체성을 바르게 진단할 수 있게 되는 것이다. 그리스도인에게 연단이 왜 필요하겠는가? 이런 착각에서 벗어나기 위해 고난이 필요한 것이 아니겠는가?

사도 바울이 사울이었을 때 바울은 자신의 정체성을 어떻게 인식하고 있었을까? 그는 유대인으로서의 자부심이 대단한 사람이었다. 어디에 내세워도 모자람이 없었고 실력도 있었고 열정과 사명에 불타올랐으며 율법의 의로 볼 때 아무런 흠이 없는 사람이었다.

> "나는 팔일 만에 할례를 받고 이스라엘 족속이요 베냐민 지파요 히브리인 중의 히브리인이요 율법으로는 바리새인이요 열심으로는 교회를 박해하고 율법의 의로는 흠이 없는 자라"(빌 3:5-6)

그뿐만이 아니라 그는 심지어 로마 시민권자였고 당시 최고 권위를 가진 율법학자 가말리엘 문하에서 공부한 사람이었으며 여호와 하나님을 사랑하는 일에 생명을 다 바칠 수 있는 사람이었다.

"나는 유대인으로 길리기아 다소에서 났고 이 성에서 자라 가말리엘의 문하에서 우리 조상들의 율법의 엄한 교훈을 받았고 오늘 너희 모든 사람처럼 하나님께 대하여 열심이 있는 자라"(행 22:3)

바울은 스스로 이런 자부심을 가지고 하나님을 진심으로 사랑한다는 정체성을 간직하고 있었다. 아마도 이것은 그가 세상 어느 곳에 있든지 스스로를 지탱하는 힘의 원천이었을 것이다. 이런 강한 정체성을 가지고 있는 한 바울이 무너지는 일은 결코 일어나지 않을 것이다. 그러나 자신이 인식하고 있는 정체성과 하나님께서 바라보시는 진짜 정체성은 엄청난 차이가 난다. 우리는 지금 하나님께서 보시는 우리의 진짜 정체성을 진단하고 있다. 진정한 정체성을 알기 전까지는 어떤 면에서 우리는 허상만 쫓아다니는 사람일지도 모른다. 그러면 바울의 진짜 정체성은 무엇이었을까? 바울이 스스로를 지칭하는 말들을 들어보면 그 진실을 알 수 있다. 그는 우선 자신이 죄인 중의 죄인임을 고백하였다. 그것이 자신의 진정한 정체성 인식인 것을 바울은 깨달았던 것이다.

"미쁘다 모든 사람이 받을 만한 이 말이여 그리스도 예수께서 죄인을 구원하시려고 세상에 임하셨다 하였도다 죄인 중에 내가 괴수니라"(딤전 1:15)

물론 그는 하나님의 자녀로서 건강한 정체성을 가지고 있었다. 그러나 그 정체성은 자신의 죄의 모습을 발견함으로써만이 가능해지는 진정한 정체성이었다. 그것은 바울로 하여금 자신이 죄인일 뿐 아니라 그 죄와 날마다 싸워야 하는 한낱 보잘 것 없는 존재임을 스스로 자각하게 만드는 것이었다. 모든 주권이 하나님께 있음을 진심으로 고백하게 된 바울은 심지어 모든 사명을 다한 후에 오히려 버림받아 지옥으로 떨어질까를 두려워할 정도까지 되었다. 하나님 앞에 서 있는 자신의 초라한 모습을 발견한 사람만이 할 수 있는 고백이다. 자신의 진실한 정체성을 깨달았던 것이다. 물론 이것이 그의 정체성의 전부는 아니다. 하지만 이런 고백들은 참된 정체성의 출발점이 되어야만 하는 것을 우리에게 가르쳐주고 있는 것이다.

> "오호라 나는 곤고한 사람이로다 이 사망의 몸에서 누가 나를 건져 내랴"(롬 7:24)

> "내가 내 몸을 쳐 복종하게 함은 내가 남에게 전파한 후에 자신이 도리어 버림을 당할까 두려워함이로다"(고전 9:27)

주님께서는 대단한 자부심을 가진 본래의 유대인 사울의 정체성을 여지없기 깨뜨려버리셨다. 기세등등하게 사명감과 열정으로 똘똘 뭉쳐있던 사울에게 나타나신 주님께서 하신 말씀을 들어보자. 바울이 그토록 확신에 차서 기독교인들을 체포하려고 돌아다니던 바로 그 모습을 정확하게 표현해 주신 말씀이었다. 기껏 사울이 한 일은 가시채찍을 뒷발질하는 정도밖에 되지 않았던 것이다. 소가 밭을 갈다가 말을 안 들으면 가시 채찍으로 맞는데 거기에 반항해서 뒷발로 가시채를 걷어차기를 하면 할수록 오히려 아픔과 고통만 더해 간다는 말로서, 하나님을 대적하는 모습이 어리석다는 것을 비유로 하신 말씀이었다.

> "우리가 다 땅에 엎드러지매 내가 소리를 들으니 히브리 말로 이르되 사울아 사울아 네가 어찌하여 나를 박해하느냐 가시채를 뒷발질하기가 네게 고생이니라"(행 26:14)

바울은 이렇게 진짜 정체성을 깨달아 하나님의 위대한 사도의 일을 감당하게 되는데, 바울이 어떻게 자기 정체성을 깨달아 알게 되었는가? 바울이 거듭나기 이전에 기세등등하던 때에는 그에게 실망이란 없었다. 그의 정체성 자체가 완전했기 때문에 참된 정체성이 찾아올 수 있는 길이 없었다. 하지만 그에게 절망이 찾아왔을 때 바울은 비로소 자신의 정체성에 대해 다시 생각할 수 있었고, 자신이 인식하고 있던 정체성과 부딪칠 수 있게 되었던 것이다. 그 직전까지 바울의 소망은 무엇이었을까? 하나님의 대적자들로 지목된 그리스도인들을 한 사람이라도 더 제거하여 하나님께 큰 영광을 돌리는 일이었다. 하지만 그는 다메섹 도상에서 뜻밖의 실패를 경험한다. 자신이 그토록 소망하던 일이 절망에 부딪치게 된 것이었다. 바울은 그 자리에서 부활하시고 살아계신 예수님과 만나게 되는 것이다.

바울이 정체성의 대혼란 속으로 빠져 들어간다. 아마도 머릿속이 하얗게 되어 거의 아무런 생각조차도 할 수 없었을 것이다. 그토록 확신을 가지고 열정을 다하여 기독교인들을 체포하려고 돌아다니던 일이 결국 아무것도 아닐 뿐만 아니라 오히려 하나님을 박해하는 일이었을지도 모른다는 절벽에 부딪침으로써, 바울은 견딜 수 없는 절망에 빠져들었을 것이다. 왜 이런 일이 일어났는가? 자기 행동이 하나님을 사랑하는 유일한 방법이라고 생각했던 바울의 하나님께 대한 소망이 너무나도 급격하게 꺾여버렸기 때문이다. 그것은 실망이나 낙심 정도가 아니라 절망이었던 것이다. 만약에 바울이 하나님을 진정으로 사랑하기 위해 성도들을 체포하려는 소망이 없었다면 바울은 그토록 강한 정체성을 가질 수는 없었을 것이고, 강하기 때문에 강하게 부딪침으로 말미암아 너무나도 갑작스러운 혼란 속으로 빠져 들어갔던 것이다. 바울의 진정한 정체성은 이 절망을 통하여 가장 바르게 세워져 나갔던 것이다.

누구나 소망을 두는 곳에서 부딪힐 때 정체성의 혼란을 느끼게 될 것이다. 소망이 거부됨으로 말미암아 실망하거나 낙심하게 되고, 거기에서 혼란을 느끼게 되고, 그것이 정리되면서 참된 정체성이 확립될 수 있는 것이다. 그러므로 실망이나 낙심이 나쁜 것이 아니다. 거기에 무너지면 한없이 무의미한 세월을 보낼 수도 있지만, 그 낙심을 이겨 내면 그는 훌륭한 정체성을 가진 그리스도인이 될 수 있는 것이다. 잘못된 소망을 가지는 것이 나쁠까, 낙심하게 되는 것이 나쁠까? 바른 소망이든 그릇된 소망이든 그것이 바른지 그른지를 어떻게 알 수 있겠는가? 실패에 따르는 실망이나 낙심을 겪어 보았을 때 적나라하게 드러나게 되어 있다. 그러므로 자기의 소망이 어떤 것인가를 진단하는 것보다 오히려 실망과 낙심을 진단해보는 것이 더 정확한 정체성 진단으로 이어질 수 있을 것이다.

다시 사도 바울의 경우를 살펴보자. 바울이 하나님께 대한 그릇된 소망을 가지고 싸우다가 부활하신 예수님을 만나면서 그 소망의 실패를 경험하게 된다. 그리하여 그는 이방인의 사도로 죽음을 마다하지 않고 복음을 전파하는, 기독교 사상 가장 위대한 사도가 된다. 강한 소망이 강한 절망으로 이어지고 강한 정체성과 사명으로 이어졌던 것이다. 그렇다면 그것으로 된 것인가? 말하자면 그렇게 단번에 스스로가 사도로 부름 받은 사실을 깨닫고 이방인의 사도로서의 정체성을 가지고 죽기까지 나아갈 수 있게 된 것인가? 그는 그렇게 회심한 이후로 단 한 번에 정착된 완전한 정체성을 가지고 오로지 복음전파라는 푯대만을 향하여 달려가는 사람이 된 것인가? 그렇지는 않은 것으로 생각된다. 그렇게 사도로써 활동해 나아가면서 바울의 정체성은 급격할지는 몰라도 단계를 밟아 나아가면서 확립할 수 있었다고 생각한다. 정체성이란 그것이 단단해지기까지는 시간과 과정이 반드시 필요하다. 자신이 인식하고 있는 정체성과 자신이 삶의 근거로 사용하는 정체성에는 반드시 괴리가 발생한다. 그 괴리가 실망이나 낙심으로 메워지게 되는 것이다.

예를 들어 조금 전에 바울 자신이 스스로를 "나는 곤고한 사람이로다!"라고 고백했다(롬 7:24). 왜 이렇게 갈등하게 되었을까? 바울은 스스로 의로운 생각과 행위만을 행하고 싶은데 자기 속에 있는 죄가 그를 괴롭히고 훼방하기 때문이다. 스스로가 죄인이고 죄의 영향을 받지 않을 수 없는 존재라는 그 실망과 낙심이 하나님 앞에서의 자신의 위치를 발견하게 만드는 것이다. 그 앞 절에 기록된 바울의 고백을 보면 더 확실해진다. 그가 소망하는 그 자신의 모습과 현실적으로 육체를 가진 자신이 부딪힘으로부터 오는 실패가 그를 실망하게 만들고 낙심하게 만드는 것이다.

> "내 속사람으로는 하나님의 법을 즐거워하되 내 지체 속에서 한 다른 법이 내 마음의 법과 싸워 내 지체 속에 있는 죄의 법으로 나를 사로잡는 것을 보는도다"(롬 7:22-23)

잘못된 소망일지라도 나쁜 것은 아니다. 아예 소망을 가지지 않는다면 실망도 낙심도 할 필요가 없다. 거룩한 소망이든 세상의 소망이든 그 소망은 반드시 하나님 안에서 스스로와 부딪쳐야 한다. 성공하든 실패하든 그 소망을 통하여 자기 현실을 발견하게 되는 것이다. 앞 장에서는 무엇을 구하는가, 무엇을 위해 기도하는가, 어떤 소망을 가지고 있는가에 대하여 살펴보았다면 여기에서는 그 소망이 실패함으로 말미암은 실망이나 낙심을 진단해봄으로써 진정한 우리의 정체성을 발견하게 될 것이고, 그 낙심을 통하여 바른 정체성을 확립해 나아가는 과정을 이야기하는 것이다. 소망이 없으면 실망도 없다. 실망이나 낙심이 온다고 해서 소망 자체를 포기하지 말아야 한다. 낙심이 있어야 그 낙심을 가져오는 소망이 바른 것인가를 발견하게 되는 것이다.

땅의 낙심과 하늘의 낙심

그리스도인으로서의 우리의 정체성을 진단하기 위해 낙심이라는 주제를 살펴보고 있다. 낙심을 어떻게 진단할 수 있을까? 체크 리스트를 만들어 점검해볼 수도 없는 노릇이다. 하지만 우리는 우리 자신의 정체성을 알아내야 한다. 사람은 자기중심적으로 자신과 세상을 바라볼 수밖에 없기 때문에 자기가 인식하고 있는 정체성과 실제로 작동하는 정체성의 괴리가 큰 것이 아니겠는가? 그래서 실제로 작동시키고 있는 정체성을 진단하기 위해 과연 어떤 일에 더 큰 낙심을 느끼는가를 살펴보아야 하는 것이다.

우선 그리스도인으로서 현실적으로 자주 경험할 수 있는 낙심부터 살펴보자. 이것을 쉽게 땅으로 인해 일어나는 낙심과 하늘로 인해 일어나는 낙심으로 구분해보기로 한다. 땅으로 인해 경험할 수 있는 낙심으로는 과연 무엇이 있겠는가? 우리가 실생활에서 경험할 수 있는 기대와 낙심은 비교적 어렵지 않게 생각해낼 수 있을 것이다. 그것은 대개 경제적인 문제로 나타나는 경우가 많을 것이고 인간관계로 인한 것일 때도 많을 것이다. 그런가 하면 자신이 이루고자 하는 것이 막혔을 때의 낙심도 포함될 수 있을 것이다. 앞서 소망이 없으면 낙심도 없다고 말했다. 현실문제에서 낙심을 느낀다면 그것은 현실문제에 대한 소망이 컸다는 이야기가 된다. 그것은 결국 실제 삶에서 필요로 하는 것을 구할 때 하나님보다는 현실에서 해결하려고 하는 소망이 강했다고 볼 수도 있을 것이다. 우리에게도 대개 그런 경우가 많지 않겠는가? 문제에 부딪쳤을 때 하나님께 먼저 구하기보다는 사람이나 물질과 같은 다른 것을 더 의지했다고도 볼 수 있다는 것이다.

사실 그리스도인으로서 올바른 정체성을 가지고 있다면 실망이나 낙심은 할 필요가 거의 없다. 왜냐하면 우리의 모든 것은 하나님으로부터 비롯되는 것을 알고 있기 때문이다. 아무리 답답해도 우리의 생명 되신 하나님만을 의지하고 있다면 세상적인 관점으로 볼 때 잘 되는 것도 하나님의 은혜이고 안 되는 것도 하나님의 뜻이어야 한다. 이 세상 것으로 판단 받는 사람들이 아니기에 조금 어려워도 하나님께 맡기고 조금 잘되어도 교만할 필요 없이 하나님께 영광을 돌리면 되는 것이다. 물론 쉽고 자연스럽다는 이야기가 아니다. 그 정도의 정체성을 가진 사람은 그리 많지 않기 때문이다. 다만 하늘에 속한 사람으로서 우리가 당연히 가지고 있어야 할 정체성이 그렇다는 이야기이다.

> "우리가 사방으로 욱여쌈을 당하여도 싸이지 아니하며 답답한 일을 당하여도 낙심하지 아니하며 박해를 받아도 버린바 되지 아니하며 거꾸러뜨림을 당하여도 망하지 아니하고 우리가 항상 예수의 죽음을 몸에 짊어짐은 예수의 생명이 또한 우리 몸에 나타나게 하려 함이라"(고후 4:8-10)

그러므로 그리스도인은 물론 잠깐 낙심하는 일은 없을 수 없겠지만 근본적으로 낙심하는 사람들이 아닌 것이다. 현실적인 문제 때문에 낙심한다는 것 자체가 하늘에 소망을 둔 것이 아니라 땅에 소망을 둔 결과라고 생각한다면 거의 틀림이 없을 것이다. 낙심을 근심과 비슷한 현상이라고 볼 수 있다면 잠시 우리가 낙심에 떨어질 수는 있을 것이다. 그러나 그것은 금방 회복해야 할 우리의 소망인 것이지 장시간 거기에 얽매인다면 그 사람의 정체성은 하늘보다는 땅에 더 가까운 것이 될 수밖에 없을 것이다. 자신에게서 그런 감정이 발견된다면 그는 소망을 이 땅이 아니라 하늘에 둘 수 있도록 기도에 집중하고 믿음의 훈련을 해야 할 것이다.

"그러므로 너희가 이제 여러 가지 시험으로 말미암아 잠깐 근심하게 되지 않을 수 없으나 오히려 크게 기뻐하는도다"(벧전 1:6)

하지만 그렇다고 그리스도인으로서 낙심이 없다는 이야기는 아니다. 그리스도인으로서의 온전한 정체성을 가진 사람이라도 얼마든지 실망이나 낙심할 때가 있다. 하지만 그런 낙심은 땅으로부터 오는 낙심과는 근본적으로 차이가 있다. 알다시피 낙심이란 소망이 이루어지지 않았을 때 생기는 자연스러운 현상이다. 그렇다면 하늘에 소망을 두고 살아가는 사람도 자신의 소망이나 기대만큼 만족할 수 없는 상황을 만난다면 그는 낙심을 경험하게 될 것이다. 하지만 이렇게 반문할 수 있을 것이다. 하늘에 소망을 두는데 어떻게 낙심이 올 수가 있을까? 앞서 하늘에 소망을 두고 살아가는 그리스도인은 낙심할 필요가 없다고 하지 않았던가? 그렇다. 근본적으로 그리스도인은 실망하거나 낙심하는 일이 없는 사람이다. 언제나 참된 하늘의 소망을 품고 살아가기 때문에 이 땅의 것으로 인한 낙심은 있어서는 안 된다. 하지만 여기에서 말하는 낙심이란 하늘에 소망을 두고 주의 일을 감당하다가 자신의 부족함과 주를 더 깊이 의지하지 못함으로 말미암아 좌절할 때 생기는 자신에 대한 실망을 말하는 것이다.

만약에 자신이 지금 느끼는 실망감이 타인이나 환경이나 돈이나 기타 외부요인에서 비롯된 것이 아니라 자신의 인격이나 온전하지 못한 믿음으로 말미암아 생기는 실망이라면 그 실망은 결코 나쁜 것은 아니다. 다시 말하면 그것은 그리스도인으로서 긍정적인 정체성에서 비롯된 것이라고 볼 수 있다는 것이다. 그리고 그런 낙심이라면 그것은 우리의 신앙인격에 보탬이 될 것이고 성화되어 가는 정상정인 모습이라고 할 수 있는 것이다. 오히려 자신에 대한 낙심 같은 것은 전혀 느끼지 못한다면 그에게는 별로 기대할 것이 없을 수 있다. 왜냐하면 그는 하늘의 소망을 두지 않고 그냥 살아가는 사람이기 때문이다. 어떤 사역을 감당하고 있든지 마찬가지이다. 겉으로는 하나님의 일을 하고 있지만 사실은 하늘의 일에 대한 소망이 없이 자기 일만 하고 있는 사람인 것이다.

아무튼 신앙생활에 있어서 자기 자신의 부족함을 느끼고 낙심하는 단계에 있다면 그 다음에 오는 단계는 하나님께 대한 전적인 의지의 단계이다. 자신도 모르게 숨어 있던 자신의 모습을 발견하고 실망한다면 그것은 아주 긍정적인 신호라고 할 수 있다. 하나님은 그런 사람의 심령상태에 관심을 가지시고 그렇게 자기 부족함을 하나님께서 채워 주시기를 간구하는 사람을 기뻐 받으신다. 그럴 때 우리의 근심이나 낙심까지도 하나님은 다 맡아서 책임져 주신다. 외적인 환난이든 내적인 근심이든 하나님은 우리가 하나님께 우리 자신을 맡길 때 우리를 새롭게 하심으로써 세상에서 승리하게 만들어주시는 것이다.

"그러므로 우리가 낙심하지 아니하노니 우리의 겉사람은 낡아지나 우리의 속사람은 날로 새로워지도다 우리가 잠시 받는 환난의 경한 것이 지극히 크고 영원한 영광의 중한 것을 우리에게 이루게 함이니 우리가 주목하는 것은 보이는 것이 아니요 보이지 않는 것이니 보이는 것은 잠깐이요 보이지 않는 것은 영원함이라"(고후 4:16-18)

육적인 낙심과 영적인 낙심

같은 원리로 우리의 내면에서 나타날 수 있는 낙심을 설명할 수 있을 것이다. 땅이나 하늘로부터 비롯되는 낙심이 외적인 영역이라면 육적이거나 영적인 낙심은 내면의 영역이다. 물론 우리 그리스도인들이 외적인 낙심과 내적인 낙심을 뚜렷하게 구별하면서 신앙생활을 하는 것은 아니다. 왜냐하면 육신을 통하여 영적인 유익을 얻을 수 있고 영적인 성장이 현실적인 승리를 가져올 수 있기 때문이다. 하지만 땅의 낙심과 육적인 낙심이 한 부류이고 하늘의 낙심과 영적인 낙심이 한 부류인 것만은 틀림이 없다. 다만 땅의 낙심이나 하늘의 낙심은 어쩌면 부족하거나 연약한 것과 관련된 것이지만, 육적인 낙심이나 영적인 낙심은 그 이전의 더 깊은 차원, 곧 죄와 의에 관한 분야라고 할 수 있을 것이다.

예를 들어 다윗의 범죄를 살펴보자. 다윗은 우리아의 아내 밧세바를 탐하여 범죄를 저지르고 만다. 만약에 밧세바가 끝까지 거부했다면 다윗은 틀림없이 육적으로 크게 낙심하게 되었을 것이다. 그런데 그럴 경우 자신은 전혀 깨닫지 못하겠지만 사실은 다윗의 정체성은 밧세바와의 관계로 인하여 심하게 망가져버리게 되었을 것이다. 자신의 정체성이 겨우 육적인 것에 불과했던 것이다. 그래서 어쩌면 이 때 이 육적인 소망이 꺾였다면 다윗은 낙심했겠지만 영적으로는 훨씬 큰 유익을 얻을 수도 있었을 것이다. 물론 그 다음의 다윗의 반응에 따라 그에게 유익했을 수도 있고 더 깊은 죄에 빠져 들어갈 수도 있었을 것이다. 아무튼 밧세바가 거절했을 경우에는 다윗은 자신의 정체성의 진실을 더 빨리 깨달을 수도 있었다. 그런데 다윗은 아무 장애물 없이 밧세바와 범죄를 저지르게 된다.

　여기에서부터 다윗의 자기인식이 철저하게 깨지는 순간이 오게 된다. 다윗은 왕이었기 때문에, 어쩌면 밧세바도 원했을지도 모르겠지만, 아무 방해 없이 밧세바를 취하게 된다. 문제는 여기에서 그치는 것이 아니라 살인(교사)죄로까지 더 나아간다는 데에 있다. 밧세바가 임신하게 되자 그것을 감추기 위해 밧세바의 남편에게 휴가를 주고 동침하기를 종용했지만, 우직하고 충성스러운 우리아는 전쟁 중이라는 이유로 그것을 거절하고 다윗의 뜻에 반하는 행동을 하게 된다. 그러므로 다윗은 자기의 죄를 감추기 위해 우리아를 전쟁터에서 죽게 만들 수밖에 없게 되었다. 앞서 언급한 대로 밧세바가 아예 처음에 거절했다면 다윗은 자신의 정체성을 다시 회복할 수도 있었겠지만, 오히려 그의 육적인 소망이 이루어짐으로써 죄가 죄를 낳는 결과를 가져오게 된 것이다. 다윗은 훌륭한 정체성을 가진 왕이었지만 아무리 올바른 정체성을 가지고 있더라도 한번 정체성이 무너져버리면 계속해서 죄를 낳게 되는 것이다.

　하나님께서 가만히 내버려두실 수가 없으시다. 다윗이 하나님의 마음에 맞는 사람이었기 때문에 더욱 되돌려놓으셔야만 했던 것이다. 다윗은 양심에도 전혀 거리낌이 없이 육적인 정체성에 빠져서 죄를 범했고 그 죄가 더 큰 죄로 나아가도록 자신을 내버려둘 수밖에 없었다. 마침내 하나님은 나단 선지자를 다윗에게 보내신다. 그리고 다윗은 그 자리에서 깊이 깨닫는다. 자신이 얼마나 큰 죄를 저질렀고 얼마나 하나님께 불순종했는지를. 마치 빠르게 날아가던 새가 절벽에 갑자기 부딪치는 것과 같은 큰 충격을 받게 된다. 그는 자신이 하나님 앞에서 얼마나 큰 죄를 지었는지를 비로소 깨닫게 된다.

"하나님이여 주의 인자를 따라 내게 은혜를 베푸시며 주의 많은 긍휼을 따라 내 죄악을 지워 주소서 나의 죄악을 말갛게 씻으시며 나의 죄를 깨끗이 제하소서 무릇 나는 내 죄과를 아오니 내 죄가 항상 내 앞에 있나이다"(시 51:1-3)

다윗이 낙심한 이유는 자신이 엄청난 죄 가운데 존재한다는 사실이었다. 그는 실로 영적으로 가장 깊은 낙심에 빠지게 되었다. 물론 출발은 육체의 정욕이었지만, 육체의 부딪침에서 깨닫지 못하고 그대로 죄악이 진행된 상태에서 그 모든 것이 하나님 앞에 드러났을 때 그는 자신의 죄를 깨닫고 영적인 절망에 이르게 된 것이었다. 다윗이 얼마나 자기 죄 때문에 절망이 되었든지 그가 가장 두려워하는 일이 제발 자신에게 일어나지 않게 해달라고 간구하게 된다. 그것은 하나님께서 자기를 떠나시는 것이었다. 여기에서 그의 영적인 낙심의 깊이를 알게 되는 것이다.

"하나님이여 내 속에 정한 마음을 창조하시고 내 안에 정직한 영을 새롭게 하소서 나를 주 앞에서 쫓아내지 마시며 주의 성령을 내게서 거두지 마소서"(시 51:10-11)

육적인 정체성은 기본적으로는 어떤 상황 가운데에서도 자기의 죄를 발견하지 못하는 것이다. 심지어 영적인 상황 가운데에서도 자기 죄를 깨닫는 것이 아니라 외부 환경 탓으로 돌리게 된다. 그러면 그에게는 영적인 유익이 전혀 일어날 수 없다. 그것이 그 사람의 정체성인 것이다. 다윗이 하나님 마음에 맞는 사람일 정도로 정체성이 훌륭한 사람인데 어떻게 그런 육적인 유혹에 넘어질 수 있을까 하고 생각할 수도 있겠지만, 정체성이 훌륭하다고 해서 시험에 빠지지 않는 것은 아니다. 다만 정체성이 바로 세워져 있는 사람은 웬만한 유혹에도 다 이길 수 있지만, 혹시 잘못에 빠질지라도 그는 즉시 그것을 죄로 인식하고 하나님 앞에 모든 것을 내려놓는 사람인 것이다. 다윗이 훌륭하다는 것은 죄를 전혀 짓지 않았기 때문이 아니라 그 죄에 대해서 몹시 민감하다는 점에 있다고도 할 수 있을 것이다. 신앙이 성숙하다는 이야기는 결국 자신의 작은 죄도 하나님의 의에 비춰볼 수 있다는 것이다. 다윗이 그렇게 그 죄를 성령님의 임재와 연결지어 두려워했던 것이 그의 정체성을 잘 말해주는 것이다. 다윗이 얼마나 하나님 앞에서 회개의 눈물을 흘렸던가? 눈물이 방 가득하게 되어 침상을 띄울 정도까지 울었다는 것이다.

"내가 탄식함으로 피곤하여 밤마다 눈물로 내 침상을 띄우며 내 요를 적시나이다"(시 6:6)

자신의 정체성의 본질에 대해서 더 깊이 알고 싶으면 자신이 죄에 얼마나 민감한 사람인지를 살펴보면 대략 알 수 있다. 다윗의 또 다른 시편에서는 그의 내면의 영적인 정체성을 더 깊이 깨달아 알 수 있다. 다윗은 스스로 생각하기를 자기 죄가 머리털보다도 더 많다고 하였다. 머리털보다도 더 많은 죄가 자신을 덮치므로 낙심한다는 것이다. 문자적인 표현으로만 보면 다윗은 매일같이 수많은 죄를 지을 뿐만 아니라 아예 죄를 짓기 위해 사는 사람처럼 보인다. 머리털보다 더 많은 죄를 가지고 산다면 그 말이 맞지 않겠는가? 하지만 이것은 하나님 앞에 섰을 때 느끼는 자기인식이다. 사람들 가운데에서는 모든 사람 가운데 가장 의인일 수 있다. 그러나 하나님 앞에 서면 그는 머리털보다 더 많은 죄를 느끼고 낙심하게 된다. 이것이 진짜 그리스도인의 정체성이다.

"수많은 재앙이 나를 둘러싸고 나의 죄악이 나를 덮치므로 우러러 볼 수도 없으며 죄가 나의 머리털보다 많으므로 내가 낙심하였음이니이다"(시 40:12)

그러면 어떻게 살 수 있을까? 하나님 앞에서 수많은 죄의 주인공이 자신임을 느낀다는 것은 아주 작고 미세한 죄라도 죄로 여길 수 있게 된다는 말이다. 보통의 그리스도인들이 전혀 죄라고 생각하지 않고 누구나 다 그런 것이라고 생각해도 정체성이 깊은 사람은 작은 허물조차도 하나님 앞에서는 죄가 되는 것을 알고 있다. 그렇다면 그 사람은 정상적으로 살 수 있을까? 죄의식으로 가득차서 항상 괴롭고 힘든 가운데 슬픔과 눈물 속에서 살아야 할 것이 아닌가? 하지만 그런 정체성을 가진 사람에게는 하나님만을 전적으로 의지하는 믿음으로 가득하다는 사실을 알아야 한다. 그것 때문에 하나님이 필요하며 그렇기 때문에 오로지 하나님만을 더욱 필요로 하는 사람이 되는 것이다.

"너희가 피곤하여 낙심하지 않기 위하여 죄인들이 이같이 자기에게 거역한 일을 참으신 이를 생각하라 … 또 아들들에게 권하는 것 같이 너희에게 권면하신 말씀도 잊었도다 일렀으되 내 아들아 주의 징계하심을 경히 여기지 말며 그에게 꾸지람을 받을 때에 낙심하지 말라"(히 12:3, 5)

그리스도인으로서 가장 바람직한 정체성은 하나님의 말씀 앞에서 낙심하는 것이다. 말씀을 대할 때 가장 깊은 영적인 낙심에 빠지는 것이다. 다른 모든 경우도 마찬가지이지만 특히 말씀의 절벽 앞에서 머리털보다 더 많은 죄를 느낄 수 있게 되는 것이다. 그러므로 가장 수준 높은 정체성은 말씀을 대할 때 자신의 모습을 바라보는 것이다. 자신의 정체성을 진단할 수 있는 가장 효과적이고 정확한 도구가 하나님의 말씀인 것이다.

> "선지자들에 대한 말씀이라 내 마음이 상하며 내 모든 뼈가 떨리며 내가 취한 사람 같으며 포도주에 잡힌 사람 같으니 이는 여호와와 그 거룩한 말씀 때문이라"(렘 23:9)

당신은 당신의 죄에 얼마나 민감한가? 어떤 어려움이나 문제에 부딪치든지 외부의 탓으로 돌리고 있다면 당신의 낙심은 육적인 낙심에 그치고 있는 것이다. 모든 문제를 사람 탓, 교회 탓, 하나님 탓으로 돌리는 사람일 수 있다. 만약에 대부분의 문제를 대하는 당신의 태도가 그렇다면 어쩌면 당신의 정체성은 밑바닥을 헤매는 것일 수도 있다. 그 정도라면 아예 그리스도인으로서의 정체성이 낙제점이거나 아직 굉장히 어린 사람일 수 있다. 그런데도 아무런 문제의식을 느끼지 않는 사람일 수도 있다. 그것은 전적으로 육적인 낙심이며 그는 육적인 땅의 정체성의 소유자일 것이다. 그리스도인은 신앙생활을 오래 할수록, 직분이 올라가고 중직을 맡은 사람일수록 작은 죄에도 민감하여 하나님 앞에 무릎을 꿇는 사람이다. 당신은 어떤 편인가? 정확한 지표를 만들 수는 없겠으나 스스로에게 이런 깊은 질문을 진지하게 자주 던질 수 있다면 당신의 정체성은 더욱 깊어지고 온전해지게 될 것이다.

상한 심령의 제사

마지막으로 중요한 것은 낙심하게 될 때의 그 처리방식이다. 낙심이란 영적이든 육적이든, 땅의 것이든 하늘의 것이든 똑같이 힘들다. 어디에서 비롯된 것이든 무엇으로부터 시작된 것이든 낙심은 똑같이 느껴지게 되어 있다. 본질은 다르지만 낙심의 현상은 모두 사람의 마음으로 집중된다. 땅의 낙심은 발로 오고 하늘의 낙심은 머리에 오는 것은 아니다. 비록 원인과 과정과 결과는 완전히 달라질 수 있지만 느끼는 것은 똑같이 힘들다. 낙심은 마치 찌꺼기나 쓰레기 같다. 그것을 잘 처리해야 한다. 일상의 쓰레기라면 태우든지 썩히든지 묻어버려야 하겠지만, 마음의 쓰레기인 낙심은 어떻게 처리해야 하겠는가? 다행히 하나님은 이 낙심, 곧 상한 감정을 치유해주시는 전문가이시다. 혹시 영적인 일로 마음이 상할 수도 있고 인간관계로 인하여 상한 감정이 생길 수도 있을 것이고 필요한 물질이 한계에 부딪침으로써 상한 감정을 느낄 수도 있을 것이다. 중요한 점은 어떻게 처리하느냐에 따라 그 결과에 너무나도 큰 차이가 날 수 있다는 것이다.

어떤 경우에든지 낙심에 빠졌을 때 우리가 반드시 기억해야 할 것은 하나님은 오히려 마음이 상하고 낙심했을 때 더 가까이 계신다는 사실이다. 그 낙심이 육적인 것이든 영적인 것이든, 땅의 것이든 하늘의 것이든, 심지어 돈 문제로 인한 것이든 인간관계로 인한 것이든 다 마찬가지이다. 그럴 때 하나님은 바로 근처에 계신다. 마음이 깊이 상할수록 하나님은 더 가까이 계신다. 이것을 깊이 인식하고 있는 사람이 훌륭한 정체성을 소유하고 있는 사람인 것이다. 더 정확하게 말하자면 마음이 상한 상태가 아니라면 하나님께 더 가까워지기 힘든 상태인 것이다. 왜냐하면 자신이 가장 낮추어져 있을 때가 바로 심령이 상했을 때이기 때문이다. 그래서 심령이 가난한 자에게 천국 곧 하나님의 임재가 주어지는 것이다.

"여호와는 마음이 상한 자를 가까이 하시고 충심으로 통회하는 자를 구원하시는도다"(시 34:18)

"심령이 가난한 자는 복이 있나니 천국이 그들의 것임이요"(마 5:3)

이것을 아는 사람과 모르는 사람은 마치 하늘과 땅의 차이와도 같이 완전히 다른 과정과 결과로 나타난다. 낙심이라는 도구로 정체성을 진단할 수 있다면 바로 여기에서 가장 정확한 분별이 가능해지는 것이다. 많은 그리스도인들이 바로 이 지점에서 하나님을 만나게 되는 것이 아닌가? 물론 원리적으로 그렇다는 것이다. 그렇게 하나님을 만나 놓고도 전혀 성장하지 못하고 처음 믿을 때의 그 정체성을 가지고 세상을 살아가는 그리스도인들이 얼마나 많은가? 심지어 일부 지도층에서는 그 정체성이 퇴보하기까지 한다. 예수님께서 왜 이 땅에 오셨는가? 바로 그런 사람들, 마음이 상한 사람들, 낙심하고 절망한 사람들, 오랜 세월 동안 고난과 핍박을 당하여 낮아질 대로 낮아진 사람들, 그들을 구원하시기 위해 오신 것이 아닌가? 모든 그리스도인들이 다 그런 것은 아니지만 적어도 하나님 앞에서 그런 심령의 상태가 되었을 때 비로소 예수님을 만나게 되는 것이다. 부유한 사람이든 높은 사람이든 유명한 사람이든 하나님을 만날 때에는 그런 상한 심령이 필요하다.

> "그는 외치지 아니하며 목소리를 높이지 아니하며 그 소리를 거리에 들리게 하지 아니하며 상한 갈대를 꺾지 아니하며 꺼져가는 등불을 끄지 아니하고 진실로 정의를 시행할 것이며 그는 쇠하지 아니하며 낙담하지 아니하고 세상에 정의를 세우기에 이르리니 섬들이 그 교훈을 앙망하리라"(사 42:2-4)

그래서 다윗은 하나님께서 상한 심령의 제사를 받기를 원하신다고 노래하였다. 제사란 무엇인가? 자기 대신 짐승을 죽여 피를 드림으로써 제물을 삼는 것이 아닌가? 짐승을 죽여야 할 정도로 자신의 죄를 깊이 뉘우칠 때에만 제사는 가능해지는 것이다. 우리는 그 제물로써 예수님을 십자가에서 드리지 않았던가? 스스로 죄인이 되셔서 모든 인간의 죄를 다 짊어지시고 십자가에 못 박히시고 온갖 고통과 멸시를 다 참아내시고 그렇게 죽어 가신 것이 아닌가? 우리의 상한 심령이 바로 그 제물이라는 것이다. 그렇다면 상한 심령이 못될 때에는 제사가 불가능하다는 이야기가 된다. 그러니 오히려 상한 심령이 되어 낙심할 때가 하나님께 더 가까이 다가갈 수 있는 절호의 기회가 되는 것이다.

"하나님께서 구하시는 제사는 상한 심령이라 하나님이여 상하고 통회하는 마음을 주께서 멸시하지 아니하시리이다"(시 51:17)

우리는 낙심할 수 있고 마음이 상할 수 있다. 무엇이 스스로를 낙심하게 만들고 어떤 문제 때문에 마음이 상하게 되는지를 스스로 잘 분석하면 우리의 정체성을 진단할 수 있을 것이다. 특히 말씀에 부딪쳐 심령이 상하게 되는 사람이라면 아마도 깊은 경지의 정체성을 소유하고 있는 사람일 것이다. 그런 깊고 넓은 하늘에 속한 정체성을 간직하고 있는 사람이라면 그는 세상과 자신을 이길 수 있는 사람이다. 그러나 그렇지 못하더라도 실망할 필요는 없다. 왜냐하면 하나님은 그런 낙심과 상한 심령을 제물 삼아 제사를 받으시는 분이기 때문이다. 자신의 정체성의 위치를 진단하는 일은 굉장히 중요하다. 거기에서부터 진짜 정체성의 여행이 시작되기 때문이다. 하지만 그렇지 못하다고 해서 실망할 것이 아니라 바로 그곳에서 하나님을 다시 만나야 한다는 사실을 인식하고 있다면 그 사람의 정체성도 상당히 높은 상태일 것이다. 그리스도인이라고 하면서 그런 인식이 없는 사람이라면 앞으로 상당한 세월이 더 필요할지도 모르겠다.

4. 당신의 행동을 진단한다.

베드로의 자기인식과 정체성

베드로는 예수님을 배반했던 사람이었다. 전혀 예상 밖의 긴급한 상황 속에서 어떻게 행할 것인가를 그 자리에서 결정해야 하는 상태에서 사람은 자기의 진짜 정체성을 알게 된다. 베드로도 마찬가지였다. 자신이 생각하고 있던 자기인식과 긴급 상황에서 급박하게 결정해야 했을 때 나타나는 자신의 행동 사이에는 엄청난 괴리가 존재하고 있었던 것이다. 베드로의 머릿속에는 자신이 주 예수님을 배반하는 사람이 절대로 아니었다. 배반에 대한 작은 가능성마저도 결코 인정할 수 없는 것이 베드로의 충성심이었다. 그래서 예수님께서 베드로에게 너는 닭이 울기 전에 세 번 나를 부인할 것이라고 하셨을 때 펄쩍 뛸 수밖에 없었던 것이다. 그는 너무나도 억울했다. 베드로뿐만이 아니었다. 다른 제자들도 모두 같은 대답을 하였다.

> "예수께서 이르시되 내가 진실로 네게 이르노니 오늘 이 밤 닭이 두 번 울기 전에 네가 세 번 나를 부인하리라 베드로가 힘 있게 말하되 내가 주와 함께 죽을지언정 주를 부인하지 않겠나이다 하고 모든 제자도 이와 같이 말하니라"(막 14:30-31)

하지만 자신이 생각하고 있던 정체성과 현실적인 행동 사이에는 엄청난 격차가 있었다. 막상 예수님이 체포되시는 장면에서는 자신도 모르게 칼을 휘둘렀지만 그는 결국 예수님을 떠나서 도망칠 수밖에 없었던 것이다. 베드로는 이때만 해도 자신의 정체성에 관한 혼란은 없었다. 아직 예수님을 직접 부인한 것은 아니었으니까. 하지만 누군가가 베드로에게 예수님의 제자가 아니냐고 물었을 때 베드로는 아무 생각 없이 예수님은 모르는 사람이라고 세 번씩이나 대답하게 되었다. 그 순간에도 몰랐는데 닭이 울었다는 것을 깨닫고는 비로소 자신의 행동을 자각하게 되었다. 베드로가 스스로 생각하던 인식과 실제 행동 사이에는 동에서 서로 가는 것만큼이나 격차가 있었던 것이다. 베드로는 통곡할 수밖에 없었다.

> "이에 베드로가 예수의 말씀에 닭 울기 전에 네가 세 번 나를 부인하리라 하심이 생각나서 밖에 나가서 심히 통곡하니라"(마 26:75)

우리는 우리의 행동을 진단해보아야 한다. 이것은 외부적인 요인에 의해 당하게 되는 낙심과는 또 다른 진단이다. 왜냐하면 이것은 자신이 스스로 결정하여 행동한 것에 대한 진단이기 때문이다. 낙심에 대한 진단과 행동진단은 모두 실제로 일어나는 현상에 대한 분석이기 때문에 자신의 생각과는 많은 차이가 날 수 있다. 하지만 이렇게 직접적인 현상을 통해 자신의 정체성을 진단해보아야 자기의 실제 정체성을 알 수 있게 될 것이다. 정체성이란 자신이 가지고 있는 자기인식과는 별개로 실제로 삶의 현장에서 스스로의 결정과 행동을 일으키는 직접적인 동인인 것이다. 스스로는 천국백성이라고 생각하고 죽으면 천국에 간다는 확신에 차 있는 사람일지라도, 그런 자기인식과는 전혀 다른 행동과 삶을 보여주는 사람들도 얼마든지 가능하다. 이럴 때 그 사람의 정체성은 천국백성이 아니라 이 땅에 소망을 두고 살아가는 세상 사람의 정체성에 머무르는 것이다.

그러면 어떻게 우리의 행동을 진단할 수 있을까? 사실 이런 진단이 필요하다고 생각하는 사람이라면 상당히 긍정적인 정체성을 가지고 있는 사람이라고 할 수 있다. 땅의 정체성을 가지고 있는 사람은 이런 진단의 필요성조차 느끼지 못할 테니까. 겉으로 볼 때 베드로는 자기 인식과는 별개로 훌륭한 정체성을 가진 사람이었다. 그는 누구도 깨닫지 못하고 인정하지 못했던 위대한 신앙고백을 드린 사람이다. 비록 예수님께서 이것은 성령님께서 알게 하신 것이라고 하셨지만, 그럼에도 불구하고 남다른 신앙고백을 드릴 수 있었던 것이다. 물론 이것을 베드로의 정체성이라고 할 수는 없다. 성령님의 도우심으로 알게 된 것이니까. 그러나 베드로 자신은 이것을 자신의 정체성이라고 느낄 수도 있다. 그래서 어쩌면 예수님의 지적을 더 강하게 부정했는지도 모른다.

지금 우리의 신앙도 이런 오류에 빠져있는지도 모른다. 자기가 알고 있는 자신과 실제로 삶에서 보이는 행동에 너무나도 격차가 벌어지고 있는 것이다. 정체성은 하늘에 속했다고 머리로 생각하는데 실제로 나타내 보이는 정체성은 그와는 정반대가 되는 것이다. 그래서 자신이 지식으로 알고 있는 것이 자기의 신앙수준이라고 생각하게 되는 것이다. 이것은 관념적인 신앙이라고 부를 수 있다. 이것은 훈련이 덜 되어 실수하는 것과는 많이 다르다. 이것은 부족한 것이 아니라 잘못된 것이다. 이미 우리는 바리새인들의 정체성에 대해 살펴본 바가 있다. 바리새인들의 정체성은 성숙해질 수 있는 것이 아니라 아예 굳어져서 조금도 변화될 수 없는 것이었다. 그들 자신이 인식하고 있는 정체성은 하나님만을 사랑하는 것이었지만 그들의 삶을 통해서 증명되는 정체성은 하나님과 전혀 관계없는 욕심 그 자체였던 것이다. 그들의 정체성은 그들의 행동이 증명하는 것이다. 그들이 알고 있는 정체성은 그들이 말하는 바이지만, 실제 정체성은 말만 하고 행하지 않는 모습이었던 것이다.

> "서기관들과 바리새인들이 모세의 자리에 앉았으니 그러므로 무엇이든지 그들이 말하는 바는 행하고 지키되 그들이 하는 행위는 본받지 말라 그들은 말만 하고 행하지 아니하며 또 무거운 짐을 묶어 사람의 어깨에 지우되 자기는 이것을 한 손가락으로도 움직이려 하지 아니하며 그들의 모든 행위를 사람에게 보이고자 하나니 곧 그 경문 띠를 넓게 하며 옷 술을 길게 하고 잔치의 윗자리와 회당의 높은 자리와 시장에서 문안 받는 것과 사람에게 랍비라 칭함을 받는 것을 좋아하느니라"(마 23:2-7)

현대 기독교인들의 특징이 무엇인가? 지나치게 아는 것은 많은데 실제 삶은 하나님의 뜻을 거의 따라가지 못하고 있다는 것이다. 그래서 성경공부를 비롯해서 제자훈련, 성경통독, 성경묵상 등을 통해서도 올바른 정체성을 소유하기 어려운 것이다. 성경공부, 제자훈련, 성경통독, 성경묵상 모두 꼭 해야 하는 중요한 신앙행위들이다. 다만 자기중심적이 아니라 하나님 중심적으로, 가르치고 배우는 이론 중심적이 아니라 실제로 행해보는 실천 중심적으로 바뀌어야 한다. 그 목적은 행동화할 수 있는 정체성을 만들기 위해서이다. 그래서 우리는 우리의 행동을 진단해보아야 하는 것이다. 자신의 생각과 마음과 말과 행위의 격차를 줄이는 일이 그리스도인들의 우선적인 작업이어야만 할 것이다. 잘못하면 말로는 그리스도인인데 사실은 사탄의 종일 수도 있는 것이다. 그 사람의 행동이 그 사람의 정체성이다.

> "그들이 하나님을 시인하나 행위로는 부인하니 가증한 자요 복종하지 아니하는 자요 모든 선한 일을 버리는 자니라"(딛 1:16)

먼저 생각해야 할 것은 하나님은 우리의 행위를 모두 알고 계신다는 점이다. 물론 하나님은 우리의 행위뿐만 아니라 우리가 했던 말과 우리의 마음과 생각까지도 다 알고 계신다. 그렇다면 굳이 우리의 행위를 우리의 정체성의 근거로 이야기하지 않아도 될 것이 아닌가? 하지만 문제는 하나님이 아니시다. 우리들이 문제이기 때문에 성경도 우리의 행위를 언급하는 것이다. 구원은 행위로 이루어지는 것은 아니다. 그러나 성경에는 행함에 대한 내용이 자주 나온다. 믿음으로만 구원을 얻을 수 있다고 하는데 행함으로써 구원받는 것처럼 언급할 때가 많이 있다. 그렇지만 여기에서 말하는 행함은 결국 그 속마음의 외적인 증거이다. 믿음의 증거가 무엇인가? 행함이다. 행함의 증거는 믿음이 아닐 수도 있지만 믿음의 증거는 행함으로 드러나게 되어 있다. 아니, 드러나야 한다. 그래서 하나님께서 우리의 행위를 알고 계신다는 말은 곧 우리의 믿음을 다 알고 계신다는 뜻이다. 그것은 곧 우리의 진짜 정체성을 다 알고 계신다는 것이다. 그래서 하나님께서 우리의 행위를 다 알고 계신다는 말씀은 우리로 하여금 빨리 하늘의 정체성을 회복하라는 말씀인 것이다.

처음 사랑인가, 식었는가?

요한계시록에 보면 주님께서 일곱 교회들에게 편지를 보내라고 하시면서, 앞으로 미래에 일어날 일들을 주시기 전에 먼저 각 교회들에 관해서 말씀을 주신다. 에베소, 서머나, 버가모, 두아디라, 사데, 빌라델비아, 라오디게아 등 일곱 교회 각각에게 따로 편지를 보내라고 하신다. 4장부터는 모든 교회와 세상에 해당되는 계시를 기록하게 되는데 왜 그 전에 먼저 각 교회에 대한 말씀을 주시겠는가? 그것은 하나님의 계시를 받기 전에 먼저 자신을 진단하라는 것이다. 자신을 모르고서는 하나님의 계시도 자의적으로 해석할 수 있기 때문에 자칫 오류가 생길 수 있는 것이다. 그런데 주님께서 천사를 통해서 주시는 각 교회에 대한 말씀은 전부 각 교회의 행위에 대한 말씀이다. 이것은 이 책에서 말하는 식으로 한다면 각 교회의 정체성을 진단하라는 말씀이다. 그것도 각 교회의 행위를 정체성 진단의 근거로 삼으라는 말씀이다.

에베소 교회의 행위는 악한 자들을 용납하지 않고 거짓 사도를 분별했으며 인내와 부지런함을 가지고 일했으며 니골라당의 행위를 미워했다(계 2:6). 이것은 훌륭한 행위였다. 그런데 겉으로 드러나는 이런 행위들은 어떤 정체성에서 나왔는가? 훌륭한 행위들이 있었지만 그들의 진짜 정체성과 거리가 있었다. 그들의 정체성 속에는 '처음 사랑'이 빠져있었던 것이다. 그러니까 에베소 교회는 하나님 사랑이 빠진 채 종교 활동을 열심히 했던 것이다. 물론 이들은 게으르지 않고 끝까지 인내하며 주를 위해 헌신했다. 영분별을 통하여 악한 자들을 내쫓았다. 겉으로는 부족한 것이 별로 없어보였다. 하지만 그들에게서 하나님의 사랑이 빠진다면 그것은 어쩌면 겉껍데기 종교일 수밖에 없을 것이다.

> "내가 네 행위와 수고와 네 인내를 알고 또 악한 자들을 용납하지 아니한 것과 자칭 사도라 하되 아닌 자들을 시험하여 그의 거짓된 것을 네가 드러낸 것과 또 네가 참고 내 이름을 위하여 견디고 게으르지 아니한 것을 아노라"(계 2:2-3)

그런데 주님은 이 처음 사랑을 버린 것에 대해 굉장히 심각한 반응을 보여주신다. 그렇게 잘 한 행위가 많은데도 불구하고 처음 사랑을 버린 일로 인하여 촛대를 옮겨버리실 수도 있다고 강하게 책망하시는 것이다. 여기에서 하나님은 처음 사랑과 처음 행위를 동일시하고 계시는 것을 알 수 있다. 그래서 어디에서부터 잘못되었는지, 곧 언제 어디서 처음 사랑을 잃어버렸는지를 진단하고 점검하고 회개하여 처음 행위를 다시 가지라고 하시는 것이다. 그렇지 않으면 에베소 교회는 아예 문을 닫아버리게 될 것이다. 쇠퇴하는 기독교처럼 교회라는 이름을 가졌지만 교회가 아닌 그런 곳으로 변해버릴 수도 있다는 것이다.

"그러나 너를 책망할 것이 있나니 너의 처음 사랑을 버렸느니라 그러므로 어디서 떨어졌는지를 생각하고 회개하여 처음 행위를 가지라 만일 그리하지 아니하고 회개하지 아니하면 내가 네게 가서 네 촛대를 그 자리에서 옮기리라"(계 2:4-5)

우리가 우리의 행동을 진단해보아야 할 지점이 바로 여기에 있다. 이것은 저자가 주장하는 이야기가 아니다. 주님께서 에베소 교회에 주시는 말씀이다. 우리의 행동을 진단해보자. 교회에서 열심히 일하는가? 예배에도 열심히 참여하고 기도와 제자훈련에 철저한가? 그것은 좋은 것이다. 교회의 권면을 따라 인내하고 부지런하게 봉사의 일과 전도의 일을 감당하는가? 하나님께서 다 아신다. 그런데 만약에 처음 사랑과 처음 행위를 버렸다면 어떻게 되겠는가? 처음 사랑으로 인한 열심과 충성과 순종이 아니라면 겉으로 드러나 보이는 열심과 충성과 순종은 어쩌면 거짓일 수 있다. 왜냐하면 주님께서 에베소 교회가 처음 사랑과 행위를 버린 것을 굉장히 심각하게 책망하시기 때문이다. 처음 사랑과 처음 행위를 잃어버린다면 본질과 생명이 빠진 겉껍데기 복음과도 같게 되는 것이다. 그리스도인의 정체성은 하나님을 향한 순수한 사랑으로부터 비롯되는 것이어야 한다. 이것이 그리스도인의 정체성과 관련하여 진단해보아야 할 첫 번째 과목이다.

궁핍한가, 부요한가?

서머나 교회는 상당히 훌륭한 정체성을 가지고 있었다. 그들은 겉으로 볼 때에 아무것도 내세울 것이 없는 교회였다. 아마도 궁핍하고 환난이 많은 가난한 교회였던 것 같다. 겉으로는 유대인의 탈을 쓴 사탄의 무리들로부터 공격과 핍박을 많이 당하고 있었고, 아마도 또 다른 고난이 서머나 교회를 덮칠 것 같은 어려운 교회이다. 하지만 겉으로 보이는 모습과는 달리 하나님께서는 이 서머나 교회를 칭찬하고 계신다. 궁핍하고 환난이 겹치는 교회이지만 사실은 부요한 교회였던 것이다. 정체성의 수준이 높을 뿐만 아니라 단단하여 깨어지지 않는 모습이었다. 어디에서 급작스러운 공격이 들어와도 순간적인 판단을 그릇되게 하지 않을 수 있었다. 어려움이 자주 일어나도 그들은 흔들리지 않을 수 있었다. 말하자면 겉과 속이 동일한 정체성을 가지고 있었던 것이다.

"내가 네 환난과 궁핍을 알거니와 실상은 네가 부요한 자니라 자칭 유대인이라 하는 자들의 비방도 알거니와 실상은 유대인이 아니요 사탄의 회당이라"(계 2:9)

그러므로 서머나 교회에는 하나님께서 끝까지 시험을 이겨내고 충성할 것을 권면하신다. 그냥 충성하기를 권하시는 것이 아니라 죽도록 충성하라고 명하신다. 왜냐하면 서머나 교회는 그렇게 죽도록 충성할 수 있는 정체성을 가지고 있었기 때문이다. 하나님께서 서머나 교회의 믿음과 행위를 다 알고 계셨던 것이다. 환난을 받을 것이지만 그 어려움을 잘 견뎌내고 죽기까지라도 충성할 교회로 인정하셨던 것이다. 그러면 생명의 관을 주신다고 약속하신다.

"너는 장차 받을 고난을 두려워하지 말라 볼지어다 마귀가 장차 너희 가운데에서 몇 사람을 옥에 던져 시험을 받게 하리니 너희가 십일 동안 환난을 받으리라 네가 죽도록 충성하라 그리하면 내가 생명의 관을 네게 주리라"(계 2:10)

자, 이제 우리 자신을 서머나 교회와 비교해보자. 지금 현재의 모습을 비교하자는 말이 아니다. 궁핍하게 살아야 하고 환난을 많이 당해야 한다는 말이 아니다. 겉으로 드러나는 모습과는 관계없이 우리가 얼마나 부요한가를 생각해보자는 말이다. 부요하다는 것은 가난이나 궁핍과는 반대편에 있는 개념이다. 원래 부요하면 천국과는 거리가 더 멀어지는 것이 아니던가? 하지만 주님은 서머나 교회를 부요하다고 칭찬하셨다. 부요하다는 것은 육적으로는 궁핍하거나 어려움을 당하고 있을 수는 있으나 하나님과의 관계는 풍성하다는 말씀과 같다. 세상 것으로는 채울 수가 없기 때문에 빈 공간으로 남아있지만 그렇기 때문에 오히려 하나님으로 채워지는 것이다. 하나님의 임재와 동행이 풍부하면 부요한 것이다. 외적으로 성공하고 풍부해보이지만 오히려 영적으로는 몹시 가난해지기 쉽다. 그래서 모든 것이 풍족한 부자가 천국에 들어가기가 거의 불가능에 가깝다는 말씀이 아니던가?

우리가 우리의 행함을 어떻게 진단할 수 있겠는가? 당신은 얼마나 부요한가? 혹은 얼마나 궁핍한가? 물론 외적인 환난이나 궁핍과 영적인 부요함은 질적으로 전혀 다른 개념이지만, 그렇기 때문에 하나님은 이 부요의 개념으로 서머나 교회를 칭찬하고 계신 것이다. 현실적인 환경과는 관계없이 하나님으로 인하여 부요해진 모습이 그리스도인으로서 최고의 정체성을 소유한 상태이다. 아무리 성공적이고 번영을 누리고 있을지라도 하나님과의 관계가 빈약하면 그는 심하게 궁핍한 사람이다. 그런데 잘 나갈 때에는 이 사실을 잘 느끼지 못한다. 그래서 스스로는 부요한 줄 알지만 실상은 궁핍한 교회도 있다. 주님은 라오디게아 교회가 차지도 않고 뜨겁지도 않은 것을 책망하시면서 그들이 부요하고 부족한 것이 없는 줄로 알지만 실제로는 곤고하고 가련하고 가난하고 눈 멀고 벌거벗은 모습이라고 지적하셨다.

> "네가 말하기를 나는 부자라 부요하여 부족한 것이 없다 하나 네 곤고한 것과 가련한 것과 가난한 것과 눈 먼 것과 벌거벗은 것을 알지 못하는도다"(계 3:17)

많은 그리스도인들이 번영과 성공을 쫓고 있다. 그리고 많아지고 커지고 높아지는 것이 곧 하나님의 뜻이라고 생각한다. 잘되고 풍요로워지면 하나님께서 복을 주신 결과라고 생각한다. 그래서 남을 돕거나 후원을 할 때도 '심는다'는 표현을 자주 쓴다. 주님께서 심은 대로 거두리라고 말씀하셨지만 이것은 어떤 보상을 말씀하시는 것이 전혀 아니다. 그런데 보통을 보상을 은근히 바란다. 하지만 하나님은 그렇게 심는 것을 기뻐하시는 것이 아니라 버리는 것을 기뻐하신다. 버려야 그 자리에 하나님께서 임재하신다. 그리고 그것은 진정으로 부요한 그리스도인이 되는 것이다.

주님은 라오디게아 교회가 곤고하고 가련하고 가난하고 눈 멀고 벌거벗고 있다고 책망하신다. 무슨 뜻인가? 하나님과의 관계가 엉망이라는 이야기이다. 겉으로는 성공적이고 화려하고 풍요롭고 번영을 누리지만 하나님과는 전혀 관계없는 것들이라는 이야기이다. 그렇게 되면 어떤 결과가 나타나는가? 뜨겁지도 못하고 그렇다고 차지도 못한 모습이 된다. 왜냐하면 아는 것은 있으니 세상으로 아주 나가버리지도 못하고, 그렇다고 부족함이 없고 간절함이 없으니 교회에서 뜨겁게 신앙생활을 할 수도 없다. 차라리 차갑다면 오히려 기회를 주실 수도 있지만 그렇지도 못하다. 사실 이것이 대다수의 현대 그리스도인들의 모습이다. 그런데 이것은 굉장히 심각하고 중대한 일이다. 왜냐하면 이것 때문에 하나님은 우리를 토해버리실 수도 있기 때문이다. 물론 미지근하니까 심각성을 모르고, 심각성을 모르니까 말씀의 의미를 전혀 알아듣지 못하고, 말씀을 못 알아들으니까 오히려 세상 말을 더 듣게 되고 결국 하나님께서 그냥 내버려두시게 되는 것이다.

"내가 네 행위를 아노니 네가 차지도 아니하고 뜨겁지도 아니하도다 네가 차든지 뜨겁든지 하기를 원하노라 네가 이같이 미지근하여 뜨겁지도 아니하고 차지도 아니하니 내 입에서 너를 토하여 버리리라"(계 3:15-16)

자, 우리의 행동을 진단해보자. 당신은 현재 하나님과 어떤 관계에 있는가? 하나님과 친밀한가? 성경을 읽을 때 거기에서 당신에게 주시는 말씀이 들리는가? 기도를 열심히 하는데 정말 하나님의 귀에 그 기도가 들릴까? 차지도 않고 뜨겁지도 않다는 말을 교회에 열심히 봉사하는 것과 동일시하면 안 된다. 왜냐하면 당신의 궁핍과 부요에 관한 이야기이기 때문이다. 겉으로는 열심을 낼 수도 있다. 기도도 뜨겁게 하고 날마다 말씀을 묵상하며 헌금도 최선을 다해서 드린다. 그렇다고 해서 본문에서 말하는 뜨거움이라고만 볼 수는 없다. 서머나 교회의 부요함과 라오디게아 교회의 곤고한 것은 그런 데 기준을 두고 하는 이야기가 아니다. 하나님과의 관계에 중점을 두고 하는 이야기이다. 많은 경우에 교회예배와 교회 프로그램에 열심을 내는 성도를 칭찬하고 격려하여 모범을 삼게 하고자 애를 쓴다. 어느 교회나 그런 중직들을 많이 키워내려고 노력한다. 그 자체는 좋은 일이다. 오히려 그것을 할 수 없는 교회가 안타까울 뿐이다. 그렇다면 계시록에서 말씀하는 내용들도 그런 것일까?

　미안하지만 전혀 그런 내용이 아니다. 물론 그런 열심을 내지 말라는 말이 아니다. 그러나 뜨거움과 차가움의 개념은 외적인 뜨거움을 말하는 것이 아니라 하나님을 향한 뜨거움을 말하는 것이다. 외적인 뜨거움이 나쁜 것이 아니다. 그러나 아무리 뜨거워도 자기중심적으로 흐르면 그것은 하나님과의 관계가 멀어지게 만들 뿐이다. 지금 전부 여기에 걸려있다. 자기중심적 뜨거움이란 오로지 자기가 받을 것에만 초점이 있는 뜨거움을 말한다. 하나님의 관심, 하나님의 마음, 하나님의 관점 같은 것에는 별로 관심도 없다. 자기중심적 뜨거움은 쉽게 더워지고 전달이 잘 되고 인기가 많고 사람들을 많이 모을 수 있다. 왜냐하면 자기들이 받을 것에 초점을 두기 때문이다. 이렇게 되면 복을 받아서 풍성하기는 한데 하나님과의 관계는 빈약해진다. 우리는 바로 이 점을 중심으로 우리의 행위를 진단해보아야 하는 것이다.

　당신은 뜨겁게 사명을 감당하고 있는가? 그렇다면 그 뜨거움은 무엇을 위한 뜨거움인가? 성공이나 번영을 위한 뜨거움, 혹은 성취를 위한 뜨거움 이전에 과연 하나님을 향한 뜨거움인가를 진단해보아야 한다. 그리고 당신은 하나님을 향하여 부요한가, 아니면 궁핍한가? 곧 하나님과의 관계에 초점을 두고 살아가고 있는가 아니면 자기 자신이나 자기 일에 초점을 두고 살고 있는가? 사실 이런 진단은 구분하기가 쉽지 않다. 자기 자신을 비우지 않으면 제대로 진단이 되지도 않는다. 자신을 비운다는 것은 어떤 말씀에도 순종하겠다는 결단의 상태를 말하는 것이다. 그런 상태에서 비로소 당신의 행동을 진단할 수 있다. 하나님과의 관계를 떠난 그 어떤 신앙행위도 하나님께서는 입에서 토해버리실 것이다. 왜냐하면 그것은 하나님과 관계없는 일이기 때문이다. 그것은 하나님 앞에 몹시도 곤고하고 가련하고 가난하며 눈 멀고 벌거 벗은 모습으로 비춰질 것이다. 그것은 마치 바리새인들과 같은 모습인 것이다. 하나님과의 관계가 친밀해지고 하나님 중심적으로 뜨거워지고 있는지를 스스로 진단해보자.

발람인가, 이세벨인가?

버가모 교회와 두아디라 교회에서의 문제점은 발람의 교훈과 이세벨의 유혹이었다. 사실 버가모 교회와 두아디라 교회에는 좋은 행위가 있었다. 버가모 교회는 사탄의 권좌가 있는 곳에서 순교자가 나올 때에도 믿음을 저버리지 않았고, 두아디라 교회는 좋은 행위를 점점 더 풍성하게 채워가고 있는 교회였다. 하나님은 두아디라 성도들의 사업과 사랑과 믿음과 섬김과 인내가 풍성함을 알고 계셨으며, 점점 아름다운 행위가 처음보다 더 많아지는 모습을 칭찬하고 계셨던 것이다.

> "네가 어디에 사는지를 내가 아노니 거기는 사탄의 권좌가 있는 데라 네가 내 이름을 굳게 잡아서 내 충성된 증인 안디바가 너희 가운데 곧 사탄이 사는 곳에서 죽임을 당할 때에도 나를 믿는 믿음을 저버리지 아니하였도다"(계 2:13)

> "내가 네 사업과 사랑과 믿음과 섬김과 인내를 아노니 네 나중 행위가 처음 것보다 많도다"(계 2:19)

하지만 두 교회 모두 약점이 있었으니 버가모 교회는 백성들로 하여금 우상의 제물을 먹고 행음하게 만든 발람의 교훈을 지켰고 더 나아가 니골라당의 교훈까지도 지키고 있었다. 두아디라 교회는 자칭 선지자라고 하는 여자 이세벨을 용납함으로써 행음하게 하고 우상의 제물을 먹게 하였으며 회개할 기회를 주었음에도 거부했다. 여기에서 행음이란 육체적 간음이라기보다는 영적 간음, 곧 우상숭배를 말한다고 보는 것이 더 옳을 듯하다. 현실적으로 영적 싸움과 믿음과 섬김과 인내를 보이고 있는 상황에서 두 교회 모두 많은 종들이 육체적 행음에 빠졌으리라고 생각할 수는 없기 때문이다. 아무튼 버가모 교회와 두아디라 교회는 거의 공통적인 종류의 행동을 보이고 있었고 하나님은 그들의 행위를 무두 알고 계셨던 것이다.

> "그러나 네게 두어 가지 책망할 것이 있나니 거기 네게 발람의 교훈을 지키는 자들이 있도다 발람이 발락을 가르쳐 이스라엘 자손 앞에 걸림돌을 놓아 우상의 제물을 먹게 하였고 또 행음하게 하였느니라 이와 같이 네게도 니골라 당의 교훈을 지키는 자들이 있도다" (계 2:14-15)

> "그러나 네게 책망할 일이 있노라 자칭 선지자라 하는 여자 이세벨을 네가 용납함이니 그가 내 종들을 가르쳐 꾀어 행음하게 하고 우상의 제물을 먹게 하는도다 또 내가 그에게 회개할 기회를 주었으되 자기의 음행을 회개하고자 하지 아니하는도다"(계 2:20-21)

사탄과의 영적 싸움을 훌륭하게 싸워 이기고 있었던 버가모 교회에 어떻게 발람의 교훈이 들어오게 되었을까? 그것은 돈의 유혹 때문이다. 발람은 하나님의 음성을 듣는 사람이었다. 그러나 그의 마음속에서는 돈에 대한 유혹을 항상 느끼고 있었다. 그래서 발락의 청을 거절하면서도 한편으로는 가능성을 항상 열어두고 있었다.

> "발람이 발락의 신하들에게 대답하여 이르되 발락이 그 집에 가득한 은금을 내게 줄지라도 내가 능히 여호와 내 하나님의 말씀을 어겨 덜하거나 더하지 못하겠노라 그런즉 이제 너희도 이 밤에 여기서 유숙하라 여호와께서 내게 무슨 말씀을 더하실지 알아보리라"(민 22:18-19)

발람의 이런 모습 때문에 하나님께서 그들과 함께 가는 것을 마지못해 허락하시면서 절대로 하나님의 말씀만 준행하라는 당부를 하신다. 그런 발람은 오히려 돈에 대한 욕심을 이루고자 큰 소망을 품고 발락에게로 가려다가 나귀의 음성을 들었지만 개의치 않고, 모압으로 갔다가 결국 이스라엘을 저주하라는 발락의 청은 들어주지 못하고 마치게 되지만, 그러나 발람의 꾀로 말미암아 이스라엘은 음행과 우상숭배에 빠지게 된다. 성경은 이런 현상이 전적으로 발람의 꾀로 말미암은 것이라고 밝혀주고 있다. 결과적으로는 발람이 직접 이스라엘을 저주하지는 못했지만 음행으로 우상숭배를 하게 만든 것은 돈을 밝히는 발람의 저주가 성공한 것처럼 보였던 것이다. 비록 그 당시 비느하스가 음행하는 남녀를 창으로 죽임으로써 하나님의 진노가 풀리기는 했지만, 염병으로 인한 이스라엘의 희생자는 24,000명에 이르렀던 것이다(민 25:8-9).

"보라 이들이 발람의 꾀를 따라 이스라엘 자손을 브올의 사건에서 여호와 앞에 범죄하게 하여 여호와의 회중 가운데에 염병이 일어나게 하였느니라"(민 31:16)

오늘날 교회 안에도 이런 행위가 얼마든지 일어날 수 있고 실제로 교회에 이런 현상이 뒤덮고 있음을 알아야 한다. 특히 물질적인 복이나 성공을 무조건 하나님께서 주신 것으로 가르치고 행해지는 한국교회에 발람의 교훈이 얼마나 심각한 악영향을 미치고 있는지 너무나도 잘 알고 있는 우리들이다. 사탄의 회가 있는 도시에서 순교자가 나올 정도의 상황 가운데에서도 담대하게 그들의 믿음을 지킨 버가모 교회였지만, 돈이나 성공이라는 사탄의 교묘한 전략이 틈을 타고 들어와 교회와 가정에 엄청난 피해를 끼치고 있음을 알아야 한다. 기도 많이 하고 성경 많이 보고 제자훈련 많이 하고 전도 많이 해야 하는 것은 당연한 일이지만, 그 전에 돈의 미혹에 빠지지 않도록 하는 것이 우리들의 할 일인 것이다. 그리고 이것이 우리의 신앙행위가 발람의 행위와 혹시 일치하지 않는지 진단해볼 제목인 것이다.

한편 버가모 교회에 함께 침투해있던 니골라당의 교훈이란 무엇일까? 니골라라 함은 초대교회 일곱 집사 가운데 한 사람이라고도 하고 아니라고도 하기 때문에 정확한 것을 알기는 어렵지만, 아마도 안디옥 사람 니골라가 이교도들에게 호의적이었으며, 반율법주의자로서 구원받았으니 자유롭게 행해도 괜찮다는 영지주의의 분파적인 자세를 가지고 있었던 듯하다. 발람의 교훈이나 니골라당의 교훈이나 교회에는 결국 비슷한 폐해를 끼치는, 얼핏 보기에는 사소해보이지만 사실은 교회의 근간을 흔들 수도 있는 마귀의 교묘한 책략 가운데 하나인 것만은 틀림이 없다. 한번 구원받았으니 회개할 필요 없다는 구원파나, 거기까지는 아닐지라도 예수님 영접하고 구원 받았으니 천국은 어차피 갈 것이므로 닥치는 대로 살아가도 된다는 쉬운 구원론이나, 복음의 능력을 극소화시키는 데에는 마찬가지의 악한 영향을 미칠 것이다. 구원은 최후의 순간까지 이루어가야 한다는 사실을 믿고 우리의 행위를 진단해보아야 할 것이다.

한편 예수님은 두아디라 교회를 공격하는 여자 이세벨에 관해서도 비슷한 경고를 하신다. 두아디라 교회는 칭찬할 거리가 많은 교회로서 사업, 사랑, 믿음, 섬김, 인내의 행위가 점점 왕성해가던 교회였다. 그런데 점점 흥왕해가는 두아디라 교회가 여선지자(자칭)라 하는 한 여자 때문에 주님의 책망을 받게 된다. 행음과 우상숭배라는 면에서 버가모 교회와 동일한 책망을 받지만, 두아디라 교회는 좀 더 직접적이고 노골적으로 유혹이 들어온다. 그 당시 모든 세계에는 우상숭배가 극에 달하고 있었는데 특히 상업지역이나 관공서나 항구가 있는 지역에서는 모든 상업행위가 우상숭배를 중심으로 이루어지고 있었다. 이방인들과 함께 제사에 참석하고 우상의 제물을 나누지 않으면 경제활동을 온전하게 행할 수 없었다. 계시록에서 경고하는 666표가 바로 이런 경우라고 할 수 있을 것이다. 그런데 여자 이세벨이라는 여자가 이런 것을 오히려 권장하고 있었다고 볼 수 있다. 돈에 대한 욕심이기도 하지만 생존과 활동을 위해서 어쩔 수 없다는 논리로 교회를 좀먹고 있었던 것이다. 육체적인 음행도 음행이지만 생존을 위해서 우상숭배를 거절하지 못하는 모습은 버가모 교회와 조금도 다를 바가 없는 것이다. 다만 버가모 교회에는 교묘한 이단사설로, 두아디라 교회에는 생존이라는 명목으로 교회를 무너뜨리고 있었던 것이다.

현대교회와 조금도 다를 바가 없는 교회들의 모습을 살펴보고 있다. 어떤 면에서는 극명하게 갈리는 현상이 아니기 때문에 분별하기가 쉽지 않을 뿐만 아니라 조금씩 조금씩 세상에 양보하다가 어느새 교회가 위험에 처하게 되는 부분에 대해서 우리는 심각한 경각심을 가져야만 할 것이다. 혹시 돈이 우상이 되어 있지는 않은가? 사업이나 장사나 직장 때문에 믿음을 양보하고 있지는 않은가? 그것은 올바른 정체성이 확립되어 있지 못하거나 정체성이 병들어 있거나 하나님과 영원한 천국에 대한 확고한 믿음이 형성되어 있지 못할 수도 있다. 그렇기 때문에 우리는 우리의 행위를 정확하게 진단함으로써 어디에서부터 잘못되었는지를 깨닫고 빨리 돌이켜야 하겠다. 그렇게 되면 하나님은 하늘의 철장권세를 우리에게 부여해 주신다. 그 길만이 우리 자신을 살리고 교회를 살리고 이웃을 살리고 나라를 살리는 길이 될 것이다.

"이기는 자와 끝까지 내 일을 지키는 그에게 만국을 다스리는 권세를 주리니 그가 철장을 가지고 그들을 다스려 질그릇 깨뜨리는 것과 같이 하리라 나도 내 아버지께 받은 것이 그러하니라"(계 2:26-27)

살았는가, 죽었는가?

이제 우리의 행동진단 마지막 순서이다. 우리의 행위를 진단할 수 있는 여러 가지 방향들이 있겠지만, 소아시아 일곱 교회의 모습을 살펴보는 이유는 성도와 교회의 모든 행위와 경고와 칭찬들을 일괄적으로 정리해주기 때문이다. 신앙인의 행동을 짚어보기에 이보다 충분한 기준은 없을 것이다. 우리 행동을 진단해볼 수 있는 최후의 기준은 우리가 살아있는가 죽었는가 하는 점이다. 사데 교회와 빌라델비아 교회는 이 점을 점검해줄 수 있는 아주 좋은 사례라고 할 수 있다. 사데 교회는 살았다 하는 이름을 가졌으나 죽은 교회요, 빌라델비아 교회는 작은 능력을 가지고도 살아있어서 주의 말씀을 지키고 배반하지 않았다.

"사데 교회의 사자에게 편지하라 하나님의 일곱 영과 일곱 별을 가지신 이가 이르시되 내가 네 행위를 아노니 네가 살았다 하는 이름은 가졌으나 죽은 자로다"(계 3:1)

"볼지어다 내가 네 앞에 열린 문을 두었으되 능히 닫을 사람이 없으리라 내가 네 행위를 아노니 네가 작은 능력을 가지고서도 내 말을 지키며 내 이름을 배반하지 아니하였도다"(계 3:8)

주님께서는 사데 교회와 빌라델비아 교회 모두에게 그 행위를 물으셨다. 물론 행위란 믿음의 증거들이다. 율법적으로 겉모습만 지키는 것이 아니라 내면적으로 소유하고 있는 정체성과 믿음이 표출된 현상이 그 행위이다. 그런데 행위의 내적인 모습을 주님은 다 알고 계신다. 그래서 주님께서 그들의 행위로 그들을 판단하실 수 있는 것이다. 야고보 사도는 행위가 뒤따르지 않는 믿음은 죽은 믿음이라고 했다. 죽은 믿음으로는 아무 것도, 아주 조금도 무엇인가를 할 수 없다. 죽은 믿음으로는 거듭남도 구원도 천국도 영생도 주어질 수 없다. 그것은 차라리 안 믿는 것만도 못한 모습이다. 왜냐하면 안 믿는 사람들은 언젠가는 성령의 도우심으로 회개할 수 있는 기회라도 있지만 죽은 믿음은 이미 죽었으므로 그런 기회조차 없기 때문이다. 이제 우리가 우리의 행동을 점검하기 위해 정말 죽었는지 살았는지, 죽었다면 숨이라도 쉬고 있는 것인지 아예 가능성마저도 없어진 것인지, 살아있다면 살아있다는 증거를 찾을 수 있는지 진단해보아야 한다.

"내 형제들아 만일 사람이 믿음이 있노라 하고 행함이 없으면 무슨 유익이 있으리요 그 믿음이 능히 자기를 구원하겠느냐"(약 2:14)

그런데 무엇으로 우리의 믿음이 살아있는지 죽었는지 알 수 있겠는가? 기도하여 신령한 은사를 받았으면 그것이 살아있는 것인가? 받은 은사를 사용하여 병든 사람을 고치고 귀신을 내쫓으면 살아있는 것인가? 성경 전체를 거의 암송하고 있으면 그것은 살아있는 것인가? 물론 그것은 어느 정도 예측이 가능하게 한다. 그러나 종교 활동을 신앙행위로 진단하기에는 문제가 많이 있다. 야고보는 살아있는 행위의 기준을 예를 들어 설명하고 있는데, 그것은 종교행위만을 뜻하는 것은 아니었다. 오히려 야고보는 살아있는 행위의 증거로 이웃 사람을 실질적으로 돕는 것을 이야기하고 있다. 물론 이것은 살아있는 것과 죽은 것을 비교하기 위해 설명한 내용이지만 아무튼 야고보가 종교행위보다는 삶에서의 열매를 이야기하고 있는 것만은 틀림이 없다.

"만일 형제나 자매가 헐벗고 일용할 양식이 없는데 너희 중에 누구든지 그에게 이르되 평안히 가라, 덥게 하라, 배부르게 하라 하며 그 몸에 쓸 것을 주지 아니하면 무슨 유익이 있으리요 이와 같이 행함이 없는 믿음은 그 자체가 죽은 것이라"(약 2:15-17)

사데 교회는 살았다고는 하는데 사실은 죽은 교회였다. 이것은 교회의 규모나 숫자나 유명도나 지도자의 능력이나 교계에서의 역할 등과는 아무런 관련이 없다. 성경은 일관되게 그런 외적인 모습을 지적하지 않는다. 하나님은 오로지 우리의 마음을 보신다. 그 마음은 결과나 과정을 모두 하나님 앞에 맡기는 모습으로 나타난다. 그 마음이 예수님으로 충만한 사람은 의도나 과정에서 결코 인본적인 모습을 보여주지 않는다. 하나님은 철저하게 성도의 마음을 보신다. 아무리 능력이 있어도 예수님의 마음을 잃어버리면 그 길을 끝까지 가지 못한다. 겉으로 그렇게 보여도 그는 결국 부패하게 되어 있다. 하나님은 사데 교회가 죽은 근거로 그들에게서 온전한 행위를 하나도 찾지 못했다고 분명하게 말씀하신다. 한 마디로 하면 그들은 주를 향한 마음을 잃어버렸다는 것이다. 아무리 그래도 성도라면 한두 가지는 열심히 하는 것이 있어야 한다. 그러나 사데 교회에서는 그런 온전한 마음을 하나도 확인할 수 없었던 것이다.

"너는 일깨어 그 남은 바 죽게 된 것을 굳건하게 하라 내 하나님 앞에 네 행위의 온전한 것을 찾지 못하였노니"(계 3:2)

반면에 빌라델비아 교회는 살아있는 교회였다. 작은 능력으로도 말씀을 지키고 주님을 배반하지 않았다고 했다. 이 구절은 마치 우리가 흔히 이야기하듯이 살아있는 물고기와 죽은 물고기 생각이 나게 한다.

죽은 물고기는 물 위에 떠서 물이 흐르는 대로 둥둥 떠내려가지만 살아있는 물고기는 물살을 거슬러 헤엄치며 올라갈 수 있다. 이 물고기가 작은 물고기이든 큰 물고기이든 상관없이 살아있는 물고기라면 당연히 물살을 거슬러 헤엄칠 수 있다. 커다란 물고기도 죽어있으면 그냥 떠내려간다. 그런데 빌라델비아 교회는 작은 교회였음에도 불구하고 세상을 향하여 힘차게 거슬러 올라가고 있었다. 그 결과가 말씀을 지키고 하나님께 충성을 다하는 것이었다. 그리고 이렇게 살아있는 교회에는 마지막 시험의 때를 면하게 하시겠다고 말씀하신다. 이 시험의 때는 땅 위의 모든 인간들에게 동일하게 임하는 무서운 심판이다. 왜 시험을 면하게 하시겠는가? 이미 살아서 흐르는 물을 거슬러 올라가고 있기 때문이다. 당연히 수많은 시험을 당했고 그것을 이겼기 때문이다.

> "네가 나의 인내의 말씀을 지켰은즉 내가 또한 너를 지켜 시험의 때를 면하게 하리니 이는 장차 온 세상에 임하여 땅에 거하는 자들을 시험할 때라"(계 3:10)

그러면 이제 당신의 행동을 진단해보라. 당신은 살아있는가 죽었는가? 당신은 세상의 물결을 거슬러 올라가고 있는가, 아니면 세상의 물결에 당신 자신을 내맡기고 있는가? 당신이 교회생활에 열심을 내고 있는 것으로 스스로 살아있다고 결론을 내리지는 말자. 바리새인들은 스스로는 율법을 철저하게 준수하고 하나님의 선민의식을 가지고 자신들만이 하나님을 사랑하고 있다고 생각했지만 사실은 하나님께 대하여 완전히 죽은 사람들이었다. 그들의 그 열심과 자기인식이 스스로를 속이고 있었던 것이다. 거짓된 정체성으로 말미암아 오히려 자신을 속이는 사람들이었던 것이다. 만약에 바리새인들이 조금이라도 살아있는 모습을 간직하고 있었다면 그들은 예수님을 십자가에 못 박지는 않았을지도 모른다. 그들은 자신들의 완전한 종교행위에 스스로 속아서 메시야를 십자가에 매달았던 것이다.

"너희는 말씀을 행하는 자가 되고 듣기만 하여 자신을 속이는 자가 되지 말라"(약 1:22)

그리스도인이 살아있다는 것은 세상의 생존법칙과 가치추구와 인생의 목표에 대항해서 복음을 살아내고 있다는 것이다. 하지만 그것은 쉬운 일은 아니다. 박해시대에는 그것이 그리스도인의 삶 자체였다. 곧 예수님을 믿는다는 것은 생명의 위협을 받을 수 있다는 것을 알고 있는 것이고, 그럼에도 불구하고 믿음을 지킨다는 것은 곧 세상을 거슬러 살아내고 있다는 증거였다. 그만큼 믿음이란 삶에서 외적으로 표출되어 나올 수 있는 살아있는 증거들이었다. 그러니까 믿음을 지킨다는 말이 곧 살아있는 그리스도인이라는 말이었다. 그럼에도 불구하고 사데 교회는 죽은 것 같은 믿음의 교회가 되고 말았다.

박해시대 때도 사데 교회와 같은 현상이 있었다면 현대교회에서는 그런 현상이 일반화되어 있다고 할 수 있을 것이다. 사실상 죽은 믿음을 가진 성도들이 교회에서 가장 큰 부분을 차지하고 있는 것이 현실인 것이다. 교회가 쇠퇴하게 된 원인 중 가장 큰 부분이 바로 죽은 믿음 때문인 것이 아니겠는가? 교회 안에서는 완전히 살아있는데 교회 밖 세상에서는 죽은 물고기처럼 떠내려가면서 사는 것이 문제가 아니겠는가? 그렇다면 우리에게는 희망이 없는 것일까? 당신의 신앙이 죽은 것인지 살아있는 것인지를 진단하면서, 어쩌면 당신은 절망하게 될지도 모르겠다. 살아있는 모습을 발견하기 어려울 것이기 때문이다.

그러나 주님은 사데 교회에 대한 기대를 완전히 버리신 것은 아니었다. 살아있다는 이름은 가졌지만 실상은 죽어있는 사데 교회에도 옷을 더럽히지 않고 남아있는 자들이 있었기 때문이다. 사데 교회는 현대 한국교회이다. 비록 죽은 것 같은 교회이지만 그러나 그 가운데 세속에 물들이지 않고 세상을 거슬러 힘 있게 헤엄치는 성도들이 남아있는 것이다. 물질주의, 번영주의, 성공주의, 은사주의, 표적신앙, 관념적 신앙, 율법주의 등 모든 부정적인 요소들이 넘치고 있고, 교회를 그런 사상들이 지배하는 시대이지만, 그 중에서도 하나님 중심의 바른 신앙을 가진 신앙인들이 존재하는 것이다. 우리가 그 중 한 무리가 되기 위해서 우리자신의 신앙을 진단해보라는 것이다.

"그러나 사데에 그 옷을 더럽히지 아니한 자 몇 명이 네게 있어 흰 옷을 입고 나와 함께 다니리니 그들은 합당한 자인 연고라"(계 3:4)

당신은 말씀의 지배를 받으면서 살고 있는가? 당신은 예수님의 마음을 품고 그리스도의 심장으로 세상과 사람들을 바라보고 있는가? 당신은 모으고 쌓고 올라가기보다는 버리고 비우고 섬기면서 사는 방향을 따라가고 있는가? 어려운 형편이나 답답한 상황을 만났을 때 낙심하고 실망하고 힘을 잃어버리는 것이 아니라, 그런 상황을 만날수록 오히려 힘을 내어 주님을 완전히 신뢰하고 그 상황 위에 계시는 주님을 향하여 힘차게 달려가고 있는가? 아니, 우리가 그렇게 완벽할 수는 없을 것이다. 하지만 우리가 걸어가는 방향만은 그 길 위에 있어야 한다. 갈팡질팡하거나 오락가락할지라도 우리는 살아있는 신앙인들이다. 우리는 하늘에 속한 사람들이고, 이 땅에서 하늘나라를 살아내는 사람들이다. 육신의 눈으로나 세상적인 시각으로 보는 것과는 완전히 다른 사람들이다. 아직까지 잠자고 있었다면 이제는 깨어나야 한다.

살아있는 강한 정체성을 가슴 속에 품고 그리스도인다운 그리스도인으로 변화되고 성장해 나아갈 것이다.

제3부

하늘의 상이 정체성이다.

1. 정체성과 하늘의 상

자기중심적 신앙과 하나님 중심적 신앙

많은 경우에 그리스도인들은 스스로 인식하고 있는 정체성과 실제 행동으로 나오는 모습 간에 커다란 차이가 있다. 왜 이런 격차가 벌어지는 것일까? 원래 정체성이란 그 정체성을 따라 의사결정을 내리게 되고 그 정체성에 맞는 언행을 보여주는 것이다. 그렇다면 그 사람의 언행 자체가 그 사람의 정체성을 보여주는 것이어야 한다. 하지만 그리스도인들은 자신이 생각하고 있는 정체성과는 거리가 먼 행위를 세상 속에서 보여주고 있다. 물론 그리스도인의 정체성이란 삶 가운데에서 펼쳐지는 생활의 모습 자체를 말하는 것은 아니다. 그리스도인의 정체성이란 하나님의 시각으로 보이는 자기인식이다. 스스로 가지고 있는 정체성과 실제 정체성의 격차는 시각의 차이로 인해 일어나는 현상이다. 그리스도인의 정체성 회복이란 하나님의 시각으로 볼 때 온전한 상태로 회복되어야 한다는 이야기이다. 그러니까 가장 바람직한 그리스도인의 정체성은 하나님의 관점으로 자신과 세상을 바라볼 수 있는 자기인식이라는 말이다.

예를 들어보자. 바리새인들은 하나님의 백성으로서의 거짓 정체성을 가진 사람들이었다. 그들이 가지고 있는 자기인식은 대단한 것이었지만 그것을 하나님의 관점으로 볼 줄을 전혀 몰랐던 것이다. 사람의 관점으로 보자면 그들은 완벽한 사람들이었다. 하나님의 율법을 소유하고 있는 백성으로서 그 율법을 완전하게 지키고 있었기 때문이었다. 물론 율법을 완전하게 지키고 있다는 생각마저도 사람의 시각에서 볼 때에 그렇다는 말이다. 사도 바울이 그렇지 않았던가? 모든 면에서, 특히 하나님과의 관계라는 측면에서도 그들은 완벽했다. 그러나 그들이 그토록 완벽하게 율법을 지키고 있다는 생각도 하나님의 관점에서 보자면 전혀 아니었다. 왜냐하면 그들은 율법의 겉껍데기만을 지키고 있었기 때문이었다. 하나님께서 율법을 주실 때 품으셨던 하나님의 마음, 의도, 계획에 대해서는 전혀 관심이 없었다. 그토록 율법을 완전하게 알고 있었고 완벽하게 지키고 있었지만 정작 하나님의 마음은 전혀 고려하지 않았다는 것이다. 스스로 생각하고 있는 정체성과 실제 작동하는 정체성 사이의 괴리는 바로 관점의 차이에서 오는 괴리였던 것이다. 스스로 자기 관점에서만 자기를 바라보기 때문이다. 그들의 마음은 하나님을 거의 떠난 상태였다.

> "이르시되 이사야가 너희 외식하는 자에 대하여 잘 예언하였도다 기록하였으되 이 백성이 입술로는 나를 공경하되 마음은 내게서 멀도다"(막 7:6)

그렇다면 그리스도인으로서의 정체성을 다시 찾는다는 의미는 하나님의 마음을 소유한다는 것이다. 물론 하나님의 마음을 어떻게 사람이 소유할 수 있겠는가? 그것은 하나님의 마음을 조금이라도 이해하기 위해 하나님의 관점으로 모든 것을 바라본다는 뜻이다. 사실상 그리스도인의 성화란 자기중심적인 믿음에서 하나님 중심적인 믿음으로 변화된다는 것과 같은 뜻이다. 현실을 살고 있는 그리스도인이 어떻게 하나님의 관점을 가질 수 있을까? 우리가 놓치지 말아야 할 것은 우리의 신앙생활의 모든 것들은 전부 하나님의 관점을 얻기 위한 행위라고 보아도 크게 틀리지는 않는다는 것이다. 제자훈련과 성경묵상과 말씀 훈련은 모두 하나님의 시각을 배우고 소유하기 위한 훈련의 과정들이다. 그런데 성도들이 하나님의 관점을 가지지 못하는 이유는 그 수많은 제자훈련들과 말씀 프로그램들을 전부 자기중심적으로만 받아들이기 때문이다. 신앙의 모든 훈련과정들은 하나님의 관점을 얻기 위해서 행하는 것인데, 하나님의 관점을 배우려고 하기보다는 자기중심적으로만 모든 훈련을 받고 있기 때문에 변화가 어려운 것이다. 교육과 훈련을 통하여 하나님의 관점을 배우는데, 머리로만 반복적으로 들으니까 스스로는 하늘의 정체성을 가지고 있다고 생각하지만 실생활에서는 여전히 자기중심적으로 행동하게 되는 것이다. 이것을 깨야 하는 것이다.

그리스도인의 정체성이란 하나님의 관점으로 자신을 의식하고 세상을 바라보고 자신과 싸워 이길 수 있는 마음가짐이다. 아무리 신앙생활이 은혜로워도 자기중심적으로만 모든 것을 바라보고 듣고 실천하려고 하면 그는 자기시각의 함정에 빠지게 되어있다. 율법을 따라 구제를 행하는데 자기유익을 우선적으로 생각하고 사람들에게 보이려고 행한다면 하늘의 정체성이 그의 마음속에 존재할 수가 없다. 신앙이 성숙하다는 말은 하나님의 관점에서 자신을 바라볼 수 있다는 말이다. 사람들의 관점으로 보면 완벽한 윤리와 믿음을 가지고 있지만 하나님의 관점으로 보면 지극히 보잘 것 없는, 단지 죄 많은 한 인간이 될 뿐인 것이다. 물론 그렇기 때문에 하나님을 더욱 신뢰하고 전부를 맡길 수밖에 없는 사람이 되는 것이다. 그리고 그것이 자신의 정체성이 되어 자신의 생각과 말과 행동을 지배하게 되는 것이다. 예수님을 오래 믿을수록 점점 더 이런 상태로 나아가야 한다. 지도자들일수록 이렇게 되어야 하며, 이런 지도자들이 많아질 때 교회의 개혁이든 갱신이든 가능해지게 되는 것이다.

그러면 구체적으로 어떻게 해야 그리스도인다운 정체성을 소유할 수 있게 되는 것일까? 아무리 옳은 말씀을 많이 들어도 그것만으로 자연스럽게 성화의 과정으로 갈 수 있는 것은 아니다. 신앙의 수준이나 깊이나 연륜이 다양한 사람들이 어떻게 해야 점점 깊은 정체성으로 다가갈 수 있겠는가? 가장 중요한 요소는 방향성이다. 그리스도인이라면 모두 같은 방향을 향해 나가고 있어야 한다. 회개라는 것은 가던 길을 돌이켜 하나님께로 향하는 것이 아니던가? 그렇다면 모든 그리스도인들은 하나같이 하나님을 향하여 달려가는 사람들이어야 하는 것이다. 가장 많이 하는 비유로 한 배를 탔다는 말이 있다. 일단 그 배를 타면 자신의 의지와는 상관없이 한 방향으로 나아가야 한다. 만약에 그 배가 싫어서 배를 떠나면 그는 망망대해 바다 한가운데에서 빠져 죽을 수밖에 없다. 그 배 안에는 어린아이도 있고 청년도 있고 노인도 있다. 그들의 삶의 연륜과 의식과 책임이 모두 달라도 그 배에 타고 있으면 같은 방향으로 나아가는 것이다. 모든 그리스도인들은 한 방향, 한 목표를 향해 바라보고 그리로 나아가는 사람들이다.

그렇다면 모든 그리스도인들에게 공통적으로 주어지는 그 방향이란 무엇인가? 물론 그것은 저 영원한 천국이다. 하나님과 함께 영생하는 하나님의 나라가 모든 그리스도인들이 나아가야 할 방향이다. 그런데 그 사실을 다 알고 있으면서도 왜 기독교인들은 천국을 향하여 나아가지 않고 이 세상의 삶이 마지막인 것처럼 살아갈까? 천국이 목적지가 아니라 이 세상의 잘 살고 성공하고 번영을 누리는 것이 목적지인 것처럼 살아가고 있을까? 하나님의 복은 현실적으로 주어질 수 있는 복과 달라서, 멀리 있고 보이거나 잡을 수 없으며 즉각적인 즐거움과는 거리가 멀기 때문에 당장 눈앞에서 펼쳐지는 복을 쫓기 쉬운 것이다. 그렇지만 그리스도인은 천국에 속한 사람들이고 천국시민들인데 왜 그렇게 눈앞에 펼쳐지는 것들만 따라가려고 할까? 그것은 목표지점을 뚜렷하게 인식하지 못하고 있기 때문이다. 그 목표지점이란 구체적으로 무엇인가? 그것은 기본적으로는 천국에서의 영원한 삶이지만, 어렴풋이 뭉뚱그려서 희미한 천국을 말하는 것이 아니라 그것보다 더 구체적으로 천국에서 주시는 상에 있는 것이다. 그래서 사도 바울은 그 상이 그 자신의 푯대라고 고백하고 있는 것이다.

> "형제들아 나는 아직 내가 잡은 줄로 여기지 아니하고 오직 한 일 즉 뒤에 있는 것은 잊어버리고 앞에 있는 것을 잡으려고 푯대를 향하여 그리스도 예수 안에서 하나님이 위에서 부르신 부름의 상을 위하여 달려가노라"(빌 3:13-14)

사람은 누구나 성취를 원한다. 결과가 나올 수 있어야 열심히 일할 수 있다. 실패하기 위해 일하는 사람을 본 적이 있는가? 모든 사람은 어떤 의미에서든지 성공하기 위해 일한다. 성공하면 환희와 자부심과 무한한 기쁨을 누리게 된다. 실패하면 실망하고 낙심하고 좌절하고 열등감에 빠질 수도 있다. 그리스도인이라고 다른가? 그리스도인도 마찬가지이다. 다른 말로 하면 보상이 주어질 때 더 큰 동기부여가 되고 생각과 삶을 변화시키는 것이다. 하나님이 주시는 상이 무엇인가를 알게 되면 차츰 하나님의 관점을 이해하게 된다. 그리고 하나님의 관점에 맞게 생각하고 점점 거기에 맞는 행동을 보이게 될 것이다. 그렇게 되면 자기 정체성이 거짓이 아니라 실체적인 정체성으로 회복하게 될 것이다. 신앙의 수준이나 깊이나 연륜에 맞는 자기 정체성을 확보하게 될 것이다. 그렇게 하나님께서 제시하시는 그리스도인의 정체성을 점점 더 많이 깨닫고 그 정체성을 소유하고 그 정체성에 맞는 행동을 유도함으로써 자신이 변화되고 세상을 변화시키는 것이 이 책의 목적이다. 결국 그리스도인의 정체성을 회복시키는 목표지점은 하나님께서 주시는 상이다. 모든 선지자들은 이 하늘의 상을 향하여 달려 나갔으며, 그것 때문에 세상에서의 모든 영광을 마치 배설물처럼 여길 수가 있었던 것이다.

> "그러나 무엇이든지 내게 유익하던 것을 내가 그리스도를 위하여 다 해로 여길뿐더러 또한 모든 것을 해로 여김은 내 주 그리스도 예수를 아는 지식이 가장 고상하기 때문이라 내가 그를 위하여 모든 것을 잃어버리고 배설물로 여김은 그리스도를 얻고 그 안에서 발견되려 함이니"(빌 3:7-9上)

이제 우리는 하늘의 상을 바라보고 하늘의 상을 받기 위해 세상에서 싸워나가야 한다. 그리스도인이라면서 세상의 보상을 얻기 위해 힘을 쓴다면 그것은 전혀 아무런 의미 없는 반복적 행위가 될 뿐이다. 그것은 썩어져 없어질 쓰레기를 잔뜩 쌓는 일과 전혀 다르지 않다. 이 땅에서 하나님의 관점으로 하나님나라를 위해 열심을 다한다면 그것은 하늘에 보화로 차곡차곡 쌓이겠지만, 이 땅에서 자신의 열매를 위해 살아간다면 그의 하늘 창고는 텅 비어 있게 될 것이고 결국 아무 쓸모없는 썩을 것들만 세상에 잔뜩 쌓게 되는 것이다. 이제 하늘의 상에 대하여 구체적으로 살펴보려고 한다. 어떻게 하는 것이 하나님의 칭찬을 받는 것이고 어떻게 살아야 하늘에 보화를 쌓을 수 있을까? 그것을 구체적으로 깨달으면 굳이 이 세상에서의 번영을 추구할 필요가 없어진다. 이 땅에서 사람들에게 나타내 보이려고 위선적인 삶을 살 필요도 없고, 사람들에게 인정받으려고 높아지고 커지고 많아지는 것을 선택할 필요도 없다. 그리고 그렇게 하늘의 보화와 상을 위하여 달려가려고 할 때 우리의 정체성은 원래 하나님께서 허락하신 거기에 구체적으로 다가갈 수 있게 될 것이다.

하늘의 보물은 어떻게 쌓일까?

재미있는 상상을 해 보았다. 예수님은 분명히 천국에 보물이 쌓인다고 하셨다. 천국에 쌓아두면 사라질 염려를 전혀 할 필요가 없다. 도둑이나 사기당할 걱정도 할 필요가 없고, 전쟁이나 자연재해로 인하여 손해를 볼 가능성은 전혀 없다. 이것보다 더 좋은 보물창고가 어디에 있겠는가? 사람들이 괜히 알지도 못하면서 자꾸 세상에 쌓아놓으려고 하니까 문제이지 알기만 하면 너도 나도 하늘창고만 찾게 될 것 같다. 물론 그것을 너무나도 잘 알고 있고 하늘에 개인 창고까지 소유하고 있는 그리스도인이라는 사람들까지도 세상에 쌓으려고 하니까 문제이다.

> "오직 너희를 위하여 보물을 하늘에 쌓아 두라 거기는 좀이나 동록이 해하지 못하며 도둑이 구멍을 뚫지도 못하고 도둑질도 못하느니라"(마 6:20)

그러면 그 보물은 어떻게 쌓이는 것일까? 하늘의 보물창고는 없어지거나 손해 볼 걱정을 전혀 할 필요조차 없을 뿐만 아니라 아무리 사소한 것이라도 차곡차곡 쌓이기 때문에 혹시 자기가 남모르게 선행을 한 것이 사라질 염려까지도 할 필요가 없는 곳이다. 그렇다면 천국의 보화는 포인트로 쌓이는 것일까? 아니면 호봉 또는 승급제로 올라가는 것일까? 아마도 승급제와 포인트제가 포함된 제도가 아닐까? 상상해 본 이야기이지만 사실 포인트로 하늘에 보물이 쌓일 가능성이 높다. 왜냐하면 물 한 그릇 대접하는 일에도 결코 상을 잃지 않을 것이라고 하셨기 때문이다. 작고 보잘 것 없는 일일지라도 그리스도의 이름으로 행한 일은 반드시 기억하시기 때문이다.

> "누구든지 너희가 그리스도에게 속한 자라 하여 물 한 그릇이라도 주면 내가 진실로 너희에게 이르노니 그가 결코 상을 잃지 않으리라"(막 9:41)

다단계라는 유통구조가 있다. 다단계라면 무조건 거부반응을 일으킬 수도 있겠지만 정상적인 다단계는 법으로도 인정하는 합법적인 유통구조이다. 다단계의 기본적인 성격은 상품을 소비하는 운동이다. 피라미드와 같이 비정상적인 다단계와는 달리 정상적인 다단계는 사람 장사가 아니다. 그런데 다단계 사업을 하는 모든 사람에게 매력이 있는 것은 판매조직을 통한 이윤의 확보 때문이다. 한 사람이 다른 사람들을 설득해서 자기 이름 밑에 등록하기만 하면 등록된 사람들이 소비하는 물품가격에서 일정부분이 자신에게 이윤으로 지급된다. 그런데 바로 밑에 등록된 사람들 뿐 아니라 계속해서 자기 이름 밑에 수십 단계의 사람들이 등록하면 수백 명이 되기도 하고 수천 명이 되기도 하는데 이 사람들이 소비한 물품 금액에서 일정 비율대로 이윤이 지불된다. 이런 영업활동을 지속적으로 하면 수만 명의 소비자를 거느린 판매자가 된다. 비록 각 사람으로 따지면 아주 작은 금액이지만 이 수만 명의 상품 사용을 통한 이윤이 쌓여서 연봉 수십억의 소득자도 탄생되는 것이다. 다단계 사업을 하는 사람들의 꿈이 바로 이런 사람이 되는 것이다.

그런데 내가 주목했던 것은 만약에 전도를 이런 식으로 한다면 수많은 성도들이 전도하는 데 더욱 열심을 낼 수 있지 않을까 하는 생각이었다. 직접 전도를 하는 것은 물론 자신이 전도한 사람이 또 전도해오면 그것이 포인트로 쌓일 수는 없을까 하는 생각이 들었었다. 물론 다단계 판매는 이윤이 직접적인 돈으로 제공되지만 전도를 이런 식으로 한다면 돈이 아니라 하늘의 상으로 주어지지 않겠는가? 다단계 판매가 극도의 포인트 제도라고 할 수 있는데, 그렇다면 천국의 상도 포인트가 쌓여서 영적인 보물로 지급되는 것이 아닐까? 그냥 재미로 생각해 본 것이지만, 정말 천국의 상급이 포인트로 쌓인다면 어떻게 하겠는가? 물론 정말로 점수가 차곡차곡 쌓여간다는 의미는 아니다. 다만 우리가 이 땅에서 행하는 행동 하나하나가 하늘에서는 다 기억되는 것은 틀림이 없다. 그렇다면 우리는 예수님께서 우리의 어떤 행위에 대해 상을 주시는가를 생각하지 않을 수가 없다.

우리가 상을 받을 수 있는 최소한의 기준이 무엇일까? 예수님은 하늘의 상의 최소기준을 제시하고 계신다. 냉수 한 그릇이라도 누군가에게 제공하면 반드시 상이 있을 것이라고 말씀하셨다. 냉수 한 그릇이면 그것 한 번 주지 못할 사람은 없다. 하지만 냉수 한 그릇의 가치는 상황에 따라 엄청나게 달라질 수 있음도 또한 알아야 한다. 목이 말라 죽어가는 사람에게 냉수 한 그릇은 그야말로 생명수이다. 오랫동안 물을 먹지 못해 모든 기력이 쇠하여 죽음 직전에 처한 사람에게는 냉수 한 그릇이 아니라 물 한 모금이라도 생명수일 수 있다. 음식을 급하게 먹다가 체한 사람에게도 비슷한 효과를 가져다줄 수 있다. 냉수 한 컵이 사람을 살릴 수 있는 것이다. 그러면 그냥 목이 좀 마를 때 주는 냉수와 목숨이 왔다 갔다 하는 사람에게 주는 냉수는 가치 자체가 다르다. 그렇다면 하나님은 어떤 냉수에 대해 상을 준비하시겠는가? 냉수에 따라 차등지급하시겠는가?

또한 물 한 그릇을 주는 마음가짐을 생각해볼 수 있다. 천국에서 상을 받을 수 있는 최소한의 조건은 값없이 먹을 수 있는 물 한 그릇일 뿐이다. 하지만 단지 물 한 그릇일 뿐일까? 하나님은 사람의 마음을 아신다. 그러므로 냉수 한 그릇이라도 어떤 마음으로 주느냐에 따라 그 가치가 엄청나게 달라질 수 있다. 궁휼히 여기는 마음일 수도 있고 화가 나 있는 상태이거나 무감각한 마음일 수도 있을 것이다. 빨리 가버리면 좋겠다는 마음일 수도 있을 것이고, 두려운 마음일 수도 있을 것이다. 어쩌면 자신도 목이 너무 마르지만 다른 사람에게 그 냉수를 양보하는 사람의 냉수는 더욱 가치 있는 상으로 주어지지 않겠는가? 그리고 이런 마음으로 주더라도 하나님과 전혀 관계없는 사람일 수도 있을 것이다. 냉수를 정말 착한 마음으로 제공하는 사람이 불교 신자라면 하나님은 그런 사람에게도 똑같이 천국의 상을 주시겠는가? 그 사람이 천국에 가지 못할 사람이라면 하나님께서는 어떻게 하시겠는가? 그런 사람이 어디 한두 명이겠는가?

그리스도에 속한 자라 하여

지금 그리스도인의 정체성과 관련하여 하늘의 상을 살펴보고 있다. 왜냐하면 그리스도인의 정체성이란 언젠가는 올라갈 저 영원한 천국에서 주어지는 하나님의 뜻에 관하여 분명하게 인식하고 있을 때 그 정체성을 따라 세상을 이길 수 있을 것이기 때문이다. 그리스도인은 하늘에 속한 사람들이다. 당연히 이 땅의 보화가 아니라 저 하늘의 상을 쫓아가야 한다. 저 하늘의 상을 바라보지 못한다면 그 사람은 이 땅에서의 보상을 추구하게 될 것이고, 그러면 이 땅에서 혹시 성공한다고 해도 저 하늘에서는 부끄러운 모습을 보여줄 수 있을 뿐이다. 그래서 우리는 하나님께서 준비해주시는 하늘의 상에 대하여 분명하고 확실하게 알고 있어야 하는 것이다. 그것이 우리의 소망이 되어야 하는 것이다.

다시 냉수 한 그릇 이야기로 돌아가서, 아무나 이웃 사람에게 냉수 한 그릇을 주기만 하면 하늘에 상이 쌓이는 것은 아니다. 예수님은 그 냉수의 정체에 대하여 분명하게 정해주셨다. 물 한 그릇에 대한 말씀을 다시 살펴보면 물이 필요한 사람 자체가 중요하다는 것을 알 수 있다. 물론 당연히 하나님 안에서 하는 이야기이므로 하나님 안에서 만날 수 있는 사람이 물 한 그릇의 대상이어야 한다. 그래서 그리스도께 속한 자라는 이유 때문에 물 한 그릇을 줄 때 하늘에서 상이 주어진다고 하시는 것이다. 단순히 물 한 그릇이 아니라 그리스도께 속한 자라는 이유 때문에 베풀 때 상이 주어지는 것이다.

"그리스도에게 속한 자라 하여"(막 9:41上)

그러면 그리스도인이 아닌 사람에게 베푸는 물 한 그릇은 아무 소용이 없는 것인가? 물론 그렇지는 않다. 예수님은 다른 사람에게 베풀되 차라리 갚을 것이 없는 사람들에게 베풀라고 하셨다. 그것은 아무런 보상도 바라지 말고, 투자하듯이 베풀지도 말고, 자랑하기 위해 나누지도 말라는 말씀이다. 왜냐하면 내가 베푼 냉수 한 그릇도 얼마든지 하늘의 상이 될 수 있지만, 만약에 그 베푼 것을 사람들로부터 보답으로 받아버리면 하늘의 상은 있다가도 사라지게 되는 것이기 때문이다. 오로지 그리스도의 마음으로 보답을 생각하지 않고 순수하게 베푼다면 반드시 갚음이 있을 것이라는 말씀이다. 그러므로 하늘의 상은 무엇을 얼마만큼이 아니라 어떤 자세로 섬기느냐에 달려 있는 것이다. 하늘을 바라보고 이 땅에서 나눔의 삶을 사는 것이 그리스도인의 건강한 정체성이다.

"잔치를 베풀거든 차라리 가난한 자들과 몸 불편한 자들과 저는 자들과 맹인들을 청하라 그리하면 그들이 갚을 것이 없으므로 네게 복이 되리니 이는 의인들의 부활시에 네가 갚음을 받겠음이라"(눅 14:13-14)

하지만 예수님께서 그리스도에 속한 자라 하여 물 한 그릇 줄 때 상을 받을 것이라고 하신 이유는 따로 있다. 요한복음에는 예수님께 물 한 그릇 주어서 복을 받고 전도의 열매를 맺힌 한 여인이 나온다. 남편을 다섯이나 바꾸었던 이 사마리아 여인은 예수님께 생수 한 그릇을 올렸다가 복의 주인공이 된다. 사마리아 여자로서 유대인 남자에게 물을 길어서 제공함으로써 이 여인은 그리스도를 만나고 그리스도를 전하고 전도의 귀중한 열매를 맺혀드리게 된다.

"사마리아 여자가 이르되 당신은 유대인으로서 어찌하여 사마리아 여자인 나에게 물을 달라 하나이까 하니 이는 유대인이 사마리아인과 상종하지 아니함이러라 … 여자의 말이 내가 행한 모든 것을 그가 내게 말하였다 증언하므로 그 동네 중에 많은 사마리아인이 예수를 믿는지라"(요 4:9, 39)

여기에서 우리는 왜 물 한 그릇 주었는데 상이 따르는가에 대한 근거를 찾을 수 있다. 사람에게 한 것이 곧 예수님께 한 것이기 때문이다. 비록 물 한 그릇이지만, 이 사마리아 여인이 예수님을 그리스도로 알고 물 한 그릇을 준 것은 아니었다. 예수님께서 이 여인의 심령상태를 이미 아시고 그에게 물을 청하셨지만, 이 여인의 입장에서는 그리스도이신 줄 모르고 그리스도를 대접한 모습이 되었던 것이다. 아무런 갚음이나 자랑을 전제하지 않고 누군가를 긍휼히 여기고 냉수 한 그릇이라도 대접했다면 그것은 바로 예수님께 드린 것이라는 말씀이다. 아무나 무조건 누군가를 대접한다고 다 천국의 상을 주신다는 것이 아니라 그리스도인으로서 다른 사람을 아무 조건 없이 대접한다면 그것이 하늘의 상으로 쌓이게 되는 것이라는 말씀인 것이다. 예수님께서 칭찬하시고 하나님나라를 상속받으라고 말씀하신 의인들에 관해서 살펴보자. 예수님께서 보시기에 그들은 예수님을 위해 무엇인가를 베푼 사람들이었다.

"내가 주릴 때에 너희가 먹을 것을 주었고 목마를 때에 마시게 하였고 나그네 되었을 때에 영접하였고"(마 25:35)

하지만 의인들은 아무리 생각해도 주님을 대접한 적이 없었다. 주님을 만난 적조차도 없었다. 직접적으로 주님을 위해 무엇인가를 한 적이 없는데 어떻게 의인이 될 수 있으며, 어떻게 의인에게 돌아가는 하늘의 상을 받을 수가 있단 말인가?

"이에 의인들이 대답하여 이르되 주여 우리가 어느 때에 주께서 주리신 것을 보고 음식을 대접하였으며 목마르신 것을 보고 마시게 하였나이까"(마 25:37)

그런데 예수님은 여기에서 물 한 그릇에도 복을 받아야 하는 근거를 말씀하신다. 그러니까 그리스도에 속한 자라 하여 물 한 그릇을 줄 때 상을 받는 근거는 바로 물 한 그릇을 예수님께 드린 것과 같기 때문이라는 것이다. 다른 말로 하면 우리는 모든 일을 예수님께 하듯 해야 한다는 말씀이다. 모든 이웃들에 대하여 성도가 취해야 할 자세는 모든 일을 예수님께 하듯 하라는 말씀이다.

"임금이 대답하여 이르시되 내가 진실로 너희에게 이르노니 너희가 여기 내 형제 중에 지극히 작은 자 하나에게 한 것이 곧 내게 한 것이니라 하시고"(마 25:40)

그런데 중요한 것은 마가복음 9:41에 나오는 이 말씀의 주어는 우리가 아니라 '누구든지'라는 점이다. 믿는 사람이든 안 믿는 사람이든 어린아이든 어른이든 어떤 사람이라도 우리가 그리스도에 속하였다 하여 물 한 그릇이라도 줄 때에 결코 상을 잃지 않는다는 말씀이다. 물 한 그릇을 받는 사람은 우리의 상대가 아니라 바로 우리 자신이다. 제자들이며 복음 전파자들이며 그리스도인들이다. 우리를 대접하되 그리스도에 속하였다는 이유 때문에 대접하는 것을 말한다.

"누구든지 너희가 그리스도에게 속한 자라 하여 물 한 그릇이라도 주면 내가 진실로 너희에게 이르노니 그가 결코 상을 잃지 않으리라"(막 9:41)

그 다음 절인 마가복음 9:42를 보면 '작은 자'라는 말이 나온다. 이 작은 자라는 표현에도 '나를 믿는'이라는 전제가 들어간다. 그러니까 작은 자이든 어떤 자이든 그리스도인에게 그리스도인이라는 이유로 무엇을 베풀 때 반드시 복을 받게 되어 있다는 말씀인 것이다. 물 한 그릇의 복이라고 할 때 그것은 그리스도인에게 베풀어졌을 때 상을 받을 만한 것이 된다. 물론 아무 갚음 받음도 생각하지 않고 누군가를 대접하면, 그리고 그 상대방을 마치 예수님인 것처럼 생각하고 베풀면 의인으로서 하늘의 상을 준비해주신다. 더 나아가 그리스도의 사람이라고 하여, 곧 하나님의 일을 하는 사람이라는 것 때문에 누군가를 조건 없이 대접하면 또 하늘의 상을 베풀어주시는 것이다.

> "또 누구든지 '나를 믿는' 이 작은 자들 중 하나라도 실족하게 하면 차라리 연자맷돌이 그 목에 매여 바다에 던져지는 것이 나으리라"
> (막 9:42)

예수의 이름으로

하지만 그것으로 다 되는 것은 아니다. 마가복음 9:41의 한글 성경에는 나와 있지 않지만 영어성경에 보면 'in My name'이라는 구절이 들어간다. '주의 이름으로' 행한다는 전제가 들어가야 하는 것이다. 이 말은 막 9:37에도 나오는데, 어린아이 하나를 영접하는 일도 주의 이름으로 할 때 곧 그것이 하나님을 영접하는 일과 같다는 말씀이다. 그러니까 물 한 그릇을 '그리스도에 속한 자라 하여' '주의 이름으로' 베풀면 하늘의 상을 받는다는 말씀이다.

> "누구든지 내 이름으로 이런 어린아이 하나를 영접하면 곧 나를 영접함이요 누구든지 나를 영접하면 나를 영접함이 아니요 나를 보내신 이를 영접함이니라"(막 9:37)

세상에는 좋은 일을 많이 하는 사람들이나 기관들이 참 많다. 그 중에 몇 년 전 방영했던 TV 다큐멘터리가 생각난다. 인도의 어느 큰 사원에서는 매일 무료급식을 베푸는데 한 번에 십만 명이나 급식을 한다고 한다. 어느 사원인지 생각나지 않아서 인터넷을 찾아보았는데 정확히는 찾을 수 없고 대신 인도 펀자브주 암리차르의 시크교 황금사원 무료급식이 나온다. 이곳에서도 하루 2만-4만 명에게 무료급식을 베푼다고 한다. 우리나라의 그 어떤 급식사역보다 훨씬 큰 섬김이다. 규모가 작은 사역이라서 별 일 아니라는 것이 아니다. 우리가 뭘 조금 베푼다고 내세울 것이 없다는 말이다. 베푸는 일 자체만 보면 우리보다 훨씬 더 많은 사람들에게 지속적으로 베풀어주는 곳은 많으니까. 더 많이 베풀고 더 오랫동안 섬긴다고 해서 보상이 이루어지는 것은 아니다.

언제인가 지자체 기관에 간 일이 있었는데, 불교 자선단체가 참 좋은 일을 많이 하고 있었고 그 속에서 함께 섬기는 불교신도들의 봉사를 통하여 그런 일들을 감당하고 있었다. 물론 봉사사역 전체를 놓고 보면 기독교기관에서 섬기는 일이 훨씬 많다. 태안 기름유출사고로 기름때 제거하는 일에도 거의 80% 이상이 교회단체에서 봉사를 왔다고 한다. 겉으로 알려지지 않아도 오른손이 하는 일을 왼손이 모르게 봉사하고 섬기는 교회가 얼마나 많은가? 그러므로 무조건 봉사를 많이 한다고 해서 주님께서 보상해 주시는 것은 아니다. 성경에는 그리스도인이 과부와 고아와 옥에 갇힌 자를 돌보았을 때 상을 주신다고 약속해 주신다. 그리고 복음전도자 등 그리스도인에게 그리스도에 속한 자라는 이유로 그리스도의 이름으로 섬길 때 아무리 사소한 것이라도 보상해 주신다고 약속해 주신다.

우리는 세상에서 어떤 사람이 좋은 일을 했을 때 그 사람이 아무런 보상 없이 순수하게 섬기면 귀한 것으로 인정해준다. 평생 모은 재산을 사회에 기부한다든가, 자기 가족도 없이 평생 어려운 사람들을 도와주는 사람들은 기독교 신앙과는 관계없이 참으로 귀한 사람들이고 사회에 밝은 빛을 비춰주는 분들이다. 하지만 정말 아무런 보상도 받지 않는 것일까? 이 말은 우리 그리스도인의 나눔의 가치를 강조하기 위해서 하는 말임을 우선 밝혀둔다. 그러면 그들은 어떤 보상을 받게 되는가? 대부분의 경우에 어떤 형태이든 보상을 받게 되어 있다. 가장 먼저 '자기 의'라는 보상을 받을 수 있다. 하나님 없이 무엇인가를 행할 때 잘못하면 자기 의를 보여주는 것에 불과할 수도 있다. 진정한 정체성을 가진 그리스인들이 아니라면 대부분 이 '자기 의'라는 함정에 빠지기 쉽다.

> "사람에게 보이려고 그들 앞에서 너희 의를 행하지 않도록 주의하라 그리하지 아니하면 하늘에 계신 너희 아버지께 상을 받지 못하느니라"(마 6:1)

영광과 사랑이라는 보상을 받을 수 있다. 사람이 무엇인가를 성취하면 영광은 따라오게 되어 있다. 다만 그것을 어떻게 잘 분별하여 자기가 영광을 받지 않고 하나님께만 영광을 돌려드릴 수 있느냐가 그리스도인들의 과제이다. 그리고 자기 행위로 말미암아 사람들로부터 '사랑'이라는 보상을 받을 수 있다.

> "그러므로 구제할 때에 외식하는 자가 사람에게서 영광을 받으려고 회당과 거리에서 하는 것 같이 너희 앞에 나팔을 불지 말라 진실로 너희에게 이르노니 그들은 자기 상을 이미 받았느니라"(마 6:2)
>
> "너희가 너희를 사랑하는 자를 사랑하면 무슨 상이 있으리요 세리도 이같이 아니하느냐"(마 5:46)

'종교적 권위'와 '종교적 거룩함'이라는 보상도 가능하다. 하지만 이 종교적 위선은 그리스도인들에게 있어서 가장 위험한 함정일 수 있다. 이것은 신앙적인 위선이며 여호와 하나님 앞에서 직접 지은 죄이기 때문이다. 그리고 그것은 하나님의 영광을 가로챈 것이기 때문이기도 하다. 예수님께서 바리새인들에게 화를 선포하신 것은 바로 그 때문인 것이다.

> "또 너희는 기도할 때에 외식하는 자와 같이 하지 말라 그들은 사람

에게 보이려고 회당과 큰 거리 어귀에 서서 기도하기를 좋아하느니라 내가 진실로 너희에게 이르노니 그들은 자기 상을 이미 받았느니라"(마 6:5)

"금식할 때에 너희는 외식하는 자들과 같이 슬픈 기색을 보이지 말라 그들은 금식하는 것을 사람에게 보이려고 얼굴을 흉하게 하느니라 내가 진실로 너희에게 이르노니 그들은 자기 상을 이미 받았느니라"(마 6:16)

주님께서는 세상에서 받을 수 있는 그런 보상들은 이미 자기 상을 받은 것이기 때문에 하늘에서의 상은 없다고 말씀하신다. 이것을 모를 리가 없는데도 여전히 세상 사람과 똑같이 자기들의 영광만을 구하고 있는 것이 현실이다. 정체성이 완성되지 못했기 때문에 자신이 스스로 가지고 있는 정체성과 실제로 작동되는 정체성의 차이만큼 그는 세상의 영광을 구하게 되는 것이다. 그러면 그리스도인들은 어떻게 하면 하늘의 상을 받을 수 있을까? 가장 우선적이고 핵심적인 것은 무슨 일에든지 예수 그리스도의 이름으로 해야 한다는 것이다. 그것도 진실한 마음으로 최선을 다하여 그렇게 해야 하는 것이다. 모든 그리스도인들은 어떤 일에서도 자기를 내세우지 말고 오직 그리스도의 이름으로 해야 한다.

"또 무엇을 하든지 말에나 일에나 다 주 예수의 이름으로 하고 그를 힘입어 하나님 아버지께 감사하라"(골 3:17)

그리스도의 이름으로 행한다고 해서 무조건 상을 주시는 것은 아니다. 주의 이름으로 행했어도 주님께서 인정하지 않으시는 경우도 많다. 하나님의 법과는 관계없이 자신들의 이름을 위하여 행한다면 아무리 주의 이름으로 큰 권능을 행했어도 하나님의 인정을 받을 수 없다.

말로만 주의 이름으로 한다고 해서 하나님께서 속으시는 것이 아니다. 하나님은 분명히 우리의 마음을 보신다.

> "그 날에 많은 사람이 나더러 이르되 주여 주여 우리가 주의 이름으로 선지자 노릇 하며 주의 이름으로 귀신을 쫓아내며 주의 이름으로 많은 권능을 행하지 아니하였나이까 하리니 그 때에 내가 그들에게 밝히 말하되 내가 너희를 도무지 알지 못하니 불법을 행하는 자들아 내게서 떠나가라 하리라"(마 7:22-23)

그러므로 주의 이름으로 모든 일을 행하되 자기 자랑이 아니라 주께서 칭찬하시는 삶을 살아야 한다. 그리스도인은 모든 일에 그리스도 예수님을 항상 앞세워야 하며, 그리스도의 이름으로 해야 한다. 그럴 때 주께서는 냉수 한 그릇에라도 반드시 상을 주시는 것이다. 우리의 정체성은 주님께서 어떤 사람에게 상을 주시는가를 분명히 깨달아 알고 거기에 자신의 마음과 행위를 맞추어 나가는 것임을 꼭 알아야 한다. 그래서 사람들에게서 많은 칭찬을 받는 사람일수록 위험한 것이다. 올바른 정체성을 가진 그리스도인이라면 높아지고 많아졌을 때 빨리 내려오고 버릴 줄 알아야 한다. 이 책을 쓰는 목적이 바로 거기에 있는 것이다. 그리스도인으로서의 원래의 정체성을 알고 그것을 회복할 때 우리가 살고 교회가 살고 사회가 살아날 수 있는 것이다.

> "옳다 인정함을 받는 자는 자기를 칭찬하는 자가 아니요 오직 주께서 칭찬하시는 자니라"(고후 10:18)

작은 것의 힘

만약에 예수님께서 물 한 그릇에도 상을 주시는 분이시라면 그러면 어떤 때에 큰 상을 주실까? 다른 말로 하면 물 한 그릇의 상은 어느 정도의 가치를 지닌 것일까? 물 한 그릇에도 상을 주시겠다는 이 말씀의 숨겨진 의미는 무엇일까? 왜 겨우 물 한 그릇을 주께서 주시는 상의 최소한의 단위로 말씀하셨을까? 주님은 그리스도에 속한 자라는 이유 때문에, 그리스도의 이름으로 물 한 그릇을 제공할 때 상을 주신다. 이 두 가지 조건이 충족될 때 예수님은 보상해 주겠다고 하셨다. 이 두 가지 조건에 맞기만 하면 그 행위가 아무리 사소한 것이라도 반드시 기억하시겠다는 것이다. 그리고 얼마만큼 보상해 줄 것인가 하는 문제는 하나님의 권리이다. 주님은 최소한의 단위에 관심이 있는 것이 아니라 그 최소한의 단위를 베푸는 중심을 보신다. 알다시피 예수님은 크기나 부피나 숫자에는 별로 관심이 없으시다. 한 과부가 드리는 가장 작은 헌금을 예수님은 가장 크게 기뻐하셨다.

> "한 가난한 과부는 와서 두 렙돈 곧 한 고드란트를 넣는지라 예수께서 제자들을 불러다가 이르시되 내가 진실로 너희에게 이르노니 이 가난한 과부는 헌금함에 넣는 모든 사람보다 많이 넣었도다 그들은 다 그 풍족한 중에서 넣었거니와 이 과부는 그 가난한 중에서 자기의 모든 소유 곧 생활비 전부를 넣었느니라 하시니라"(막 12:42-44)

예수님께서 작은 것의 원리를 여러 곳에서 말씀하셨다. 씨앗 중에서 가장 작은 축에 속하는 겨자씨에 대해서 말씀하셨고, 지극히 작은 자 하나에게 한 것에 대해서 말씀하셨다. 이 작은 것들의 핵심은 무엇인가? 그것은 생명이다. 작은 것에 생명이 들어있지 못하다면 작은 것은 그냥 작은 것일 뿐이다. 아무리 크고 화려하고 유명해도 생명이 없는 것은 바로 썩게 되어 있다. 썩을 것을 썩지 않을 것으로 만들게 하는 것은 무엇인가? 그것은 바로 예수 그리스도이다. 예수 그리스도를 품고 있느냐 품지 못하고 품는 척만 하느냐가 생명인가 아닌가를 결정하게 되고, 그 생명이 하늘의 상으로 갚아지는 것이다.

"또 비유를 들어 이르시되 천국은 마치 사람이 자기 밭에 갖다 심은 겨자씨 한 알 같으니 이는 모든 씨보다 작은 것이로되 자란 후에는 풀보다 커서 나무가 되매 공중의 새들이 와서 그 가지에 깃들이느니라"(마 13:31-32)

"임금이 대답하여 이르시되 내가 진실로 너희에게 이르노니 너희가 여기 내 형제 중에 지극히 작은 자 하나에게 한 것이 곧 내게 한 것이니라 하시고"(마 25:40)

예수님은 인간의 속마음을 잘 아신다. 사탄이 에덴동산에 침투하여 인간의 탐욕을 자극하고 거짓을 사용하여 타락하게 만들었다. 그 이래로 인간은 속마음과 겉모습이 많이 달라졌다. 탐욕은 인간의 속성이 되었으며 거짓은 마귀의 속성으로 인간을 속이는 데 사용된다. 그리하여 하나님과 사람 사이에 가장 큰 장벽이 탐욕과 거짓이 된 것이다. 그런 상황에서 예수님은 인간과 하나님의 관계를 복원시키는 데 가장 핵심이 되는 말씀을 주신 것이다. 인간은 큰 것을 지향하지만 하나님은 내면을 지향하신다. 성도의 내면이 외적인 크기가 아니라 내적인 심령에 맞추어지기를 하나님은 바라시는 것이다. 외적인 크기는 하나님께서 얼마든지 주실 수 있다. 그것은 하나님의 영역이다. 내가 아무리 외적인 크기나 숫자를 추구하더라도 그것을 이루어주시는 분은 하나님이시다. 그것을 모르고 성공이나 크기를 하나님의 복이라고 착각하게 되면 작은 것의 소중함을 잃어버린다. 내가 외적인 크기를 성취했다고 해도 작은 것의 의미를 모른다면 크기는 아무것도 아닌 것이 된다. 예수님은 계속하여 작은 것의 원리를 제공해주신다. 작은 것의 원리는 주님 앞에 불려갈 때까지 간직해야 할 그리스도인의 가치이다.

야고보 사도는 작은 것의 중요성을 역설하였다. 큰 것이 세상을 지배하는 것 같지만 사실은 작은 것이 지배한다는 말씀이다. 기독교는 바로 이 작은 것의 원리에 충실할 수 있어야 한다. 그런데 큰 교회, 큰 사역, 큰 선교를 추구하는 것이 오늘의 현실이다. 작은 교회들도 작고 바르며 세상을 좌우할 수 있는 것을 추구하는 것만은 아니다. 큰 교회를 비판하면서도 사실은 큰 교회를 지향하고 있다. 하지만 예수님의 가르침과 방향은 전혀 그런 것이 아니다. 작아야 하고 작은 것이 지향점이 되어야 한다는 이야기가 아니다. 작아도 생명을 가진 그리스도인은 세상에 크나큰 영향력을 끼칠 수 있다는 이야기이다. 그리스도인의 정체성은 어떤 경우에라도 이 생명을 놓치지 않는 믿음에 그 핵심이 들어있는 것이다.

"또 배를 보라 그렇게 크고 광풍에 밀려가는 것들을 지극히 작은 키로써 사공의 뜻대로 운행하나니 이와 같이 혀도 작은 지체로되 큰 것을 자랑하도다 보라 얼마나 작은 불이 얼마나 많은 나무를 태우는가"(약 3:4-5)

예수님은 이 작은 것의 힘이 어디에서 오는가를 잘 설명해 주신다. 작은 것에 생명이 있다면 그 생명으로 말미암아 큰 것에도 생명이 살아나는 것이다. 작은 것에 대한 충성은 바로 주님께 대한 충성이다. 주님은 모든 것을 보신다. 많이 하고 크게 하는 것보다는 그 속에 담겨있는 그리스도인의 심령을 보시고 상을 주시는 분이시다. 우리의 가슴이 거창한 목표나 그럴 듯한 비전이 아니라 그리스도 예수님의 마음으로 가득 채워질 수 있다면 우리들에게는 크고 작고는 전혀 상관이 없을 것이다. 순수하게 예수 그리스도만을 바라보고 그분의 생각과 그분의 마음과 그분의 시각으로 충만해지기를 원하는 것이 올바른 그리스도인의 정체성인 것이다.

"지극히 작은 것에 충성된 자는 큰 것에도 충성되고 지극히 작은 것

에 불의한 자는 큰 것에도 불의하니라"(눅 16:10)

우리는 작다고 무시해서는 안 된다. 아무리 작은 일이라도 마치 인류를 구하는 일인 것처럼 대할 수 있다면 그 사람은 정말 복된 사람이다. 상을 주시는 하나님, 작은 행위도 결코 잊지 않으시는 하나님, 그 작은 일을 보시고 더 큰 것을 주시는 하나님, 그 하나님을 믿고 작은 일에 충성하면 반드시 하늘의 상을 받아 누릴 수 있을 것이다. 그리스도인의 정체성은 알고 있는 것만 가지고는 결코 거기에 합당한 열매를 맺을 수가 없다. 우리가 천국소망을 가져야 된다고 할 때 그것은 구체적으로 무엇인가? 예수님을 그리스도로 믿고 주인으로 모신 사람은 모두 천국으로 가는 것이 아닌가? 그렇다면 어차피 천국에 가게 되어 있는데 무엇 하려고 또다시 천국소망을 가져야 하겠는가? 천국소망은 단순히 죽어서 천국으로 올라가는 것이 아니다. 천국소망은 천국에서 하나님께서 베풀어주시는 상에 있는 것이다. 천국소망은 하늘에 쌓은 보화를 바라보는 것이다. 신앙의 위대한 선지자들이 이 천국의 상을 향하여 달려가지 않았던가? 그렇다면 그리스도인의 정체성의 목적지는 바로 하늘에서의 면류관이요 상을 바라보는 것이어야 한다. 그것이 정체성을 정체성 되게 만들어주는 것이다. 하늘의 상을 간절히 바라보자.

2. 가장 큰 상 : 이웃사랑의 상

전도의 상?

하늘에서 상을 주신다면 어떤 일에 가장 큰 상을 주실까? 그리스도인이라면 하나님께서 가장 기뻐하시고 큰 상을 주시는 것이 무엇인가를 당연히 알고 하나님의 뜻에 우리의 삶을 맞추어가야 한다. 그래서 하늘에 속한 그리스도인들이 어떤 일을 할 때 가장 큰 상을 주실까를 생각해야 하는 것이다. 흔히들 하늘에서는 전도의 상이 가장 크다고 이야기한다. 왜냐하면 전도는 성도가 목숨을 바쳐서라도 행해야 하는 귀중한 사역이기 때문이다. 그리고 예수님께서 이 땅에 오신 목적 자체가 영혼구원, 곧 전도에 있기 때문이다. 사도 바울도 하나님의 복음을 전하는 일에 모든 생명을 바쳤다.

> "내가 달려갈 길과 주 예수께 받은 사명 곧 하나님의 은혜의 복음을 증언하는 일을 마치려 함에는 나의 생명조차 조금도 귀한 것으로 여기지 아니하노라"(행 20:24)

하지만 사도 바울의 말에 의하면 그렇다고 전도에 따로 상이 있는 것은 아니다. 그렇게 생명을 바쳐 복음을 전했지만 그렇다고 무슨 큰 자랑이 되는 것은 아니라고 하였다. 왜냐하면 복음 전하는 일은 그리스도인으로서 마땅히 해야 할 일이기 때문이라는 것이다. 이것은 사명을 받아 당연히 행해야 할 일일 뿐이지, 상을 받기 위해 하는 일은 아니라고 하는 것이다.

"내가 복음을 전할지라도 자랑할 것이 없음은 내가 부득불 할 일임이라 만일 복음을 전하지 아니하면 내게 화가 있을 것이로다 내가 내 자의로 이것을 행하면 상을 얻으려니와 내가 자의로 아니한다 할지라도 나는 사명을 받았노라"(고전 9:16-17)

더 나아가 오히려 복음을 전하지 않으면 화가 있을 것이라고 말한다. 전도하지 않는 것 때문에 화를 입게 될 것이라고? 어떻게 그런 일이 있을 수 있을까? 정말 그럴까? 그러면 전도에는 상이 없다는 말인가? 그러면 무엇 하러 열심히 전도하겠는가? 더 나아가서 교회에서는 전도를 많이 한 사람에게 가장 큰 상을 준비해서 주고 전도왕이니 전도대장이니 하는 명칭을 붙이는데, 그런데 하늘에서는 상이 없다는 말인가? 예수님도 세상 마지막 날까지 전도하라고 명하지 않으셨던가? 물론 우리는 모두 하나님의 부르심을 받은 그리스도인으로서 당연히 전도해야 한다.

"그러므로 너희는 가서 모든 민족을 제자로 삼아 아버지와 아들과 성령의 이름으로 세례를 베풀고 내가 너희에게 분부한 모든 것을 가르쳐 지키게 하라 볼지어다 내가 세상 끝 날까지 너희와 항상 함께 있으리라 하시니라"(마 28:19-20)

하지만 그렇다면, 곧 전도하는 일이 그리스도인의 당연한 의무라면 당연한 일에 상을 주는 곳은 없을 것이다. 아무리 많이 전도해서 교회에 초청해 와도 그것은 우리가 당연히 할 일이라는 것이다. 마땅히 해야 할 일을 했다고 상을 주시는 것은 아니다. 최선을 다해 전도를 열심히 감당하고서도 오히려 다만 무익한 종일뿐이라고 겸손해야 한다는 것이다. 물론 이것은 전도자에게 겸손한 마음을 요구하시는 것이다.

"명한 대로 하였다고 종에게 감사하겠느냐 이와 같이 너희도 명령 받은 것을 다 행한 후에 이르기를 우리는 무익한 종이라 우리가 하여야 할 일을 한 것뿐이라 할지니라"(눅 17:9-10)

그러면 하나님은 전도에 대해 전혀 일언반구도 없이 싹 무시하신다는 말일까? 그리스도인이라고 하여 냉수 한 그릇이라도 예수님의 이름으로 제공하는 사람들은 상을 결코 잃지 않으리라고 하신 주님께서 천하보다 더 귀한 한 사람을 구원시켰는데 아무런 상도 주지 않으신단 말인가? 여기에서 우리가 생각해보아야 할 점은 전도의 상이 크다고 할 때 우리는 보통 어떤 사람을 결단하게 하여 교회에 등록하게 만든 사람의 숫자를 생각한다는 것이다. 전도왕이나 전도대장은 교회에 등록시킨 사람들의 숫자에 따라 주어지는 상이고 명칭이다. 그러나 천국에는 그런 등록 숫자 개념은 없을 것이다. 왜냐하면 전도는 교회에 등록시키기 이전에 많은 그리스도인들의 복음전파와 권면과 희생과 기도로 인하여 이루어지는 결과물이기 때문이다. 무조건 교회에 많이 데려온 사람이 상을 많이 받는 것이 아니라 한 사람이 예수님을 믿기까지의 과정 중에서 수고한 수많은 사람들이 모두 상을 받을 대상이라는 점이다.

지금 전도의 부정적인 측면을 이야기하는 것이 아니다. 전도에 상이 없다는 말은 상을 기대하고 사람을 데려오려고 해서는 안 된다는 뜻이다. 전도는 어떤 경우에도 귀중한 일이며 그리스도인들이 마땅히 해야 할 일이다. 사람을 구원하는 데 쓰임 받은 사람은 하늘에서 상이 클 뿐 아니라 밤하늘의 별과 같이 영원토록 빛나리라고 하셨다. 전도의 열매는 많은 경우에 나눔과 섬김과 사랑과 기도와 희생으로 이루어지는 결과물이다. 어떤 한 사람이 전도의 은사가 탁월하여 한순간에 사람을 변화시키는 것이 아니라는 말이다. 직접 복음을 전하는 사람도 있지만 간접적으로 그리스도의 향기를 드러냄으로써 서서히 감화시키는 아름다운 삶의 모습들을 결코 빼놓아서는 안 된다는 말이다.

"지혜 있는 자는 궁창의 빛과 같이 빛날 것이요 많은 사람을 옳은 데로 돌아오게 한 자는 별과 같이 영원토록 빛나리라"(단 12:3)

그리고 전도의 상이 가장 크다고 하여 전도제일주의에 빠져 삶이 없이 오로지 사람을 교회에 데려다 놓는 것만으로는 전도의 상을 논하기가 힘들다는 뜻이다. 오로지 실적과 경쟁으로 인하여 데려오는 데에만 초점을 맞춘다면 그것은 그 사람의 영혼과는 무관한 일이 될 수도 있을 것이다. 물론 열매를 거두시는 분은 하나님이시다. 교회에 데려왔다고 다 구원받는 것은 절대 아니다. 교회 개척 초기에 열심히 전도하러 다녔는데 교회 주변에 있는 주민 한 분이 이런 말을 했다.

"내가 왜 교회를 안 나가냐 하면요, 어떤 집사 때문입니다. 교회 집사라는 사람이 교회에 무슨 행사가 있다 하면서 나한테 매일같이 과일이나 음료수를 들고 찾아와서 행사 날에 교회에 꼭 나와 달라고 하는 거예요. 하도 열심히 하길래 정말 나가려고 했어요. 그런데 그 날 하필 누가 찾아와서 도저히 교회에 갈 수가 없었습니다. 문제는 그 다음이에요. 나한테 그렇게 열심히 친절하게 대했던 그 집사가 내가 행사 날에 못 간 이후로는 길거리에서 봐도 인사도 안 하는 거예요. 나를 생각하는 것이 아니라 자기 실적을 위해서 그러는 거였어요. 그렇다고 해도 그 후로 전혀 다른 사람이 되어버리는 것은 이해할 수가 없네요."

전도의 상은 누구를 많이 데려왔다고 해서 전부 자기의 것이 되는 것은 아니다. 각각의 섬김이 모여져서 성령님께서 그 사람의 영혼을 허락하실 때 진정한 열매가 맺히게 되는 것이다. 때로는 오히려 양육이 한 사람의 구원에는 훨씬 중요한 전도가 될 수 있다. 교회에 다닌다고 해서 다 구원받은 것은 아니기 때문이다. 정말 참다운 전도는 예수님의 전도이다. 순종으로 많은 사람을 구원하셨기 때문이다. 전도는 직접 복음을 전하는 그것만 생각할 수 없다. 그리스도인으로서의 모든 삶의 결과물이 전도의 열매이기 때문이다. 예수님도 목숨을 희생하는 순종으로 모든 죄인들이 의의 길로 돌아올 수 있는 길을 열어놓으셨던 것이다.

> "한 사람이 순종하지 아니함으로 많은 사람이 죄인 된 것 같이 한 사람이 순종하심으로 많은 사람이 의인이 되리라"(롬 5:19)

그리고 다른 사람의 종이 된 사람이 구원의 열매를 맺힐 수 있다. 사도 바울은 직접전도, 곧 복음전파에 있어서 가장 탁월한 분이지만, 그 탁월함도 모든 사람의 종이 됨으로써 열매가 가능했던 것이다. 그리스도인의 삶 자체의 초점이 이 영혼구원에 있을 때 그 사람의 정체성은 아주 건강하다고 할 수 있다. 왜냐하면 그리스도인은 작은 예수들로서 예수님의 삶의 모습을 이 땅에서 구현해내는 사람들이기 때문이다. 그런 사람을 통하여, 곧 바울의 표현을 빌리자면 자기 주변 이웃들의 종이 되어 줄 때 그들이 우리로부터 하나님과 예수님을 발견하고 섬김과 복음전함을 통하여 구원에 이를 수 있게 되는 것이다.

> "내가 모든 사람에게서 자유로우나 스스로 모든 사람에게 종이 된 것은 더 많은 사람을 얻고자 함이라"(고전 9:19)

이렇게 섬김과 사랑의 삶을 통하여 전도하지 않으면 그것은 온전한 열매로 열리기 힘들 것이다. 교리로만 전도한다면 자칫 교리에 머물러 삶이 빠진 신앙인으로 만들 수도 있고, 교회 예전만으로 전도한다면 삶이 교회를 벗어날 수 없도록 만들 수도 있을 것이다. 교리와 예전과 삶이 어우러진 전도야말로 참된 의미의 복음전파이며, 그것은 한 영혼을 구원하기에 부족함이 없을 것이다. 이것을 누구 한 사람이 전담하기는 어려울 것이므로 많은 살아있는 그리스도인들의 합력으로 영혼 구원이 가능해지게 될 것이다. 전도는 수많은 사람들의 합작품이라는 사실을 알아야 한다. 모세와 수많은 선지자들의 전도도 듣지 않는다면 그는 구원받기 어려울 것이다.

"아브라함이 이르되 그들에게 모세와 선지자들이 있으니 그들에게 들을지니라"(눅 16:29)

전도의 열매는 심는 자와 거두는 자에게 다르게 나타날 수 있다. 사람은 누구의 공로가 더 크게 작용했는지를 알 수 없지만, 크기나 수가 아니라 상황에 따라 얼마든지 큰 상을 받을 수 있다. 모든 그리스도인들은 자기 은사나 환경에 따라 주변의 이웃을 자기 자신처럼 사랑하고 섬기는 것으로 도리를 다할 수 있다. 그러나 그 영혼이 자라는 것은 우리들이 하는 것이 아니다. 할 수도 없다. 그리고 당연히 열매를 거두게 하시는 분도 하나님이시다. 그러므로 어떤 사람을 결신시켰다고 해서 모든 것이 결신시킨 그 사람의 공로가 되는 것은 결코 아니다. 한 사람을 정착시켰다고 해서 자신의 공로라고 생각해서는 오히려 상이 될 수 없을 수도 있다. 모든 결과는 하나님께 영광이다.

"나는 심었고 아볼로는 물을 주었으되 오직 하나님께서 자라나게 하셨나니 그런즉 심는 이나 물주는 이는 아무 것도 아니로되 오직 자라게 하시는 이는 하나님뿐이니라"(고전 3:6-7)

이렇게 전도는 여러 전도자들의 오랜 노력으로 이루어지지만 열매를 맺게 하시는 분은 하나님이시다. 그리고 전도는 어떤 부분이든지간에 그리스도인으로서 당연하고 마땅히 해야 할 일이다. 상을 받을 것으로 생각하거나 실적을 생각하고 전도해서는 안 된다. 그럼에도 불구하고 하나님은 전도자에게 상을 주신다. 다만 전도의 상은 여러 사람이 나누어가진다. 전도를 하기는 하는데 눈에 보이는 열매가 없다고 낙심할 필요는 없다. 때로는 전도와는 전혀 관계없는 것처럼 보이는 삶의 모습이 사실은 전도의 핵심적인 능력이 될 수도 있는 것이다. 내가 노력하고 섬긴 것만큼 하나님은 하늘에서 상을 준비해 놓으신다.

"심는 이와 물 주는 이는 한가지이나 각각 자기가 일한 대로 자기의 상을 받으리라"(고전 3:8)

우리가 누구를 전도하여 교회에 출석하게 했다고 할 때 그 상은 온전히 그 사람만의 상이 될 수 없다. 여러 사람들의 오랜 동안의 수고가 하나님의 뜻에 의해 열매로 맺히는 것이기 때문이다. 여러 전도자의 협력으로 열매가 맺히는 것이므로 상을 주시지만 나누어가질 수밖에 없는 것이다. 전도의 상이 크지 않다는 것이 아니라 우리가 전도라고 할 때 그 의미를 다시 생각해보자는 것이다. 사람들을 교회에 초청은 잘 하지만 세상 속에서 살면서 그리스도인의 역할을 감당하지 못한다면 그 전도의 상도 반감될 수밖에 없다는 사실을 알아야 한다. 전도의 상보다는 삶 속에서 그리스도인의 삶을 사는 상이 더 클 수도 있는 것이다. 이 땅의 상이나 보상이 아니라 저 하늘의 상을 의식하고 사는 사람이 그리스도인으로서 올바른 정체성을 가진 사람이 될 것이다.

가장 큰 상

그러면 어떤 일을 하면 하늘에서 큰 상을 받을 수 있을까? 우리 신앙생활에는 여러 가지 중요한 요소들이 있다. 예배, 말씀, 기도, 찬송, 교제, 봉사 등이다. 더 여러 가지로 분류하거나 첨부할 수 있겠지만 이상이 교회생활에서 가장 중요한 요소들이다. 어느 것 하나라도 빠지면 신앙이 기우뚱하게 된다. 신앙생활의 이 기본적인 사항은 모든 성도들이 최소한의 수준을 유지해야 하는 부분들이다. 이런 기본적인 수행요건들을 충족시키면서 자신에게 있는 달란트를 개발하면 아무 이상이 없다. 예를 들면 기본적인 활동은 갖춘 상태에서 기도에 집중하거나 말씀을 깊이 배울 수 있을 것이다. 그러나 어느 요소가 결여된 상태로 어떤 부분에 집중한다면 그 신앙은 비뚤어지거나 잘못될 수 있다.

그런데 예배를 철저하게 드리거나 기도를 열심히 하거나 말씀을 깊이 배우는 것을 하나님께서는 어떻게 보실까? 쉽게 말해서 말씀을 깊이 안다고 해서 하늘의 상이 주어질 수 있을까? 기도할 때 삼층천까지 올라가는 사람, 예언을 모두 맞히는 사람이라고 해서 큰 상을 받을 수 있을까? 찬송을 기가 막히게 잘 해서 듣는 사람들에게 엄청난 은혜를 받게 한다고 해서 상이 주어질까? 결론을 말하자면 성경에는 그런 상은 없다. 우리가 신앙생활에서 행하는 기본적인 사항들은 성도가 상을 받도록 이끄는 수단일 수는 있어도, 찬송을 잘 하거나 성경을 전부 외우거나 성도들과의 교제를 잘 나누는 그 자체가 상일 수는 없다는 것이다. 그렇다고 예배나 기도나 말씀을 소홀히 해도 된다는 것은 물론 아니다. 예배를 철저하게 드리고 말씀공부를 열심히 하고 올바른 기도를 많이 해야 하는 것은 당연하지만, 그 의미를 잘 깨닫고 그 목적하는 바를 정확히 알고 신앙 생활해야 한다는 뜻이다. 심지어 금식을 많이 해도 전혀 상과는 무관할 수 있는 것이다.

"금식할 때에 너희는 외식하는 자들과 같이 슬픈 기색을 보이지 말라 그들은 금식하는 것을 사람에게 보이려고 얼굴을 흉하게 하느니

라 내가 진실로 너희에게 이르노니 그들은 자기 상을 이미 받았느니라"(마 6:16)

구제를 많이 해도 상과는 전혀 무관할 수 있다. 물론 구제란 자신의 것을 버리고 나누는 행위가 될 수 있으므로 구제가 하늘의 상에서 빠진다는 것은 좀 이상하게 느껴질 수 있을 것이다. 그러나 금식이든 구제이든 하나님을 향한 사랑이 빠진 채 아무리 열심히 해도 하나님은 결코 인정하지 않을 수 있다는 것을 알아야 한다. 무조건 금식만 많이 하고 구제만 많이 했다고 해서 하나님이 상을 주시는 것은 아니다. 아무리 큰일을 행했어도 이미 이 땅에서 그에 상응하는 보상을 다 받아 버린 것일 수도 있는 것이다.

"그러므로 구제할 때에 외식하는 자가 사람에게서 영광을 받으려고 회당과 거리에서 하는 것 같이 너희 앞에 나팔을 불지 말라 진실로 너희에게 이르노니 그들은 자기 상을 이미 받았느니라"(마 6:2)

그러면 어떤 신앙행위에 가장 큰 상이 주어질까? 신약성경에서 큰 상을 주실 것이라는 구절은 세 군데 나온다. 원수를 사랑하고 이웃을 자신처럼 사랑한 상, 박해를 이겨낸 상, 그리고 담대하게 신앙생활을 승리한 상이 그것이다. 이럴 때 성경은 큰 상을 받게 될 것이라고 말씀하고 있다.

"나로 말미암아 너희를 욕하고 박해하고 거짓으로 너희를 거슬러 모든 악한 말을 할 때에는 너희에게 복이 있나니 기뻐하고 즐거워하라 하늘에서 너희의 상이 큼이라 너희 전에 있던 선지자들도 이 같이 박해하였느니라"(마 5:11-12)

"오직 너희는 원수를 사랑하고 선대하며 아무 것도 바라지 말고 꾸어 주라 그리하면 너희 상이 클 것이요"(눅 6:35)

"그러므로 너희 담대함을 버리지 말라 이것이 큰 상을 얻게 하느니라"(히 10:35)

그 중에서 가장 알뜰한(?) 상은 원수사랑의 상이다. 원수사랑은 이웃사랑의 최대치이다. 이웃을 자기 자신처럼 사랑할 능력이 없다면 원수를 사랑하는 일은 불가능하다. 그러므로 원수사랑이 이웃사랑인 것이다. 그러면 왜 하나님은 원수사랑에 가장 큰 상을 주신다고 하셨는가? 물론 예수님께서 원수와 같은 죄인들을 생명으로 사랑하셨기 때문이다. 그리고 원수사랑은 예수님 대신 사랑하는 것이기 때문이다. 원수사랑 혹은 이웃사랑은 그 사랑을 진실한 마음으로 베풀 때마다 하늘에서 전부 다 기억하신다. 심지어 물 한 그릇이라도 반드시 상을 주신다고 하셨다.

"또 누구든지 제자의 이름으로 이 작은 자 중 하나에게 냉수 한 그릇이라도 주는 자는 내가 진실로 너희에게 이르노니 그 사람이 결단코 상을 잃지 아니하리라 하시니라"(마 10:42)

복음서에 보면 예수님은 어떤 사람을 가장 좋아하실까? 자기 이웃을 자기 몸처럼 사랑하는 사람을 예수님은 가장 좋아하신다. 목숨까지라도 다하여 하나님을 사랑하는 것 다음으로는 이웃사랑을 가장 기뻐하신다. 물론 이웃사랑이란 사람과의 관계에서 행해야 할 모든 것을 의미한다. 딱히 꼬집어서 섬김과 나눔과 전도와 같은 것을 지칭하지 않더라도 이웃사랑에는 이 모든 것이 다 들어있다. 하지만 이웃사랑이란 그리스도인의 현실적인 삶의 모든 가치기준이다. 그리스도인의 생활 자체가 이웃사랑이어야 한다는 의미이다.

"예수께서 이르시되 네 마음을 다하고 목숨을 다하고 뜻을 다하여 주 너의 하나님을 사랑하라 하셨으니 이것이 크고 첫째 되는 계명이요 둘째도 그와 같으니 네 이웃을 네 자신 같이 사랑하라 하셨으니 이 두 계명이 온 율법과 선지자의 강령이니라"(마 22:37-40)

이웃사랑의 정의

그러면 구체적으로 어떤 것이 이웃사랑인가? 예수님께서는 우리가 잘 알다시피 어떤 사마리아 사람에게서 이웃사랑의 참 모습을 제시하신다. 자신과 아무 상관이 없는 낯선 사람, 사업차 출장길에 처음 만난 사람, 하지만 그 사람은 강도당하고 매를 맞아서 거의 죽게 될 지경에 처해 있던 사람이었다. 가만히 내버려두면 죽을지도 모르는 그런 사람이었다. 한 제사장은 지나가다가 그것을 보고 부정하다고 그냥 지나갔고, 어떤 레위인은 바쁘다고 그냥 지나갔지만, 어떤 사마리아 사람은 지나치지 못하고 상처를 싸매주고 주막에 데려다 주고 비용이 모자라면 돌아오는 길에 주겠다고까지 하면서 사랑을 베풀었다. 이것이 그리스도의 사랑이라고 말씀하시는 것이다.

"네 생각에는 이 세 사람 중에 누가 강도 만난 자의 이웃이 되겠느냐"(눅 10:36)

물 한 그릇 대접하는 사람에게도 상을 잃지 않으리라고 하신 주님께서 이렇게 환자를 돌보고 주막에 데려다 주고 비용까지 대 준 사람에게 어떤 상을 주시겠는가? 하지만 우리는 하나님의 마음으로 더 나아가야 한다. 왜냐하면 죽어가는 사람을 돌본 사마리아 사람도 만약에 그 마음에 하나님이 없다면 어쩌면 그것은 외식(外飾)에 불과할 수도 있기 때문이다. 물론 이 사마리아 사람이 그렇다는 말이 아니라 하나님의 마음이 빠진, 상 없는 큰 섬김도 얼마든지 가능하다는 이야기이다. 이 하나님의 마음이 이웃을 자기 자신처럼 사랑할 수 있는 근간이 되는 것이다. 이웃사랑은 먼저 이웃의 형편을 자기 상황으로 느끼는 데에서부터 출발한다. 이것을 계명에서는 네 이웃을 네 자신과 같이 사랑하라는 명령으로 표현하는 것이다. 그러나 이 말씀은 정말 깊이 생각해야 한다. 왜냐하면 네 이웃을 네 자신처럼 사랑하라는 이 말씀은 단순히 이웃의 입장에 서서 도와주라는 말씀이 아니기 때문이다.

네 이웃을 네 자신처럼 사랑하라는 이 말씀은 도와주는 입장에서 상대방의 처지를 동정하면서 베푸는 것이어서는 결코 이웃사랑을 온전하게 실행하기 어렵다. 그리고 하나님의 마음 자체가 제3자의 입장에서 조력자, 혹은 돕는 자로서의 마음을 뜻하는 것이 아니라는 것을 알아야 한다. 그러면 하나님의 마음은 무엇인가? 하나님은 우리가 아예 그 이웃이 되어야 한다는 것이다. 왜냐하면 예수님께서 아예 죄인 된 우리 자신이 되셔서 십자가에서 죽으셨기 때문이다. 만약에 예수님께서 우리를 그냥 불쌍히 여기셔서 우리 대신 죽으셨다면 그 공로가 모든 사람에게 미칠 수 있었겠는가? 예수님은 아예 우리가 되셔서 죽으심으로써 우리도 예수님과 함께 십자가에 못 박혀 죽을 수 있었던 것이다. 이것이 이웃사랑의 근원이다.

> "내가 그리스도와 함께 십자가에 못 박혔나니 그런즉 이제는 내가 사는 것이 아니요 오직 내 안에 그리스도께서 사시는 것이라 이제 내가 육체 가운데 사는 것은 나를 사랑하사 나를 위하여 자기 자신을 버리신 하나님의 아들을 믿는 믿음 안에서 사는 것이라"(갈 2:20)

그러므로 우리가 이웃을 우리 자신처럼 사랑한다고 하는 의미는 그 사람의 입장이 되어서 우리가 도와주는 것이 아니라 우리가 아예 그 이웃이 되는 것이다. 그렇게 되면 우리가 그 이웃을 사랑하는 것이 아니라 아예 우리 자신을 사랑하는 것이 된다. 진정한 이웃사랑이 가능해지려면 내가 베푸는 것이 아니라 내가 나를 돕는 것이어야 하는 것이다. 내 이웃을 나 자신처럼 사랑하는 일은 우리의 의지만으로는 불가능하다. 물론 어느 선까지만 하더라도 굉장한 섬김이 되는 것은 분명하지만, 그리스도께서 우리를 사랑하신 그 사랑으로 이웃을 섬기는 일은 불가능할 것이다. 처음 한두 번은 가능할지 몰라도 변함없이 그렇게 하기는 어려울 것이다. 그러나 내가 아예 그 이웃이 되어버린다면 우리는 이웃사랑을 제대로 실천할 수 있게 될 것이다. 모든 경우에 다 그렇게 할 수는 없을지 몰라도 우리의 이웃사랑의 본질은 내가 이웃이 되는 것이다.

그러면 어떨 때 우리의 이웃사랑이 작동되어야 할까? 이웃을 우리 자신처럼 사랑해야 한다고 해서 모든 경우, 모든 사람에게 그렇게 할 수 있는 것은 아니기 때문이다. 그리고 이웃사랑이라고 해도 내가 사랑하는 사람만을 대상으로 사랑할 수도 있을 것이기 때문이다. 그래서 구체적으로 우리가 우리 자신처럼 사랑해야 하는 대상들에 대해서 생각해보아야 한다. 말하자면 우선적으로 사랑해야 할 대상들이 누구인가를 생각해보자는 것이다. 성경에서는 분명히 이웃사랑의 대상을 제시한다. 구약성경에서부터 신약성경에 이르기까지 가장 우선적인 사랑의 대상은 고아와 과부들이다. 왜냐하면 이들은 스스로의 능력으로 생존하기가 어려운 사람들이기 때문이다.

> "하나님 아버지 앞에서 정결하고 더러움이 없는 경건은 곧 고아와 과부를 그 환난 중에 돌보고 또 자기를 지켜 세속에 물들지 아니하는 그것이니라"(약 1:27)

갇힌 자를 돌보고 학대 받는 자를 생각하는 것이 이웃사랑이다. 왜

갇혔는지, 왜 학대당했는지는 묻지도 말고 따지지도 말라는 것이다. 예수님은 왜 죄인들의 죄를 지적하고 잘못된 것을 돌이키라고 하지 않으시고 무조건 죄인과 세리들의 친구가 되셨는가? 하나님이 보시는 것은 하나님과 가까워질 가능성이 큰 심령들이다. 세리와 죄인들의 심령상태를 보시는 것이다. 갇힌 자도 학대받는 자도 마찬가지이다. 어쩌면 갇힐 만한 일을 저질렀고 학대받을 만한 행동을 했는지도 모른다. 아마 거의 그런 행동들을 했을 것이다. 그런데 갇힌 자와 학대받은 자를 돌아보되 마치 자신이 갇힌 자인 것처럼 생각하고 자신의 몸이 학대당하는 것처럼 생각하고 그들을 돌보라는 것이다.

"너희도 함께 갇힌 것 같이 갇힌 자를 생각하고 너희도 몸을 가졌은 즉 학대 받는 자를 생각하라"(히 13:3)

마찬가지 의미에서 나그네를 대접하는 것도 아주 중요한 일이다. 나그네란 잠 잘 곳도 마땅치 않고 음식을 마음대로 먹을 수도 없는 사람들, 정착하지 못하고 떠돌아다니는 사람들일뿐 아니라 마음을 잃어버려 어디에 기댈 곳이 없는 사람들을 두루 통칭하는 말이다. 나그네 역시 고아와 과부처럼 대표적으로 어려운 사람들이다. 문자 그대로의 나그네를 찾기도 어려운 시대이지만, 노숙인들처럼 그냥 떠돌아다니는 사람들도 전부 이 나그네에 해당될 수 있을 것이다.

"과부와 고아와 나그네와 궁핍한 자를 압제하지 말며 서로 해하려고 마음에 도모하지 말라 하였으나"(슥 7:10)

"여호와께서 나그네들을 보호하시며 고아와 과부를 붙드시고 악인들의 길은 굽게 하시는도다"(시 146:9)

물론 당연하게 가난하고 궁핍한 사람들을 대접해야 한다. 이들을 대접하는 일이 그리스도인들에게 의무적인 이유는 부유하고 풍족한 사람들은 대접받을 필요가 없기 때문이다. 하늘에 보화를 쌓을 수 있는 비결은 빈 곳을 채우는 일이다. 물질이 비어 있는 곳이든 사랑이 비어 있는 곳이든 그 빈 곳을 우리가 채워야 한다. 그리스도인의 중요한 책임 중의 하나가 바로 제도나 구조의 빈틈에서 허덕이는 사람들을 도와주는 것이 아니던가? 우리가 예수님의 마음을 소유하고 있다면 그 마음은 자연스럽게 낮고 빈 곳으로 흘러내려갈 것이다. 그런 마음을 품고 있지 못하다면 예수님의 마음은 우리를 통하여 흘러가지 못할 것이고, 그들은 하나님의 은택을 얻지 못하게 될 것이다.

"예수께서 이르시되 네가 온전하고자 할진대 가서 네 소유를 팔아 가난한 자들에게 주라 그리하면 하늘에서 보화가 네게 있으리라 그리고 와서 나를 따르라 하시니"(마 19:21)

이웃사랑은 필요한 사람들을 돕는 것이다. 가장 이상적인 공동체라고 할 수 있는 초대교회에서는 이런 일이 가능했다. 그들은 필요 이상의 재물들을 팔아서 교회 지체들에게 필요를 따라 고루고루 분배가 되도록 힘을 썼다. 지금 그렇게 하라는 이야기가 아니라 이웃사랑의 원형을 말하는 것이다. 지금도 교회 차원에서 어느 정도까지는 가능한 일일 수 있겠지만, 더 중요한 것은 어떤 단체 차원에서가 아니라 성도 한 사람 한 사람이 그와 같은 상태가 되어 있어야만 한다는 것이다. 하늘의 상은 교회 차원이 아니라 성도들 자신에게 따로따로 주어지는 것이기 때문이다.

"그 중에 가난한 사람이 없으니 이는 밭과 집 있는 자는 팔아 그 판 것의 값을 가져다가 사도들의 발 앞에 두매 그들이 각 사람의 필요를 따라 나누어 줌이라"(행 4:34-35)

종합적으로 이야기해서 이웃사랑의 상이 큰 이유는 그 속에 모든 계명이 다 들어있기 때문이다. 네 이웃을 네 자신처럼 사랑하라는 그 말씀 속에 그리스도인으로서의 삶의 원리가 다 들어 있는 것이다. 우리 이웃을 돕는 입장에서가 아니라 아예 그 이웃이 되어버리는 진정한 의미의 이웃사랑을 행한다면 그 상은 무엇보다 큰 상으로 우리들에게 주어지게 될 것이다. 그리고 진정한 이웃사랑은 우리가 그 이웃이 되어 있을 때에 비로소 참다운 그리스도인의 삶을 실현할 수 있는 능력이 되는 것이다. 그래서 이웃사랑은 율법의 완성인 것이다. 내가 이웃이 되어서 그 이웃을 섬긴다면 우리의 사랑의 행위는 율법의 마침표요 완성이 되는 것이다. 성도가 하나님을 섬기는 것만큼 중요한 일은 사람을 사랑하는 일이다. 하나님을 섬기는 일에 소홀하면서 이웃을 섬긴다고 열심인 것도 안 되지만, 하나님을 열심히 섬긴다고 하면서 삶 속에서 사람들을 돌보지 않는 것도 안 된다. 기도나 말씀이나 찬양 등 하나님과의 교제가 중요한 만큼 사람들의 필요를 느끼고 그것을 채우려는 노력도 중요하다. 그리스도의 마음으로 이웃을 내 자신의 일을 하듯이 돌볼 때 하늘에서는 행한 대로 큰 상이 주어진다.

"간음하지 말라, 살인하지 말라, 도둑질하지 말라, 탐내지 말라 한 것과 그 외에 다른 계명이 있을지라도 네 이웃을 네 자신과 같이 사랑하라 하신 그 말씀 가운데 다 들었느니라 사랑은 이웃에게 악을 행하지 아니하나니 그러므로 사랑은 율법의 완성이니라"(롬 13:9-10)

상을 빼앗기지 말자.

그런데 여기에서 글을 마칠 수는 없다. 그러면 그리스도인으로서 자신을 섬기듯이 이웃을 섬기지 않으면 어떻게 되는가? 예수 그리스도의 희생으로 인하여 구원을 받은 사람으로서 그 큰 은혜를 잘 알고 있으면서도 이웃사랑을 행하지 않아도 아무런 상관이 없는 것일까? 이 웃사랑은 많이 하면 칭찬 받고 하늘의 상을 받지만, 아예 아무런 사랑을 행치 않아도 괜찮다는 말인가? 그러면 비록 상은 못 받지만 천국에서 영생을 누리는 데는 아무 지장이 없는 것인가? 어차피 구원은 받아 놓았으니 천국에는 분명히 갈 것이고, 그러니 대략 세상에 휩쓸려서 살다가 죽어도 괜찮다는 말인가? 그러면 영생에는 아무 지장도 없는, 상 좀 받고 못 받고의 차이밖에 없다는 말인가? 그렇지는 않다. 그러면 하나님은 불공평한 분이 될 것이다. 성경에 의하면 이웃을 사랑하지 않는 것은 죄이다. 예를 들어 야고보 사도는 이웃사랑과 반대로 사람을 차별하는 것만으로도 죄를 짓는 것이라고 하였다. 사람을 외모로 판단하여 풍부하고 그럴 듯한 사람은 우대하고 그렇지 못한 사람을 차별하여 대우한다면 그것은 명백한 죄이다.

> "너희가 만일 성경에 기록된 대로 네 이웃사랑하기를 네 몸과 같이 하라 하신 최고의 법을 지키면 잘하는 것이거니와 만일 너희가 사람을 차별하여 대하면 죄를 짓는 것이니 율법이 너희를 범법자로 정죄하리라"(약 2:8-9)

그리스도인은 마땅히 사람들에게 긍휼을 베풀어야 한다. 당연히 감당해야 할 일을 감당하지 않으면 심판이 뒤따른다. 긍휼을 행한다는 말은 바로 이웃사랑을 행한다는 말이다. 고아나 과부나 나그네나 아무튼 스스로는 생존하기 어려운 환경에 처한 사람들을 불쌍하게 여기는 것은 예수 그리스도의 보혈의 공로로 거듭난 백성으로서는 지극히 당연한 일이다. 당연한 일을 행하지 않는다면 거기에 무엇이 따라오겠는가? 상이 아니라 벌이 따라오지 않겠는가? 이웃에게 긍휼을 베푸는 일은 그리스도인으로서의 책임이요 의무이다. 책임과 의무를 소홀히 하면 벌이 따라오는 것은 당연한 것이다. 자기 자신이 스스로 이웃이 되어 도울 정도의 사랑을 행한 사람에게는 하늘에서 큰 상이 주어지지만, 어려운 이웃을 불쌍히 여기고 그들을 돕지 않는다면 상이 아니라 벌만 받을 뿐인 것이다. 벌을 받는다는 말이 무슨 뜻인가? 저 하늘에 올라가서 하나님으로부터 회초리라도 맞는다는 말인가? 벌은 심판을 말한다. 저 천국으로 올라가는 것조차 허락되지 않을 수 있다는 말씀이다. 이웃사랑은 의무요 책임이다.

"긍휼을 행하지 아니하는 자에게는 긍휼 없는 심판이 있으리라 긍휼은 심판을 이기고 자랑하느니라"(약 2:13)

이웃과 형제를 사랑하는 것은 하나님 사랑의 통로가 되는 일이다. 그리스도로 인하여 하나님과 화목하게 된 그리스도인들은 예수님께서 하나님과 우리들 사이의 통로가 되신 것처럼 세상의 모든 사람들과 하나님 사이의 통로가 되어야 한다. 우리는 축복의 통로가 아니라 하나님의 통로이다. 우리는 예수님의 마음이 우리를 통하여 사람들에게 전달되게 만드는 매개체들이다. 이웃을 내 몸처럼 사랑해야 하는 이유는 그 사랑이 바로 하나님의 마음이고 하나님께서 그 마음으로 사람들을 사랑하신다는 사실을 성도들을 통하여 알려주시는 통로이기 때문인 것이다. 그러니까 그리스도인들은 하나님의 마음을 담고 살아가는 그릇들인 것이다.

"누가 이 세상의 재물을 가지고 형제의 궁핍함을 보고도 도와 줄 마음을 닫으면 하나님의 사랑이 어찌 그 속에 거하겠느냐"(요일 3:17)

재미있는 구절이 눈에 띈다. 충성하는 사람에게 상을 주시는 것은 틀림이 없지만, 반면에 벌점 같은 것도 있다는 말씀이다. 성경은 이것을 불시험이라고 표현한다. 그 불시험에서 승리하면 자기가 쌓은 공적을 그대로 인정받게 된다. 누구나 열심히 하는 부분이 있는가 하면 부족하거나 아예 행하지 못한 부분이 있게 마련이다. 그리스도의 마음을 품고 열심히 하나님의 뜻을 따라 최선을 다한 부분에 대해서는 상이 있겠지만 그 상이 벌점 때문에 취소될 수도 있다는 말씀이다. 불시험이란 여러 가지 의미가 있겠지만 의무와 책임이 있는 부분에 대해 소홀하다면 불시험에 통과하지 못할 수도 있다는 말이다. 아무리 큰 공적을 쌓았어도 불시험에 타버리면 겨우 구원만 받게 된다. 저 하늘에서 영원토록 받을 상급을 놓고 재미있다는 표현이 지나칠 수도 있지만, 우리는 하늘의 상급의 원리나 이 땅에서의 상급의 원리가 동일하다는 생각을 가질 수 있어야 한다. 다만 이 땅에서의 상은 눈에 보이고 만질 수 있고 사람 가운데에서 받는 것이지만 저 하늘에서의 상은 눈에 보이지 않고 만질 수도 없으며 사람들이 알아주지 않을 수도 있다는 것이 근본적인 차이점일 것이다.

> "각 사람의 공적이 나타날 터인데 그 날이 공적을 밝히리니 이는 불로 나타내고 그 불이 각 사람의 공적이 어떠한 것을 시험할 것임이라 만일 누구든지 그 위에 세운 공적이 그대로 있으면 상을 받고 누구든지 그 공적이 불타면 해를 받으리니 그러나 자신은 구원을 받되 불 가운데서 받은 것 같으리라"(고전 3:13-15)

같은 의미로 우리가 추청해 볼 수 있는 것은 받을 상을 까먹는 행위도 있을 수 있다는 것이다. 달란트 비유에서 두 달란트 받은 사람과 다섯 달란트 받은 사람은 각각 두 배를 받지만, 한 달란트 받은 사람은 있던 달란트마저도 빼앗겨 버린다. 물론 달란트는 일하도록 주신 조건이지 상은 아니다. 하지만 직접적으로 상을 받을 수 있는 수단이라는 점에서는 원리적으로 동일하다. 허락하신 달란트조차도 빼앗겨버리는 이유는 그 달란트를 사용하지 않고 썩히기 때문이다. 달란트를 그냥 재능 혹은 은사라고만 해석하면 곤란하다. 달란트는 하나님의 일을 할 수 있는 수단이다. 하나님의 일을 하는 가장 핵심적이고 중요한 수단은 그리스도의 사랑이다. 이 사랑이라는 수단은 큰 능력까지 지니고 있다. 이 강력한 수단을 사용하지 않는다면 그는 바깥으로 쫓겨나서 울며 이를 갈게 될 것이다. 곧 구원에 이르지 못할 수도 있다는 말이다. 지옥으로 떨어질 수도 있다는 말이다.

> "그에게서 그 한 달란트를 빼앗아 열 달란트 가진 자에게 주라 무릇 있는 자는 받아 풍족하게 되고 없는 자는 그 있는 것까지 빼앗기리라 이 무익한 종을 바깥 어두운 데로 내쫓으라 거기서 슬피 울며 이를 갈리라 하니라"(마 25:28-30)

우리는 이 땅에서의 삶을 통하여 저 하늘의 상을 쌓을 수 있다. 성도들은 이 상을 교회 안에서 열심히 충성 봉사한 결과로 착각하기 쉽다. 교회에서 그렇게 가르치는 측면도 상당히 강하다. 그리하여 교회 안에서는 만점인데 세상에 나가서는 빵점일 수도 있다. 세상에서 빵점이면서 구원받은 사람이 있을 수 있을까? 일률적으로 적용하기는 어려울지 몰라도 교회에서 아무리 열심히 충성되게 일해도 세상에서 빵점인 사람은 구원받지 못한 사람일 수 있다. 그 사람의 행위 자체보다는 그 사람의 삶의 모습이 보여주는 영성으로 볼 때 그럴 수 있다는 말이다. 애초부터 그런 사람이야 우리가 간섭할 수 없지만 예수님을 제대로 믿고 있음에도 불구하고 세상에서 빵점으로 살고 있다면 그 빼앗긴 것이 무엇인지를 찾아서 돌이켜야 한다는 말이다. 그렇기 때문에 삼가 얻은 것을 잃지 말고 온전한 상을 받으라고 하신 것이다.

> "너희는 스스로 삼가 우리가 일한 것을 잃지 말고 오직 온전한 상을 받으라"(요이 1:8)

우리는 이 땅에서 받을 복을 생각하지 말고 저 하늘에서 받을 상을 생각해야 한다. 기준을 하늘에 두면 내가 어떻게 해야 할지가 더 또렷해진다. 기준을 땅에 두고 살면 더욱 땅바닥에 가까워질 뿐이다. 그러므로 이웃사랑을 실천할 수 있는 길을 위해 기도하고 행함으로 옮기는 노력을 게을리 해서는 안 된다. 더욱 예수님의 마음을 품고 예수님의 시선으로 세상을 바라보도록 힘써야 한다. 그리스도인이 하늘에서 받을 상을 생각하고 바라보고 추구해야 하는 이유가 바로 그리스도인으로서의 정체성을 소유해야 하기 때문이다. 건강한 정체성을 가진 그리스도인이라면 당연히 이웃사랑을 실천할 것이고, 이웃사랑을 실천함으로써 더욱더 영성은 깊어질 것이다. 이웃을 자기 자신처럼 사랑할 수 있는 기회가 오면 사랑을 실천하고, 기회가 오지 않으면 그 기회를 찾아서 우리의 믿음대로 사랑을 실천해야 할 것이다.

3. 박해 받는 사람이 받을 상

이미 언급했던 대로 신약성경에서 '큰 상'을 주실 것이라는 구절은 세 군데 나온다. 첫 번째는 이미 살폈던 것처럼 원수를 사랑하고 아무 것도 바라지 말고 꾸어주는 이웃사랑의 상이다. 두 번째는 믿음 때문에 박해를 받은 일에 대한 상이다. 박해당하는 것이 좋지 않은 일인 것 같이 느껴질 수도 있겠지만 박해를 받음으로써 오히려 하늘의 상은 더 커지는 것이다.

> "나로 말미암아 너희를 욕하고 박해하고 거짓으로 너희를 거슬러 모든 악한 말을 할 때에는 너희에게 복이 있나니 기뻐하고 즐거워하라 하늘에서 너희의 상이 큼이라 너희 전에 있던 선지자들도 이같이 박해하였느니라"(마 5:11-12)

그런데 놀랍게도 박해를 받는 그 자체로 이미 큰 상을 주실 것이라고 하신다. 예수님을 믿는 것 때문에 받는 박해와 비난 자체에 대하여 이미 하늘에서는 큰 상을 준비하신다는 것이다. 남다른 인내로 믿음을 지키는 것도 아니고 끝까지 싸워 이겨야 하는 것도 아니고 단지 박해를 받기만 하면 큰 상이 있을 것이라는 말씀이다. 물론 박해를 받는다는 것은 박해를 받아도 끝까지 이겨낸다는 뜻을 내포하고 있다. 아무튼 이 말씀은 어찌 보면 박해받을 짓을 하라는 말씀으로까지 들린다.

'나를 믿고 살아가기 위해서 다른 사람들로부터 욕을 먹고 박해를 받고 거짓의 악한 짓을 당하면서 살아라. 그리하면 하늘에서 너희

에게 큰 상을 받게 될 것이다.'

이 말씀은 예수님을 제대로 믿으면 저절로 박해가 따라오게 되어 있다는 말씀과 다름 아니다. 성도가 자기 신앙 양심대로 살아내려고 하면 할수록 박해는 더 크게 다가올 수밖에 없다. 하지만 세상이 흘러가는 대로 따라가면 박해는 오지 않고 고난도 피할 수 있다. 아무 문제 없이 먹고 살고 학교 보내고 휴가 갈 수 있다. 그러나 그리스도인의 정체성을 가지고 자기 신앙양심을 따라 살려고 하면 반드시 박해는 따라오게 되어 있다. 마태복음 5:11 첫 절 "나로 말미암아"라는 말씀이 바로 그 말씀인 것이다. 예수님을 믿는 것으로 인한 박해, 예수님의 말씀에 순종하려다가 받는 어려움들, 예수님을 닮은 삶을 살려다가 반대자들에 의해 곤란을 당하는 것은 그리스도인이라면 당연히 당할 수밖에 없는 일들인 것이다.

선지자들에 대한 박해

그렇다면 하나님은 왜 박해받는 사람들에게 큰 상을 주실까? 주님은 박해받는 사람들을 선지자들과 동등하게 여기셨다. 왜냐하면 선지자들이 똑같은 박해를 받았기 때문이었다. 선지자들이 왜 박해를 받았는가? 하나님의 말씀을 그대로 전하기 때문에 박해를 받았다. 우리가 박해를 받는다면 그것은 선지자들과 똑같은 이유 때문에 받는 것이다. 그렇기 때문에 예수님으로 말미암아 박해를 받는다면 선지자들이 받을 상과 동일한 큰 상을 주신다는 것이다. 물론 우리가 선지자들처럼 하나님의 말씀을 외치고 전하다가 박해를 받는 것은 아닐 수도 있다. 하지만 말로 하나님의 말씀을 외치는 것과 마찬가지로 삶으로 복음을 외치는 것도 박해를 받을 만한 충분한 이유가 되는 것이다. 그러므로 선지자들에게 주어지는 큰 상이 박해를 받은 사람들에게도 주어지는 것이다.

> "기뻐하고 즐거워하라 하늘에서 너희의 상이 큼이라 너희 전에 있던 선지자들도 이같이 박해하였느니라"(마 5:12)

선지자는 하나님의 말씀을 받아서 전하는 사람이다. 하나님의 말씀을 받아서 전하는 모든 선지자들이 다 그런 박해를 받았다. 다른 말로 하면 박해를 받지 않는 사람은 참 선지자가 아닐 수도 있다는 것이다. 사람들은, 특히 지도층에 있는 부유하고 권세 높은 사람들 중에서는 하나님의 뜻과는 동떨어진 삶을 사는 사람들이 많다. 그런데 그들의 삶과는 배치되는 하나님의 말씀을 그대로 전하면 당연히 미움을 받을 수밖에 없다. 한두 번에 그치는 것이 아니라 지속적으로 자기들의 죄와 허물을 지적하면 결국에는 선지자들을 박해할 수밖에 없게 되는 것이다. 그러므로 올바른 선지자라면 박해를 받게 되어 있다. 마찬가지로 복음을 말하고 복음을 살면 어떤 사람들로부터는 당연히 미움과 박해를 받을 것이고, 그것이 바로 선지자이고 그러므로 선지자가 받을 상을 주시는 것이다.

> "너희 조상들이 선지자들 중의 누구를 박해하지 아니하였느냐 의인이 오시리라 예고한 자들을 그들이 죽였고 이제 너희는 그 의인을 잡아 준 자요 살인한 자가 되나니"(행 7:52)

그러면 선지자들은 어떤 박해를 받았을까? 여기에 대해서는 예수님께서 아주 적나라하게 말씀해주셨다. 그런데 그 박해가 참으로 끔찍하다. 죽이거나 십자가에 못 박거나 회당에서 채찍질하거나 가는 곳마다 따라다니면서 박해를 한다는 것이다. 마치 사도 바울을 죽이기 전까지는 먹지도 않고 마시지도 않겠다고 동맹한 사람이 40여명이나 되었던 것과 비슷하다(행 23:12-13).

"그러므로 내가 너희에게 선지자들과 지혜 있는 자들과 서기관들을 보내매 너희가 그 중에서 더러는 죽이거나 십자가에 못 박고 그 중에서 더러는 너희 회당에서 채찍질하고 이 동네에서 저 동네로 따라다니며 박해하리라"(마 23:34)

그들은 왜 선지자들을 박해했을까? 몇 가지 이유를 찾아보았다. 우선 선지자들이 정의와 공의를 행하기 때문이다. 정의와 공의를 행하지 않으면 선지자라고 할 수 없다. 이름만 선지자인 사람들은 결코 정의와 공의를 행할 수 없다. 발람이 선지자인가? 그는 정의와 공의를 외칠 수가 없었다. 마찬가지로 정의와 공의에 기초한 삶을 살지 못하는 사람은 올바른 그리스도인은 아니다. 물론 허물과 잘못이 없는 사람은 없다. 그러나 허물 가운데에서도 하나님의 정의와 공의를 향하여 나아가는 사람들이 그리스도인들이다.

"내가 정의와 공의를 행하였사오니 나를 박해하는 자들에게 나를 넘기지 마옵소서"(시 119:121)

또한 하나님께서 보내셨기 때문이다. 하나님께서는 이스라엘이 선지자들을 더러는 죽이고 박해할 것을 아시고 보내셨다. 어차피 박해를 받거나 죽거나 할 텐데 하나님은 왜 지속적으로 선지자들을 보내시는가? 얼핏 생각하면 선지자들을 계속하여 파송하시는 일은 아무 소용이 없는 일이 아닌가? 하지만 성경은 이것이 하나님의 지혜라고 말씀한다. 아무리 선지자들을 박해해도 하나님은 선지자들의 입을 통해서 세상에 말씀하시기 때문이다. 소수일지라도 선지자들의 말을 듣는 사람들이 있기 때문이다. 그리고 선지자들의 입을 통하여 하나님의 일은 이루어져가기 때문이기도 하다. 역사상 선지자들의 모든 예언이 고스란히 성취되지 않았던가?

> "그러므로 하나님의 지혜가 일렀으되 내가 선지자와 사도들을 그들에게 보내리니 그 중에서 더러는 죽이며 또 박해하리라 하였느니라"(눅 11:49)

그리고 종교적인 이유 때문에 박해가 온다. 율법 또는 복음은 하나님의 진리이지만 인간의 모든 종교는 제도로서 존재하기 때문에 율법이나 복음이 빠질 수도 있고 다른 거짓 복음이 들어갈 수도 있는 것이다. 그 이전에 인간의 권력이 종교를 지배하게 되고 결국 복음이 아니라 교리가 진리를 지배하게 되는 것이다. 교리는 반드시 필요하지만 진리보다 교리를 앞세우면 결국 율법주의가 되는 것이다. 사도 바울이 바로 율법주의의 추종자요 어떤 의미에서는 율법주의의 희생자이기도 했던 것이다. 결국 율법주의가 예수님을 박해하고 십자가에 못 박지 않았던가?

> "내가 이 도를 박해하여 사람을 죽이기까지 하고 남녀를 결박하여 옥에 넘겼노니"(행 22:4)

초대교대 성도들에 대한 박해

선지자들이 받은 박해는 끔찍하였다. 그러나 초대교회 성도들이 당한 박해는 선지자들이 당한 박해보다 더하면 더했지 덜 하지는 않다. 고문, 조롱, 채찍질, 결박, 옥에 갇힘, 돌에 맞음, 톱으로 켜짐, 칼로 죽임, 짐승가죽 입고 유리하기, 궁핍, 환난, 학대. 말로만 들어도 끔찍하다. 이것이 박해의 종류이다. 예수 믿는 것 때문에 이런 끔찍한 박해를 받는다면 그 자체로 상을 받을 만하지 않겠는가? 초대교회 시대의 성도들을 모두 선지자라고 할 수 있다. 그리고 초대교회 이후의 성도들도 모두 선지자들이다. 왜냐하면 구약의 선지자들은 주로 유대 민족을 대상으로 하나님의 말씀을 선포했지만, 성도들은 이제 하나님을 모르는 세상에서 복음을 전하는 사람들이기 때문이다. 올바른 정체성을 간직하고 그 정체성을 삶에서 구현하고 있는 사람들은 전부 선지자들이다. 똑같은 이유 때문에 선지자가 받았던 박해를 동일하게 받고 있다면 그들은 모두 선지자이다.

> "여자들은 자기의 죽은 자들을 부활로 받아들이기도 하며 또 어떤 이들은 더 좋은 부활을 얻고자 하여 심한 고문을 받되 구차히 풀려나기를 원하지 아니하였으며 또 어떤 이들은 조롱과 채찍질뿐 아니라 결박과 옥에 갇히는 시련도 받았으며 돌로 치는 것과 톱으로 켜는 것과 시험과 칼로 죽임을 당하고 양과 염소의 가죽을 입고 유리하여 궁핍과 환난과 학대를 받았으니 (이런 사람은 세상이 감당하지 못하느니라) 그들이 광야와 산과 동굴과 토굴에 유리하였느니라"(히 11:35-38)

신약시대 성도들이 선지자들과 동일한 박해를 받았지만 박해를 받아야 하는 이유는 다소 다른 측면이 있었다. 하나님을 모르거나 배척하는 세계에서 하나님을 믿는 성도가 박해를 받는 것은 어쩌면 당연했지만, 똑같은 여호와 하나님을 믿는다면서도 믿는 방식에 커다란 차이점이 있었기 때문이다. 그것은 하나님을 믿되 예수님을 통해서 믿느냐 그렇지 않느냐의 차이였던 것이다. 예수 그리스도를 통해서만 하나님의 의에 이를 수 있는데 예수님을 믿지 못하면 이 사실을 결코 받아들일 수 없었던 것이다. 사도 바울도 숱한 박해를 당했지만 많은 경우에 같은 하나님을 믿는다는 유대인들로부터 당한 박해가 훨씬 많았다. 예수님은 제자들에게 이 모든 일을 이미 다 말씀해 놓으셨다.

"이 모든 일 전에 내 이름으로 말미암아 너희에게 손을 대어 박해하며 회당과 옥에 넘겨주며 임금들과 집권자들 앞에 끌어가려니와" (눅 21:12)

예수님이 박해를 받았으므로 예수님을 따르는 제자들도 박해를 받게 되어 있다. 예수님께서 박해를 받으셨는데 그 제자들이 박해를 받지 않는다면 그 사람은 예수님과는 동떨어진 사람일 수 있는 것이다. 초대교회 성도들은 예수님의 제자가 된다는 결단 속에 이미 예수님과 같은 박해를 각오한다는 믿음을 가지고 있었다. 대개의 경우에 문제를 해결하거나 병을 고치거나 복을 받을 것에 대한 소망보다는 삶의 의미와 영생의 가치에 믿음의 의미를 두었을 것이다. 물론 처음부터 그런 것이 아니라 성령님의 은혜로 인하여 예수님을 믿었을 때에 예수님께 생명을 맡기는 결단이 되어 있었을 것이라는 말이다. 자칫 잘못하면 목숨이 왔다 갔다 할 수 있는 상태에서의 믿음이 진정 살아있는 믿음이다. 그런 위협 상황에서도 예수님의 말씀을 지키는 사람들이 진정한 그리스도인들이고, 그들은 박해를 피할 수 없는 것이다.

"내가 너희에게 종이 주인보다 더 크지 못하다 한 말을 기억하라 사람들이 나를 박해하였은즉 너희도 박해할 것이요 내 말을 지켰은즉 너희 말도 지킬 것이라"(요 15:20)

예수님을 믿는 사람들이 박해를 받을 수밖에 없는 또 하나의 이유는 그들이 성령을 따라 난 사람들이기 때문이다. 같은 여호와 하나님을 믿는다고 해도 성령을 따라 거듭난 사람과 그렇지 못한 사람의 차이는 천국과 지옥의 차이와도 같다. 단순히 천국과 지옥으로 구분하는 것이 아니라 지옥에 속한 사람들, 곧 육체에 속한 사람들은 성령에 속한 사람들을 박해할 수밖에 없다는 말이다. 혹시 박해라는 용어를 사용하지 않더라도 영에 속한 사람과 육에 속한 사람은 반드시 부딪치게 되어 있다. 굳이 세상을 누가 지배하고 있느냐를 따지지 않더라도 상식적으로 그것은 필연적인 것이다. 사탄이 물질을 지배하고 죄와 죽음을 장악하고 있는 세상에서 영으로 난 사람이 살아가려면 당연히 반대나 위협이나 박해를 받아야 한다. 물론 박해라고 해서 꼭 육체적으로 위해를 가하는 것이라고만 생각해서는 안 된다. 모든 종류의 불이익과 차별을 당하는 것까지도 포함하는 의미이다. 그러므로 박해를 느끼지 못하고 살아가는 그리스도인이라면 문제가 있을 수 있다는 의식을 가지고 참된 그리스도인으로서의 삶의 자리를 찾아와야 하는 것이다.

"그러나 그 때에 육체를 따라 난 자가 성령을 따라 난 자를 박해한 것 같이 이제도 그러하도다"(갈 4:29)

또한 경건하게 살고자 하는 사람들에게 박해가 따라온다. 경건하다는 말을 들을 때 조용하고 엄숙하고 거룩한 모습을 상상할지는 모르지만, 경건이란 하나님의 뜻과 마음을 삶에서 구현해내는 모습을 말한다. 경건은 하나님의 마음을 느끼지 못하면 이루어질 수 없는 열매이다. 하나님의 마음을 느낄 수 있으려면 자신을 버리고 낮추지 않으면 안 된다. 그렇게 하나님의 마음과 뜻을 느낀 사람은 세상의 가치를 따르지 못할 뿐만 아니라 죄와 악을 싸워 이기려고 하게 된다. 세상은 아무리 선하게 살아도 기본적인 자아를 버릴 수는 없다. 곧 욕심과 거짓의 세계에서 벗어날 수 없다. 평소에는 악이라고는 찾아볼 수 없는 사람도 상황에 따라 얼마든지 죄의 상태로 떨어질 수 있다. 물론 이 죄라는 개념은 하나님의 의에 관한 개념과 가깝다. 경건하고자 하는 사람은 경건한 삶을 추구하게 되는데 이것이 가능하게 되는 이유는 하나님의 마음을 잘 알기 때문이다. 영성이란 무엇인가? 결국 경건과 같은 뜻이다. 하나님의 마음과 뜻을 깨달아서 그 마음으로 세상을 대하는 것이기 때문이다. 그러므로 경건하고자 하는 사람은 반드시 박해를 받게 되어 있다. 세상과 부딪칠 수밖에 없기 때문이다.

"무릇 그리스도 예수 안에서 경건하게 살고자 하는 자는 박해를 받으리라"(딤후 3:12)

그러니까 박해라는 것은 하나님의 말씀을 따라 예수님의 삶을 살려는 모든 사람에게 주어진다는 말이다. 선지자가 박해를 받는 것이나 성도가 박해를 받는 것이나 동일한 이유에 의해서 받게 되는 것이므로 하늘에서 주어지는 상도 동일하다는 것이다. 그래서 예수님은 팔복선언에서 주님으로 말미암아 박해를 받는 자에게는 선지자가 받을 상과 똑같은 상을 주시겠다고 하신 것이다. 초대교회 시대에는 이 박해가 곧바로 육체적이고 직접적인 박해시대였다. 현재도 이런 초대교회 시절과 같은 박해가 행해지는 지역이 다수 있다. 이런 지역에 선교사를 파송하고 선교사들은 박해를 당하거나 추방을 당하거나 심하면 순교까지 당하는 시대와 공존하고 있다. 우리가 지닌 믿음은 동일하다. 그 믿음으로 순교하는 성도들도 있고 그 믿음으로 물질만능의 세상에서 싸우다가 심각한 불이익을 당할 수도 있다. 아무튼 예수님으로 인하여 세상에서 박해를 당한다면 그 사람은 선지자들과 동일한 큰 상을 받게 될 것이다.

그리스도인들이 받는 박해

이미 살펴보았지만 이런 박해들이 지금도 세계 속에서 자행되는 나라들이 있다. 여행제한국가들에까지 가서 복음을 전파하다가 순교당하거나 체포되어 곤경에 처한 경우에 국민들이나 언론 등에서 비난하지만, 여행이 자유로운 중국 등지에 선교하러 갔다가 옥에 갇히거나 추방당하는 예들도 부지기수이다. 물론 특수한 선교 상황이기는 하지만, 그리스도인들이 일상에서 겪을 수 있는 박해의 모습은 얼마든지 다양하게 나타날 수 있다. 역사적으로만 살펴보아도 과거 우리나라의 그리스도인들이 일제강점기에 받았던 박해들을 잘 알고 있다. 강압이나 회유를 견디지 못하고 신사참배를 강요당한 사례가 얼마나 많은가? 그것은 대표적인 박해의 모습인데, 당시의 기독교 교단들은 그것을 분별하지 못하고 타협하여 신사참배를 오히려 앞장서서 장려했던 기억은 얼마나 우리의 가슴을 아프게 하고 있는가? 6·25 때 북한에서 당했던 기독교인들에 대한 박해도 잘 알고 있다. 그리고 지금 현재까지도 북한에서는 예수님을 믿으려면 지하교회에서 몰래 믿어야만 한다. 예수님을 믿는다는 것은 지역과 시대에 따라서는 목숨을 걸어야만 하는 가치였다. 그래서 사람이 예수님을 믿는다고 했을 때 그 믿음이라는 단어 안에는 목숨 또는 생명이라는 뜻과 동일한 의미가 들어 있어야 하는 것이다.

하지만 오늘날에는 우리나라를 비롯하여 대부분의 국가들에서는 단지 예수님을 믿는다는 것 때문에 이런 종류의 박해를 받는 것은 아니다. 그렇다고 해서 아무런 박해도 받지 않는 것은 아니다. 시대에 따라 여러 가지 얼굴로 나타나지만 평화시대에는 평화시대에 맞는 박해가 따라오게 되어 있다. 다만 그런 박해들은 박해라는 모습이 아니라 손해, 불이익이라는 모습으로 나타난다. 특히 돈 때문에 다함께 묵인하거나 동조하는 부정과 부패, 그릇된 권력으로부터 나오는 못된 관습들이 지배하고 있는 이 사회에서 그리스도인으로서 그런 것을 일체 거부한다면 그는 따돌림을 당하거나 불이익, 혹은 생업에 지장을 초래할 정도의 차별을 당할 것이 분명하다. 단순히 교회를 다니면서 예수님을 믿는 것 때문이 아니라 예수님을 믿음으로써 삶에서 드러날 수밖에 없는 정직과 긍휼의 모습들이 세상을 불편하게 만드는 것이다. 그것이 예수님을 믿음으로써 받는 박해인 것이다.

예를 들어 지금은 과거의 이야기가 되었지만 권위주의 시절에는 공기관의 부정과 부패가 일반화되어 있었다. 많은 국가 기관이나 단체의 공무원들이 뇌물을 상납금 형태로 받아왔었다. 군대에서도 그랬고 경찰이나 민원기관들에서도 공공연하게 자행되어 왔었다. 그런데 만약에 그 시절에 신실한 기독교인이 그런 조직 가운데 들어갔다고 하자. 실제로도 그런 보도를 그 당시 신문에서 본 기억이 어렴풋이 살아난다. 하여간에 이 기독교인이 속한 부서가 100명이라고 하자. 그런데 그 부서에 매달 평균 5,000만 원의 상납금이 있었고, 말단 직원에서부터 부서의 책임자에 이르기까지 상납금을 나누어 받았다고 하자. 그런데 이 사람이 기독교인의 양심상 이 상납금을 받지 않기로 했다고 하자. 다른 99명이 받는 상납금을 혼자 받지 않기로 하는 것인데 정말 웬만해서는 이런 사람이 되기 힘들 것이다.

이 사람이 그렇게 결단했을 때 그가 선택할 수 있는 행동에는 무엇이 있을까? 그냥 받아서 전액을 빈민 구제하는 데 사용한다. 일단 받기는 하되 받은 내역 전체를 상급기관에 보고한다. 받아서 부서의 책임자에게 이야기해서 돌려준다. 부서의 다른 많은 직원들을 생각해서 그냥 받도록 한다. 동료직원들이 뭐라고 하든지 무조건 거부한다. 이 밖에도 여러 가지 선택할 수 있는 가능성이 있다. 정상적인 기독교인이라면 과연 어떻게 할 것인가? 기독교인은 비둘기처럼 순결해야 하지만, 동시에 뱀처럼 지혜롭기도 해야 한다. 기독교인이라면 위에 예시한 것들 중 그냥 받는 것 외에는 어떤 것이라도 선택이 가능하다. 어떤 식으로든 거부하게 되면 그 다음부터 무엇이 따라오겠는가? 말할 것도 없이 박해가 따라오게 되어 있다. 사람들은 옳은 것보다는 자기 안위를 먼저 생각한다. 다함께 암묵적으로 받는데 동료 중에서 받지 않겠다는 사람이 나타나는 순간 그 사람은 적이 되어 버린다.

하지만 기독교인들이라면 당연히 거부해야 한다. 물론 기독교의 구원에 세상 윤리를 그대로 적용하는 것은 아니지만, 중요한 사실은 세상윤리보다 훨씬 엄격하고 깨끗해야 한다는 것이다. 기독교인이라고 해서 두려움이 없거나 걱정이 없는 것은 아니다. 하지만 최소한 깊은 고민에는 빠져야 한다. 그런 기독교적 윤리의식을 우리 기독교인들이 다 품고 있다면 훨씬 이겨내기 쉬웠을 것이다. 그리고 오늘날처럼 이토록 세상이 썩어빠지지는 않았을 것이다. 나라가 부정과 부패와 위기에 처한 것은 전부 기독인들이 기독교인의 윤리를 가지고 살지 못했기 때문이다. 6•25 전쟁이 터진 가장 큰 이유는 일제강점기 목사들의 신사참배 때문이었다고 생각한다. 동방의 예루살렘이라던 평양이 어떻게 그렇게 무너질 수가 있단 말인가? 한국 기독교의 부흥은 전부 북한지역으로부터 시작되었다. 기독교신앙의 그루터기였던 북한이 어떻게 공산주의자들의 군화에 짓밟힐 수 있단 말인가? 일본 왕과 그 조상에 대한 신사참배라는 가장 큰 죄를 저질렀기 때문에 필연적으로 그렇게 될 수밖에 없었던 것이다.

그렇다면 지금 이 나라의 미래는 어떻게 될까? 모르기는 몰라도 큰 고난이 닥쳐올 수도 있다. 왜냐하면 기독교인들이 전부 물질과 명예와 출세의 우상숭배를 자행했기 때문이다. 축복! 축복! 또 축복! 하면서 끊임없이 기복신앙을 부르짖었기 때문이다. 또는 끝없이 치유, 회복, 용서만 이야기했기 때문일 수도 있다. 복음을 잃어버리고 변질된 복음만을 부르짖고 있으니 하나님이 몹시도 두려울 뿐이다. 단언하건대 나라를 구해달라고 아무리 부르짖어도 하나님은 듣지 않으신다. 참된 복음으로, 믿음으로 돌아오지 않으면 나라는 회복될 수 없을 것이다. 대개의 경우 부정부패와 신앙은 관계가 없는 것처럼 보인다. 하지만 세상의 불의와 부정에 대항하지 않는다면 도대체 예수님을 왜 믿는다는 말인가? 어떤 사람들은 불의에 대항하라고 하니까 무리를 지어 정권이나 단체에 저항하려고 하겠지만, 그 이전에 진짜 불의에 대한 대항은 사람들의 인식 속에 자리 잡고 있는 불의를 행동으로 거부하는 것이다. 서로 상대방을 불의의 세력으로 지정하고 숫자로 싸우려고 한다면 그것은 아무 것도 아닌 것이 되고 말 것이다.

지금 그리스도인이 받는 박해에 대해서 이야기하고 있다. 왜 그리스도인이라고 하면서 그렇게 세상을 쫓아가기만 하는가? 박해가 두려워서이다. 내가 신앙양심을 따라 행함으로써 나에게 돌아올 손해, 불이익, 위협 같은 것들이 우리를 협박하기 때문이다. 세상의 흐름을 쫓아가면 박해는 없다. 하지만 거짓 평안의 뒤에는 무서운 심판이 따라온다. 지금도 그리스도인들의 말씀 외면으로 말미암아 세상은 점점 더 어두워져가고 있다. 그리스도인의 정체성을 소유하고 있다고 생각하지만 사실은 그것은 그리스도인의 정체성이 아니라 세상의 정체성일 뿐이다. 박해받지 않는 정체성, 박해를 두려워하는 정체성은 건강한 정체성일 수 없다. 박해를 받는데 왜 큰 상을 주시는가? 몹시 힘이 들지만 오로지 하나님께만 충성하는 것이기 때문에 큰 상을 주시는 것이다. 지금 위기의 때인 것을 알아야 한다.

> "그들이 평안하다, 안전하다 할 그 때에 임신한 여자에게 해산의 고통이 이름과 같이 멸망이 갑자기 그들에게 이르리니 결코 피하지 못하리라"(살전 5:3)

지금 한국 교회에서 반드시 해야 할 일은 과거에 받던 박해를 다시 받도록 개혁하는 것이다. 부정과 부패와 편법과 불법과 싸워야 한다. 어떤 정권이나 정부에 대한 싸움이 아니라 이 사회 전반에 걸쳐 있는 잘못된 의식들과 싸워야 한다. 먼저는 불법, 편법을 일체 사용하지 않는 것이다. 교회 안이든 교회 밖이든 사탄이 지배하는 의식들을 과감하게 배격하는 것이다. 교회가 먼저 선포하고 시행하는 데 앞장서야 한다. 그렇게 하면 교회는 세상의 칭찬도 받지만 박해를 먼저 받아야 하는 것이다. 그것이 먼저이다. 박해받는 일은 두렵다. 염려가 된다. 당연하지만, 그리스도인은 박해를 두려워해서는 안 된다. 아니, 두려워할 필요가 없다. 그래서 만군의 주이신 예수 그리스도께서 계신 것이 아닌가? 예수님만 신뢰하고 의지하면 두려울 것도 없다.

박해받을 때 어떻게 해야 할까?

그러면 한 가지 중요한 문제가 따라온다. 예수님의 제자답게 살아가다 보면 박해를 반드시 받게 되어 있는데, 그런 박해를 만날 때 그리스도인들이 어떻게 대처해야 하는가에 대한 해답이다. 박해를 받을 때 가장 흔히 나타나는 반응은 박해를 피하는 것이다. 그리고 박해에 다수의 사람들을 동원하여 적극적으로 거부하기도 한다. 박해를 받을 때 법에 호소할 수도 있다. 그냥 묵묵히 참고 견디는 수도 있다. 하지만 성경은 박해를 받을 때 성도가 취할 수 있는 방법을 자세하게 말씀해 준다. 가장 먼저 주목해 볼 것은 성경은 박해를 받을 때 박해하는 자를 축복하라고 가르친다는 것이다. 결코 저주하지 말라고 가르친다. 왜 축복해야 할까? 그리고 축복을 하려면 어떤 축복을 해야 하겠는가? 저들이 잘 살고 건강하고 돈도 많이 벌라고 축복해야 하겠는가? 물론 그렇지 않다. 가장 큰 축복은 저들이 예수님을 만나게 해달라고 축복하는 것이다. 그것이 박해받는 그리스도인의 정체성이다.

"너희를 박해하는 자를 축복하라 축복하고 저주하지 말라"(롬 12:14)

사실 이런 행동은 예수님께서 먼저 본을 보이셨다. 예수님은 군병들이 전혀 회개하지 않을 뿐만 아니라 하나님을 믿을 가능성이 거의 전무하다시피 한데도 불구하고 저들을 축복하셨다. 그 축복이 언제 성취되겠는가? 대다수는 전혀 이루어지지 않겠지만 그들 중에서 극히 일부라도 예수님의 십자가 사건을 통하여 마음의 도전을 받고 성령님의 감동으로 예수님을 만날 때 예수님의 축복은 성취되는 것이다. 그러므로 우리들도 저들의 영혼을 위하여 복을 빌어야 하는 것이다. 그러면 저들에게 그 복이 이루어지지 않더라도 박해를 복으로 갚은 사람들에게는 하늘에서 아주 큰 상이 주어질 것이다.

"이에 예수께서 이르시되 아버지 저들을 사하여 주옵소서 자기들이 하는 것을 알지 못함이니이다 하시더라"(눅 23:34)

집사 스데반도 예수님을 따라 똑같은 말을 했다. 자신의 설교를 듣다가 분개하여 돌을 들어 자신을 내려칠 때 정신이 혼미한 가운데에서도 무리들을 축복했던 것이다. 저들의 영혼을 구원에 이르게 해달라는 간절한 기도였다. 박해받는 그리스도인들의 축복이 어떤 형태를 띠겠는가? 당연히 하나님께 대한 간절한 기도의 형태를 띠게 되지 않겠는가? 스데반 집사는 박해에 대한 상과 함께 순교에 대한 상도 함께 받았을 것이다. 우리가 박해를 받을 때 우리를 박해하는 사람들을 위해 기도해 주자. 저들이 빨리 저들의 행동을 회개하고 하나님을 만날 수 있도록 기도해주자. 하나님을 만나는 것보다 더 큰 복이 어디 있는가? 그러므로 우리가 만약에 박해를 받을 때에는 저들을 위해 기도해야 한다는 사실을 잊지 말자.

"무릎을 꿇고 크게 불러 이르되 주여 이 죄를 그들에게 돌리지 마옵소서 이 말을 하고 자니라"(행 7:60)

박해를 받을 때 취해야 할 두 번째 태도는 박해가 올 때 참고 견디는 것이다. 사실 일반적으로 말해서 박해가 올 때에 참고 견디는 수밖에 다른 뾰족한 수가 있는 것은 아니다. 박해는 그냥 당할 수밖에 없는 것이다. 미리 예방할 수도 없고 기도하여 예언을 받았다고 해도 어쩔 도리가 없다. 물론 신앙을 후퇴시키면 된다. 그런 자리를 피하면 된다. 피하고 다시 돌아오지 않으면 된다. 하지만 그것은 박해를 받는 것이 아니다. 물론 물리적으로 잠시 피해야 할 때도 있을 것이다. 하지만 피해도 다시 받게 되는 것이 박해이다. 알면서도 당해야 하고 몰라서도 당해야 한다. 그래서 굳건한 믿음이 필요하고 인내가 필요한 것이다. 박해를 받은 사람에게 큰 상을 주시는 이유가 바로 거기에 있다.

"또 수고하여 친히 손으로 일을 하며 모욕을 당한즉 축복하고 박해를 받은즉 참고"(고전 4:12)

"그러므로 너희가 견디고 있는 모든 박해와 환난 중에서 너희 인내와 믿음으로 말미암아 하나님의 여러 교회에서 우리가 친히 자랑하노라"(살후 1:4)

그러면 박해를 받을 때 어떻게 하면 참고 견딜 수 있을까? 참고 견디는 것도 여러 가지다. 마음속에 원한을 품고 언젠가는 이 원수를 갚고야 말겠다고 다짐하는 것도 참고 견디는 것이다. 될 대로 되라는 식으로 세월아 네월아 하면서 모든 것을 포기하고 사는 것도 견디고 참는 것이다. 하나님을 원망하며 술이나 다른 수단으로 시간을 보내면서 괴로움을 잊고자 하는 것도 참고 견디는 것이다. 하지만 예수님은 오히려 박해를 기뻐하라고 가르치지 않으셨던가? 박해가 올 때 정말로 기뻐할 수 있을까? 어떻게 그것이 가능하겠는가? 하지만 예수님께서 가능하니까 그렇게 하라고 하시는 것이다. 물론 이 말씀을 듣고 있던 제자들이 그런 믿음을 가지고 있는 것은 아니었다. 예수님의 가르침들은 그 당시 현장에 있던 제자들이 아니라 성령님으로 인하여 변화될 제자들에게 주시는 말씀이었다. 그래서 예수님은 단순히 기뻐할 뿐만 아니라 즐거워하라고 하신 것이다. 후에 제자들은 실제로 이렇게 박해를 받아들일 수 있었다.

> "나로 말미암아 너희를 욕하고 박해하고 거짓으로 너희를 거슬러 모든 악한 말을 할 때에는 너희에게 복이 있나니 기뻐하고 즐거워하라"(마 5:11-12)

그 다음 말씀에서 예수님은 박해를 받을 때 기뻐하고 즐거워해야 하는 이유를 말씀하신다. 이미 자세하게 설명했지만 선지자들이 똑같은 박해를 받았기 때문이고, 그리고 그것으로 말미암아 선지자들이 받을 큰 상을 박해받는 사람들에게 주시기 때문에 기뻐할 수 있다는 것이다. 물론 하늘의 상의 가치를 아는 사람들에게 해당되는 이야기이다. 그리스도인으로서의 참된 정체성을 소유하고 있지 못한 사람이라면 보이지도 않고 당장 누릴 수도 없는 그런 상을 위해 목숨까지 내놓을 이유가 전혀 없을 것이다. 하지만 이 땅에서의 물질과 영광들이 다 썩어질 것이라는 사실을 너무나도 잘 알고 있는 그리스도인으로서 만약에 하늘의 상이 존재하지 않는다면 그토록 기뻐하면서 박해를 당할 이유도 없을 것이다. 하늘의 상은 그리스도인의 정체성이 작동되게 만들어주는 힘과 능력이 되는 것이다.

"기뻐하고 즐거워하라 하늘에서 너희의 상이 큼이라 너희 전에 있던 선지자들도 이같이 박해하였느니라"(마 5:12)

더 나아가 사도 바울도 박해받는 것을 오히려 기뻐하라고 말하는데, 바울은 하늘의 상과 함께 왜 기뻐할 수 있는지를 구체적으로 설명하고 있다. 그 이유는 우리 성도들은 약할 때가 오히려 강할 때이기 때문이라는 것이다. 성도는 박해를 받을 때가 가장 연약할 때이다. 박해뿐만 아니라 고난이나 역경이나 가난이나 억울함이나 … 아무튼 성도가 성도답게 살려고 애를 쓰다가 환난을 만날 때가 가장 약할 때이다. 그런데 사실은 이 때가 가장 강할 때라는 것이다. 왜냐하면 이때야말로 하나님만을 전적으로 의지할 수 있는 때이기 때문이다. 스스로 아무런 조치도 취할 수 없을 그때, 대응할 수 있는 수단이나 방법이 하나도 없을 때, 그 때야말로 모든 인생보다 사랑과 능력이 크신 하나님만을 의지하게 되는 것이고, 그럴 때는 자기 힘으로 이기는 것이 아니라 하나님의 능력으로 이길 수 있게 되므로 사실상 가장 강할 때라는 것이다. 그래서 박해를 견디고 이겨낼 수 있다는 것이다.

"그러므로 내가 그리스도를 위하여 약한 것들과 능욕과 궁핍과 박해와 곤고를 기뻐하노니 이는 내가 약한 그 때에 강함이라"(고후 12:10)

그 때는 바로 팔복의 첫 번째 복인 심령이 가난한 복으로 충만한 때가 되는 것이다. 하나님 아니면 죽을 것 같을 때이기 때문에 하나님만 전적으로 의지하게 되고, 그것이 극에 달할 때 마침내 천국이 우리의 것이 되는 것이다. 그래서 바울은 그렇게 우리가 박해로 인하여 약해질 때 하나님께서 반드시 책임져주신다고 말하고 있는 것이다. 우리가 하나님께 모든 것을 맡긴다면 이 세상의 아무리 강한 것이 덮쳐 와도 결코 무너지지 않는다. 하늘의 상을 바라보고 세상을 이겨내는 그리스도인의 정체성의 근거는 바로 여기에 있는 것이다. 죽음의 상황에서도 우리를 살리시며, 그렇지 않더라도 영생의 생명으로 우리를 다시 살리시는 하나님이시다.

"박해를 받아도 버린 바 되지 아니하며 거꾸러뜨림을 당하여도 망하지 아니하고"(고후 4:9)

이렇게 본다면 박해받는 것 자체로 인하여 하늘의 상이 주어진다는 의미가 드러나게 된다. 분명히 성도가 박해를 받는 그 자체로 이미 하늘의 상은 보장되지만, 그 박해를 받기까지의 과정이나 박해를 대하는 자세까지 고려하지 않을 수가 없는 것이다. 똑바로 믿으려고 하면 반드시 박해가 따라오게 되어 있지만 그 박해를 대하는 마음가짐을 보면 그 박해가 그에게 어떤 의미인지 분별이 되는 것이다. 박해나 고난을 만날 때 그 상대방을 위해 기도하고 축복하며, 그런 박해를 인간적인 생각으로 저항하거나 편법을 써서 해결하려는 것이 아니라 그저 묵묵히, 예수님께서 묵묵히 십자가를 지신 것처럼, 참고 견디면서 더 큰 유익이 있을 것을 기대하면서 오히려 기뻐한다면 하나님은 그런 박해를 받는 것 자체로 이미 하늘에 큰 상을 준비해놓으신다. 세상을 거슬러 살다보면 자연스럽게 다가오는 이 박해를 통하여 하늘에 보화를 쌓는다는 사실을 깊이 인식하고 있어야 한다.

4. 주님과의 동행 상

담대함이 만들어주는 상

성도가 받을 수 있는 세 번째 큰 상은 고난과 비방과 환난 중에도 담대함으로 이겨낸 데 대한 상이다. 담대함 자체로 상을 받을 수 있는 것은 아니지만 어떤 고난과 박해와 역경 중에서도 그리스도인답게 담대하게 승리하라는 말씀이다. 신앙생활은 세상의 시각으로 보면 연약하고 무능하고 편견에 사로잡힌 듯이 보일 수 있지만, 그런 모든 상황들 가운데에서도 하나님의 자녀다운 담대함이 필요하다는 말씀이다. 신앙 때문에 어떤 어려움에 직면하더라도 끝까지 담대한 마음으로 당당할 수 있어야 한다. 신앙인에게 있어서 담대함은 언제나 반드시 필요하다. 어떤 의미에서 담대함이 없으면 어떤 종류의 큰 상도 기대하기 어려울 수도 있다. 왜냐하면 담대해야 끝까지 모든 것을 이겨낼 수 있기 때문이다.

> "전날에 너희가 빛을 받은 후에 고난의 큰 싸움을 견디어 낸 것을 생각하라 혹은 비방과 환난으로써 사람에게 구경거리가 되고 혹은 이런 형편에 있는 자들과 사귀는 자가 되었으니 너희가 갇힌 자를 동정하고 너희 소유를 빼앗기는 것도 기쁘게 당한 것은 더 낫고 영구한 소유가 있는 줄 앎이라 그러므로 너희 담대함을 버리지 말라 이것이 큰 상을 얻게 하느니라"(히 10:32-35)

그러면 담대함이 있을 때 성도는 어떤 일을 감당할 수 있는가? 가장 먼저 주님께서 주시는 담대함이 있어야 복음을 자신 있게 전할 수 있다. 사실상 복음을 전하는 일은 복음의 최일선에 서서 직접 악의 세력들과 싸우는 일이다. 우리가 만나는 대부분의 복음전도자들이 대개 담대한 사람들이라는 사실은 결코 우연이 아니다. 물론 때로는 눈살을 찌푸리게 만드는 모습들을 보일 때도 있다. 그러나 그렇지 못하다면 일평생 그렇게 일관되게 복음을 전파하는 일은 할 수 없으리라. 복음을 전할 때의 그 담대함이란 기질의 힘이 아니라 성령님의 능력으로 부어주시는 담대함이어야 한다. 하지만 원래 성격이 소심한 사람이 수십 년 동안 복음을 담대하게 전파하는 일을 일관되게 감당하기는 사실상 어렵다. 아무튼 복음전파는 성령님께서 부어주시는 담대함이 넘칠 때에만 가능하게 되는 일이고, 그렇게 복음을 전파하는 사람은 하늘에서 자신이 감당한 것만큼의 큰 상을 받을 수 있게 되는 것이다.

> "두 사도가 오래 있어 주를 힘입어 담대히 말하니 주께서 그들의 손으로 표적과 기사를 행하게 하여 주사 자기 은혜의 말씀을 증언하시니"(행 14:3)
>
> "형제 중 다수가 나의 매임으로 말미암아 주 안에서 신뢰함으로 겁 없이 하나님의 말씀을 더욱 담대히 전하게 되었느니라"(빌 1:14)

그리고 성도들을 향한 권면에도 담대함은 필요하다. 모든 권면을 적나라하게 직접 꾸짖듯이 할 수는 없다. 똑같은 허물이라도 상황과 이유가 다 다르기 때문에 일률적으로 강하게 권면해서는 안 될 것이다. 그러나 정말 하나님의 마음으로 담대하게 권면해야 할 때는 사람 눈치 보지 않고 담대하게 권할 수 있어야 한다. 그리고 그것은 자신의 감정이나 자기 입장에서가 아니라 전적으로 하나님의 은혜로 말미암아 주시는 감동으로 해야 한다. 물론 그렇게 강하게 권면하려면 그 이전에 이미 신뢰의 상태가 조성되어 있어야 할 것이다. 담대하게 권면한다고 해서 무조건적이고 직설적으로 해야 한다는 이야기는 아니다. 그리스도의 사랑이 담긴 마음으로 진실한 마음을 다하여 권면해야 할 것이다. 거기에 담대함이 필요하다는 것이다.

> "그러나 내가 너희로 다시 생각나게 하려고 하나님께서 내게 주신 은혜로 말미암아 더욱 담대히 대략 너희에게 썼노니"(롬 15:15)

몇 년 전에 어느 목회자 세미나에서 큰 교회 유명 목사님이 강의한 적이 있었다. 나는 거기에 참여하지 않았지만 다른 목사님을 통하여 들을 수 있었다. 이분이 강의 중에 특별히 강조하는 이야기가 있었다.

"여러분, 설교 중에 절대 성도를 책망하는 설교는 하지 마십시오. 마음에 부담이 되거나 짐이 되는 설교를 하지 마십시오. 죄를 지적하는 설교를 결코 하지 마시기 바랍니다."

물론 이분의 말씀 속에 들어있는 본의를 모르는 것은 아니다. 죄를 지적하거나 책망하는 설교를 하면 마음에 상처가 되어 떠날 수 있다. 그런 내용들은 성도들의 신앙이 자라면서 자연스럽게 깨닫게 된다. 신앙이 성장하면 자연스럽게 알 수 있는 것을 의도적으로 지적하면 믿음을 떠나게 될 수 있기 때문에 그렇다는 것이다. 하지만 정말 신앙이 자연스럽게 자라나서 저절로 깨닫게 될까? 깨닫는 사람도 있고 못 깨닫는 사람도 있을 것이다. 그런데 성경에 모두 칭찬만 있는가? 성경에 나오는 이야기가 전부 좋기만 한 이야기인가? 성경은 믿음의 승리자들의 책인 동시에 온갖 종류의 실패자들의 책이기도 하다. 실패해보지 않으면 결코 깨닫지 못하는 진리들이 너무나도 많다. 결론은 진리는 지혜롭게 전해야 하지만 담대하지 못하면 제대로 전하기가 어렵다는 것이다. 책망하는 설교를 듣지 않으면 성도의 신앙은 정말 자라기가 힘들다. 상처가 될 수도 있고 혹 잠시 교회를 떠나거나 다른 교회에 갈 수도 있을 것이다. 그럼에도 불구하고 진리는 담대하게 전해야 하는 것이다. 책망하는 설교를 하지 않음으로써 교인들의 숫자가 줄어들지 않을 수는 있겠지만, 책망하는 설교를 하지 않음으로써 교인들의 신앙을 책임지지 못한다면 하늘에서는 어떤 상도 주어질 수 없을 것이다.

이런 담대함과는 다소 의미의 차이가 있겠지만 담대함은 우리 하나님 앞에 나아갈 때에도 반드시 필요하다. 우리가 어떻게 하나님 앞에 떳떳하게 나아갈 수 있을까? 우리가 우리 자신의 영적인 모습을 똑바로 바라볼 수 있다면 우리는 결코 하나님 앞에 나타날 수 없다. 신앙이 성장해 있는 사람이라면 더욱 그렇다. 믿음 좋은 사람은 기도해서 응답을 받거나 많은 사람들을 불러 모아 감동을 주는 사람이 아니라 자신의 작은 죄도 민감하게 느끼고 하나님 앞에 무릎 꿇는 사람이다. 그러므로 믿음이 좋은 사람은 정말이지 하나님 앞에 떳떳하게 나타나기가 어려운 것이다. 그런데 담대함이 있으면 하나님 앞에도 떳떳하게 나아갈 수 있다. 왜냐하면 하나님께서 우리를 긍휼히 여기실 것을 알고 있기 때문이다. 그리고 하나님 앞에 부끄럽기는 해도 책망 받을 것이 적기 때문이다. 또한 모자라기는 해도 우리가 하나님의 자녀이기 때문이다. 하여튼 우리가 담대하지 못하면 하나님 앞에 머리를 들고 나갈 수 없다. 성도의 신앙생활 가운데 담대함이 있어야 하늘의 상으로 이끌려갈 수 있는 것이다.

"그러므로 우리는 긍휼하심을 받고 때를 따라 돕는 은혜를 얻기 위하여 은혜의 보좌 앞에 담대히 나아갈 것이니라"(히 4:16)

"자녀들아 이제 그의 안에 거하라 이는 주께서 나타내신 바 되면 그가 강림하실 때에 우리로 담대함을 얻어 그 앞에서 부끄럽지 않게

하려 함이라"(요일 2:28)

담대함의 뿌리 : 예수님과의 동행

그러면 이 담대함은 어떻게 생기는 것인가? 성경에 보면 담대한 마음은 하나님께서 주신다. 왜냐하면 하나님께서 담대함을 주실 때에는 이유가 있기 때문이다. 우선은 예수님께서 이미 이기셨기 때문에 성도가 담대할 수 있다는 말씀이다. 불확실한 상태에서는 담대하더라도 불안할 수밖에 없다. 그러나 담대하게 행동할 수 있는 확실한 근거가 있다면 거기에 기댈 수 있게 된다. 예수님께서 세상을 이기셨기 때문에 너희는 담대하라고 하셨다면 세상은 싸워서 이겨야 하는 대상이 된다. 그렇지 않다면 세상을 살면서 담대해야 할 이유가 사라지게 된다. 그리스도인으로서 세상의 흐름에 자신을 그냥 내맡긴다면 굳이 담대해야 할 필요는 없다.

"이것을 너희에게 이르는 것은 너희로 내 안에서 평안을 누리게 하려 함이라 세상에서는 너희가 환난을 당하나 담대하라 내가 세상을 이기었노라"(요 16:33)

또한 그리스도인으로서 사명이 있는 한 담대할 수 있다. 하나님께서 사명을 감당하도록 하시기 위해 담대함을 주실 수 있는 것이다. 그리스도인으로서의 삶이라는 사명이 있는 한은 하나님께서 반드시 지켜주신다. 때가 되면 하나님께서 하늘로 올려 가시겠지만, 우리 그리스도인들은 한 사람도 예외 없이 사명을 가지고 있는 사람들이다. 특별하게 타국에 가서 복음을 전하는 것만 사명이 아니라, 어려운 사람들이나 특수한 상황 속에서 하나님의 일을 하는 것만이 사명이 아니라, 그리스도인으로서의 삶 자체가 사명이다. 흔히 사명자라는 말을 사용하지만 전임으로 하나님의 일을 감당하건 생활 가운데에서 그리스도인으로서의 향기를 퍼뜨리는 일을 감당하건 사명은 동일한 것이다. 그리스도인으로서의 사명을 생각하지 않고 사는 사람들이 많지만 이제는 그리스도인 모두가 사명자라는 생각을 품을 수 있어야 한다. 그러면 세상에 어떤 위협이 와도 담대할 수 있다. 그리고 그것이 건강한 그리스도인의 정체성인 것이다.

"그 날 밤에 주께서 바울 곁에 서서 이르시되 담대하라 네가 예루살렘에서 나의 일을 증언한 것 같이 로마에서도 증언하여야 하리라 하시니라"(행 23:11)

베드로는 원래 겁이 많은 사람이었지만 담대한 사람으로 변화되었다. 그리하여 3,000명 이상이 모인 곳에서 담대하게 설교하여 그 자리에서 수많은 사람들을 회개하게 만들었다. 마가 요한은 바울 및 바나바와 함께 선교여행을 갔다가 실패하고 돌아갔던 사람이었지만, 나중에는 바울의 인정을 받을 만큼 담대한 사람으로 변하였다. 담대함은 주와 함께 있는 것으로부터 출발한다. 바울은 차라리 우리의 몸을 떠나 주님과 함께 있는 것을 더 소원한다고 했지만, 그러나 몸으로 살아 있든지 몸을 떠나 영으로 주님과 함께 있든지 동일한 것이므로 언제나 담대할 수 있다고 하였다. 그러므로 담대함이란 곧 예수님과 함께하며 예수님을 따르는 데에서부터 시작되는 것이다. 다른 말로 하면 담대함이란 예수님이 계신 그곳에 예수님과 함께 있는 것과 동의어이다. 생각해 보라! 예수님을 따르지 않고 그 어떤 담대함이 생기겠는가? 우리가 주와 함께한다고 해서 몸으로 직접 함께 있는 것은 아니지만, 몸으로 있든지 몸을 떠나든지 주님을 기쁘시게 하는 것이 주님과 함께하는 것이다. 담대함은 어떤 형태이든 주님과 함께하는 것으로부터 출발한다.

"그러므로 우리가 항상 담대하여 몸으로 있을 때에는 주와 따로 있는 줄을 아노니 이는 우리가 믿음으로 행하고 보는 것으로 행하지 아니함이로라 우리가 담대하여 원하는 바는 차라리 몸을 떠나 주와 함께 있는 그것이라 그런즉 우리는 몸으로 있든지 떠나든지 주를 기쁘시게 하는 자가 되기를 힘쓰노라"(고후 5:6-9)

물론 담대함을 만들어내는 요소는 다양할 수 있다. 하늘에 대한 소망과 하나님을 바라보는 소망도 우리를 담대하게 만들어준다. 인간은 모두 마찬가지이지만 소망이 강하면 생각이나 행동이 강하게 나타나게 된다. 하늘에 대한 강한 소망이 성도를 담대하게 만들어주는 것은 당연하다. 우리는 지금 그리스도인의 정체성을 이야기하면서 하늘의 상을 언급하는 가운데 담대함을 이야기하고 있다. 담대함이 하나님을 향한 삶 속에서 큰 상을 받을 수 있게 만들어준다는 것은 우리도 그 큰 상을 향한 소망을 가지고 그리스도인으로서의 정체성을 확립하고 거기에 맞는 열매를 거두어들이게 하기 위해서이다. 소망이 담대함을 만들어주므로 더 큰 소망을 바라보아야 할 것이다.

"우리가 이 같은 소망이 있으므로 담대히 말하노니"(고후 3:12)

지극히 당연한 말이지만, 성령 충만할 때 담대함을 주신다. 성령 충만은 어떻게 받을 수 있을까? 오순절 마가의 다락방에서처럼 갑자기 하늘에서 불같은 성령님이 내려오시기를 부르짖어야만 할까? 결코 그렇지 않다. 성령님은 오순절 이후로 그리스도인들의 심령 가운데 살아 계신다. 성령님으로 충만하게 하고 싶으면 자신을 다 버리면 된다. 자기 생각을 버리고 고집을 버리고 경험이나 지식도 버려야 한다. 욕심이나 인간적인 목표도 다 내려놓아야 한다. 아무리 오랜 시간 동안 빌고 또 빌고 소리치고 눈물로 빌어도 자기를 버리지 않으면 성령 충만은 받기 어렵다. 일부 뜨거움이나 신비한 현상이 동반될 때도 있겠지만 성령 충만의 기본은 자기가 사라져야 되는 것이다. 성령님께서 마음대로 나를 지배하게 되실 그 때가 가장 성령 충만한 때인 것이다. 곧 성령 충만한 상태는 자기를 비운 상태이고 그것은 바로 예수님과의 동행을 의미하는 것이다.

"빌기를 다하매 모인 곳이 진동하더니 무리가 다 성령이 충만하여 담대히 하나님의 말씀을 전하니라"(행 4:31)

담대함을 불러일으키는 요인들을 한 마디로 하면 예수님과의 동행이다. 그런데 동행이라고 하면 흔히 '나와 함께 하시는 하나님'이라고 생각한다. 그렇게들 알고 있으며 그렇게들 믿고 싶어 한다. 구약성경에는 그런 구절들이 많이 나와 있다. 하지만 신약시대에 와서는 주님께서 성령님으로 나와 함께 이미 계신다. 이미 함께 계시는 하나님을 또다시 함께 하시기를 원한다고 한들 그것은 별 의미가 없다. 이미 계신 하나님을 더 가까이하기 위해서는 자신이 버릴 것을 버리고 비울 것을 비워야 한다. 그러므로 이제는 하나님께서 나와 함께 하시는 것이 아니라 내가 하나님과 함께 해야 한다. 하나님께서 나와 동행하시는 것이 아니라 내가 하나님과 동행하는 것이다. 이미 하나님은 동행하고 계신다. 하나님을 잡은 손을 놓는 것은 우리들이다. 성경에도 예수님께서 사람들과 동행하시는 것이 아니라 사람들이 예수님과 동행하는 모습을 자주 볼 수 있다.

"그 후에 예수께서 나인이란 성으로 가실새 제자와 많은 무리가 동행하더니"(눅 7:11)

생각해보라. 예수님께서 제자들을 따라다니는 것이 예수님과의 동행이겠는가, 아니면 제자들이 예수님을 따라다니는 것이 예수님과의 동행이겠는가? 예수님과 동행한다는 것은 예수님을 섬긴다는 말씀이다. 그리고 예수님을 섬긴다는 것은 예수님 계신 곳에 함께 있는 것이다. 예수님 계신 곳에 함께 있다는 말은 예수님의 시각으로 세상과 사람들을 바라보고 예수님의 손길로 사람들을 섬기며 예수님의 발걸음을 따라 예수님께서 가시는 곳으로 함께 가는 것이다.

> "사람이 나를 섬기려면 나를 따르라 나 있는 곳에 나를 섬기는 자도 거기 있으리니 사람이 나를 섬기면 내 아버지께서 그를 귀히 여기시리라"(요 12:26)

그렇다면 이제 더 이상 내가 가는 곳에 예수님께서 따라오신다는 생각을 버려야 한다. 자기중심적인 신앙으로는 예수님이 자신을 위하여 존재하시는 것처럼 생각되겠지만, 자기가 다 결정해서 계획을 세워놓고 하나님께 따라오라고 해서는 안 된다. 그런 기도는 하나님께서 들어주실 수가 없다. 물론 신앙이 어릴 때에는 들어주실 때도 있다. 하지만 주님과의 동행을 생각할 수 있는 신앙이 되면 이제는 예수님을 섬기는 성도가 되어야 한다. 그러므로 예수님을 섬긴다고 할 때 내가 예수님을 따라가는 것임을 잊지 말자. 담대함은 우리가 주님과 동행할 때 하나님께서 주시는 것이다. 주님과 동행하기 위해 주님을 따르지 않는 사람에게는 담대함을 주실 수가 없다. 그리고 그렇게 담대함을 얻지 못하면 담대함으로 인하여 주어지는 하늘의 큰 상을 받을 수가 없다. 물론 우리가 단순히 상을 얻기 위해서 충성해야 하는 것은 아니다. 하지만 마음으로부터 충성하면 하늘의 상은 자연스럽게 따라오는 것이다. 육신을 입고 있는 인간으로서는 자신의 힘만으로 하늘의 상을 받을 수 없다. 주님과 동행할 때 주시는 담대함이 있어야만 승리할 수 있는 것이다.

주님과 동행해도 오는 고난

그런데 주님과의 동행에서 우리가 반드시 알아야 할 것이 있다. 주님과 동행해도 우리에게는 문제나 고난이 닥칠 수 있다는 점이다. 육신을 입고 있는 이상, 그 육신을 벗어나지 않는 이상 문제는 항상 있다. 믿지 많은 사람들이 만나는 모든 고난을 얼마든지 당할 수 있다. 오히려 더 큰 어려움을 당할 때도 있다. 보통 신앙인의 가정에 좀 어려움이 생기거나 아픈 일이 생기는 것을 보고 빈정거리는 사람들이 있다.

"교회 다니는 사람들이 왜 아플까요? 하나님이 지켜주신다면서 … "

기독교에 대해서 부정적인 사람들 가운데는 이런 시각을 가지고 반대하는 사람들이 많았다. 자신이 경험했던 신앙인에 대한 좋지 않은 기억, 어떤 식으로든 교회와 관련된 마찰 등이 그런 시각을 만들었을 것이다. 비판적으로 바라보는 사람들의 눈에는 모든 것이 비뚤어지게 보일 수밖에 없다. 그래서 신앙인들이 고난을 당하면 빈정거리게 되는 것이다. 그런데 교회에 다니면서 열심히 믿는 사람들 가운데에도 이런 시각이 강했었다. 그래서 더 열심히 돈을 벌고 더 큰 (축)복을 받아야 한다고 주장하는 사람들도 많았었다. 부흥사들도 강단에서 설교할 때에 이런 이상한 논리로 성도들을 부축이곤 하였다.

"교회 다니는 사람들도 잘 살아야 되겠더라고요. 못 사니까 본이 안 되어 전도가 안 돼요."

하지만 기독교 신자가 못살아서 전도가 안 될까? 그렇다면 오늘날 기독교는 존재할 수 없다. 왜냐하면 예수님 당시부터 초대교회를 지나면서 대부분의 성도들은 어려운 사람들이었기 때문이다. 못살고 박해 받고 쫓겨 다니던 사람들이 그런 시절을 거치면서 오히려 기독교는 확산되지 않았던가? 죽음도 불사하고 짐승에게 찢겨죽거나 불에 타서 죽거나 십자가에 매달려서 죽더라도 그들의 신앙을 막지는 못했다. 그런데 그 기독교 신앙이 온 세상을 삼켜버렸다. 세상을 지배하게 되어 버렸다. 어느 정도로 복음이 확산되었느냐 하면 로마 황제가 기독교를 인정하고 나중에는 국교로 선포되기까지 부흥되었다. AD 313년에 로마의 콘스탄틴 황제가 기독교를 로마의 종교 중 하나로 공인하였고, AD 380년에 테오도시우스 황제가 기독교를 로마의 국교로 선포하지 않았던가?

주님과 동행한다고 해서 모든 것이 술술 잘 풀리고 아무런 문제도 생기지 않는 것은 아니다. 어쩌면 주님과 동행할 때에 더욱 문제가 많이 생길 수 있다. 복음서에 보면 예수님께서 동행하신 채로 제자들이 갈릴리 바다를 건너던 중에 큰 풍랑이 일었다. 그리하여 배에 물이 가득 찰 정도까지 되었다. 평생을 바다에서 살았던 제자들조차 겁에 질릴 수밖에 없는 강항 풍랑이었다. 오죽하면 제자들이 이제는 죽었구나 하면서 고물에서 주무시던 예수님을 깨웠겠는가?

"제자들이 나아와 깨워 이르되 주여 주여 우리가 죽겠나이다 한대"
(눅 8:24上)

사도 바울이 로마로 압송되어 가던 중에 유라굴로라는 광풍을 만났다. 배에 싣고 가던 짐도 다 내버리고 배의 기구조차도 다 버렸다. 배에 탄 군인들과 선원들과 죄수들은 조금도 먹지 못하고 죽을 고생을 하고 있었다. 풍랑이 너무 강해서 살아날 소망마저 사라져버릴 정도가 되었다. 그 배에 예수님께서 동행하시는 바울이 타고 있었음에도 지독한 고생을 함께 할 뿐이었다. 이 바울에게 주님께서 나타나셔서 힘을 더하여 주셨지만, 그렇다고 풍랑이 비껴간 것은 아니었다.

> "여러 날 동안 해도 별도 보이지 아니하고 큰 풍랑이 그대로 있으매 구원의 여망마저 없어졌더라 … 바울아 두려워하지 말라 네가 가이사 앞에 서야 하겠고 또 하나님께서 너와 함께 항해하는 자를 다 네게 주셨다 하였으니"(행 27:20, 24)

이쯤 되면 주님과 동행한다는 것이 결코 쉽지 않다는 것을 알게 된다. 주님과 동행하면 오히려 문제가 생길 수 있다. 주님과 동행하면 사람들로부터 박해를 받을 수도 있다. 주님과 동행하면 세상에서 어려움을 당할 수 있다. 주님과 동행하면 사업이 망할 수도 있다. 그런데 그리스도인들은 주님과의 동행이 없으면 아무 것도 아니다. 그러므로 주님과의 동행은 반드시 필요하지만 무조건 기뻐할 일도 아니다. 여기에 말씀과 삶 사이에 엄청난 공간이 생겨버리는 것이다. 지금 우리의 주제는 하늘의 큰 상으로 이끌어주는 담대함이다. 담대하지 못하면 하늘의 상을 바라기는 힘들다. 담대하려면 주님과 동행해야 한다. 주님과의 동행에는 많은 어려움이 따라올 수도 있다. 하지만 그렇기 때문에 주님과 동행하면서 담대하게 이겨낸 사람에게는 하늘의 큰 상이 주어지는 것이다.

주님과의 동행 자체가 큰 상

사실 우리 성도들이 아무 것도 상 받을 것이 없다고 느낄 때조차도 우리는 큰 상을 받을 수 있다. 주님과 동행함으로써 담대함을 얻고, 그 담대함으로 세상과 싸워 이길 때 하늘에서는 큰 상이 주어진다. 하지만 우리가 알아야 할 것은 주님과 동행하는 것 자체가 이미 큰 상이라는 사실이다. 주님께서 내 곁에 오셔서 나와 동행하신다는 개념이 아니라, 내가 주님 곁에 따라다니면서 동행한다는 개념을 가지고 주님 곁을 떠나지 않고 모든 고난을 이겨내는 것 자체가 큰 상이라는 것이다. 성경에는 아무 것도 한 일이 없지만 누구보다도 큰 상을 받은 한 사람이 나타난다. 에녹은 행한 일이 기록되지 않았지만 하나님과 동행함으로써 산 채로 천국에 들려올라간 사람이었다.

"에녹이 하나님과 동행하더니 하나님이 그를 데려가시므로 세상에 있지 아니하였더라"(창 5:24)

하나님과 항상 동행하다가 결국 죽음을 보지 않고 하늘로 올라간 것이었다. 에녹은 삶의 현장에서 언제나 하나님과 동행하였다. 상상이기는 하지만 그 당시에 하나님과 동행하는 사람으로써 구체적으로 한 일은 무엇이었을까? 오늘날처럼 전도하여 하나님 앞으로 인도하는 일도 없었을 것이고, 복음을 설명하면서 구원의 도리를 제시하는 일도 없었을 것이다. 그렇다면 에녹은 어떻게 하나님과 동행할 수 있었을까? 신앙생활이라고 특별히 따로 행하는 일도 없었을 것 같은데 하나님은 어떻게 에녹과 동행하셨단 말인가? 물론 성경에는 그런 설명은 나와 있지 않다. 눈여겨 볼 부분은 아담의 자손들에 대해서는 공통적으로 "누구를 낳은 후 몇 백 년을 지내며 자녀들을 낳았으며"라는 구절들을 사용하는데 유독 에녹에게서만은 "몇 백 년을 지내며 자녀들을 낳았으며"가 아니라 "삼백 년을 하나님과 동행하며 자녀들을 낳았으며"라고 기록하고 있는 점이다. 에녹과 다른 사람들의 중차대한 차이점은 에녹만이 하나님과 동행했다는 것이다.

"므두셀라를 낳은 후 삼백 년을 하나님과 동행하며 자녀들을 낳았

으며"(창 5:22)

에녹이 하나님과 동행하며 한 일이라고는 자녀들을 낳은 것밖에는 없는지도 모르겠다. 물론 그것 밖에 없는 것은 아니다. 유다서에 보면 거짓 교사들에 대하여 에녹이 예언한 것을 볼 수 있다. 유다가 어떤 기록을 (혹은 구전을) 근거로 이 글을 썼는지는 오늘날에야 전혀 알 수 없지만, 아무튼 에녹이 하나님과 동행하며 자녀를 낳았다는 것은 수도사나 금욕주의자가 아니라 그냥 생활인으로서 하나님과 동행했다는 사실을 말해주고 있는 것이다. 이것이 진짜 신앙인이 아닌가?

"아담의 칠대손 에녹이 이 사람들에 대하여도 예언하여 이르되 보라 주께서 그 수만의 거룩한 자와 함께 임하셨나니"(유 1:14-15)

지금 에녹이 한 일을 설명하려고 하는 것이 아니라 하나님과의 동행에 초점을 맞추고 있다. 하나님과 동행하면서 생활하는 과정 중에 수많은 문제와 어려움이 있었을 것이라는 이야기이다. 그럼에도 불구하고 언제나 하나님과 동행한 에녹에게 주어진 상은 죽음을 보지 않고 천국에 간 것이었다. 이것보다 더 큰 상이 어디에 있겠는가? 에녹이 얼마만큼 하나님과 동행했는지는 알 수 없지만 아마도 일상의 모든 문제를 하나님 앞에서 했던 것이 아닐까 추정해볼 수 있을 것이다. 마치 에덴동산에서 아담과 하와가 하나님 앞에서 살았던 것처럼 말이다. 하나님과의 동행에 최선을 다한다면 에녹처럼 살아서 하늘로 올려가지는 않겠지만 하늘에서 큰 상을 준비하실 것만은 틀림이 없다.

성경에는 죽지 않고 하늘로 올라간 또 한 사람이 등장한다. 북이스라엘 여호람 왕 때 엘리야는 회오리바람을 타고 하늘로 올라갔다. 흔히들 엘리야가 불수레를 타고 하늘로 올라갔다고들 하지만 엘리야는 그냥 회오리바람으로 하늘로 올라간 것이다. 어쨌든 엘리야는 에녹 이후로 유일하게 산 채로 하늘로 올라간 사람이다. 그러면 엘리야도 하나님과 항상 동행했다는 말이 되지 않겠는가? 물론 엘리야는 하나님과 동행했다는 설명 없이 산 채로 하늘로 올라갔다.

"두 사람이 길을 가며 말하더니 불수레와 불말들이 두 사람을 갈라 놓고 엘리야가 회오리바람으로 하늘로 올라가더라"(왕하 2:11)

어느 하나만으로 엘리야가 하나님과 동행했다는 결정적인 증거가 되는 것은 아니지만, 예를 들어 엘리야에게 임한 천사를 보면 하나님께서 엘리야와 동행하셨다는 증거를 삼을 수는 있을 것이다. 엘리야가 바알과 아세라 선지자 850명을 죽이고 이세벨의 협박에 완전히 탈진하여 도망치다가 로뎀 나무 아래 쓰러져 깊은 잠에 빠졌는데, 그 때 천사가 나타났다. 천사는 두 번이나 와서 떡과 물을 먹게 한다. 성경에서 천사가 나타나서 직접 음식을 주고 간 사람은 엘리야밖에는 없다. 대부분은 심판을 내리거나 명령을 전달하거나 이상을 보이기 위해서 천사가 나타난다. 그런데 엘리야에게만은 천사가 나타나서 직접 음식을 제공한다. 남들에게서 볼 수 없는 이런 현상도 엘리야가 하나님과 동행했다는 간접 증거는 될 수 있을 것이다.

"로뎀 나무 아래에 누워 자더니 천사가 그를 어루만지며 그에게 이르되 일어나서 먹으라 하는지라 … 여호와의 천사가 또 다시 와서 어루만지며 이르되 일어나 먹으라 네가 갈 길을 다 가지 못할까 하노라 하는지라"(왕상 19:5, 7)

그리고 자세한 설명은 하지 않겠지만 그 당시 바알에게 무릎을 꿇지 않는 7천 명의 하나님의 백성들이 있었다(왕상 19:18). 하나님께서 숨어있던 7천 명의 성도들을 남겨둔 채 엘리야로 하여금 이세벨에게 하나님이 말씀을 선포하게 하셨다는 사실을 생각하면, 복합적으로 볼 때 이 또한 엘리야가 하나님과 동행하는 사람이었다는 증거로 삼을 수도 있을 것이다. 또 한 가지 하나님 동행의 증거로 볼 수 있는 것이 있다. 그의 제자 엘리사가 엘리야의 능력을 이어받아 겉옷으로 물을 쳤을 때 물이 이리저리 갈라지는 것을 보고 다른 제자들이 한 말에서 엘리야가 하나님과 동행했다는 것을 알 수 있다. 결국 엘리야가 죽음을 보지 않고 천국에 간 것도 하나님과의 동행에 대한 상이었던 것이다. 그것은 '엘리야의 성령'이라는 말에서 추정해볼 수 있다. 물론 '엘리야의 성령'이라 함은 엘리야에게 임하셨던 성령의 눈에 보이는 현상을 말하는 것이다. 그러나 다른 사람 혹은 다른 제자들에게는 나타나지 않는 현상이 엘리야에게서만은 풍부하게 나타났다는 것은 엘리야가 항상 하나님과 동행하는 사람이었다는 반증이 되는 것이다. 하나님의 동행이 제자들의 눈에는 엘리야에게만 임하시는 성령님으로 이해되었던 것이다.

> "맞은편 여리고에 있는 선지자의 제자들이 그를 보며 말하기를 '엘리야의 성령'이 하시는 역사가 엘리사 위에 머물렀다 하고 그에게로 나아가 땅에 엎드려 그에게 경배하고"(왕하 2:15)

담대함이란 하나님과 동행할 때 겉으로 가장 잘 드러나는 증거인데, 그 담대함이 이 세상과 자신과 싸워서 승리할 수 있게 해주는 것이고, 그 승리가 하늘의 큰 상으로 연결된다는 것을 알 수 있다. 거꾸로 말해서 만약에 담대함이 없다면 하나님과 동행하고 있는지 뒤돌아보아야 하는 것이다. 물론 담대함이 꼭 겉으로 용감하고 대담하고 활기차고 씩씩한 것만을 의미하지는 않는다. 조용한 담대함, 신중한 담대함, 거룩한 담대함도 얼마든지 있을 수 있다. 물론 이 말에는 그리스도인으로서 필요할 때 필요한 태도를 명확하게 드러낸다는 전제가 있어야 한다. 예수님은 제자들에게 주님과의 동행이 어떤 것인가를 더 정확하게 설명해 주셨다. 자기를 부정해야 하나님과 동행할 수 있다. 에녹이든 엘리야든 하나님 앞에서 분명히 자기 자신을 부정했을 것이다. 자기가 살아있다면 하나님은 온전하게 동행하실 수가 없다. 엘리야의 성령님이라는 말에서 엘리야도 늘 자신을 부정하는 사람이었음을 어렵지 않게 추정해볼 수 있는 것이다. 왜냐하면 구약의 성령님은 수시로 떠나실 수 있는 분이셨기 때문이다. 엘리야의 성령이라는 말은 엘리야가 늘 자신을 비우고 버리는 사람이었다는 것을 뜻하는 것이다. 그런데 그 어려운 것을 예수님은 우리들에게 요구하고 계신다.

"또 무리에게 이르시되 아무든지 나를 따라오려거든 자기를 부인하고 날마다 제 십자가를 지고 나를 따를 것이니라"(눅 9:23)

심지어 예수님과의 동행은 목숨조차도 아까워하지 말아야 할 때가 있음을 말씀하신다. 자기부인이란 목숨까지도 하나님께 맡기지 않으면 생길 수 없는 마음이다. 그런데 그리스도인이란 이렇게 자신을 부인할 수 있는 사람이라는 뜻이다. 자기를 부정하기 위해 부단히 노력해야 한다는 말이 아니다. 자기를 부정하기 위해 금식하고 기도하며 끊임없이 갈고 닦아야 한다는 말도 아니다. 그리스도인이라는 말 속에 이미 자기를 부인하고 예수님과 동행하는 사람이라는 뜻이 다 들어있다. 그러면 왜 우리는 늘 예수님과 동행하고 있지 못하는가? 동행하고 있지 못한 것이 아니라 자기를 비우지 못하고 있는 것이다. 심지어 목숨까지라도 버릴 결단이 있는 사람이라면 언제라도 예수님과 동행할 수 있게 된다. 예수님을 믿는 것은 목숨을 내놓는 것이다. 이런 인식이 있어야 예수님과 동행할 수 있는 것이다.

"누구든지 제 목숨을 구원하고자 하면 잃을 것이요 누구든지 나를

위하여 제 목숨을 잃으면 구원하리라"(눅 9:24)

자기목숨뿐만 아니라 그 전에 부모와 처자와 형제까지라도 포기할 수 없다면 예수님의 제자가 될 수 없다. 예수님과 동행하기 위하여 이 땅에서 포기해야 할 것들이 너무 많다. 그럼에도 불구하고 이런 것들을 포기하지 못한다면 예수님과는 더 이상 동행할 수 없다. 말이나 글로는 동행한다고 하는데 마음과 심령으로는 동행하지 못하는 것이다. 더 이상 주님을 못 따라가게 될 것이다. 일단 모든 것을 포기하고 예수님과 동행하게 되면 두려움이 없어진다. 저절로 담대함을 생기게 된다. 세상에 무서울 것이 없어진다. 이만큼 주님과의 동행을 확신하지 않으면 담대함은 생길 수 없다.

"무릇 내게 오는 자가 자기 부모와 처자와 형제와 자매와 더욱이 자기 목숨까지 미워하지 아니하면 능히 내 제자가 되지 못하고"(눅 14:26)

우리의 삶은 이 땅에서 끝나는 것이 아니다. 쉽게 말하면 이 땅에서의 삶은 저 하늘에서 주님과 영원한 동행을 누릴 수 있게 하는 훈련의 장이다. 그렇다면 우리는 이 땅에서 항상 주님과 동행하는 사람이어야 한다. 주님이 계신 곳에 우리가 가서 주님과 동행해야 한다. 주님이 바라보시는 곳에 우리가 가 있어야 한다. 주님이 원하시는 곳이라면 여건이나 조건이 어렵더라도, 박해가 있더라도 그곳에 있어야 한다. 그리고 주님과 함께 동행하는 길에 그 어떤 문제나 고난이나 역경이 닥친다고 해도 우리는 결코 주님의 손을 놓지 말고 오히려 꽉 붙들어야 한다. 그렇게 우리가 주님과 동행할 때에는 어려워도 힘들어도 담대할 수 있다. 곤란을 당해도 담대할 수 있고 실패해도 기죽지 않는다. 왜냐하면 그 길은 주님의 길이기 때문이다. 어찌하든지 주님과 동행하려고 애를 쓰고, 담대하게 우리의 갈 길을 열심히 가야 한다.

   그리스도인의 정체성은 하늘의 상에 대한 소망으로 지켜질 수 있는 동시에 그 소망이 이루어지는 과정 중에서도 그대로 드러나야 한다. 새로운 피조물로서 그리스도인의 정체성 가운데 중요한 특징이 담대함이고 그 담대함을 만들어주는 것이 하나님과의 동행이라면, 하나님과의 동행 자체가 하늘의 상이며 이 땅에서 부어주시는 또 다른 의미의 상일 것이다. 엄밀한 의미에서 하나님과 동행하지 못하는 그리스도인은 있을 수 없다. 왜냐하면 그리스도인은 십자가 위에서 그리스도와 함께 옛사람이 죽고 그리스도의 부활과 함께 거듭난 백성이기 때문이다. 거듭난 백성의 특징은 그리스도와의 연합인데 그것은 하나님의 임재를 의미하는 것이며, 하나님의 임재는 자연스럽게 하나님과의 동행으로 이어질 수밖에 없다. 그런데도 하나님과 동행하지 못하는 그리스도인은 십자가 밑으로 다시 돌아가 그리스도인으로서의 정체성을 회복해야 한다. 물론 그 정체성을 회복하기 위해서 하늘의 상을 소망할 수 있어야 하고, 그 하늘의 상을 보장해주는 것이 바로 담대함인 것이다. 우리 안에 계시는 성령님께 간구하여 우리를 버리고 성령님으로 충만하게 하자. 그것이 그리스도인으로서의 진정한 정체성을 회복할 수 있는 길이다.

5. 하늘의 영원한 상

보상종교인가 은혜종교인가?

우리는 지금 하늘의 상에 대하여 살펴보고 있지만, 이쯤 해서 반드시 짚고 넘어가야 할 문제가 있다. 기독교 복음은 인간의 전적인 타락으로 인하여 하나님의 절대은혜에 의해서 오직 믿음으로만 성립된다. 인간은 태어나면서부터 타락해 있으므로 예수 그리스도의 보혈에 의지하지 않고는 구원이 있을 수 없다. 그렇기 때문에 인간으로서 그 어떤 행위를 바친다고 해서 구원이 성립되는 것이 아니고 하나님의 전적인 은혜에 의해 그 사실을 믿음으로써만이 구원이 이루어지는 것이다. 즉, 인간의 구원은 전적으로 하나님의 은혜로써 공로 없이 얻어지는 것이다.

그렇다면 여기에서 의문이 생길 수 있다. 하늘의 상, 보상은 뭐라고 설명할 것인가? 믿음에 의해서이기는 하지만, 어떤 행위로 말미암아 보상이 주어진다면 그것은 하나님의 은혜라고 말하기는 어려운 것이 아닌가? 뭔가 행위를 보여드림으로써 상을 얻는다면 그러면 다른 종교와 무엇이 다른가? 행함으로써 보상이 주어지는 종교라면 모순일 수밖에 없고 그러면 복음은 엉터리가 아닌가? 만약에 행위에 의해 보상이 주어진다면 한 걸음 더 나아가 믿음으로 인한 구원이 아니라 행위구원으로 잘못 알려질 수도 있는 것이 아닌가?

　이런 점에 대해서 분명하고 명확한 정의를 내린 후에야 그리스도인들이 이 땅에서 헌신한 이후에 받게 되는 하늘의 상에 대하여 제대로 말할 수 있을 것이다. 분명한 것은 하늘의 상은 행위로 인한 보상의 개념이 아니라는 것이다. 말하자면 이 하늘의 상이라고 해서 어떤 일을 했을 때 주어지는 단회성 보상이 아니라는 것이다. 그 행위 자체에 대한 직접적인 보상이 아닌 것이다. 하늘의 상은 믿음의 결과를 따라오는 자연스러운 현상일 뿐이다. 어떤 행위를 했을 때 특별히 주어지는 보상이 아니라 그 행위를 따라 저절로 나타나는 현상인 것이다. 예를 들어보자. 우리가 꽃 한 송이를 피우기 위하여 씨앗을 땅에 심었다고 하자. 싹이 돋아나게 할 충분한 조건이 주어졌을 때 생명이 움트기 시작하는데, 이 때 그 어떤 식물도 땅속에 있는 씨앗에서 곧바로 꽃이 올라오지는 않는다. 아무리 조건이 좋아도, 아무리 씨앗이 건강해도 반드시 싹부터 올라오게 되어 있다. 그것은 자연현상이며 그 어떤 식물도 예외가 없다.

　이와 마찬가지로 하늘에서 주어지는 보상도 어떤 행위에 대해 곧바로 주어지는 것이 아니다. 말하자면 씨앗을 심는 행위를 따라 곧바로 꽃으로 보상이 주어지는 것이 아니다. 씨앗을 심고 물을 주고 햇볕이 비치면 자연스럽게 싹이 나오고, 벌레나 바람에 해를 입지 않도록 가꾸면 줄기가 나오고 마침내 꽃이 피는 것처럼, 우리가 이 땅에서 주님의 말씀을 따라 주님의 영광을 위해 열심히 헌신하고 이웃을 진심으로 사랑하고 돕고 빛과 소금의 역할을 잘 감당하다 보면 하늘의 상을 의식하지 않더라도 하늘에서는 우리의 상이 차곡차곡 열리는 것이다. 다만 특별히 하늘의 상을 바라고 헌신하라고 권면하는 것은 우리가 어떻게 하면 하나님께서 원하시는 삶을 살 수 있을까를 생각하면서, 그리고 그럴 때 하늘에서는 어떤 보상이 꽃이나 열매처럼 맺히고 있을까를 보다 정확하게 앎으로써 그리스도인다운 삶을 살 수 있는 힘을 얻게 하기 위해서인 것이다. 그러므로 기독교를 가리켜 보상종교니 행위종교니 하는 말은 맞는 이야기가 아니다.

기독교는 절대적으로 은혜종교이다. 하늘의 상이라는 말은 성도는 그 어떤 보상도 필요 없을 만큼 복되고 복된 하나님의 자녀라는 권세를 받았지만, 하나님께서는 그분의 자녀들을 사랑하시어 그 위에 덤으로 상을 주시는 것이다. 그러니까 참된 삶을 위하여 하늘의 상을 약속하시지만 그 상만 바라보고 이리저리 움직인다면 그것은 빈껍데기밖에는 되지 않는 것이다. 그리고 똑같은 행위라고 하더라도 그 행위에 대해 무조건 똑같은 상이 주어지는 것이 아니라 얼마만큼 진정한 마음으로 하나님을 사랑하며 헌신하는가에 따라 천차만별이 될 수 있는 것이다. 사람의 행위는 사람은 겉으로 드러나는 현상을 보게 되지만 하나님께서는 우리의 행위 자체를 보시는 것이 아니라 우리 심령의 진실성을 더 깊이 보시기 때문이다. 물론 진실한 마음일수록 남다른 행동을 보이게 되는 것이 일반적이지만, 하나님은 그것조차도 더 깊은 내면의 심령을 보고 분별하시는 것이다.

그러므로 하늘의 상을 받는 여러 길이 있지만 가장 중요한 것은 마음을 다하고 뜻을 다하고 목숨을 다하는 간절함인 것이다. 자식이 귀신들려 고통당하는 수로보니게 여인처럼, 악한 관원을 통하여 원한을 풀기 원하는 가난한 과부처럼, 길가에서 부르짖어 예수님께 소리치는 맹인들이나 나병환자들처럼, 또 군중들 틈에서 예수님 옷자락에 손을 댄 혈루증 앓는 여인처럼 그렇게 순수하고 최선을 다하는 행위에 대해서만 하늘의 상은 주어지는 것이다. 우리는 우리의 헌신에 대한 보상으로 하늘의 상이 주어진다고 생각하면 안 된다. 다만 어떻게 할 때 하늘에서 어떤 상이 오는 것인지는 알고 살아야 한다. 하늘의 상을 의식할 필요는 없지만 분별은 할 수 있어야 한다는 것이다. 그것은 이 땅의 복에서 눈을 떼어 하늘을 쳐다보게 하기 위해서이다. 그리스도인으로서의 정체성을 지킬 수 있는 능력이 되게 하기 위함인 것이다. 그래서 더욱 예수님의 제자로서의 길을 걸어갈 수 있게 하는 것이다. 이것이 하늘의 상에 대하여 살펴보아야 하는 이유이다.

하나님나라의 상속자

하늘의 상이라고 할 때 가장 먼저 생각나는 것은 '천국의 상속자'라는 개념이다. 성경이 말씀하시는 상속자란 무슨 뜻일까? 우리는 믿기만 하면 상속자가 될 것이라고 생각하지만 그저 마음의 동의만으로 끝날 일은 아니다. 왜냐하면 내가 믿는다고 할 때 그 믿음의 내용이 상당히 다양할 수 있기 때문이다. 예를 들어 지금 우리 시대에 기독교인들이 '믿음'이라고 부르는 것과 초대교회 시대 그리스도인들이 '믿음'이라고 하는 것은 많이 다르다. 그 시대에 믿는다고 하면 자기의 모든 것을 잃어버릴 각오가 되어 있어야 하는 인생의 큰 결단이었다. 물론 지금도 교회에 다니면서 예수님을 믿는다는 일은 큰 결단임에는 틀림이 없다. 하지만 오늘날 예수 믿는다고 할 때에는 그 속에 자기 손해, 희생과 같은 개념이 들어있지 않다. 헌신이나 버림이 없이 어떻게 참 믿음이 가능하며, 어떻게 그런 믿음으로 상속자가 될 수 있을까? 충성스럽게 일한다고는 하지만 자기가 받을 복을 먼저 생각하면서 일한다면 거기에 보상이 있을 수 있을까? 보이지 않으시는 하나님의 인정을 받아야 하는데 눈에 보이는 사람들의 칭찬이나 영광을 취하려는 생각이 더 크다면 거기에는 어떤 보상도 따라올 수 없다. 생명이나 버림이라는 개념을 뜻하는 믿음이 아니라 축복이나 영광이라는 개념을 뜻하는 믿음으로는 하늘의 상을 기대할 수 없다.

여기에서 꼭 무엇을 해야 상속자가 될 수 있다고 말하는 것이 아니다. 참된 믿음의 결단이 있으면 모든 것이 감사함으로 이루어질 수 있다는 뜻이다. 왜냐하면 하나님의 전적인 은혜로 말미암아 절대로 갚을 수 없는 구원을 얻었기 때문이다. 나머지는 행위-보상 개념이 아니라 나의 마음을 하나님께 보여드리는 것일 뿐이다. 그런 믿음 안에서라면 그 사람은 이미 상속자가 되어 있고, 나머지는 하나님의 보상이 아니라 우리가 하나님께 보답해드리는 일만 남게 되는 것이다. 그러므로 하나님나라의 상속자가 된다는 것은 어떤 행위로 말미암아 하나님께서 주시는 보상의 개념이 아니다. 보상이 아니라 이미 하나님의 자녀가 되었으니 상속은 자연히 따라오는 것이고, 그 상속을 받기 위하여 애를 쓰는 것이 아니라 하나님의 은혜에 감사하여 예수님의 마음으로 세상을 살면서 예수님 마음의 통로가 되어 세상에 그리스도를 전하는 사람이 되는 것이다. 그러므로 우리는 자신이 가진 믿음이 과연 어떤 것인가를 점검해보아야 할 것이다.

"우리로 그의 은혜를 힘입어 의롭다 하심을 얻어 영생의 소망을 따라 상속자가 되게 하려 하심이라"(딛 3:7)

믿음이라는 단어 말고 '주님'이라는 말을 생각해보자. 주님이라고 부를 때 사람에 따라 그 개념은 천차만별이다. 자기가 가지고 있는 믿음에 따라 '주님'도 다양한 모습들로 나타날 것이다. 마음을 평안하게 해 주는 주님일 수도 있고, 문제를 해결해주는 주님일 수도 있다. 사업을 흥하게 해주는 주님일 수도 있고, 좋은 데 취직시켜 주시는 주님일 수도 있다. 그런가 하면 기꺼이 고난을 함께 할 수 있는 주님일 수도 있고, 생명이 위협받을 때도 결코 떠나지 않을 주님일 수도 있다. 물론 그 모든 개념을 전부 포함하시는 주님이시다. 하지만 내가 어디까지 주님으로 생각하느냐가 얼마나 중요한가? 예수님은 주님을 엉뚱한 개념으로 사용한 사람들을 나무라셨다. 주님을 부른다고 전부 상속자가 되는 것은 아니라는 말이다.

> "그 날에 많은 사람이 나더러 이르되 주여 주여 우리가 주의 이름으로 선지자 노릇 하며 주의 이름으로 귀신을 쫓아내며 주의 이름으로 많은 권능을 행하지 아니하였나이까 하리니 그 때에 내가 그들에게 밝히 말하되 내가 너희를 도무지 알지 못하니 불법을 행하는 자들아 내게서 떠나가라 하리라"(마 7:22-23)

물론 예수님도 마치 어떤 행위에 대한 보상으로 상속이 주어지는 것처럼 말씀하신 경우가 있다. 하지만 예를 들어 두 사람이 똑같이 집이나 형제나 자매나 부모나 자식이나 전토를 버렸다고 하자. 그러면 이 두 사람에게는 무조건 똑같이 여러 배를 받고 영생을 상속해주실 수 있을까? 그럴 수도 있지만 그렇지 않을 수도 있다. 주의 이름을 위한다고 말하지만 자기 출세를 위해서일 수도 있고 세계정복이나 자기 욕심을 채우기 위해서도 그렇게 할 수 있다. 큰 범죄를 위해서나 잘못된 종교를 위해서도 그런 사람을 우리는 많이 보았다. 그래서 주의 이름으로 선지자 노릇을 했어도 주님은 전혀 모르는 사람이라고 하실 수가 있는 것이다.

"또 내 이름을 위하여 집이나 형제나 자매나 부모나 자식이나 전토를 버린 자마다 여러 배를 받고 또 영생을 상속하리라"(마 19:29)

주님은 마지막 날에 영광의 자리에 앉으실 때에 오른편에 있는 자들을 칭찬하시면서 하나님의 나라를 상속받을 것을 말씀하셨다. 그런데 왜 오른쪽에 있는 사람들에게 하나님나라를 상속해주시는가? 그것은 단지 굶주린 사람들과 목마른 사람들과 나그네들과 헐벗은 사람들과 병든 사람들과 옥에 갇힌 사람들을 돌보았기 때문이라고 하셨다. 마치 소외된 이웃들을 돌봄으로 말미암아 상속자가 되는 것으로 말씀하셨다. 물론 그 다음 구절에 보면 그렇게 소외되고 어려움 당하는 사람들을 돕는 것이 바로 주님을 돌본 것이기 때문에 상속자로 삼아 주신다고 하셨다. 그렇다면 이 모든 말씀은 행위로써 상속자를 삼으신다는 뜻인가?

"그 때에 임금이 그 오른편에 있는 자들에게 이르시되 내 아버지께 복 받을 자들이여 나아와 창세로부터 너희를 위하여 예비된 나라를 상속받으라 내가 주릴 때에 너희가 먹을 것을 주었고 목마를 때에 마시게 하였고 나그네 되었을 때에 영접하였고 헐벗었을 때에 옷을 입혔고 병들었을 때에 돌보았고 옥에 갇혔을 때에 와서 보았느니라"(마 25:34-36)

하지만 이러한 행위들은 상속자들이 하나님을 얼마나 사랑하는지를 나타내는 표지일 뿐이다. 왜냐하면 기본적으로 하나님의 나라는 믿음에 부요한 자들과 주님을 사랑하는 자들에게 상속을 약속하신 나라이기 때문이다. 그러므로 집이나 형제나 자매나 부모나 자식이나 전토를 버리는 것이나 굶주린 사람들과 목마른 사람들과 나그네들과 헐벗은 사람들과 병든 사람들과 옥에 갇힌 사람들을 도와주는 행위는 주님을 사랑하기 때문에 믿음으로 드러내는 아주 자연스러운 현상일 뿐인 것이다. 주님을 사랑한다면 집을 떠날 수도 있고 가족들의 반대를 무릅쓰고 신앙을 지킬 수도 있고 옥에 갇힌 사람들을 돌볼 수도 있는 것이다. 사람은 겉으로 드러나는 모습만으로 분별하기 어렵지만 주님은 모든 마음을 잘 아신다. 그래서 주님께서 주님의 판단을 따라 상속자를 결정하시는 것이다.

> "내 사랑하는 형제들아 들을지어다 하나님이 세상에서 가난한 자를 택하사 믿음에 부요하게 하시고 또 자기를 사랑하는 자들에게 약속하신 나라를 상속으로 받게 하지 아니하셨느냐"(약 2:5)

그래서 바울은 하나님께서 아브라함을 상속자로 삼으신 것은 율법의 행위나 헌신에 대한 보상으로 결정하신 것이 아니라고 설명하고 있는 것이다. 만약에 율법을 지킴으로 곧 행위로써 상속자가 되는 것이라면 우리의 믿음은 모두 헛것이 되고 말 것이다. 만약에 행위로써 상을 받고 행위로써 상속자가 되는 것이라면 우리가 믿음을 가질 필요도 없고 믿어서도 안 되는 것이다. 선행과 고행으로 극락에 가려는 것과 무엇이 다르단 말인가? 만약에 그렇게 믿고 열심히 율법을 지키고 행위를 감당하고 있다면 그것은 그리스도인의 정체성이 아니다. 하늘의 상을 바라고 하늘의 상속자가 되려는 소망을 가져야 하는 것은 맞지만, 행위로써 무엇을 바란다면 엄밀한 의미에서 그리스도인이라고 할 수 없다. 착각하거나 오해 때문에 그런 생각을 가지고 있다면 정말 하나님을 사랑하는 것이 무엇인지를 다시 생각해야 한다. 그리스도인의 정체성은 무엇을 바라는 것이 아니라 하나님을 사랑함으로써 어떤 것도 할 수 있는 것이어야 하는 것이다.

> "아브라함이나 그 후손에게 세상의 상속자가 되리라고 하신 언약은 율법으로 말미암은 것이 아니요 오직 믿음의 의로 말미암은 것이니

라 만일 율법에 속한 자들이 상속자이면 믿음은 헛것이 되고 약속
은 파기되었느니라"(롬 4:13-14)

우리가 이 땅의 복이 아니라 저 하늘의 상을 바라본다고 할 때 우리
에게 주어지는 상은 가장 우선적으로 하늘나라의 상속자가 되는 것이
다. 다만 상속자가 되었으면 예수님이 받으신 고난에 함께 동참할 수
있어야 한다. 상속자가 되기 위한 고난이 아니라 상속자로서 당연히
주님과 함께 받을 고난이다. 고난을 피하는 것이 상속자의 길을 포기
하는 것이 아니라 진정한 상속자라면 고난을 회피하지 않는다는 이야
기이다. 생각해보라. 자녀가 꼭 무엇을 해야 상속자가 되는 것인가?
자녀라면 당연히 상속자인 것이다. 자녀가 부모의 은혜에 감사하며 효
도를 다할 수는 있지만 상속자가 되기 위해 효도를 다하려고 할 필요
는 없는 것이다.

"자녀이면 또한 상속자 곧 하나님의 상속자요 그리스도와 함께 한
상속자니 우리가 그와 함께 영광을 받기 위하여 고난도 함께 받아
야 할 것이니라"(롬 8:17)

이제 우리는 우리가 상속자인지 아닌지 우리의 믿음을 점검해보아
야 한다. 상속자가 되기 위하여 이 땅에서 수고를 마다하지 않는 것이
아니라 예수님을 사랑함으로 인하여 주님이 주신 계명인 하나님 사랑
과 이웃사랑을 실행함으로써 우리 스스로 하늘나라의 상속자임을 증
명해 보여야 하는 것이다. 그럼으로써 우리는 하늘나라의 상속자로서
이 땅에 하나님나라를 실현해 나가게 된다. 우리가 상속자로서 아무리
애를 쓰고 목숨까지 바친다고 해도 하늘나라가 이 땅에 성취될 수는
없지만, 우리의 상속자로서의 삶을 통하여 이 땅에 하늘나라의 모델을
제시할 수는 있다. 스스로 하늘의 상속자임을 드러내 보일 수 있는 그

리스도인들이 되어야 한다.

하늘의 상의 내용

우리는 지금 그리스도인으로서의 정체성을 지킨 사람들에게 주어지는 하늘의 상에 대해서 살펴보고 있다. 하늘의 상은 지상에서의 여러 가지 상처럼 다양하거나 부상처럼 값으로 주어지는 것이 아니다. 가장 기본적이고 핵심적인 모습이 하늘나라의 상속자가 된다는 사실을 살펴보았다. 성경에서 예수님은 똑같은 상속자라도 천국에서 여러 가지 형태의 역할을 주실 수 있음을 말씀하신다. 첫째로 우리는 하늘나라의 보좌에 주목할 필요가 있다. 상속자로서 모든 환난에서 끝까지 승리한 사람은 보좌에 앉게 해 주신다. 그런데 그 보좌는 주님의 보좌이다. 상속자들에게 주님의 보좌에 함께 앉게 해주신다는 것이다.

"이기는 그에게는 내가 내 보좌에 함께 앉게 하여 주기를 내가 이기고 아버지 보좌에 함께 앉은 것과 같이 하리라"(계 3:21)

물론 바로 그 주님의 보좌에 앉는 것은 아니다. 주님의 보좌와 같은 자리를 말하는 것이다. 주님의 보좌 둘레로 장로들이 앉을 보좌도 있고 그 보좌들 위에 24장로들이 흰옷을 입고 앉아 있다고 했다. 24장로들이 흰옷을 입고 머리에 금관을 쓰고 앉아서 무엇을 할까? 예수님은 베드로와 다른 제자들처럼 모든 것을 버리고 주를 따른 사람들에게는 하나님나라에서 보좌에 앉아 열두 지파를 다스릴 수 있는 권한을 주신다고 하셨다.

"또 보좌에 둘려 이십사 보좌들이 있고 그 보좌들 위에 이십사 장로들이 흰 옷을 입고 머리에 금관을 쓰고 앉았더라"(계 4:4)

> "너희로 내 나라에 있어 내 상에서 먹고 마시며 또는 보좌에 앉아 이스라엘 열두 지파를 다스리게 하려 하노라"(눅 22:30)

결론적으로 보좌에 앉아서 심판하는 권세를 받고 천년 동안 왕 노릇 하게 되어 있다. 그 후에는 저 영원한 새 하늘과 새 땅이 내려와서 전혀 새로운 창조세계가 펼쳐질 것이다. 그리고 마지막 천국에서도 그리스도인들은 세세토록 왕 노릇 하게 되어 있다(계 22:5). 보좌에 앉는다는 말 자체가 누군가를 다스린다는 말이다. 하지만 하나님의 나라에 올라가면 모두가 같은 하나님의 자녀들인데 누가 누구를 다스리면서 왕 노릇 한다는 말인가? 마지막 새 하늘과 새 땅이 내려오기 전까지는 왕 노릇 한다는 말이 어느 정도 수용이 가능하지만, 영원하고 완전한 천국이 내려왔는데도 왕 노릇을 할 수 있단 말인가?

> " … 또 내가 보니 예수를 증언함과 하나님의 말씀 때문에 목 베임을 당한 자들의 영혼들과 또 짐승과 그의 우상에게 경배하지 아니하고 그들의 이마와 손에 그의 표를 받지 아니한 자들이 살아서 그리스도와 더불어 천 년 동안 왕 노릇 하니 … 이 첫째 부활에 참여하는 자들은 복이 있고 거룩하도다 둘째 사망이 그들을 다스리는 권세가 없고 도리어 그들이 하나님과 그리스도의 제사장이 되어 천 년 동안 그리스도와 더불어 왕 노릇 하리라"(계 20:4, 6)

여기에서 왕 노릇 한다는 말을 다시 생각해보자. 이 땅에서 순교하거나 끝까지 승리한 성도들은 왕이 아니다. 왕은 오로지 주 예수 그리스도밖에는 없으시다. 성도들은 왕은 아니지만 왕 노릇 하게 될 사람들이다. 그렇다면 우리가 어떻게 왕 노릇 하게 될 것인가를 생각하기 전에 예수님께서 어떻게 왕으로 다스리실지에 먼저 관심을 가져야 할 것이다. 왜냐하면 우리는 예수님께서 왕으로 다스리실 때 그 다스리심에 함께 동참하게 될 것이기 때문이다. 그렇다면 예수님은 무엇을 다스리실까? 예수님은 죄를 다스리신다. 불의와 온갖 악을 다스리신다. 그리고 무엇보다도 예수님은 마귀를 다스리신다. 물론 예수님은 끝까지 지키는 자에게 만국을 다스리는 권세를 주시겠다고 하셨다. 그러면 만국의 무엇을 다스린다는 말인가? 만국의 온갖 불의와 죄악과 마귀의 권세를 다스리게 된다는 말과 같은 뜻이다. 천국은 이미 하나님께서 직접 다스리시는 나라인데 거기에 무슨 만국이 있겠는가? 그것은 하나님께서 온 우주를 다스리신다는 말과 같은 뜻으로 보면 될 것이다. 그러므로 세세토록 왕 노릇 하게 된다는 말씀은 예수님의 다스리심에 동참하는 권세를 주신다는 말과 같은 뜻이다.

"이기는 자와 끝까지 내 일을 지키는 그에게 만국을 다스리는 권세를 주리니"(계 2:26)

"한 사람의 범죄로 말미암아 사망이 그 한 사람을 통하여 왕 노릇 하였은즉 더욱 은혜와 의의 선물을 넘치게 받는 자들은 한 분 예수 그리스도를 통하여 생명 안에서 왕 노릇 하리로다"(롬 5:17)

동시에 이 말씀은 천국백성들의 삶 자체가 현세의 왕이 누리는 모든 것을 마음대로 자유롭게 누릴 수 있음을 말하는 것이기도 할 것이다. 그것이 왕처럼 먹는 것, 마시는 것, 입는 것, 사는 것이겠는가? 천국은 이미 지상에서 왕이 누리는 모든 것보다 몇 천 배, 몇 만 배 더 아름답고 완벽하고 만족스러우며 마음껏 권세를 누릴 수 있는 조건이 주어진 곳이다. 천국은 무엇이 더 필요하지도 않고 모자라지도 않은 곳이다. 변화된 성도가 신령한 부활체로서 마음껏 누리면서 살고 있는데 그렇다면 그것이 바로 왕 노릇 하는 것이 아니겠는가? 그리고 동시에 어린 양을 섬기는 종들이 있다는 사실도 알아야 한다. 성도는 하나님의 자녀요 천사는 하나님의 종들이다. 천사들의 섬김을 받으며 아무 것도 모자랄 것도 부족할 것도 없으며 마귀와 죄와 악을 완벽하게 다스리는, 아니 아예 죄가 없는 곳이니 다스릴 필요조차도 없는 그 모습이 바로 신실한 그리스도인들의 미래의 모습들인 것이다.

"다시 저주가 없으며 하나님과 그 어린 양의 보좌가 그 가운데에 있으리니 그의 종들이 그를 섬기며 그의 얼굴을 볼 터이요 그의 이름도 그들의 이마에 있으리라 다시 밤이 없겠고 등불과 햇빛이 쓸 데 없으니 이는 주 하나님이 그들에게 비치심이라 그들이 세세토록 왕노릇 하리로다"(계 22:3-5)

둘째로 하늘의 상으로 살펴볼 것은 천국에서 주어질 면류관이다. 주님은 빌라델비아 교회에 편지하시면서 그들에게 면류관이 주어져 있음을 말씀하셨다. 이미 예수님은 24장로들에게 금관을 씌워주셨다(계 4:4). 그러면 금관은 무엇이고 면류관은 무엇인가? 면류관은 알다시피 승리자에게 씌워주는 상징이다. 곧 면류관이란 이 세상에서 그리스도인으로서의 삶을 끝까지 이겨낸 성도들에게 주시는 하늘의 상이다. 빌라델비아 교회는 이미 작은 능력을 가지고도 주의 말씀을 지키고 주 예수의 이름을 배반하지 않음으로써 이긴 자가 된 것이다.

"내가 속히 오리니 네가 가진 것을 굳게 잡아 아무도 네 면류관을 빼앗지 못하게 하라"(계 3:11)

물론 이기는 자에게는 여러 가지 상을 주신다고 말씀하셨다. 에베소 교회에서 이기는 자에게는 생명나무 열매를 먹게 하겠다고 하셨고(계 2:7), 서머나 교회의 이기는 자들에게는 둘째 사망의 해를 받지 않게 하신다고 하셨으며(계 2:11), 버가모 교회의 이기는 자에게는 감추었던 만나와 흰 돌을 주시겠다고 하셨고(계 2:17), 두아디라 교회의 이기는 자에게는 만국을 다스리는 권세와 새벽 별을 주겠다고 말씀하셨다

(계 2:26, 28). 무엇을 이겼느냐에 따라 다소 차이점이 있겠지만, 믿음으로 세상을 이기는 것은 동일하다. 사데 교회의 이기는 자들에게는 흰 옷을 입게 하실 것이고 그 이름을 천사들 앞에서 시인하리라고 하셨고(계 3:5), 이미 면류관을 받아 가진 빌라델비아 교회의 이기는 자들에게는 성전의 기둥이 되고 거기에 주의 이름을 새기겠다고 하셨으며(계 3:12), 마지막으로 라오디게아 교회의 이기는 자들에게는 주의 보좌에 함께 앉게 해 주겠다고 하셨다(계 3:21).

> "이기는 그에게는 내가 내 보좌에 함께 앉게 하여 주기를 내가 이기고 아버지 보좌에 함께 앉은 것과 같이 하리라"(계 3:21)

이렇게 볼 때 천국의 면류관이란 이기는 자들에게 공통적으로 주시는 상이며, 각각 다른 형태의 상을 말씀하시지만 결국은 같은 내용의 다양한 실체적 표현이라고 할 수 있을 것이다. 빌라델비아 교회만 이미 면류관을 받았으며 아무에게서도 그것을 빼앗기지 말라고 하셨지만, 일곱 교회에는 모두 이 면류관을 받아 가질 수 있는 이긴 자들이 존재하는 것이다. 그러면 이 면류관은 구체적으로 어떤 열매를 거두었을 때 주어지는 것인가? 가장 값진 열매는 영혼 구원의 열매이다. 그리스도인이 받을 면류관은 영혼을 구원했을 때 그 열매로 나타나는 성도들이라고 바울은 쓰고 있다. 복음을 전하여 믿음을 가지게 만들고 교육과 훈련을 통하여 변화시키고 성장하게 만들었다면 그것은 그냥 그대로 면류관들이다.

> "그러므로 나의 사랑하고 사모하는 형제들, 나의 기쁨이요 면류관인 사랑하는 자들아 이와 같이 주 안에 서라"(빌 4:1)
> "우리의 소망이나 기쁨이나 자랑의 면류관이 무엇이냐 그가 강림하실 때 우리 주 예수 앞에 너희가 아니냐"(살전 2:19)

표창장에도 종류가 있듯이 면류관에도 무슨 종류가 있는 것은 아니지만, 성경은 의의 면류관, 생명의 면류관 등의 예를 들어 보여주고 있다. 이미 일곱 교회의 이기는 자에게 주시는 상에 대해서 살펴보았듯이 각 사람의 믿음의 분량과 종류에 따라 표현은 다르지만 다양한 명칭의 면류관이 예비된 것은 틀림이 없을 것이다. 이런 상을 향한 소망이 우리를 그리스도인의 정체성으로 무장하고 끝까지 이기게 만들어주는 것이다.

"이제 후로는 나를 위하여 의의 면류관이 예비되었으므로 주 곧 의로우신 재판장이 그 날에 내게 주실 것이며 내게만 아니라 주의 나타나심을 사모하는 모든 자에게도니라"(딤후 4:8)

"시험을 참는 자는 복이 있나니 이는 시련을 견디어 낸 자가 주께서 자기를 사랑하는 자들에게 약속하신 생명의 면류관을 얻을 것이기 때문이라"(약 1:12)

셋째로 성경은 천국에는 우리의 보물, 보화가 쌓여있을 것이라고 말씀하고 있다. 우리가 이 땅에서 어떻게 사느냐에 따라 천국에서 결코 없어지지 않을 보물을 주신다는 것이다. 하늘에 쌓는 보물은 없어지지도 않고 도둑맞을 염려도 없고 손해 볼 걱정도 전혀 없는 것이다.

"오직 너희를 위하여 보물을 하늘에 쌓아 두라 거기는 좀이나 동록이 해하지 못하며 도둑이 구멍을 뚫지도 못하고 도둑질도 못하느니라"(마 6:20)

특별히 자기 소유, 재물을 팔아 가난한 사람들에게 나누어주는 사람에게 더욱 많은 보화가 쏟아질 것이다. 다른 많은 것도 다른 사람들과 나누고 섬길 수 있지만 특별히 소유, 물질을 가난한 사람들을 위해 진심으로 나누어줄 때 하늘에서의 보화가 쌓인다고 하셨다. 육신을 가진 인간에게 있어서 어쩌면 가장 중요한 것이 소유, 곧 돈이기 때문일 것이다. 주를 위해, 이웃을 위해 돈을 포기한다는 것은 인생의 많은 것을 내려놓고 나눈다는 뜻이기 때문에 하늘에서 상이 주어진다는 것이다.

> "예수께서 이르시되 네가 온전하고자 할진대 가서 네 소유를 팔아 가난한 자들에게 주라 그리하면 하늘에서 보화가 네게 있으리라 그리고 와서 나를 따르라 하시니"(마 19:21)

자기의 소유를 다 팔아서 가난한 사람들에게 나누어주는 것과 마찬가지로 자기에게 주어지는 권리를 사용하지 않고 복음전파에 사용한 것도 하늘의 보화로 쌓여있을 것이다. 물론 이 보화는 금은이나 보석과 같은 물질적은 것은 아니다. 바울은 복음전파와 신앙성장을 위해 온갖 힘을 다하는 거기에 모든 보화가 감추어져 있다고 하였다.

> "이는 그들로 마음에 위안을 받고 사랑 안에서 연합하여 확실한 이해의 모든 풍성함과 하나님의 비밀인 그리스도를 깨닫게 하려 함이니 그 안에는 지혜와 지식의 모든 보화가 감추어져 있느니라"(골 2:2-3)

그러므로 천국에서 우리를 기다리는 상으로서의 보물은 참으로 완벽한 심령의 보물들일 것이다. 그래서 모세도 이런 가치를 알고 심령의 보화를 받고자 모든 것을 희생하였다.

> "그리스도를 위하여 받는 수모를 애굽의 모든 보화보다 더 큰 재물로 여겼으니 이는 상 주심을 바라봄이라"(히 11:26)

하늘의 상의 등급?

하늘의 상으로 언급되는 네 번째 상은 천국에서 큰 자가 되는 것이다. 어떤 사람이 천국에서 크다 일컬음을 받게 되는가? 이 땅에서 예수님의 계명을 친히 실천하면서 사람들을 가르치는 사람에게는 천국에서 모든 백성 가운데 큰 사람이라고 일컬음을 받게 하겠다고 하셨다. '천국에서 크다 일컬음을 받는다'는 것이 무슨 뜻일까? 그냥 하나님의 큰 칭찬을 받는다는 뜻일까? 아니면 무슨 등급에 따라 관을 쓴다든가 하는 구별을 두시는 것인가? 그것도 아니라면 하나님의 보좌에 더 가까운 곳에 서게 하신다는 뜻일까? 우리의 상상만으로는 도무지 짐작조차 할 수가 없다. 조금 더 나아가보자.

"그러므로 누구든지 이 계명 중의 지극히 작은 것 하나라도 버리고 또 그 같이 사람을 가르치는 자는 천국에서 지극히 작다 일컬음을 받을 것이요 누구든지 이를 행하며 가르치는 자는 천국에서 크다 일컬음을 받으리라"(마 5:19)

하나님의 계명을 제대로 지키면서 가르치는 사람이 천국에서 크다 일컬음을 받으리라고 하셨는데, 또 다른 경우는 어린아이들처럼 자기를 낮추는 겸손한 사람도 천국에서 큰 사람이 된다고 하셨다. 왜냐하면 어린아이들은 전적으로 누군가를 의지하지 않으면 살 수 없는 존재들이기 때문이다. 어린아이들은 전적으로 무능한 존재들이다. 신앙인으로 말하면 완전히 하나님만을 의지할 수밖에 없는 사람들이다. 그는 자신을 낮출 수밖에 없고 하나님만을 신뢰하지 않을 수 없다. 그들이야말로 심령이 가난한 사람들이다. 하나님만을 완전히 의지하는 사람이 천국에서 큰 사람이 되는 것이다.

"그러므로 누구든지 이 어린아이와 같이 자기를 낮추는 사람이 천국에서 큰 자니라"(마 18:4)

천국에서 큰 자가 어떤 사람인가에 대해서는 성경에서 설명을 찾아볼 수 없다. 다만 세례 요한에 대한 천사의 예언 중에 요한이 큰 자가 되리라는 말이 있는데 그 의미는 주님 앞에서 큰 자가 된다는 말씀이다. 세상에서 큰 왕이 된다거나 아주 높은 사람이 된다는 뜻이 아니라 하나님 보시기에 아주 큰 자가 된다는 말인 것이다. 이 말씀은 천국에서 큰 자와 작은 자의 개념으로 예언한 것은 아니다. 예수님도 세례 요한이 여자가 낳은 자 중에 가장 큰 자라고 하셨지만, 동시에 이 세례 요한조차도 천국에서 가장 작은 자라고 말씀하셨기 때문이다. 물론 이 말씀은 구속사적으로 볼 때 구약에 속한 세례 요한이 아무리 모든 선지자 중에서 가장 큰 자라고 하더라도 아직 메시야의 사역에 대한 개념을 가지고 있지 못하기 때문에 앞으로 천국에서 그리스도의 공로로 인하여 천국백성이 될 사람들과는 비교할 수 없다는 의미이다. 그렇다면 천국에서 큰 자가 작은 자를 다스리는 것과 같은 계급적인 의미는 아니다.

"이는 그가 주 앞에 큰 자가 되며 포도주나 독한 술을 마시지 아니하며 모태로부터 성령의 충만함을 받아"(눅 1:15)

"내가 너희에게 말하노니 여자가 낳은 자 중에 요한보다 큰 자가 없도다 그러나 하나님의 나라에서는 극히 작은 자라도 그보다 크니라 하시니"(눅 7:28)

만약에 하늘에서 모든 사람에게 똑같이 영원토록 천국백성이 되게 한다면 그렇다면 믿음으로 세상을 이기기만 하면 다 똑같은 것이 되는 것이고 그러면 굳이 더 좋은 상을 바라보면서 이 땅에서 모든 것을 참고 견뎌야 할 필요가 없어지는 것이 아닌가? 물론 그리스도인으로서의 정체성이 그런 상이 없다고 해서 세상적으로 살아도 된다는 것은 아니다. 천국에서 상이 주어지든 그렇지 않든 우리의 영혼을 구원해주시고 영생을 보장해주시는 주님의 은혜에 감격하고 할 수 있는 모든 충성을 다해야 하는 것이다. 그렇지만 천국백성으로서 이 땅에서 살려면 많은 어려움을 만나게 될 것이고 아무리 하나님의 자녀들이라고 해도 일종의 동기부여가 강하게 주어지지 않는다면 어떻게 모든 박해를 이겨낼 수 있겠는가? 육신을 입고 있는 인간이기에 그런 것이다. 그렇기 때문에 성경은 지속적으로 우리에게 상이 있을 것임을 설명하고 있는 것이 아닌가?

우리는 지금까지 천국에서 주어지는 상에 대해서 살펴보았다. 특히 소아시아 일곱 교회에 보내시는 주님의 편지에서 이기는 자들에게 주어지는 상들은 살펴본 바 있다. 이기는 자들에게는 생명나무 열매를 먹게 하실 것이고, 둘째 사망의 해를 받지 않게 하실 것이며, 감추었던 만나와 흰 돌을 주실 것이고, 만국을 다스리는 권세와 새벽 별을 주실 것이며, 흰 옷을 입게 하실 것이고 그 이름을 천사들 앞에서 시인하실 것이고, 성전의 기둥이 되고 거기에 주의 이름을 새기겠다고 하셨으며, 주의 보좌에 함께 앉게 해 주겠다고 하셨다. 이런 상들보다 더 큰 상이 있겠는가?

그렇다면 이런 상들은 각 백성들의 공로에 맞게 주어지는 상의 순위 또는 부상이란 말인가? 그렇게 볼 수는 없다. 이기는 자들에게 주시는 상들은 전부 공통적으로 주시는 상들이다. 특별히 어떤 몇 사람들에게만 주시는 상이 아니다. 하지만 그렇다면 굳이 하늘에 보화를 쌓으려고 할 필요도 없을 것이고, 천국에서 더 큰 자가 되려고 애쓸 필요도 없을 것이고, 굳이 면류관을 쓰려고 힘쓸 필요도 없게 되지 않겠는가? 만약에 천국에서 모든 백성들에게 똑같은 특권만 주어진다면 더 큰 상을 바라보고 달려갈 필요도 없을 것이다. 우리는 그냥 천국에 가기만

하면 되는 것이다.

 하지만 천국에 큰 상이 있다는 말씀은 보통 상이나 작은 상도 있다는 이야기가 된다. 이 말씀은 천국에서 어떤 상이 자신에게 주어질까를 생각하면서 노력하라는 이야기가 아니다. 그리스도인으로서의 정체성을 지켜 나가려면 끝까지 인내할 수 있는 힘이 있어야 하는데 그것을 위해서 천국에서 우리를 기다리고 있는 상의 정체를 정확하게 파악해둘 필요가 있다는 이야기이다. 그냥 천국으로 가는 것이 우리의 소망이고 누구나 천국에 가면 세세토록 왕 노릇 하게 된다더라 하는 것만 가지고는 진정한 정체성을 유지하기가 어렵다. 하나님의 일을 할 때에는 수없이 많은 난관들을 만나야 하고 번번이 지쳐 쓰러질 만한 상황이 거듭될 수도 있는데 그런 중에서도 어떻게 천국에서의 기쁨과 평안을 누리면서 승리해 나갈 수 있겠는가에 대한 이야기인 것이다.

 천국에서는 어떻게 상이 구분되어 주어질까? 사도 바울의 고백에 의하면 그는 셋째 하늘에 올라갔다 왔다고 한다. 그러면 첫째 하늘, 둘째 하늘도 있다는 말이고 거기에는 이 땅에서의 공로에 따라 맨 위에 올라갈 수도 있고 맨 아래에 남아 있을 수도 있다는 말이 된다. 하지만 성경의 다른 곳에서는 이런 말이 없던데? 만약에 그렇다면 이 세상에서도 제도와 계급의 희생자가 되어 억울하게 살았는데 천국에서까지 계급과 제도 아래에서 살아야 한다는 말인가?

> "내가 그리스도 안에 있는 한 사람을 아노니 그는 십사 년 전에 셋째 하늘에 이끌려 간 자라 (그가 몸 안에 있었는지 몸 밖에 있었는지 나는 모르거니와 하나님은 아시느니라)"(고후 12:2)

 이런 염려에 대해 그 어떤 대답도 정확하다고 할 수는 없다. 하나님은 질서의 하나님이시므로 제도와 계급을 두실 수 있으시다. 다만 그 제도와 계급 속에 백성들을 억울하게 만들 수도 있는 모순은 전혀 없다. 그래야 한다. 어떤 단어를 사용하든지 간에 낮은 계급에 있는 백성이든 높은 계급에 있는 백성이든 그 만족도는 동일해야 한다. 그래야 천국이다. 지상의 제도와 계급에는 반드시 소외된 계층과 억울한 무리들이 존재한다. 지상의 제도는 어쩔 수가 없다. 모든 사람을 만족시키는 제도도 정치도 종교도 있을 수 없다. 그러나 천국에서는 그와 반대이다. 천국에서 만약에 제도와 계급이 있다고 해도 억울하거나 소외된 백성들은 단 한 사람도 없어야 한다. 그것이 천국이다.

> "모든 눈물을 그 눈에서 닦아 주시니 다시는 사망이 없고 애통하는 것이나 곡하는 것이나 아픈 것이 다시 있지 아니하리니 처음 것들이 다 지나갔음이러라"(계 21:4)

그렇다면 이제 우리는 천국에서 받을 수 있는 상에 대해서 간략하게 살펴볼 수 있게 되었다. 분명히 천국에서는 사람마다 다른 상들이 주어질 것이다. 공로를 따라 주는 것이든 심령의 상태에 따라 주는 것이든 각 사람에 맞는 상이 주어진다고 상정할 수 있다. 그러면 어떤 식으로 상이 주어질까? 성경에는 그런 내용들이 자세하게 나오지 않았다. 주변에서 환상 가운데 천국과 지옥에 다녀온 사람들의 이야기를 간혹 듣는다. 하지만 그것은 성경이 아니라 개인적인 경험이기 때문에 그들의 간증 가운데 공통점이 있다고 해도 객관화시킬 수는 없다. 따라서 성경이 말하는 부분 안에서 상상할 수밖에는 없다. 성경에서 천국백성들에게 주어지는 공통점은 다스린다는 말씀이다. 다스림의 최종적인 권위는 주 예수 그리스도의 다스리심이다. 이 다스림이라는 것은 지상에서의 모든 나라, 모든 민족들에 일률적으로 이루어지고 있는 제도이다. 왕조시대이든 민주시대이든 다스림을 통하여 인간의 문명은 지속

되어 왔다. 그런데 천국도 다스림을 통하여 유지되고 있다. 이것은 여호와 하나님께서 온 우주를 창조하시고 다스려 오신 것을 생각하면 당연한 이야기일 것이다.

"아버지께서 아들에게 주신 모든 사람에게 영생을 주게 하시려고 만민을 다스리는 권세를 아들에게 주셨음이로소이다"(요 17:2)

그렇다면 주님께 주어지는 다스림의 권세가 천국백성들에게도 주어진다고 할 때, 또는 나누어 공유하신다고 생각할 때 천국에서 주어지는 상도 이 다스림과 관련이 깊은 것이 아닐까 생각할 수 있게 된다. 물론 다스림이라고 할 때 다스림을 받는 백성들이 있어야 하는 것은 당연하다고 하겠지만 천국에서 누가 누구를 다스리는 그런 개념은 생각할 수 없다. 비록 제도와 계급은 있을지 몰라도 지상에서처럼 다스림을 받는 백성들과 다스리는 백성들이 있는 것은 아닐 것이다. 그렇다면 이 다스림이라는 개념을 '영향력'이라는 단어로 대체해서 사용한다면 유효한 것이 아닐까 생각하는 것이다. 지상에서도 이장이나 면장이 있는가 하면 시장이나 군수 또는 대통령에 이르기까지 수많은 제도로 되어 있는데 이들의 권세는 한 마디로 영향력이 아니던가? 영향력이 온 나라를 덮을 수도 있고 작은 지역에 한정될 수도 있는 것과 같은 개념인 것이다. 물론 천국에서의 다스림이 지상에서처럼 직접적으로 행사되는 것이 아니라 예를 들면 영적 감화력이나 하나님께 대한 겸손의 정도와 같이 보이지 않는 영향력으로 주어지는 것이 아닐까 생각하게 되는 것이다.

"이기는 자와 끝까지 내 일을 지키는 그에게 만국을 다스리는 권세를 주리니"(계 2:26)

"너희로 내 나라에 있어 내 상에서 먹고 마시며 또는 보좌에 앉아 이스라엘 열두 지파를 다스리게 하려 하노라"(눅 22:30)

상을 받기 위한 마지막 조건

그리스도인으로서의 건강한 정체성을 유지하고 행사되도록 하기 위하여 하늘의 상을 바라보면서 더욱 애쓰고 힘써서 끝까지 이기는 사람이 되도록 하는 데에 이 책의 목적이 있다. 자신의 정체성이 어떤 것인가를 아예 몰라서 단지 이 땅에서의 번영만을 꿈꾸는 사람들이 있는가 하면, 자신의 정체성을 단지 관념상으로만 알고 있어서 실제 삶에서는 그 정체성이 거의 영향력을 미치지 못하는 사람도 있을 것이다. 그런가 하면 자신의 정체성으로 세상을 이기려고 하지만 너무 많은 환난과 박해로 자주 패배하고 넘어지는 사람도 있을 것이고, 건강한 정체성을 가지고 그 정체성대로 세상에서 행함으로써 언제나 하나님 중심적으로 세상을 이겨나가는 사람들도 있을 것이다. 그리스도인은 하늘에 속한 사람으로서 당연히 하늘에서 상이 주어진다는 의식을 깊이 가지고 있어야 한다. 그래야 건강한 그리스도인으로서 그의 정체성대로 세상에 영향력을 행사하면서 승리할 수 있게 되는 것이다. 하늘의 상이 어떤 형태로 주어지든 분명히 우리가 지킨 믿음에 걸맞는 것으로 채워주실 것이라는 사실만은 확실하다.

마지막으로 하늘에서 받을 상을 생각하면서 단지 이 땅에서의 행위의 결과만으로 결정되는 것은 아니라는 사실을 다시 한 번 생각해야 할 것이다. 우리의 심령은 늘 진심이어야만 한다. 하나님의 일을 할 때 진심이 아니면 아무리 열심을 다해도 상으로 주어지지 않는다. 물론 하나님의 일을 하면서 남들에게 인정받고 싶은 마음이 조금도 없는 사람이 있을까? 그래서 신앙은 훈련이 필요하고 거듭되고 반복되는 삶이 필요한 것이다. 자신이 남들에게 자꾸 자랑하고 나타내 보이고 싶어진다면 그것은 주님으로부터 오히려 멀어지는 길일뿐임을 항상 생각해야 한다. 자신을 자랑한다는 것은 자기 영향력을 행사하고 싶다는, 곧 일종의 권력욕구로부터 비롯된다는 사실을 잘 알아야 할 것이다.

"사람에게 보이려고 그들 앞에서 너희 의를 행하지 않도록 주의하라 그리하지 아니하면 하늘에 계신 너희 아버지께 상을 받지 못하느니라"(마 6:1)

하나님은 언제나 성도의 진심에 대해 크게 기뻐하신다. 가난한 어떤 과부는 진심을 다해 헌금하였다. 사람은 사람의 속을 모르지만 하나님은 잘 아신다. 언제나 하나님 앞에서 모든 일을 할 수 있어야 한다. 하나님 앞에서 삶을 살 수 있어야 세상의 모든 명예나 성공이나 번영에서 벗어나서 오히려 그런 것들을 지배할 수 있게 된다. 하나님 앞에서 모든 일을 할 수 있도록 만들어주는 중요한 한 가지가 바로 하늘에서의 상을 바라보라는 것이다. 하늘의 상을 바라보는 사람은 이 세상에서의 상에 관심이 없다. 진정한 상, 영원한 상이 자신을 기다리는데 어차피 사라지고 썩어져버릴 이 땅의 상을 바라볼 이유가 전혀 없는 것이다.

"그들은 다 그 풍족한 중에서 넣었거니와 이 과부는 그 가난한 중에서 자기의 모든 소유 곧 생활비 전부를 넣었느니라 하시니라"(막 12:44)

가장 명확하게 그 의미를 보여주는 기사가 바로 예수님께 향유를 부은 마리아의 이야기이다. 마리아는 진심으로 예수님을 사랑한 사람이었다. 진정한 사랑 앞에는 돈의 가치, 보화의 가치는 전혀 아무런 고려 대상이 될 수 없다. 금은과 보화도 사람들이 만들어낸 가치일 뿐이다.

영원한 가치를 하나님께만 두고 바라보는 성도는 지상의 가치에 현혹되어서는 안 된다. 하나님 앞에서는 그냥 금속이고 광물질일 뿐이다. 단지 천국에서는 성벽과 성전의 건축 재료일 뿐인 것이다. 마리아는 이런 진실한 사랑을 보여드렸기에 예수님께서는 마리아의 진심을 영원토록 모든 사람들에게 알리게 하신 것이었다.

"그는 힘을 다하여 내 몸에 향유를 부어 내 장례를 미리 준비하였느니라 내가 진실로 너희에게 이르노니 온 천하에 어디서든지 복음이 전파되는 곳에는 이 여자가 행한 일도 말하여 그를 기억하리라 하시니라"(마 14:8-9)

우리는 신앙생활을 할 때에 항상 진심으로 하려고 노력해야 한다. 진심이 믿음이고 진심이 기도응답이고 진심이 사랑이다. 하늘의 상도 그 상을 바라보고 행하는 것이 아니라 그저 진심으로 하나님을 사랑하는 삶을 사는 사람들에게 주어지는 것이다. 그것이 바로 하늘의 상이 아니겠는가? 하늘의 상은 보이지 않는 것을 향하여 진심을 다해 최선을 다해 달려갈 때 자연스럽게 따라온다. 무엇에든지 진심으로 최선을 다하는 그리스도인들이 되자. 그것이 진정한 그리스도인의 건강한 정체성인 것이다.

제4부

이 땅에서 천국을 누린다.

1. 부요함을 누리자.

　우리는 언제부터 천국백성이 되는가? 죽음 이후에 하늘나라에 갔을 때 천국백성으로서의 삶이 시작되는 것인가? 아니면 전도를 통하여 복음을 듣거나 교회에 출석하고 나서 예수님을 구주로 영접할 때부터인가? 그것도 아니면 세례를 받는 순간부터인가? 그리고 만약에 예수님을 영접하는 순간부터라면 정말 천국으로 가는 것은 확실한가? 그것이 확실하지 않다면 정말로 죽어서 하나님 앞에 불려갈 때부터 천국백성이 되는 것이 맞는 것 아닌가? 그리고 지금 왜 이런 이야기를 해야만 할까? 그리스도인의 정체성에 대해서 이야기하고 있다는 것은 이미 구원받은 백성들에게만 해당되는 이야기가 아닌가? 맞는 말이다. 이미 구원받아 천국백성으로서 이 세상을 살고 있는 그리스도인들에게 하는 이야기가 맞다. 하지만 그렇다면 구원받은 백성들이라고 하면서 왜 천국에 속한 사람이 아니라 지상에 속한 사람들처럼 살고 있는가? 그것이 이런 이야기를 하는 이유인 것이다.

　그리스도인이란 천국에 속한 사람들이다. 그리고 그리스도인이란 그리스도인이 마땅히 가져야 할 정체성을 가지고 그 정체성으로 세상을 이기는 사람들이다. 그렇다면 이 세상을 살면서 천국에 속한 백성으로서의 모습을 세상 사람들에게 드러내 보여야 하는 것이 또한 마땅할 것이다. 그런데 그리스도인으로서의 모습을 나타내 보여주지 못하는 이유는 무엇인가? 그리스도인들이란 하늘의 상을 바라보면서 이 세상을 이겨 나가야 하는 사람들이라고 이미 앞에서 살펴보았다. 그런데도 불구하고 그리스도인다운 모습을 보여주지 못하는 이유는 과연 무엇인가? 나는 이것을 하늘의 천국을 이 땅에서 누리지 못하고 있기 때문이라고 분석해본다. 우리가 천국을 이 땅에서 누리지 못하는 한 그리스도인의 정체성다운 삶의 모습을 보여주는 일은 사실상 불가능하다. 왜냐하면 천국을 이 땅에서 누리지 못하면서 이 세상을 이기기는 어렵기 때문이다. 삶 속에서 천국을 내 것으로 만들고 그 천국을 살아가지 못하는데 어떻게 이 세상의 온갖 고난과 환난과 박해와 마귀의 궤계를 온전하게 이길 수 있겠는가?

예수님은 이 땅에서 천국을 완벽하게 누리신 분이었다. 하나님의 나라에서 이 땅으로 내려와 인간의 삶을 사시는 분이었지만 예수님은 항상 하나님과 친밀한 교제를 나누면서 하나님을 누리고 사셨다. 그렇지 못하셨다면 예수님은 십자가에 못 박혀 돌아가시지도 못하셨을 뿐 아니라 부활의 승리도 이룩하실 수 없으셨을 것이다. 우리가 세상을 이길 수 있는 비결의 마지막 단계는 이 세상에서 천국을 누리는 것이다. 물론 우리가 누릴 수 있는 천국이란 아주 불완전한 것이다. 그리고 일시적이며 순간적인 천국이 될 것이다. 하지만 저 영원한 천국에 갈 때까지는 우리는 불완전하고 일시적인 천국만을 누릴 수 있을 뿐이다. 그럼에도 불구하고 순간순간 천국을 누릴 수 있어야 우리가 가지고 있는 진정한 정체성을 또한 누릴 수 있을 것이다.

천국의 부요함을 누리자.

우리가 이 땅에서 누릴 수 있는 가장 큰 특권으로는 천국의 부요함을 우선적으로 언급할 수 있다. 물론 이 지상세계는 전혀 부요하지 못한 세상이다. 세상 자체가 공평하지 못하고 정직하지 못하기 때문에 부요함이 일부 특권층에 집중되어 있는 것이다. 하지만 그것은 다만 물질세계일 뿐이다. 육체를 입고 있으므로 물질은 반드시 필요하지만 우리가 육을 벗어버리고 천국에 올라가면 지상의 물질들은 전혀 아무 것도 아니게 되어 버린다. 그리스도인들이 만약에 지상천국을 이룩하고 거기에서 영원토록 살아가야 한다면 물질의 풍부함을 쫓아갈 수도 있을 것이다. 그러나 그리스도인의 첫 번째 정체성이 바로 하늘에 속한 사람인데 그 하늘에 속한 사람이 물질에 얽매여서 살아간다면 그것은 정말이지 너무 슬픈 이야기가 되고 말 것이다. 그리스도인이 물질을 쫓아가고 물질을 모으고 물질을 쌓는 데 목적을 두고 살아간다면 그것은 너무나도 슬픈 이야기이다. 슬프다 못해 아픈 이야기이다. 진짜로 누려야 할 것은 다 버리고 아주 잠시밖에 누리지 못할 쓰레기만을 안고 살아간다면 그것이 아픈 이야기가 아니면 무엇이겠는가?

우선 우리는 우리에게 주어질 하늘의 부요함에 눈을 돌려야 한다. 비록 현실세계에서 그대로 주어지는 것이 아닐지라도 순간순간마다 천국의 부요함을 바라보면서 지상에서 천국의 부요함을 누릴 수 있다. 마치 잠시 음식의 맛을 보는 것만으로도 그 음식 전체를 아는 것과 비슷할지도 모르겠다. 그리고 마치 음악의 일부분만을 듣고도 그 음악 전체를 느껴보는 것과 비슷할 수도 있을 것이다. 하지만 우리는 그 이상으로 나아갈 수 있어야 한다. 왜냐하면 지상에서 천국의 부요함을 누린다는 것은 단지 맛보는 것만으로는 불가능하기 때문이다. 우리는 일시적일지라도 천국의 부요함을 완전하게 누릴 수 있어야 한다. 일상의 삶에서 천국의 부요함을 완전하게 누려보아야 이 땅의 부요함의 유혹에 빠지지 않을 수 있다. 이 세상의 부요함이 아무리 크고 화려해도 우리가 경험한 천국의 부요함에는 전혀 미칠 수가 없다. 새 하늘과 새 땅을 보고 온 사도 요한이 세상의 유혹에 빠지는 일이 있을 수 없듯이 말이다. 그럴 때 사도 요한이 증언한 것처럼 하나님 중심적인 시각과 태도로 천국의 모습을 세상에 보여줄 수 있게 되는 것이다.

그러면 구체적으로 천국의 부요함이란 어떤 것인가? 우리는 역시 천국을 제대로 보고 온 요한의 증언 속으로 들어가야 한다. 사도 요한은 천국에서 가장 귀한 음성을 두 귀로 똑똑히 들었다고 이야기한다. 그 순간은 요한이 완전한 새 예루살렘성이 내려오는 겉모습만 보고 있을 때였다. 그 때 요한은 하나님의 음성을 들었다. 천국에서 우리가 누려야 할 완전함에 대해서이다.

> "내가 들으니 보좌에서 큰 음성이 나서 이르되 보라 하나님의 장막이 사람들과 함께 있으매 하나님이 그들과 함께 계시리니 그들은 하나님의 백성이 되고 하나님은 친히 그들과 함께 계셔서 모든 눈물을 그 눈에서 닦아 주시니 다시는 사망이 없고 애통하는 것이나 곡하는 것이나 아픈 것이 다시 있지 아니하리니 처음 것들이 다 지나갔음이러라"(계 21:3-4)

그리고 요한은 최후에 우리가 누릴 수 있는 천국의 모습을 두 눈으로 똑똑히 보게 된다. 그 나라는 우리가 전혀 상상할 수 없는 완벽하고 완전하고 풍부하고 부요하기 짝이 없는 나라이다. 그 나라의 강에는 아예 생명수가 흐르고 있다. 생수가 아니다. 하나님과 어린양의 보좌에서부터 흘러내려오는 생명수이다. 그 생명수의 강가에는 열두 가지 열매를 맺는 나무가 심겨져 있는데 그 나무도 생명수를 먹고 자라기 때문에 당연히 생명나무일 수밖에 없다. 그런데 더 놀라운 것은 그 생명나무의 잎사귀들은 만국을 치료할 수 있는 신비의 명약이라는 사실이다. 물론 천국에는 질병이 없으므로 그 생명나무 잎사귀조차 필요가 없다. 그러나 하나님의 다스리심을 위하여 만국을 치료할 치료제로서 존재하는 것이다. 그런 나라에 저주가 있을 턱이 없다. 비판과 정죄도 있을 수가 없다. 원수맺음도 원수 갚음도 존재하지 않는다. 인간 사이에서 당연히 발생할 수밖에 없는 아픔도 상처도 사라진 곳이다. 더구나 그 나라에는 에너지가 따로 필요 없다. 하나님이 에너지이시며, 심지어 햇빛도 달빛도 필요가 없는 곳이다. 에너지를 얻기 위한 그 어떤 조치도 없으니 매연도 오염도 있을 수가 없다. 이런 나라가 미래에 우리가 차지할 나라이다. 좀 더 상세하게 따져볼 수 있다면 우리는 생각만으로도 가슴 벅찬 환희를 경험하게 될 것이다.

"또 그가 수정 같이 맑은 생명수의 강을 내게 보이니 하나님과 및 어린 양의 보좌로부터 나와서 길 가운데로 흐르더라 강 좌우에 생명나무가 있어 열두 가지 열매를 맺되 달마다 그 열매를 맺고 그 나무 잎사귀들은 만국을 치료하기 위하여 있더라 다시 저주가 없으며 하나님과 그 어린 양의 보좌가 그 가운데에 있으리니 그의 종들이 그를 섬기며 그의 얼굴을 볼 터이요 그의 이름도 그들의 이마에 있으리라 다시 밤이 없겠고 등불과 햇빛이 쓸 데 없으니 이는 주 하나님이 그들에게 비치심이라 그들이 세세토록 왕 노릇 하리로다"(계 22:1-5).

하지만 지금 우리의 두 눈을 다시 뜨고 주변을 둘러보면 이 천국과는 전혀 다른 세상이 눈앞에 전개되고 있을 뿐이다. 날마다 사건과 사고가 끊이지 않는다. 범죄와 죄악으로 뒤덮여 있다. 매스컴을 통하여 그런 소식들을 접하지 않아도 도시는 그런 부조리와 다툼으로 날이 지샐 정도일 것이다. 정치는 내 편 네 편 할 것 없이 난장판이고 이 나라 밖에서는 항상 보이지 않는 전쟁들이 끊임없이 벌어질 뿐이다. 아무리 사랑과 용서의 복음을 외쳐도 세상은 약육강식, 적자생존의 원리에 따라 움직여 갈 뿐이다. 이런 세상에서 그리스도인이 어떻게 천국의 부요함을 누릴 수 있단 말인가? 우리가 저 천국의 부요함을 아주 잠깐이라도 누릴 수 있을까? 만약에 그럴 수 있다면 어떻게 누리겠는가? 우선 우리는 우리 자신이 얼마나 부요한 자인가를 깨달아야 한다. 계시록에 나오는 두 교회는 이 부요함에 대해서 전혀 다른 입장을 취하고 있다. 서머나 교회는 환난과 궁핍 가운데 있지만 사실은 부요함을 누리고 있었고, 라오디게아 교회는 부요하여 부족한 것이 없다고 생각했으나 사실은 부요함을 전혀 누리지 못하고 있었다.

> "내가 네 환난과 궁핍을 알거니와 실상은 네가 부요한 자니라 자칭 유대인이라 하는 자들의 비방도 알거니와 실상은 유대인이 아니요 사탄의 회당이라"(계 2:9)

> "네가 말하기를 나는 부자라 부요하여 부족한 것이 없다 하나 네 곤고한 것과 가련한 것과 가난한 것과 눈 먼 것과 벌거벗은 것을 알지 못하는도다"(계 3:17)

일단 우리는 천국의 부요를 누린다는 개념이 이 세상에서의 물질이나 권세나 영광과는 전혀 관계없다는 사실을 알아야 한다. 아니, 관계가 없는 것이 아니라 오히려 반비례로 관계가 깊다는 말이 되기도 한다. 그러므로 천국의 부요를 누린다는 말은 철저하게 영적, 심령적인 부요라는 사실을 알아야 한다. 물론 우리는 천국에 올라가면 비록 손으로 만질 수 있고 맛으로 볼 수 있는 것은 아니지만 모든 종류의 부요함보다도 훨씬 더 완벽한 부요를 누리게 되는 것은 틀림이 없다. 왜냐하면 이 세상의 부요함은 아무리 충만하게 가져도 반대급부적인 부분이 반드시 존재하기 때문이다. 이 세상에서는 완벽한 만족이란 없고 만족할 수 있는 부분이 크면 불만족스러운 다른 면이 반드시 있게 마련이다. 혹시 개인에게는 완전한 만족이라고 할지 몰라도 거기에 반비례하여 불만족스러운 다른 편의 사람들이 존재하게 되어 있다. 그러나 천국의 부요함이란 조금도 부족함이나 모자람이 없을 뿐만 아니라 어느 누구에게도 모두 완전한 만족을 제공하는 부요함인 것이다. 그러니 이 세상의 부요와 천국의 완전한 부요를 바꿀 수 있겠는가? 이 진리를 아는 사람이라면 그렇게 하려고 하지 않을 것이다.

"그러나 화 있을진저 너희 부요한 자여 너희는 너희의 위로를 이미 받았도다"(눅 6:24)

"자기를 위하여 재물을 쌓아 두고 하나님께 대하여 부요하지 못한 자가 이와 같으니라"(눅 12:21)

물론 천국에서만 경험할 수 있는 이런 완전한 부요는 신령한 부활체로서 마지막 영원한 천국에 들어가는 백성들에게만 유효하게 될 것이 분명하다. 왜냐하면 지금 이 지상의 육신을 가지고는 절대로 그런 완전한 부요를 소유할 수가 없기 때문이다. 세상 사람들이 농담 삼아 이야기하는, 천국에 가면 지루해서 못 살 것 같다는 이야기가 전혀 사실 무근이 아닐 것이다. 놀고 즐기는 것도 하루 이틀이요 한 달 두 달이지 허구 헌 날 놀고 찬양만 하고 할 일 없이 지낸다면 적어도 이 세상에서는 지루해서 살기 어려울 것이다. 하물며 지상에서의 인간의 특성을 고스란히 가지고 천국에서 날마다 찬양을 하고 지낼 수는 없다. 그리고 그런 인간성을 가지고는 천국에 올라간다고 해도 전혀 그 부요를 누릴 수 없을 것이다. 완전히 변화된 인간, 마치 예수님처럼 신령한 부활체가 되지 않고는 천국의 부요를 전혀 누릴 수가 없다. 그래서 어린

양 예수님은 라오디게아 교회에 불로 연단한 금을 사서 부요하게 하라고 말씀하시는 것이다. 천국의 부요함을 누리려면 하늘나라에 맞게 변화되지 않으면 불가능하기 때문이다.

> "내가 너를 권하노니 내게서 불로 연단한 금을 사서 부요하게 하고 흰 옷을 사서 입어 벌거벗은 수치를 보이지 않게 하고 안약을 사서 눈에 발라 보게 하라"(계 3:18)

같은 논리로 지상에서 천국의 부요함을 누리려면 마땅히 우리가 믿음으로 변화되어야 한다. 그냥 이대로는 천국의 부요를 누릴 수도 없을 뿐만 아니라 그런 부요함에 대하여 아예 느낄 수조차도 없을 것이 분명하다. 그렇기 때문에 우리가 천국의 부요함을 누리려면 예수 그리스도와 함께 십자가에서 연합하지 않으면 안 되는 것이다. 그리스도는 가장 힘없고 나약한 존재로 십자가에 달리셨으나 사실은 가장 부요한 분이셨던 것이다. 지상에서 천국을 누리시는 분, 우리를 부요하게 만드시기 위해 가장 가난한 곳에 나셨던 분, 우리가 천국의 부요를 누릴 수 있도록 자신을 완전히 희생하신 분, 이 예수 그리스도와 연합하지 못하고 어떻게 천국의 부요를 누릴 수 있겠는가? 그리스도로 인한 부요를 전혀 알지 못하는 사람은 그리스도와 전혀 관계없고 천국의 부요를 전혀 누릴 수 없는 사람이다.

> "유대인이나 헬라인이나 차별이 없음이라 한 분이신 주께서 모든 사람의 주가 되사 그를 부르는 모든 사람에게 부요하시도다"(롬 10:12)

> "우리 주 예수 그리스도의 은혜를 너희가 알거니와 부요하신 이로서 너희를 위하여 가난하게 되심은 그의 가난함으로 말미암아 너희를 부요하게 하려 하심이라"(고후 8:9)

그리스도의 부요를 누리자.

그러면 구체적으로 우리가 어떻게 천국의 부요를 누릴 수 있겠는가? 알다시피 마지막 영원한 천국에서 펼쳐질 그런 완전한 부요를 직접적으로 경험할 수는 없다. 심지어 천국과 지옥에 다녀왔다는 사람들조차 천국의 그런 부요를 경험하고 온 것은 아니다. 다만 천국과 지옥의 모습을 살펴볼 수 있었다고 하는 것이다. 그러므로 우리가 어떻게 그 천국의 부요함을 맛볼 수 있겠는가? 우리는 하나님께서 그리스도를 통하여 충만하게 해주신 온갖 종류의 부요를 지상에서 경험할 수 있다. 말하자면 그리스도께서 지상에서 누리시던 천국을 경험할 수 있다는 것이다. 알다시피 그리스도 예수님은 태초부터 하나님과 함께 하신 분이시다. 삼위일체 하나님은 태초에 천지를 함께 창조하셨다. 당연히 하늘의 모든 것을 다 알고 계신다. 그리스도의 부요하심은 육신을 입고 계시는 그 모습과는 비교도 할 수 없을 만큼 무한하시다.

> "하나님이 이르시되 우리의 형상을 따라 우리의 모양대로 우리가 사람을 만들고 그들로 바다의 물고기와 하늘의 새와 가축과 온 땅과 땅에 기는 모든 것을 다스리게 하자 하시고"(창 1:26)

따라서 예수 그리스도께서는 천국의 아름다움과 완전함과 그 크기와 모든 광경을 누구보다 더 정확하게 알고 계신다. 그것은 한 순간 잠깐 구경한 것인가? 결코 그렇지 않다. 태초부터 아버지 하나님과 성령님과 함께 직접 창조하신 그리스도께서 이 모든 모습을 너무나도 완벽하게 알고 계시는 것이다. 진실로 하나님 아버지는 만물보다 크시다. 그리스도의 부요하심은 만물의 창조주이시며 주인이신 하나님의 부요하심인 것이다. 그리스도의 부요하심을 알지 못한다면 그리스도를 제대로 믿는 것이 아니다. 그 부요하신 그리스도를 믿는다면서 겨우 이 세상의 좁아터진 상황만을 바라본다면 하나님의 자녀로서의 정체성을 다 잃어버린 채 마치 마귀의 자녀들처럼 비참한 삶을 살 수밖에 없는 것이다. 그 풍성하시고 부요하신 그리스도께 우리의 모든 삶을 다 맡길 수는 없다는 말인가? 그리스도께 모든 것을 다 맡기지 못한다면 그리스도의 부요함을 누릴 수 없을 것이다.

"그들을 주신 내 아버지는 만물보다 크시매 아무도 아버지 손에서 빼앗을 수 없느니라"(요 10:29)

그뿐인가? 그리스도의 부요함을 알고만 있어서는 그 부요함을 누릴 수는 없다. 그리스도의 사랑의 크기가 온 세상을 다 메우고도 남을 만큼 넘치는 것임을 깨달아 알아야 하겠다. 생각해보면 어떻게 동시에 세상 모든 사람들에게 성령님이 함께 하실 수가 있겠는가? 어떻게 엄청나게 많은 성도들이 각각의 예배당에서 동시에 예배를 드리는데 각각의 성도들에게 개별적으로 성령님의 감동하심이 임할 수 있겠는가? 어떻게 수천, 수만의 성도들이 각각 기도하는데 그 기도를 따로따로 들으시고 응답하실 수가 있다는 말인가? 우리가 당연하다고 생각하고 행하는 예배 행위들이 그리스도의 사랑의 품안에서 이루어지고 있다는 사실을 깨닫지 못하는 것은 아닌가? 그리스도의 충만한 사랑은 굶주리는 자, 소외된 자, 옥에 갇힌 자, 죄를 지은 자, 상처를 입고 있는 모든 자들을 다 덮을 만큼 무한한 것이다. 우리가 그리스도의 그 사랑의 부요하심 가운데에서 그 사랑을 누릴 수 있어야 하지 않겠는가?

"능히 모든 성도와 함께 지식에 넘치는 그리스도의 사랑을 알고 그 너비와 길이와 높이와 깊이가 어떠함을 깨달아 하나님의 모든 충만하신 것으로 너희에게 충만하게 하시기를 구하노라"(엡 3:18-19)

그렇게 천국에서 아버지 하나님과 모든 것을 함께 하신 그리스도 예수님이 지상에서 선포하고 가르치신 말씀은 바리새인들의 핵심을 찌르기에 충분하고도 남았다. 한 번도 천국을 경험하지 못한 율법학자들의 주장이 모든 것을 아시는 그리스도 예수님께 통할 수가 없는 것이다. 심지어 그들은 자신들의 욕심으로 인하여 하나님의 말씀에 대해 심각한 오해까지 하고 있었으므로 진정한 하나님의 말씀인 그리스도의 선포를 이해하지도 못했고 이해하려고 하지도 않았던 것이다. 복음서에 대해서 아무리 여러 가지 해석을 가하려고 노력해도 그리스도의 부요함을 어떻게 따라가겠는가? 우리가 그리스도의 풍성함을 누리려면 그리스도의 말씀에 철저하게 순종할 수 있어야 한다. 아무리 성경을 잘 알아도 자기 식으로 해석하여 적용하려고 한다면 다만 헛수고가 될 뿐이며, 잘못하면 하나님께 직접적으로 죄를 짓는 결과만을 가져올 뿐인 것이다. 그리스도의 부요함을 누리려면 그리스도 예수님의 말씀만을 전적으로 믿고 순종하지 않으면 불가능에 가까울 것이다.

"나는 내 아버지에게서 본 것을 말하고 너희는 너희 아비에게서 들은 것을 행하느니라"(요 8:38)

그리고 예수님은 저 천국의 상황에 대하여 누구보다도 정확하게 알고 계신다. 지금도 천국에서 아버지 하나님의 보좌 우편에 앉아계시는 어린 양 그리스도 예수님께서 풍성함과 부요함의 극치를 이루고 있을 천국에 승리한 성도들의 처소를 마련하고 계시는 것이다. 물론 지상에서 생각하듯이 집을 지어주시고 천국백성들의 살 곳을 만드신다는 그런 의미는 결코 아니다. 다만 예수님은 심판주로서 마지막 때까지 천국에서 만백성을 다스리시기 위하여 마귀들과 싸우고 계시는 것이다. 이 그리스도의 부요하심을 믿지 못한다면 어떤 의미에서 그리스도인으로서는 힘든 지상 생활을 할 수밖에 없게 될 것이다. 그리스도 안에 모든 것이 풍부한데도 불구하고 다른 곳에서 필요를 채우려고 하거나 만족을 찾으려고 한다면 그것이 불행이 아니면 무엇이겠는가? 그리스도인은 진정으로 그리스도의 부요하심을 누리는 사람들이어야만 한다.

> "내 아버지 집에 거할 곳이 많도다 그렇지 않으면 너희에게 일렀으리라 내가 너희를 위하여 거처를 예비하러 가노니"(요 14:2)

마지막으로 그리스도의 부요하심을 누리는 방법은 사도 바울의 고백대로 그리스도의 풍성하심을 이방인들에게 전파하는 것이다. 그리스도의 풍성하심을 이방인들에게 전하려면 그 부요하심을 누릴 수 있어야 한다. 그 부요하심을 누리지도 못하면서 말로만 그리스도의 풍성하심을 전한다면 그것이 그들에게 잘 전달이 되겠는가? 사람은 자신이 경험한 것 이상으로는 말할 수도 없고 전달할 수도 없다. 애써 전파한다고 해도 진심으로 받아들일 사람은 없을 것이다. 자신이 누리고 있는 것을 전할 때 거기에 능력이 있고 힘이 더해질 수 있는 것이다. 그리고 그리스도의 부요하심을 누리고 있는 사람이라면 그 부요하심을 전달하지 않고는 견딜 수가 없게 될 것이다.

> "모든 성도 중에 지극히 작은 자보다 더 작은 나에게 이 은혜를 주신 것은 측량할 수 없는 그리스도의 풍성함을 이방인에게 전하게 하시고"(엡 3:8)

풍성한 은혜를 누리자.

그리스도인의 내적인 특징 중 가장 핵심적인 것은 우리가 받은 은혜이다. 은혜란 어떤 행위에 대한 보상이 아니다. 은혜는 아무 것도 한 일이 없이 상을 받는 것이다. 아무 자격도 안 되고 받을 만큼 의롭지도 않고 남들보다 뛰어난 소질을 가지고 있는 것도 아닌데 그 누구보다도 더 큰 상을 받는 것이 은혜이다. 그리스도인에게 있어서 이 은혜라는 단어를 뺀다면 그 존재가치를 논할 수가 없다. 더구나 이 은혜는 결코 해결할 수 없는 인간의 죄와 관련된 은혜이다. 대개 행한 것 이상으로 무엇인가를 받았을 때에 은혜가 크다고 이야기하지만 그런 것은 아무리 커보여도 사소한 것일 뿐이다. 왜냐하면 인간의 DNA를 흐르는 죄라는 것은 우리의 힘으로는 결코 씻을 수 없는 것이기 때문이다. 생각해보라. 우리가 실생활 속에서 저지르는 온갖 죄악들이 있다. 지극히 선한 사람이라 할지라도 하나님의 의에 비추어보면 너무나도 더러워서 아예 붉은색으로 뒤덮여 있을 정도이다. 그런데 그것을 사함 받은 것이다.

> "우리는 그리스도 안에서 그의 은혜의 풍성함을 따라 그의 피로 말미암아 속량 곧 죄 사함을 받았느니라"(엡 1:7)

그 은혜가 어느 정도나 클까 하고 생각해보면, 우리가 일평생 매일같이 굶주리고 매를 맞고 쫓겨 다니고 일평생 죽도록 일만 하고 조금도 쉬지 못한다고 할지라도 갚을 수 없을 정도이다. 물론 비현실적인 이야기이지만 우리가 받은 은혜의 크기와 풍성함은 상상조차도 할 수 없는 것이라는 이야기이다. 성경 말씀은 과장이 없고 무엇인가를 부풀리기 위한 형용이 없다. 성경 말씀은 어떤 단어가 의미하는 바 100%를 뜻한다. 그래서 성경말씀만 가지고는 사람의 인식으로는 성이 차지 않는 경우가 있을 수 있다. 그러나 그것은 사람의 연약함과 죄 때문이지 성경의 허물이 아니다. 성경에서 강조하는 데 자주 쓰이는 형용사는 겨우 '지극히'라는 단어 정도이다. 하지만 이 '지극히'는 정말로 '지극히'이다. 최대의 극한을 이야기하는 것이다. 이 '지극히'는 하나님의

'지극히'이다. 우리는 지극히 풍성한 은혜를 받아가지고 사는 사람들이다.

"이는 그리스도 예수 안에서 우리에게 자비하심으로써 그 은혜의 '지극히' 풍성함을 오는 여러 세대에 나타내려 하심이라"(엡 2:7)

그런데 대개의 그리스도인들은 이 지극히 풍성한 은혜를 누리지는 못하고 있다. 이 죄 사함의 은혜는 물론 구원의 은혜를 말한다. 구원의 은혜는 결코 존재할 수도 없고 갚을 수도 없는 너무나도 크신 하나님의 은혜이다. 그 은혜의 핵심은 씻을 수 없는 죄를 사해주시고 우리를 영원한 천국으로 인도하시는 은혜이지만, 또 다른 은혜는 우리를 길이 참으셨다는 데 있다. 만약에 우리의 죄를 참지 않으시고 즉각적으로 심판하신다면 지금 살아남을 사람은 전혀 없다. 그러나 하나님은 우리가 회개하기까지 길이 참으셨다. 그 크신 은혜로 구원의 은혜를 누릴 수 있게 된 것이다. 그리고 지금도 모든 그리스도인들을 위하여 길이 참고 계신다. 이 은혜를 조금이라도 깨달은 사람이라면 빨리 돌이켜서 그 은혜를 누릴 수 있어야 할 것이다.

"그러나 주여 주는 긍휼히 여기시며 은혜를 베푸시며 노하기를 더디 하시며 인자와 진실이 풍성하신 하나님이시오니"(시 86:15)

하나님의 은혜는 비단 죄 사함과 구원에만 한정되는 것은 물론 전혀 아니다. 하나님의 은혜는 구원의 은혜뿐만 아니라 그리스도인의 삶의 전 영역에 걸쳐서 마치 우리가 공기로 숨을 쉬듯이 펼쳐지고 있다. 심장을 통하여 혈액이 온몸 구석구석까지 지속적으로 공급되듯이 그렇게 우리의 삶의 전체 영역에 걸쳐서 하나님의 은혜는 부어지고 있다. 아니, 공기로 호흡하고 심장이 뛰고 있는 그 자체가 하나님의 엄청난 은혜이다. 실제로는 순간순간마다 하나님의 은혜를 누리고 사는데 심령적으로는 그것을 느끼지 못한다면 이 또한 불행한 일이 될 수 있다. 불행하다기보다는 안타깝고 불쌍하다는 표현이 더 맞을 것 같다. 하지만 그런 모든 은혜들은 따로 언급해야 할 것 같다. 지금 하나님의 풍성한 은혜를 누리는 것에 대해서 이야기를 국한시키자면 우리는 그리스도의 십자가의 은혜를 말하지 않을 수 없다. 십자가는 고난이요 고통이요 상처요 모욕이지만 우리는 십자가를 누리는 사람들이어야 한다. 십자가로 돌아가자고 하면 그리스도의 고통과 죽으심에 대해서만 생각하겠지만, 우리는 십자가의 은혜를 누리는 사람들이어야 한다. 날마다 이 십자가에서 죽는다는 바울은 온 세상에서 오직 자랑할 유일한 것으로 십자가의 은혜를 말하고 있다.

> "그러나 내게는 우리 주 예수 그리스도의 십자가 외에 결코 자랑할 것이 없으니 그리스도로 말미암아 세상이 나를 대하여 십자가에 못 박히고 내가 또한 세상을 대하여 그러하니라"(갈 6:14)

결국 풍성한 은혜를 누리면서 살기 위해서는 십자가의 은혜 속으로 돌아가는 수밖에는 없다. 십자가가 괴롭고 힘든 것이라고? 물론 그럴 수 있다. 십자가로 돌아간다는 것은 십자가에 못 박히신 우리 구주 예수 그리스도를 바라보면서 그 은혜에 감격하여 세상을 이겨내는 것이다. 다른 의미에서 그리스도인은 십자가로 돌아가지 않으면 자기 자신과 세상을 이길 수가 없다. 잠시 자신의 믿음과 의지로 이기는 것 같지만 어느새 그 길을 벗어나는 것을 깨달을 수밖에 없다. 그러므로 십자가로 돌아가는 것은 그리스도인의 선택사항이 아니라 필수요소이다. 십자가에서 벗어난다는 것은 그리스도인이기를 포기하는 것이나 다름이 없다. 그리스도의 십자가는 은혜인 동시에 능력이다. 그러니 그리스도인은 항상 십자가 밑에 남아있어야 한다. 하나님의 능력으로서의 십자가를 의지한다는 것은 십자가를 누린다는 말이나 마찬가지이다.

왜냐하면 십자가로 돌아가지 않으면 하나님의 지극히 크신 은혜를 맛볼 수 없기 때문이다. 우리는 십자가의 고난을 누릴 수 있어야 한다. 그것이 무한하신 하나님의 은혜를 누리는 방법이다.

"십자가의 도가 멸망하는 자들에게는 미련한 것이요 구원을 받는 우리에게는 하나님의 능력이라"(고전 1:18)

하나님의 은혜의 본질과 핵심을 누린다면 다른 것들은 저절로 따라오게 되어 있다. 물론 십자가의 풍성한 은혜를 누린다고 해서 곧바로 지상의 모든 것이 따라오는 것은 아니다. 왜냐하면 그 은혜라는 것을 하나님 중심이 아니라 자기중심적으로만 해석해버린다면 지극히 크신 하나님의 은혜를 누린다는 말이 과장이 될 수도 있기 때문이다. 아무리 크신 하나님의 은사를 받아가지고 있더라도 그 크신 하나님의 은혜로 덮어주지 못한다면 단지 자기자랑으로 그칠 수도 있다. 하나님께서 신앙인의 모든 것을 풍성하게 다 덮어주실지라도 예수님의 십자가 희생의 은혜를 벗어날 수는 없다. 우리가 누리는 하나님의 은혜는 우리가 잘나서 쏟아부어주시는 것이 아니다. 만약에 자기중심적으로 하나님의 은혜를 이해하려고 한다면 거기에는 자랑이 개입될 것이다. 물론 그리스도 예수님을 자랑해야 하는 것은 분명하지만 거기에 자기자랑이 개입된다면 동일한 하나님의 은혜를 받으면서도 그것을 누릴 수는 없는 것이다. 우리는 우리의 어떤 상황 가운데에서도 그리스도의 십자가로 돌아가서 하나님의 은혜 가운데 깊이 잠기고 그 은혜를 누림으로써 그 능력으로 세상을 능히 이길 수 있게 되는 것이다. 하나님의 은혜를 깊이 누리지 못한다면 온전하게 세상을 이길 수는 없다.

"오직 너희는 믿음과 말과 지식과 모든 간절함과 우리를 사랑하는 이 모든 일에 풍성한 것 같이 이 은혜에도 풍성하게 할지니라"(고후 8:7)

지혜의 부요를 누리자.

이 세상은 마귀가 지배하고 있다. 마귀는 영적 존재로서 지식과 능력이 뛰어나기 때문에 육체를 가진 인간으로서 마귀를 이긴다는 것은 사실상 불가능에 가깝다. 물론 그리스도인은 천국을 누리고 그리스도의 부요하심을 누리고 십자가의 은혜를 누리는 존재임에는 틀림이 없지만, 마귀도 이 사실을 너무나도 잘 알기 때문에 거기에 맞는 교묘한 방식으로 성도를 무너뜨리려고 하게 된다. 마귀는 심지어 하나님의 아들 예수 그리스도조차도 시험하려고 덤벼든 존재였다. 마귀가 왜 예수님을 시험하였는가? 하나님의 아들이 인간구원의 대업을 이루면 마귀 자신이 살 길이 사라지기 때문에 발악을 하는 것이 아닌가? 마찬가지로 마귀는 이미 예수님의 부활로 결정적인 패배를 당했음에도 불구하고 조금이라도 자기의 때를 얻기 위하여 성도들을 미혹하게 되어 있다. 마귀는 하나님의 아들 예수 그리스도를 미혹하는 것과 똑같은 방법으로 그리스도인들을 미혹하고 있는 것이다. 여기에서 우리는 하나님의 또 다른 은혜와 능력을 경험하게 되는 것이다. 그것은 하나님의 지혜와 지식의 부요함이다. 십자가의 은혜도 마귀에게 승리하기 위한 하나님의 깊고 풍성한 지혜의 산물인 것이다.

"깊도다 하나님의 지혜와 지식의 풍성함이여, 그의 판단은 헤아리지 못할 것이며 그의 길은 찾지 못할 것이로다"(롬 11:33)

그리스도인들이 자신과 세상을 이기기 위해서는 무엇이 가장 필요한 것일까? 굳건한 믿음이 필요하다. 끊임없는 기도가 필요하다. 끝까지 참고 견디는 인내가 필요하다. 당연한 이야기이다. 믿음과 기도와 인내가 없이 어떻게 하나님의 일을 감당할 수 있다는 말인가? 하지만 이런 모든 것들을 한 마디로 집약하면 그것은 하나님의 지혜와 지식이다. 하나님의 지혜는 십자가 은혜의 풍성함을 만들어내었다. 결코 씻을 수 없는 인간의 죄 문제를 해결하고 구원하기 위한 유일하고 탁월한 지혜, 그것이 십자가의 은혜이다. 십자가의 은혜를 누릴 수 있어야 세상을 이길 수 있게 하시는 것도 하나님의 지혜이다. 하나님의 사람들은 하나님의 지혜 안에 거할 때 가장 강하다. 눈앞에 보이는 것에 의존하기 위해 말씀을 떠나거나 기도하지 못한 채 이리저리 우왕좌왕한다면 그것은 하나님의 지혜를 떠난 것이다. 하나님의 지혜를 벗어나면 곧바로 마귀의 밥이 될 뿐이다.

하나님의 지혜는 우리가 그 지혜에 의지하기 위하여 하나님께 구하면 그것은 지혜를 누리는 것이 된다. 왜냐하면 하나님께 구하기만 하면 하나님은 반드시 승리할 길을 열어주시거나 깨닫게 해주시기 때문이다. 이것이 하나님의 지혜를 누리는 방법이다. 하나님께서 주신 지혜로 승리한다면 우리는 기쁨이 충만할 것이고 하나님께만 영광을 풍성하게 돌려드릴 수 있게 되는 것이다.

> "인내를 온전히 이루라 이는 너희로 온전하고 구비하여 조금도 부족함이 없게 하려 함이라 너희 중에 누구든지 지혜가 부족하거든 모든 사람에게 후히 주시고 꾸짖지 아니하시는 하나님께 구하라 그리하면 주시리라"(약 1:4-5)

하나님의 지혜의 부요하심은 말씀의 풍성함에서 그 근원을 찾을 수 있다. 하나님의 말씀인 성경이야말로 모든 지혜와 지식의 집합체이기 때문이다. 현실적으로 하나님의 지혜를 우리는 이 성경에서 누릴 수 있다. 말씀 속에 답이 있고 말씀 속에 길이 있고 말씀 속에 지혜가 있다. 우리는 하나님의 놀라운 지혜와 지식을 하나님의 말씀으로 누릴 수 있다. 말씀을 듣고 말씀을 읽고 말씀을 묵상하며 말씀을 암송하고 말씀을 기록하고 말씀을 연구함으로써 하나님의 지혜를 누릴 수 있는 것이다. 물론 거기에서 한 걸음 더 나아가야 한다. 말씀을 실생활에 적용해야 한다. 실천하고 경험해 보아야 한다. 그럴 때 말씀이 지식에 그치지 않고 관념에 머무르지 않게 될 것이다. 말씀으로부터 오는 지혜의 부요를 누리려면 말씀을 자기 것으로 먹고 소화시켜야 한다. 그렇지 못하면 잘못하면 부작용이 나타날 수도 있다. 말씀을 지식으로 아는 것을 자기 믿음의 실체라고 생각할 수 있기 때문이다. 결론적으로 말씀 속의 지혜의 부요함은 실천적인 훈련을 통해서만 충분히 누릴 수 있는 것이다. 말씀이 가르치는 대로 직접 실천해보는 길만이 말씀을 충분히 소화할 수 있는 방법이다. 그것이 말씀이 우리 속에 풍성하게 거하는 것이다.

"그리스도의 말씀이 너희 속에 풍성히 거하여 모든 지혜로 피차 가르치며 권면하고 시와 찬송과 신령한 노래를 부르며 감사하는 마음으로 하나님을 찬양하고"(골 3:16)

성령님께서 우리들 각자에게 주시는 각종 은사도 하나님의 지혜의 부요함을 누릴 수 있는 길이 된다. 은사는 왜 주시는가? 교회가 하나님의 부요하심을 누릴 수 있도록 하기 위하여 각자에게 주시는 것이다. 은사를 자랑하려고 한다면 하나님의 지혜의 부요를 경험할 수 없다. 은사는 교회를 유익하게 하라고 주신 것이지 개인을 유익하게 하라고 주신 것은 아니기 때문이다. 하지만 은사는 개인이 세상을 이기게 해주는 지혜가 되기에 충분하다. 각 사람에게 주신 다양한 은사들을 발휘하여 사람들을 도우려고 한다면 그것은 훌륭한 지혜의 누림이 될 수 있다. 누린다는 말은 가만히 그 속에서 만족하고 즐긴다는 의미가 아니라 어떤 능력과 지혜의 풍부함을 통하여 하나님께서 뜻하신 바를 이루어낸다는 의미가 더 강하다. 곧 은사를 통하여 교회와 성도를 유익하게 할 뿐 아니라 그 은사를 통하여 마귀의 모든 궤계를 이겨낸다면 그것은 바로 지혜의 부요를 누리는 것이 되는 것이다. 은혜이든 지혜이든 은사이든 하나님은 전혀 부족하지 않게 우리에게 쏟아부어주신다. 그것을 얼마만큼 누릴 수 있는가는 그리스도인 각자의 몫이 될 뿐이다.

"너희가 모든 은사에 부족함이 없이 우리 주 예수 그리스도의 나타나심을 기다림이라"(고전 1:7)

삶의 부요를 누리자.

부요함의 마지막 단계이면서 실질적인 누림을 위해서는 실제 신앙생활에서의 누림이 가능해져야 한다. 우리의 누림은 기도원이나 수도원이나 기도공간에서뿐만이 아니라 지상에서의 모든 영역 가운데에서 펼쳐져야 하기 때문이다. 우리가 아무리 하나님의 부요하심을 누리고 있다고 해도 대개 신앙인의 현실은 암담한 경우가 더 많을지도 모른다. 하지만 그 사람의 누림이 현실 속에서도 누림이 될 때 그 누림은 진정한 누림이 되는 것이다. 그래서 현실은 우리 믿음의 시험대와 같은 것이다. 그리고 그 누림이 그리스도인의 승리를 만들어주는 것임을 알아야 한다. 하지만 많이 가지고 있다고 해서 참된 누림이 실현되는 것은 아니다. 그리스도인이 부요함을 누리려고 한다면 그리스도인에게 가장 적합한 소유가 필요하다. 예를 들어 달팽이가 만약에 자기 몸집에 비해 굉장히 큰 골뱅이 껍질을 짊어지고 다닌다고 생각해보라. 쓸데없이 힘만 들어 결국 쓰러져버리게 될 것이다. 그리스도인들이 마치 달팽이가 골뱅이 껍질을 지고 다니는 것처럼 많은 것을 소유하는 것은 결코 하늘의 부요함을 누리는 것이 아니다. 그래서 사도 바울은 모든 경우에 모든 누림이 가능하다고 설파하고 있는 것이다.

> "나는 비천에 처할 줄도 알고 풍부에 처할 줄도 알아 모든 일 곧 배부름과 배고픔과 풍부와 궁핍에도 처할 줄 아는 일체의 비결을 배웠노라"(빌 4:12)

그리스도인의 누림은 부족함이 없는 것이어야 한다. 왜냐하면 부족함이 없는 부요를 넘어서서 무엇인가를 더 얹으려고 할 때 그 누림도 의미가 퇴색될 수밖에 없기 때문이다. 어떻게 부족함이 없는 상태가 하늘의 부요함이 될 수 있을까? 그것은 필요할 때 언제라도 꺼내 쓸 수 있는 보물창고와 같은 것이기 때문이다. 마치 현대인에게 신용카드와 같은 기능을 한다고 볼 수 있는 것이다. 물론 언제나 넘치게 채워져 있는 보물창고라야 하고 잔고가 무한정으로 예금되어 있는 신용카드라야 할 것이다. 하늘 창고와 하나님의 지혜와 은사가 그렇지 않은가? 실생활에서 필요 이상으로 주어진다고 해도 별로 소용도 없다. 쓸데없이 죄만 짓거나 아니면 그것을 소유하기 위해 힘만 들 것이기 때문이다. 그래서 다윗은 시편에서 하나님을 목자라고 표현했던 것이다. 그리고 여호와를 경외하기만 하면 아무 것도 모자라거나 부족할 것이 없다고 노래했던 것이다.

> "여호와는 나의 목자시니 내게 부족함이 없으리로다"(시 23:1)
>
> "너희 성도들아 여호와를 경외하라 그를 경외하는 자에게는 부족함이 없도다 젊은 사자는 궁핍하여 주릴지라도 여호와를 찾는 자는 모든 좋은 것에 부족함이 없으리로다"(시 34:9-10)

그리스도인의 누림은 많고 크고 넓은 것으로는 이루어질 수 없다. 왜 그렇게 큰 사업, 유명해지는 일, 큰 교회, 엄청난 일에 관심이 많은

가? 크고 많은 것은 하나님께서 필요에 따라 부어주시는 것이다. 믿음과 능력이 탁월하다고 해서 큰 것을 주시는 것은 아니다. 그리스도인이 크고 많은 것에서 만족을 느끼고 자랑이 된다면 거기에는 하나님의 부요를 누릴 수 있는 여지가 완전히 사라져버리게 될 수밖에 없다. 부정이라는 것은 크고 많은 데에서 생기는 것이 아닌가? 하나님의 부요를 누리려면 모든 초점을 하나님께 맞추어야 한다. 그 부요를 누리기 위해서는 자꾸자꾸 버려야 한다. 모이면 버리고 높아지면 낮아져야 한다. 그런 세속적인 것에 마음을 빼앗기면 하나님의 부요는 전혀 누릴 수가 없다.

> "네가 이 세대에서 부한 자들을 명하여 마음을 높이지 말고 정함이 없는 재물에 소망을 두지 말고 오직 우리에게 모든 것을 후히 주사 누리게 하시는 하나님께 두며"(딤전 6:17)

물론 참된 그리스도인으로서 세상을 살다가 보면 잘 될 때보다 잘 안 될 때가 더 많을 것이다. 그것은 우리가 하늘에 속한 자로서 세상을 살아야 하기 때문에 당연한 현상이다. 그런데 그럴 때일수록 하나님의 부요를 더 크게 누릴 수 있어야 한다. 우리를 위해 모든 것을 버리신 예수님께서는 모든 것이 풍성하게 채워져 있기 때문이다. 예수님께서도 아버지 하나님의 나라에 모든 것을 가지고 계시기 때문에 모든 것을 스스로 버리심으로써 하나님의 부요를 누릴 수 있으셨다. 우리는 그리스도 안에서 살고 그리스도 안에서 죽는 사람들이다. 당연히 그리스도의 누리심을 따라 우리도 하늘의 부요를 이 세상에서 누릴 수 있는 것이다.

> "이를 내게서 빼앗는 자가 있는 것이 아니라 내가 스스로 버리노라 나는 버릴 권세도 있고 다시 얻을 권세도 있으니 이 계명은 내 아버지에게서 받았노라 하시니라"(요 10:18)

그리스도인의 정체성이란 하늘의 것을 이 땅에서 누리는 것이다. 가장 먼저 우리가 누려야 할 것이 바로 하늘의 풍성함이요 부요함이다. 하늘의 부요는 눈에 보이는 것이 아니다. 그러나 부요를 누릴 때 그 사람의 삶의 모습 가운데에서 저절로 배어나오게 되어 있다. 하늘을 누리는 사람에게서는 하늘의 향기가 나타나야 한다. 그것으로써 하늘의 부요를 누리는 사람임을 증명하게 되는 것이다. 하늘에 올라가면 우리에게 큰 상이 준비되었다는 것은 물론 그리스도인의 건강한 정체성을 위해 꼭 필요한 소망들이다. 그러나 미래에 하늘나라에서 사는 것이 아니라 현실 속에서 하늘나라를 사는 사람들이 그리스도인들이다. 이 사실을 명확하고 확고하게 믿고만 있어도 우리는 우리 자신과 세상을 능히 이길 수 있을 것이다. 이 땅에서 하늘을 살고 있는지를 잘 살피고 하늘나라가 내 삶의 현장에서 이루어질 수 있도록 힘써보자.

2. 평안과 안식을 누리자.

그리스도인의 진정한 정체성의 표출은 그 사람이 얼마나 하나님을 누리고 있는가에 달려있다. 그리스도인은 물론 용서하는 사람들이고 버리는 사람들이고 싸우는 사람들이다. 그것이 겉으로 드러나는 그리스도인의 가장 큰 특징이어야 한다. 건강한 정체성을 가진 그리스도인이라면 어떤 형태로든 그런 모습의 삶을 보여줄 수 있을 것이다. 하지만 그런 모습이 자연스럽게 생활 속에서 드러나려면 그리스도인은 하나님만을 바라보아야 하는데 그것을 돕는 일이 하늘의 상에 대한 소망을 가지는 것이다. 이 땅에서의 보상이 아니라 하늘의 상에 대한 소망을 가지고 있다면 그 사람은 그리스도인으로서 가지고 있는 정체성으로 세상을 승리하면서 살 수 있을 것이다.

더 나아가서 진정한 그리스도인이라면 반드시 이 땅에서 천국을 누릴 수 있어야 하는데, 그것은 앞 장에서 이야기한 대로 그리스도로 인한 부요함을 누릴 줄 아는 것으로부터 시작할 수 있게 될 것이다. 그리고 또 다른 아주 중요한 천국의 요소가 있는데 그것은 평안과 안식이다. 평안과 안식은 천국백성들의 가장 큰 특징들이다. 물론 우리는 저 영원한 천국에 도달해서야 그런 완전하고 영원한 평안과 안식을 누리게 될 것이다. 하지만 그리스도인으로서의 정체성을 소유한 백성이라면 이 세상에서도 충분히 천국의 평안과 안식을 누릴 수 있어야 한다.

비록 완전하고 영원한 천국의 평안과 안식은 못될지라도 내용적으로 온전한 평안과 안식을 일시적으로라도 수시로 누리게 될 것이다. 이제 평안과 안식에 대하여 살펴보기 전에 그 전제조건이라고 할 수 있는 화평에 대해서 먼저 알아보자.

화평에 대하여

그리스도인은 하나님의 사람들이며 하나님께 모든 것, 심지어 생명까지 다 맡기는 사람들이다. 그렇게 맡길 수 있는 이유는 그리스도인은 예수님의 보혈의 공로로 인하여 거듭난 새로운 피조물이기 때문이다. 우리는 세상의 통치를 받는 사람들이 아니라 하나님과의 사귐을 통하여 하나님만을 의지하는 하나님의 백성들이다. 그리스도인들에게 있어서 평안이란 바로 그 지점에서 출발하는 것이다. 그렇기 때문에 그리스도인의 평안은 세상이 주는 평안과 근본적으로 다른 것이다. 그래서 하나님과의 친밀한 교제가 그리스도인의 삶의 중심이 되어야 하는 것이다.

> "우리가 보고 들은 바를 너희에게도 전함은 너희로 우리와 사귐이 있게 하려 함이니 우리의 사귐은 아버지와 그의 아들 예수 그리스도와 더불어 누림이라"(요일 1:3)

그런데 그리스도인의 평안이란 우리가 알다시피 조건이나 환경의 영향을 받지 않는 심령의 평안을 뜻하는 것이지만, 그 심령의 평안을 얻기 위해서는 전제조건이 있어야 한다는 사실도 알아야 한다. 비록 주변의 영향을 받지 않는 평안이라 할지라도 그 평안을 누릴 수 있기 위해서는 대가가 필요하고 그 대가를 예수님께서 지불하셨다는 사실을 굳게 믿어야 하는 것이다. 하나님께서는 이미 메시야에 대한 예언을 주시면서 화평의 언약을 주셨음을 말씀하고 계시며, 그 화평의 언약은 심지어 지구가 멸망할지라도 결코 변치 않을 것임을 또한 약속하셨던 것이다. 그 흔들리지 않는 화평의 언약으로 말미암아 성도는 참된 평안을 누릴 수가 있게 되는 것이다. 더구나 그 평화의 언약은 이미 이스라엘에게 율법을 주실 때부터 약속하신 것이었다.

"산들이 떠나며 언덕들은 옮겨질지라도 나의 자비는 네게서 떠나지 아니하며 나의 화평의 언약은 흔들리지 아니하리라 너를 긍휼히 여기시는 여호와께서 말씀하셨느니라"(사 54:10)

"그러므로 말하라 내가 그에게 내 평화의 언약을 주리니 그와 그의 후손에게 영원한 제사장 직분의 언약이라 그가 그의 하나님을 위하여 질투하여 이스라엘 자손을 속죄하였음이니라"(민 25:12-13)

하지만 우리가 분명히 알아야 할 것은 이 화평은 사람 사이의 화평과는 일치하지 않을 수도 있다는 것이다. 평화나 화평은 이 세상에서 인간이나 국가 사이에 조약을 맺음으로써 이루어질 수 있는 것이 아니다. 우리 평안의 근거가 되는 하나님의 화평은 하나님과 사람 사이의 화평이다. 생각해보면 사람 사이의 화평은 결코 완전하거나 오랫동안 지속될 수 없다. 그래서 세상의 평안은 하나님의 평안과는 완전히 다른 것이다. 하나님과 사람 사이의 화평은 오직 예수 그리스도로 말미암지 않고는 성립될 수가 없다.

"그는 우리의 화평이신지라 둘로 하나를 만드사 원수 된 것 곧 중간에 막힌 담을 자기 육체로 허시고 법조문으로 된 계명의 율법을 폐하셨으니 이는 이 둘로 자기 안에서 한 새 사람을 지어 화평하게 하시고"(엡 2:14-15)

그래서 예수님은 사람들의 예상을 훨씬 뛰어넘을 만큼 의외의 말씀을 주신 것이다. 보통 사람들은 세상에 화평을 주기 위해 메시야가 오신다고 생각하겠지만, 메시야 되시는 예수님은 이 세상에 화평을 주려고 오신 것이 아니라고 선포하신다. 더 나아가 가정에 불화가 생길 것이라고 강하게 말씀하신다. 아니 세상에! 다른 나라나 다른 동네 사람들하고 불화할 수는 있다고 치더라도 가족 간에 불화를 주시기 위해 메시야가 오셨다고? 그러면 누가 예수님을 믿으려고 하겠는가? 이 사실을 먼저 안다면 아무도 예수님을 믿지 않으려고 하게 될지도 모른다. 그러나 사실이다. 비록 나중에는 가정에 평화가 찾아올지 모르지만 처음에는 불화를 감수할 수밖에 없다. 왜냐하면 그리스도 예수님께서 주시는 화평은 하나님과 사람 사이의 화평이기 때문이다. 우리가 평화를 얻으려고 한다면 그것은 이 세상에서의 평화가 아니다.

"내가 세상에 화평을 주려고 온 줄로 아느냐 내가 너희에게 이르노니 아니라 도리어 분쟁하게 하려 함이로라 이 후부터 한 집에 다섯 사람이 있어 분쟁하되 셋이 둘과, 둘이 셋과 하리니 아버지가 아들과, 아들이 아버지와, 어머니가 딸과, 딸이 어머니와, 시어머니가 며느리와, 며느리가 시어머니와 분쟁하리라 하시니라"(눅 12:51-53)

그렇기 때문에 하나님께서 우리에게 말씀하시는 화평, 평화라는 것은 반드시 하나님과의 화평이라는 사실을 알고 있어야 한다. 그렇다면 예수님께서 팔복 중에서 화평케 하는 자에게 복이 있다는 말씀도 같은 맥락으로 볼 수 있을 것이다. 하나님나라에서 복이 되는 화평은 사람을 화해시키고 서로 양보하게 만드는 중재역할에만 국한되는 것이 아니다. 물론 그런 것도 포함될 수 있겠지만, 진정한 의미의 화평케 하는 사람이란 하나님을 모르는 사람들을 하나님과 화평하게 만드는 것이라는 사실을 반드시 깨달아야 한다. 그러므로 야고보는 화평의 열매가 의로 거두어진다고 말하는 것이다. 화평의 열매가 의가 된다는 말은 사람들 앞에 의가 아니라 하나님 앞의 의를 말하는 것이다. 사람을 중재하는 것으로 의의 열매가 맺힐 수는 없다. 이 화평이 하나님과의 화평임을 단적으로 말하는 것이다.

"화평하게 하는 자는 복이 있나니 그들이 하나님의 아들이라 일컬음을 받을 것임이요"(마 5:9)

"화평하게 하는 자들은 화평으로 심어 의의 열매를 거두느니라"(약 3:18)

그렇기 때문에 이사야는 화평이 공의의 열매임을 또한 가르치고 있는 것이다. 공의란 하나님과 사람들 사이에 죄가 없음을 말하는 것이다. 서로 걸리는 것을 안고 있는 상황에서 어떻게 화평이 이루어질 수 있겠는가? 사도 바울도 로마서에서 우리가 의롭다 하심을 받은 것으로 인하여 하나님과 화평을 누릴 수 있다고 설파한 것이다. 언제나 기억해 두자. 우리는 예수 그리스도의 보혈의 공로를 믿음으로써 하나님과 거리낌이 없는 상태가 되었다. 죄 사함과 거듭남의 엄청난 은혜를 입는 사람들이다. 하나님과 아무런 거리낌도 없어진 상태, 곧 완전한 화평을 이루는 상태에서 비로소 우리는 그 어느 것에서도 영향을 받지 않는 평안을 누릴 수 있는 것이다. 이것이 우리가 영원토록 누리는 평안의 전제조건인 것이다.

"공의의 열매는 화평이요 공의의 결과는 영원한 평안과 안전이라" (사 32:17)

"그러므로 우리가 믿음으로 의롭다 하심을 받았으니 우리 주 예수 그리스도로 말미암아 하나님과 화평을 누리자"(롬 5:1)

사람은 허물과 죄악과 징계를 받음으로써 하나님과 결코 화목할 수 없음에도 불구하고 하나님은 독생자 예수님을 이 땅에 내려 보내실 뿐만 아니라 저주받고 버림받게 하심으로써 우리의 모든 허물과 죄악을 다 씻어주신 것이다. 우리가 평안과 안식을 누릴 수 있게 된 것은 예수님께서 십자가의 피로 하나님과 진정한 화평을 이루게 하신 까닭이다. 모든 그리스도인들은 하나님과 이미 화평하게 된 사람들이지만, 아직도 하나님과 원수 된 채로 이 세상을 살아가는 사람들로 넘치고 있다. 그러므로 우리만 하나님과 화평을 누리는 것이 아니라 하나님을 기쁘시게 하는 일 곧 하나님과 사람들을 화목하게 만드는 일에 앞장서는 것이 바로 우리 그리스도인들의 진정한 정체성이 되는 것이다. 우리가 평안을 누릴 때에는 반드시 그리스도의 십자가와 그 피 흘리심 속으로 들어가야 하는 이유인 것이다.

> "그가 찔림은 우리의 허물 때문이요 그가 상함은 우리의 죄악 때문이라 그가 징계를 받으므로 우리는 평화를 누리고 그가 채찍에 맞으므로 우리는 나음을 받았도다"(사 53:5)
>
> "그의 십자가의 피로 화평을 이루사 만물 곧 땅에 있는 것들이나 하늘에 있는 것들이 그로 말미암아 자기와 화목하게 되기를 기뻐하심이라"(골 1:20)

평안을 누리자.

그러면 그리스도인이 이 땅에서 천국을 누릴 수 있는 중요한 지표 중의 하나인 평안을 어떻게 얻을 수 있을 것인가? 먼저 천국의 평안이 무엇인가를 살펴보아야 할 것이다. 물론 천국의 평안은 안식이라고 할 수 있을 것이다. 우리는 그 안식보다는 이 땅에서 누릴 수 있는 천국의 평안을 생각해보아야 한다. 과연 이 땅에서 누리는 천국의 평안이란 어떤 것인가? 우리는 당연히 예수님의 평안을 살펴보아야 한다. 예수님도 우리가 예수님으로 비롯되는 평안을 누릴 수 있기를 원하셨다.

예수님의 평안이란 과연 무엇인가? 우리가 지상에서 예수님의 평안을 누릴 수 있을까? 하지만 예수님은 예수님의 평안을 우리에게 이미 주셨다. 그렇기 때문에 근심도 말고 두려워하지도 말라고 하신 것이다.

> "평안을 너희에게 끼치노니 곧 나의 평안을 너희에게 주노라 내가 너희에게 주는 것은 세상이 주는 것과 같지 아니하니라 너희는 마음에 근심하지도 말고 두려워하지도 말라"(요 14:27)

물론 이 말씀은 예수님께서 어떤 고난을 받을 것인가를 제자들에게 말씀하신 후에 제자들이 불안해하자 주시는 말씀이었다. 마지막 심판을 말씀하시고, 성만찬 중에 제자 중 하나가 예수님을 팔 것을 예언하시고, 제자들의 발을 씻기시고, 베드로가 세 번이나 예수님을 부인할 것을 모두 말씀하신 후였다. 그런데 예수님은 이 말씀을 주시기 전에 중요한 한 가지를 말씀하시는데 그것은 보혜사 성령님을 이 땅에 보내신다는 말씀이었다. 결국 주님께서 주시는 평안은 성령님으로 인한 평안이었던 것이다. 성령님께서 모든 것을 가르치시고 예수님께서 제자들에게 말씀하신 모든 내용을 생각나게 해 주신다는 것이었다. 이것으로써 예수님은 평안의 통로를 제공해주신 것이었다.

> "보혜사 곧 아버지께서 내 이름으로 보내실 성령 그가 너희에게 모든 것을 가르치고 내가 너희에게 말한 모든 것을 생각나게 하리라"(요 14:26)

성령님의 능력이 아니라면 그리스도인은 주님께서 주시는 평안을 누릴 수 없을 것이다. 그러나 그렇다고 해서 성도의 믿음이 필요 없다는 것은 아니다. 사람이 할 수 없는 부분을 성령님께서 도와주시는 것은 틀림이 없지만 그렇다고 성도 자신의 믿음의 중요성이 약화되는 것은 결코 아니다. 우리가 예수님께서 누리고 계시는 평안을 이야기할 때 십자가상에서의 예수님의 모습을 빼놓을 수 없다. 십자가상에서뿐 아니라 체포되실 때부터 예수님은 평안을 누리고 계셨다고 생각할 수 있다. 조금의 동요도 없으셨다. 분명히 사형판결의 결정적인 올무가 될 내용, 곧 예수님 자신이 그리스도라는 사실을 정확하게 인정하셨다. 오히려 스스로 올무 속으로 들어가신 것이었다. 하늘로부터 내려오는 평안이 아니면 일어나기 어려운 일이다. 예수님께서 하늘의 평안을 누리고 계셨다는 증거가 되는 셈이다.

> "침묵하고 아무 대답도 아니하시거늘 대제사장이 다시 물어 이르되 네가 찬송 받을 이의 아들 그리스도냐 예수께서 이르시되 내가 그니라 인자가 권능자의 우편에 앉은 것과 하늘 구름을 타고 오는 것을 너희가 보리라 하시니 대제사장이 자기 옷을 찢으며 이르되 우리가 어찌 더 증인을 요구하리요"(막 14:61-63)

이토록 하늘의 평안을 완벽하게 누리시는 예수님이셨지만, 예수님조차도 겟세마네 동산에서 기도하실 때에 심히 두려워하셨다. 오죽하면 예수님께서 제자들에게 호소하시면서 함께 기도해 달라고 하셨겠는가? 물론 기도하라고 하지는 않으시고 함께 깨어있어 달라고 하셨지만, 만약에 예수님께서 제자들에게 기도해달라고 하셨다면 어떤 내용을 부탁하셨겠는가? 당연히 성령님의 능력으로 모든 고난을 다 이기고 평안을 위해 기도해달라고 하지 않으셨겠는가? 그런데 여기에서 다시 생각해보자. 예수님의 평안은 물론 성령께서 도와주시고 천사도 도와주셨기(눅 22:43) 때문에 얻어질 수 있었던 것이다. 그러나 주목해보아야 할 말씀은 "나의 원대로 마시옵고 아버지의 원대로 하옵소서."라는 말씀이다. 제자들과 같을 수는 없지만, 예수님의 평안은 성령님과 천사의 도움과 함께 예수님께서 모든 것을 포기하시고 오로지 하나님의 뜻에만 맡기셨기 때문에 얻어질 수 있는 평안이었던 것이다.

"말씀하시되 내 마음이 심히 고민하여 죽게 되었으니 너희는 여기 머물러 깨어 있으라 하시고 조금 나아가사 땅에 엎드리어 될 수 있는 대로 이 때가 자기에게서 지나가기를 구하여 이르시되 아빠 아버지여 아버지께는 모든 것이 가능하오니 이 잔을 내게서 옮기시옵소서 그러나 나의 원대로 마시옵고 아버지의 원대로 하옵소서 하시고"(막 14:34-36)

지금 예수님께서 십자가의 고통과 죽음을 앞두고 평안을 얻으시는 과정을 추정해보고 있는 중이다. 비록 예수님의 십자가 희생으로 하나님과의 화평의 길을 열어놓으셨지만, 그리고 성령님과 천사의 도움이 있었지만, 그것과 함께 스스로 모든 것을 다 버리고 하나님의 뜻에만 온전히 맡길 때 비로소 하늘의 평안은 가능해지는 것이다. 하늘의 평안을 이 세상 속에서 누리기를 원하는 그리스도인은 반드시 여기에서부터 출발해야 하는 것이다. 그 평안이란 또한 모든 것을 포기하고 하나님께 맡기고 나서 취할 수 있는 이김의 결과이기도 한 것이다. 예수님께서 주시는 평안은 포기로부터 오는 승리의 결과물인 것이다. 평안할 때 승리하는 것은 아니지만 승리는 모든 것을 포기할 때 얻어지는 열매이며, 이것으로 인하여 그리스도인들은 이 땅에서 저 천국을 누릴 수 있게 되는 것이다. 예수님도 예수님의 평안을 누리게 하시면서 그 근거로 세상에 대한 예수님의 승리를 말씀하셨던 것이다. 우리는 지상에서 하늘의 평안을 마음껏 누릴 수 있는 그리스도인들이다.

"이것을 너희에게 이르는 것은 너희로 내 안에서 평안을 누리게 하려 함이라 세상에서는 너희가 환난을 당하나 담대하라 내가 세상을 이기었노라"(요 16:33)

우리가 평상시에는 하늘의 평안을 얼마나 누리고 있는지를 잘 깨닫지 못할 수도 있다. 왜냐하면 평안을 허물어뜨릴 만한 상황을 만나지 못했기 때문이다. 하지만 만약에 아주 급박한 상황, 해결하지 않으면 안 될 상황을 만났을 때 우리는 과연 어떤 반응을 보일 수 있을까? 예를 들어 집세를 여러 달 못내 집주인으로부터 내일까지 못 내면 쫓아낸다는 통보를 받았을 때, 중학교 다니는 딸의 등록금을 여러 차례 못 내다가 최후통첩을 받아 내일까지 못 내면 퇴학처리 당해야 하는 상황이라면 우리는 과연 평안을 누릴 수 있을까? 그런 급박한 상황에서 만약에 우리가 천하태평으로 있다면 그 사람은 정신 나간 사람은 아닐까? 물론 백방으로 급전을 구하려고 애를 쓸 것이다. 요즘은 주변에서 볼 수 없지만 하다못해 일수 돈이라도 얻어서 내려고 하게 되지 않을까? 그럴 때 과연 하늘의 평안을 누린다는 것은 어떻게 행동해야 하는 것일까? 하나님을 믿지 않는 사람들도 어려운 인생을 살다가 그런 위기를 만날 때가 있고 그것을 이겨내고 나중에 무엇인가를 성취한 사람들이 많은데, 하나님의 자녀인 우리들이 그런 상황을 만났다면 무엇이 그들과 우리를 구별하는 행동의 기준이 될 수 있겠는가?

이것보다 더 급박한 상황, 목숨이 왔다 갔다 하는 상황에서도 평안을 누린 사람이 바로 다윗이었다. 물론 다윗만 그런 것은 아니었을 것이다. 아브라함도 이삭을 제물로 잡으려고 할 때 평안을 누리고 있었을 것이고, 모세도 홍해 바다를 앞두고 하늘이 주시는 평안을 누리고 있었을 것이다. 평안을 누린다는 것은 극히 어려운 일이나 불가능한 위기를 만났을 때 그것을 이겨내고 하나님의 승리를 경험하게 하기 위한 조건이다. 다른 말로 하면 세상에 대한 승리를 위해서는 평안이 능력이 되어준다는 말인 것이다. 다윗이 시편에서 노래하는 평안은 과연 어떤 것이었을까? 원수의 목전에서 음식을 주신다. 아니, 음식을 주실 정도가 아니라 아예 한 상 차려주신다. 거기에다가 그 와중에도 하나님은 하실 일을 꼬박꼬박 챙기신다. 시차가 있기는 하지만, 왕으로 기름까지 부어주신다. 거기에다가 잔을 넘치게 부어주신다. 그냥 가득 부어주시는 것이 아니라 철철 흘러넘치게 부어주신다. 모든 것이 풍족하고 부요하고 만족스럽다. 이것이 다윗이 누리던 하늘의 평안이었다.

"주께서 내 원수의 목전에서 내게 상을 차려 주시고 기름을 내 머리에 부으셨으니 내 잔이 넘치나이다"(시 23:5)

하늘의 평안에 대해 생각하면서 인간이 만날 수 있는 최악의 상황을 생각해보았다. 나치 학살 때 유대인이라면 거기에서 평안을 누릴 수 있겠는가? 수용소에 갇혀서 많은 사람들이 끌려 나가 가스실에 가서 죽는 상황에서 자신도 언제 끌려 나가 죽을지도 모르는데 거기에서 하늘의 평안을 누릴 수 있을까? 물론 유대인들 중에는 그럼 사람들이 있었을 것이다. 그렇다면 그들이 믿는 여호와 하나님과 우리가 예수 그리스도를 통해서 믿는 구원의 하나님은 같은 하나님인가? 모든 것을 체념한 채 죽음을 받아들이는 태도와 모든 것을 포기하지만 여전히 천국의 소망을 붙잡고 죽음을 기다리는 것은 어떻게 다른가? 평안을 가장한 포기나 체념이 될 수도 있다. 평안이란 적극적으로 쟁취하는 것이 아니다. 오히려 소극적일 수밖에 없다. 우리는 소극적이고 수동적인 평안이라고 할지라도 절망하지 않고 하나님만 바라보면서 그 평안을 누릴 수 있겠는가? 앞날에 어떤 일이 일어날지라도 하나님은 나를 다시 살리실 줄 아는 평안을 누릴 수 있을까? 물론 육의 부활이 아니라 하나님나라에서의 영혼의 부활을 말하는 것이지만, 그렇게 믿지 않는다면 그 평안은 거짓 평안일 것이다. 이것은 전쟁이 끝나고 난 이후의 안식과는 다른 이야기이다.

평안은 절대자에 대한 절대의지만이 받을 수 있는 선물이다. 평안은 절대 포기 상태에서만 받을 수 있지만, 그것은 하나님과의 관계를 훼방하는 모든 것을 제거했을 때 비로소 넘치게 받을 수 있는 선물이기도 하다. 하늘의 평안은 그리스도인으로서의 정체성을 얼마나 소유하고 있는가에 대한 지표가 될 수도 있다. 정상적인 그리스도인이라면 평안을 누릴 수 있어야 한다. 평안은 자포자기가 아니다. 평안은 가장 큰 소망이다. 절대적인 소망을 위하여 극한적인 모든 것을 포기하는 것이 평안이다. 체념이나 포기와 평안을 혼동하지 말자. 이 세상의 모든 것을 포기해야 하는 것은 맞지만 평안은 하나님까지 포기하는 것은 아니다. 하늘로 가든 어디로 가든 자포자기 상태에 빠진다면 그것은 평안도 아니고 거기에는 구원조차도 기대하기 어려울지 모른다. 우리가 이 땅에서 누려야 하는 평안은 가장 적극적인 하나님 소망, 천국소망인 것을 알아야 할 것이다.

안식이란 무엇인가?

안식 하면 먼저 안식일이 떠오를 것이다. 물론 안식일은 안식의 의미를 가장 정확하게 누려야 하는 한 날임에는 틀림이 없다. 그러면 그 안식이란 무엇인가? 쉽게 말하면 안식이란 쉼이다. 하지만 안식은 쉼을 의미하지만 그 안식은 사람의 쉼이 아니라 하나님의 쉼이라는 사실을 알아야 한다. 따라서 우리가 일하고 난 뒤의 휴식, 쉼이라는 개념과 하나님께서 제시하시는 쉼이 어떻게 다른지를 살펴보아야 한다. 알다시피 하나님은 엿새 동안 천지를 창조하시고 일곱째 날에 쉼을 가지셨다.

"하나님이 그가 하시던 일을 일곱째 날에 마치시니 그가 하시던 모든 일을 그치고 일곱째 날에 안식하시니라 하나님이 그 일곱째 날을 복되게 하사 거룩하게 하셨으니 이는 하나님이 그 창조하시며 만드시던 모든 일을 마치시고 그 날에 안식하셨음이니라"(창 2:2-3)

하나님께 있어서 안식이란 하시던 일을 마치신 후의 쉼이다. 그리고 모든 일을 그치시고 난 후의 쉼이다. 또한 안식하시는 날을, 곧 하나님의 쉼을 복되게 하시고 거룩하게 하셨다. 하나님의 안식은 완전하시고 충만하고 전혀 부족함이 없고 심히 만족스러운 상태에서의 쉼이었다. 곧 안식이란 하나님의 완전한 쉼이다. 이 완전한 쉼은 창조하신 모든 일을 완전하게 하셨다는 데에서부터 출발한다. 하나님은 사람을 창조하신 마지막 날에 그 창조하신 모든 것을 바라보시며 심히 좋았더라고 하셨다. 하나님의 안식은 곧 조금도 부족함이 없을 뿐 아니라 죄도 악도 허물도 없는 완벽하고 최고로 좋은 상태에서의 쉼인 것이다. 다시 미래로 나아가는 것도 아니고 새로운 미래가 기다리고 있는 것도 아니다. 그것으로 모든 것이 완벽하게 성취된 이후의 쉼인 것이다. 우리는 이런 하나님의 안식을 누릴 수 있어야 하는 것이다.

"하나님이 지으신 그 모든 것을 보시니 보시기에 심히 좋았더라 저녁이 되고 아침이 되니 이는 여섯째 날이니라"(창 1:31)

하지만 그것이 가능하겠는가? 우리가 일주일을 보내면서 우리 스스로 아주 만족했다고 하더라도 하나님도 그렇게 보시는 것은 아니다. 우리가 아무리 완벽한 일주일을 보냈고 썩 만족할 만한 결과를 가져왔으며 충분히 쉴 수 있을 만큼 좋았더라도, 그렇다고 하나님까지도 만족하시는 것은 아니다. 우리는 우리의 조건이 충만해졌을 때를 기뻐하지만 하나님은 하나님의 전체 섭리 가운데에서 우리를 바라보시기 때문이다. 따라서 일 자체로 우리가 하나님을 만족시킬 수는 없다. 그런데 그리스도인들이 누려야 할 안식은 바로 이런 하나님의 안식이어야 하는 것이다. 하나님은 처음부터 인간들이 안식을 누릴 수 있도록 창조하셨다. 에덴동산은 하나님과 사람이 안식하는 동산이었다. 하루하루가 만족스러운 곳이었고 한 순간 한 순간이 충만한 곳이었다. 에덴동산은 하나님의 안식을 누리던 완벽한 공간이었다.

> "하나님이 자기 형상 곧 하나님의 형상대로 사람을 창조하시되 남자와 여자를 창조하시고 하나님이 그들에게 복을 주시며 하나님이 그들에게 이르시되 생육하고 번성하여 땅에 충만하라, 땅을 정복하라, 바다의 물고기와 하늘의 새와 땅에 움직이는 모든 생물을 다스리라 하시니라"(창 1:27-28)

하지만 우리가 알다시피 아담과 하와는 스스로 범죄함으로 말미암아 스스로 그 안식을 버렸다. 지금 사람들이 그 완전한 안식을 누리지 못하는 이유는 그 안식을 잃어버렸기 때문이다. 우리 그리스도인들이 하나님의 안식을 누려야 하는 이유는 하나님께서 그것을 되찾아주셨기 때문이다. 따라서 우리는 하나님의 안식을 충분히 누릴 수 있다. 이것마저도 잊어버린다면 우리에게 영원한 소망이란 존재할 수가 없다. 물론 아담과 하와가 이 사실을 예상한 것은 전혀 아니었다. 단순히 뱀의 유혹에 넘어갔을 뿐이다. 그렇게 자신도 모르는 사이에, 어떻게 보면 무의식중에 안식을 잃어버렸기 때문에 원래 우리가 누리고 있던 안식의 세계를 전혀 생각할 수 없게 된 것이었다. 우리는 안식을 마귀에게 빼앗겼다.

하나님께서 이 사실을 모르실 리가 없다. 하나님은 인간들에게 또다시 안식을 주기를 원하셨다. 물론 하나님께서 작정하시고 믿음을 가진 사람들은 구약에서든 신약에서든 하나님의 나라에 올라가서 영원한 안식을 누릴 수 있다. 아담 이후 타락한 인간들 중에서도 각 개인의 믿음을 보시고 천국으로 인도하셨기 때문이다. 하지만 그것은 오히려 예외적인 사람들에게 부어지는 복일뿐이었다. 대다수의 사람들은 안식의 개념조차 모르는 채 지옥으로 떨어질 수밖에 없었다. 결국 하나님은 인간 타락 이후부터 결심하신 대로 인간을 구원하여 안식을 누리게 하기로 결정하셨다. 그 지혜가 바로 그리스도의 십자가였다. 애초에 마귀에게 빼앗겼던 하나님의 안식을 찾아오시기 위해 그리스도 예수님의 죽으심과 부활을 통하여 회복하게 하셨던 것이다. 곧 그리스도의 승리로 말미암아 또다시 하나님의 안식의 길이 열리게 되었던 것이다. 하나님은 인내로 세상을 이긴 사람들에게 안식으로 갚아주시는 것이다. 이것은 원리적으로 평안의 이치와 동일하다.

> "이것을 너희에게 이르는 것은 너희로 내 안에서 평안을 누리게 하려 함이라 세상에서는 너희가 환난을 당하나 담대하라 내가 세상을 이기었노라"(요 16:33)

우리는 그리스도만을 믿고 의지하면 하나님의 안식을 누릴 수 있게 되었다. 우리가 안식을 누릴 수 있는 이유는 바로 그리스도의 승리 때문이다. 예수님께서 세상을 이기심으로써 공생애 동안 하나님의 평안과 안식을 누리셨듯이 우리도 그리스도를 믿음으로써 세상을 이길 수 있게 되고, 세상에 대한 승리가 우리로 하여금 안식을 누릴 수 있게 만들어주는 것이다. 우리가 지금 이야기하는 안식은 지금 이 세상에서 누리는 하나님의 안식을 말하는 것이다. 엄밀하게 말해서 세상을 이기지 못하는 그리스도인은 하나님의 안식을 누릴 수 없다. 그리스도인의 정체성을 온전하게 간직하고 있다면 이 땅에서 천국을 누릴 수 있어야 하고, 그 천국의 특성 중의 하나가 바로 하나님의 안식인 것이다. 그리스도의 승리로 거듭난 사람이라는 것은 세상을 이기는 사람이라는 뜻이다. 우리는 하나님의 안식을 누리고 살 수 있어야 한다.

"무릇 하나님께로부터 난 자마다 세상을 이기느니라 세상을 이기는 승리는 이것이니 우리의 믿음이니라"(요일 5:4)

사실 완전한 안식이란 인간의 죽음이라고 할 수 있다. 죽음은 마치 하나님께서 천지를 창조하실 때처럼 모든 일을 그치고 아무 일도 하지 않고 쉬는 것이기 때문이다. 그리스도인의 안식이란 마치 이 죽음과도 같은 것이어야 한다. 육체의 모든 일을 마치고 죽음으로 모든 것을 하나님께 맡기는 것이기 때문이다. 완전한 안식이란 죽음 이후의 하나님의 나라에서 사는 삶이다. 예수님도 죽음을 앞에 두시고 두 마디 말씀을 주셨다. 하나는 "다 이루었다."(요 19:30)는 말씀이고, 다른 하나는 "내 영혼을 아버지 손에 부탁하나이다."(눅 23:46)라는 말씀이었다. 마치 엿새 동안에 천지를 창조하시고 안식하신 하나님과 꼭 닮은 모습이 아니던가?

그렇게 우리가 육체의 생명을 뒤로 하고 하늘나라에 간다면 우리는 그렇게 영원하고 완전한 천국의 안식을 누리게 될 것이다. 그리고 우리가 마지막 소망으로 바라보아야 할 것도 그런 안식이다. 하지만 우리는 그 천국을 이 땅에서 누릴 수 있어야 하겠다. 그것이 천국시민의 올바른 모습이고 이 땅에서 천국을 누려야 할 그리스도인의 정체성과도 맞아떨어지는 모습이다. 그렇게 하면 좋고 안 되면 노력하다가 천국에 가면 되는 것이 아니라, 참된 그리스도인이라면 반드시 하나님의 안식을 이 땅에서 누릴 수 있어야 하는 것이다. 왜 그리스도인들이 힘들어야 할까? 누구보다도 세상의 거슬림을 많이 받아야 하고 환난과 박해를 받아야 하지만 그럼에도 불구하고 세상을 이길 수 있는 힘이 어디에서 오겠는가? 이 땅에서 누리는 하나님의 안식이 아닌가?

어떻게 안식을 누릴 것인가?

안식이란 마음에 느끼는 평안함이 아니다. 안식은 쉼이며 존재론적인 휴식이다. 지상에서의 안식은 완전한 회복을 전제로 하며, 다시 세상에서 싸워서 이길 수 있는 능력이 된다. 안식은 마치 육체의 잠과 같은 기능을 한다. 육체적인 건강의 조건 중의 중요한 한 가지가 잠을 어떻게 자느냐이다. 건강한 사람은 잠을 충분히 깊이 취할 수 있다. 잠을 얼마나 오래 자느냐가 문제가 아니라 얼마만큼 깊이 자느냐가 훨씬 중요한 문제이다. 짧게 자더라도 깊이 자는 사람은 아침에 육체가 완전히 회복될 수 있다. 짧게 자고도 건강한 사람은 반드시 깊이 잠이 드는 사람일 것이다. 그러나 길게 오래 자더라도 깊이 잠들지 못하고 자주 깬다면 그 사람은 충분히 쉬지 못하게 될 것이다. 더 나아가서 그렇게 자주 깨고 깊이 잠들지 못하는 사람은 그것이 건강에 적신호가 될 수도 있다. 안식이 이와 아주 비슷하다. 쉽게 말하면 이 땅에서 누리는 안식은 영적인 잠이 되는 것이다.

안식에 대해서 예수님도 자주 말씀하셨다. 물론 예수님은 안식의 진정한 의미와 종교적인 전통에 대한 오해를 씻어주시기 위해 안식일에 사람들의 질병을 고치는 일을 많이 하셨지만, 참된 안식에 대해서 자주 언급하셨는데, 그것은 내일 일을 내일 염려하라는 말씀이었다. 그것이 어떻게 안식에 대한 말씀인가? 그 말씀은 믿음에 대한 것이 아니었던가? 그것은 하늘의 보화에 대한 말씀이 아니었던가? 하지만 예수님의 말씀은 그 날 일은 그 날로 족하다는 말씀을 통하여 안식의 조건을 제시하고 계신다. 사람이 보기에 그 날 일이 불만족스러울지는 모르지만 하나님의 자녀들인 그리스도인들이라면 그 날 그 날 최선을 다하는 것으로 완전함을 누릴 수 있어야 한다는 말씀이다.

"그러므로 내일 일을 위하여 염려하지 말라 내일 일은 내일이 염려할 것이요 한 날의 괴로움은 그 날로 족하니라"(마 6:34)

그리스도인의 안식의 비결 중의 하나는 하루하루에 대한 염려를 하지 말고 아무리 부족해도 하루하루를 만족스럽게 생각해야 한다는 것이다. 물론 여기에도 어떤 조건이 필요한데 그것은 먼저 그 나라와 그 의를 구하라는 말씀이다. 삶의 원칙을 하나님의 나라와 의를 구하는 것에 두고 생활한다면 비록 부족해보이고 실패한 것처럼 보일지라도 그것은 완전함이었다는 사실을 인정해야 하는 것이다. 왜냐하면 하나님의 안식은 모든 일을 성취하시고 일을 그치시고 난 후의 안식이기 때문이다. 우리가 하나님의 안식을 누리려면 반드시 모든 일의 결과를 하나님께 맡기고 만족해야 하는 것이다. 만약에 하루를 만족하지 못한다면 참된 안식을 누릴 수는 없을 것이다.

"그런즉 너희는 먼저 그의 나라와 그의 의를 구하라 그리하면 이 모든 것을 너희에게 더하시리라"(마 6:33)

저 천국에는 두려움이나 염려가 없다. 두려움이나 염려가 없다면 완전한 만족을 누릴 수 있는 것이고, 그렇다면 그것은 완전한 안식이 되는 것이다. 우리는 그런 안식을 누리도록 부르심을 받은 존재들이다. 물론 이 세상에서 완전한 만족이 있겠는가? 만약에 있다고 해도 조건적인 만족에 그칠 것이다. 조건이 사라지면 함께 사라지게 되는 만족이 이 세상의 모습이다. 하지만 불완전한 이 세상에서 하늘의 완전한 만족을 누릴 수 있어야 한다. 그것도 매일 매일의 삶에서 말이다. 천국의 평안이나 기쁨은 이 세상에서 자주 잃어버릴 수 있고 곧 또다시 회복하게 되지만, 이 만족은 매일 매일 누릴 수 있어야 한다. 어떻게 그것이 가능하겠는가? 하루하루 최선을 다해야 하는 것은 맞지만 그 모든 것을 하나님께 맡길 때 우리는 하나님의 만족으로 만족할 수 있게 되는 것이다. 왜냐하면 하나님은 이미 우리의 필요를 다 아시므로 하나님만을 신뢰한다면 완전하게 만들어주시기 때문인 것이다. 그리고 그 말씀을 예수님께로부터 직접 들었던 베드로가 자신의 경험을 바탕으로 주께 맡기라고 조언을 하는 것이다.

"이는 다 이방인들이 구하는 것이라 너희 하늘 아버지께서 이 모든 것이 너희에게 있어야 할 줄을 아시느니라"(마 6:32)

"너희 염려를 다 주께 맡기라 이는 그가 너희를 돌보심이라"(벧전 5:7)

하지만 가장 온전한 안식을 주님께서 선포하셨다. 참된 안식, 쉼의 원리를 자세하게 알려주신 것이었다. 그것은 모든 것을 포기하고 주님께 온전하게 맡기라는 말씀이었다. 같은 원리의 말씀이다. 하지만 하나님의 안식은 그냥 내려놓음으로써 얻어지는 것이 아니다. 수고하고 무거운 짐을 내려놓기만 해서는 온전한 쉼을 얻기 어렵다. 다만 참된 안식의 첫 단계는 될 수 있을 것이다. 짐을 내려놓는다는 의미는 모든 것을 버린다는 의미와 상통한다. 그것은 자기의 모든 소유를 내려놓는다는 것을 뜻하기도 한다. 무조건 다 처분해서 가난한 사람들에게 다 나누어주라는 말이 아니라 모든 주권을 주님께 드리라는 말이다. 자기를 포기하지 않으면서 안식을 논한다면 그것은 거짓 안식이 될 뿐이다. 하나님이 생명의 주인이심을 인정하고 생명뿐만 아니라 이제까지 누리던 모든 것들을 주님의 뜻을 따라 사용하기로 결단할 때에 비로소 온전한 만족과 참된 안식이 가능해지는 것이다.

"수고하고 무거운 짐 진 자들아 다 내게로 오라 내가 너희를 쉬게 하리라"(마 11:28)

하지만 모든 짐을 주님께 맡겼다고 해서 곧바로 하나님의 안식을 누릴 수 있는 것은 아니다. 내가 지고 가던 짐을 다 벗어버렸으면 이제는 주님께서 주시는 멍에를 메야 참된 안식으로 들어갈 수 있게 되는 것이다. 그런데 주님께서 메워주시는 짐은 쉽고 가볍다고 하셨다. 일단 예수님께서 주시는 짐을 져야 한다. 그리고 나서 배워야 한다. 예수님의 짐이 무엇인지 체득하지 못한 상태에서 배우기만 한다면 그 신앙은 겉껍데기 신앙에 머무를 수밖에 없다. 먼저 주님의 짐을 지고 나서 배워야 한다. 그러면 그 배움을 통해서 진정한 하나님의 안식을 누리게 되는 것이다. 현대 그리스도인들은 전부 배우기부터 먼저 한다. 그래서 지식으로는 많이 아는데 주님의 말씀을 깊이 이해하지 못한다. 교회 안에서보다는 실제 삶에서 예수님의 말씀을 일부분이라도 실천해 보아야 한다. 그래서 예수님께서 주시는 멍에를 쉽고 가볍게 메고 하나님의 진정한 안식을 누릴 수 있게 되는 것이다.

"나는 마음이 온유하고 겸손하니 나의 멍에를 메고 내게 배우라 그리하면 너희 마음이 쉼을 얻으리니 이는 내 멍에는 쉽고 내 짐은 가벼움이라 하시니라"(마 11:29-30)

결국 주님만으로 만족할 수 있을 때에 비로소 하나님의 안식을 충분히 누릴 수 있게 되는 것이다. 자기 자신을 그대로 둔 채 주님만으로 만족을 누릴 수는 없다. 현대 신앙의 맹점이 바로 여기에 있다. 현재 상태 그대로 주님께서 받아주시기만을 바라고 있는 것이다. 주님께서 나를 받아주시려면 선행과정이 필요하다. 이것을 보통은 회개라고 하지만, 많은 경우에 그 회개조차도 자신을 버리지 못한 상태에서 기껏 후회 정도만 하고 있을 뿐이다. 자기를 포기하고 하나님께 맡기면 치유가 이루어지지만 그 치유조차도 자기중심적으로 받아들여서 오히려 하나님께서 변화되시기를 바라는 형국인 것이다. 아무튼 성도는 하나님의 안식을 이 땅에서 누릴 수 있어야 하는 사람들이다. 그렇게 되려면 하나님 안으로 들어갈 수 있어야 한다. 당연한 말이 아닌가? 자신의 죄도 경험도 고집도 다 버려야 한다. 욕심도 비전도 사역조차도 하나님께 다 맡길 수 있어야 한다. 아무리 비전이 좋고 사역이 성공적이어도 하나님께서 원하지 않으시면 그 자리에서 내려놓겠다는 마음이 있어야 한다. 그것은 철저한 순종의 결단이다. 그럴 때 참된 안식은 가능해지는 것이다. 사무엘은 사울 왕을 향하여 이 원리를 잘 설명해주었다.

> "사무엘이 이르되 여호와께서 번제와 다른 제사를 그의 목소리를 청종하는 것을 좋아하심 같이 좋아하시겠나이까 순종이 제사보다 낫고 듣는 것이 숫양의 기름보다 나으니 이는 거역하는 것은 점치는 죄와 같고 완고한 것은 사신 우상에게 절하는 죄와 같음이라 왕이 여호와의 말씀을 버렸으므로 여호와께서도 왕을 버려 왕이 되지 못하게 하셨나이다 하니"(삼상 15:22-23)

안식이란 예수님의 승리를 바탕으로 하고 있다. 예수님의 죽으심과 부활로 하나님과 연합한 관계가 되어있지 않다면 우리의 안식은 불가능하다. 세상은 우리가 참된 안식을 훼방하는 조건들로 충만해 있다. 우리가 누려야 하는 안식은 그런 세상 속에서 쟁취하는 것이다. '안식'을 '쟁취'한다는 말이 완전히 대조적인 개념이지만 안식은 투쟁을 통하여 얻어지는 것이다. 투쟁하지 않으면 안식이 공짜로 성도들에게 굴러들어오지 않는다. 그리스도인이 안식을 누리기 위해서는 마귀의 끊임없는 유혹과 박해와 미혹들에 대해서 승리하지 않으면 안 된다. 그러나 마귀가 아무리 발버둥을 쳐도 예수님께서 이미 그를 이겨놓으셨기 때문에 우리는 완전한 안식을 누릴 수 있는 것이다. 마치 아주 크고 사나운 개가 있다 할지라도 튼튼한 쇠사슬에 묶여있기 때문에 사납게 울부짖는 맹견 앞에서도 태연할 수 있는 것과 같은 것이다. 아직 하나님의 안식을 조금씩이라도 누리고 있지 못하다면 우리는 빨리 변화되어야 한다. 모든 그리스도인들은 모든 면에서 더욱 더 성장해야 한다. 이 땅에서 누리는 안식은 그리스도인의 중요한 정체성의 결과로 나타날 수 있는 현상이다. 우리들은 모든 것을 내려놓고 오로지 주님 한 분만으로 만족함으로써 하나님의 평안과 안식을 마음껏 누릴 수 있기까지 자라가야 할 것이다.

3. 천국의 기쁨을 누리자.

천국의 두 가지 특성

기쁨과 즐거움은 그리스도인의 정체성 중에서 아주 중요한 요소가 된다. 신앙생활을 하는데 기쁨이 없다면 그 신앙은 죽은 신앙이라고까지 말할 수 있을 정도이다. 행함이 없으면 죽은 신앙이라고 야고보가 말했지만, 기쁨이 없어도 죽은 신앙이라고 생각할 수 있다. 왜냐하면 기쁨이란 그 근원이 하나님께 있기 때문이다. 예수님께서 성도들에게 직접 나누어주기를 원하셨던 것은 평안과 기쁨이다. 물론 예수님께서 내 영(마 12:18), 나의 멍에(마 11:29), 내 말(요 15:7) 등을 주기로 약속하셨지만 직접적으로 예수님이 누리고 계신 것을 주시는 것은 평안과 기쁨뿐이다. 왜 평안과 기쁨이겠는가? 그것은 이 두 가지가 천국의 가장 대표적인 특성이기 때문이다. 우리가 하나님의 안식을 반드시 누려야 하지만, 그 안식은 평안과 기쁨의 요소가 함께 어우러질 때 가능한 특성이 될 것이다.

"평안을 너희에게 끼치노니 곧 나의 평안을 너희에게 주노라 내가 너희에게 주는 것은 세상이 주는 것과 같지 아니하니라 너희는 마음에 근심하지도 말고 두려워하지도 말라"(요 14:27)

"내가 이것을 너희에게 이름은 내 기쁨이 너희 안에 있어 너희 기쁨을 충만하게 하려 함이라"(요 15:11)

그리스도인들이 그리스도인으로서의 정체성을 온전하게 갖추고 있다면 사명이나 비전 이전에 이 땅에서 천국을 누릴 수 있는 심령상태가 기본이 되어야 한다. 이미 이야기한 대로 그것은 평안과 안식과 기쁨이다. 천국에서는 모든 백성들이 기본적으로 평안과 안식과 기쁨을 누리고 있다. 평안과 안식과 기쁨이 충만한 곳이 천국이라면, 비록 이 세상은 완전할 수 없을지 몰라도 평안과 안식과 기쁨을 누릴 수 있는 곳이어야 하는 것이다. 만약에 이 세상에서 하늘의 평안과 안식과 기쁨을 온전하게 누리지 못하고 있다면 아무리 거룩하고 깊은 영성을 가진 사람이라도 언젠가는 무너질 수도 있음을 알아야 한다. 온전한 안식을 누리지 못한다면, 다시 말해서 온전한 안식을 통하여 순간순간 모든 것을 치유하고 회복하지 못한다면 죄악의 유혹이 덮쳐올 때 그 유혹에 빠지지 않을 것이라고 장담할 수가 없게 되는 것이다. 그리고 그 중에서 예수님께서 나누어주시는 하늘의 기쁨은 세상을 이겨낼 수 있는 힘의 원천이 되는 것이다.

다른 것도 마찬가지이겠지만 통상적으로 평안과 기쁨이란 자신이 원하는 바가 이루어졌을 때 자연적으로 발생하는 감정이다. 그러나 감정이라고 해서 하찮은 것이 결코 아니다. 감정은 하나님께서 천지창조 때 부여해주신 인간의 특성 중 한 가지이다. 하지만 이 감정을 어떻게 사용하는가에 따라 긍정적으로 사용될 수도 있고 지극히 부정적으로 쓰일 수도 있다. 자기감정에 사로잡히면 자신이나 하나님의 지배를 받는 것이 아니라 감정의 지배를 받게 된다. 하지만 이 감정이 하나님에 의해 쓰임 받게 되면 거룩한 능력과 힘이 될 수 있다. 왜냐하면 사람이 어떤 일에서 기쁨을 느끼면 그 일을 계속해서 하고 싶어지기 때문이다. 우리가 누려야 하는 천국의 기쁨을 우리가 소유할 수 있다면 우리는 지속적으로 천국의 기쁨을 위하여 일하게 될 것이다. 그것은 능력이며 힘이며 추진력이다. 하지만 인간은 천국의 기쁨보다는 육체의 기쁨을 더 쉽게 따라간다. 그렇기 때문에 우리는 더욱 천국의 기쁨을 누림으로써 육체의 기쁨을 이길 수 있어야 하는 것이다.

그러나 기쁨은 이 지상에서는 오랫동안 유지될 수 없다. 비록 순간적일지라도 그 기쁨은 완전한 하늘이 기쁨이 되어야 하지만, 일시적일 수밖에 없는 것은 사실이다. 우리가 누려야 하는 하늘의 기쁨은 세상에서 만날 수 있는 모든 괴로움을 완전히 씻을 정도로 큰 기쁨이어야 한다. 왜냐하면 그 기쁨이 세상에서 만날 수밖에 없는 삶의 찌꺼기들을 태워버리지 않으면 그 찌꺼기로 말미암아 온전한 안식을 누릴 수 없기 때문이다. 그러므로 평안과 기쁨을 하늘의 것으로 소유할 때 비로소 지상에서의 참다운 안식을 누릴 수 있게 되는 것이다.

그런데 아무리 큰 기쁨이라도 일시적인 것에 그쳐버린다면 그 기쁨은 온전히 우리의 것이라고 말할 수 있을까? 기쁨과 평안이 다른 점은 평안이 수동적인 감정이고 기쁨은 능동적인 감정이라는 점이다. 똑같이 하늘의 평안과 하늘의 기쁨을 이 세상에서 누려야 하지만, 하늘의 평안은 어떤 상황을 만날 때 우리가 누릴 수 있는 것이고, 하늘의 기쁨은 거의 모든 경우에 상황을 지배하고 누릴 수 있는 것이어야 하는 것이다. 기쁨도 물론 어떤 상황 후에 생길 수 있는 감정이지만, 특별히 하늘의 기쁨은 하나님의 일을 시작하고 진행하는 가운데 소망으로 맛볼 수 있는 감정이다. 하늘의 기쁨은 하나님의 일을 이루어나갈 때 우리를 지배하는 기쁨인 것이다. 그렇기 때문에 평안은 소극적인 감정이고 기쁨은 적극적인 감정인 것이다. 다른 말로 하면 기쁨은 평안과는 달리 지속적으로 유지하기가 훨씬 더 어렵다는 것이다.

그렇다면 어떻게 천국의 기쁨을 지속적으로 누릴 수 있다는 말인가? 우리는 이것을 예수님의 말씀에서 발견할 수 있어야 한다. 예수님은 성도들에게 영생하도록 솟아나는 샘물을 주셨다. 이 샘물은 결코 마르지 않고 지속적으로 솟아나는 샘물이다. 이 샘물은 사실상 모든 것을 의미한다. 기쁨도 마찬가지이다. 샘물이므로 물을 길어 마시면 샘에 고인 물이 사라질 때도 있을 것이다. 하지만 샘물은 고인 물을 사용하고 나면 곧 또 새로운 샘물로 채워진다. 이 한시적인 것이라는 점이 영원하고 지속적인 천국의 기쁨과 다른 점이다. 하지만 그것이 또한 천국의 기쁨을 이 세상에서 누릴 수 있는 원리가 되는 것이다.

"내가 주는 물을 마시는 자는 영원히 목마르지 아니하리니 내가 주는 물은 그 속에서 영생하도록 솟아나는 샘물이 되리라"(요 4:14)

그렇게 샘솟듯이 솟아나는 하늘의 기쁨을 소유하고 있지 못하면 어떤 현상이 나타나게 될까? 열정이 있고 추진력이 있는데 하나님의 지지를 얻지 못하게 된다. 그것은 하나님으로부터 비롯되는 열정이 아니라 자신의 목적을 향한 열정일 수 있기 때문이다. 그것은 하나님과 관계없는 열정이다. 그 증거가 바로 기쁨이 없다는 것이다. 그러니까 하늘의 기쁨이란 하나님의 일을 성취하는 동력이 되기도 하지만, 그 기쁨이 없다는 것은 하나님의 일이 아니라 자기 일을 하고 있다는 증거가 되기도 하는 것이다. 기쁨을 분별할 수 있어야 한다. 자기 목적이 이루어졌을 때 느끼는 육체의 기쁨과 자기 자신은 사라질지라도 하나님의 일이 이루어졌을 때 느낄 수 있는 하늘의 기쁨을 분별할 수 있어야 한다. 이것을 분별하기가 왜 어려운가 하면 육체의 기쁨이든 하늘의 기쁨이든 그 통로는 사람의 감정이기 때문이다.

평안도 마찬가지이다. 거룩한 평안이든 조건적인 평안이든 사람의 감정을 통하여 드러나게 되고 사람이 그것을 즐기게 되기 때문에 잘 분별할 수 있어야 한다는 것이다. 인간은 감정으로 인하여 얼마나 큰 착각들을 일으키는가? 하나님이 보시기에는 완전히 거짓된 평안일지라도 본인은 아주 만족스럽게 거짓 평안을 누리고 있을 수 있다. 이미 평안과 안식에 대해서는 살펴본 바가 있으므로 더 이상 언급하지 않겠지만, 참과 거짓을 분별하기 위해서는 하늘의 평안을 온전하게 누려보아야 한다. 그럴 때 거짓 평안과 하늘의 평안을 구분할 수 있는 분별력이 생기는 것이다. 정리하자면, 하늘의 가장 큰 특징 두 가지는 평안과 기쁨이다. 모든 그리스도인들은 지상에서 이 하늘의 평안과 기쁨을 누릴 수 있어야 할 것이다.

> "그들이 평안하다, 안전하다 할 그 때에 임신한 여자에게 해산의 고통이 이름과 같이 멸망이 갑자기 그들에게 이르리니 결코 피하지 못하리라"(살전 5:3)

하나님의 기쁨

기쁨이라는 주제와 관련해서 성도가 하늘에서부터 내려오는 기쁨을 경험하지 못하고는 진정한 천국의 삶을 이해할 수도 없고 이 땅에서 누릴 수도 없을 것이다. 그러므로 우리가 누려야 할 기쁨의 근원이신 하나님의 기쁨에 대해서 살펴보아야 한다. 우선적으로 우리가 반드시 깊이 깨달아야 할 것은 하나님은 우리를 지극히 기뻐하신다는 사실이다. 그러나 하나님께서 사람을 지으시고 지극히 기뻐하셨지만("보시기에 심히 좋았더라"), 인간이 타락한 이후로는 사람을 지으셨음을 후회하고 한탄하셨다. 얼마나 크게 한탄하셨든지 사람과 함께 모든 짐승들과 새들까지 쓸어버리기로 하셨다. 하나님께서 지으신 똑같은 사람이지만 사람은 하나님의 기쁨의 대상이 되기도 하고 한탄의 대상이 되기도 한다.

> "이르시되 내가 창조한 사람을 내가 지면에서 쓸어버리되 사람으로부터 가축과 기는 것과 공중의 새까지 그리하리니 이는 내가 그것들을 지었음을 한탄함이니라 하시니라"(창 6:7)

하지만 하나님은 그렇기 때문에 오히려 타락한 인간을 구원하시기를 지극히 기뻐하시게 되었다. 우리가 진정한 하나님의 자녀라면 하나님은 우리를 보시기를 지극히 기뻐하신다. 하나님은 인간이 전부 타락했을 때에도 노아와 일곱 식구를 구원하시기를 기뻐하셨으며, 아브라함을 통하여 인간에게 믿음으로 구원받는 길을 주시기를 기뻐하셨으며, 모세를 통하여 하나님과 교제하는 법을 알려주시기를 기뻐하셨다. 오늘날도 하나님은 당연히 타락한 인간들 중에서 구원하시기를 가장 기뻐하신다. 율법과 그리스도와 복음과 교회를 주신 가장 핵심적인 목적이 바로 인간구원인 것이다. 그러므로 모든 그리스도인들의 기쁨의 핵심은 바로 하나님의 기쁨, 곧 인간구원인 것이다. 이것을 망각하고 무시한다면 그는 진정한 그리스도인이라고 하기 어려울 것이다.

> "하나님의 지혜에 있어서는 이 세상이 자기 지혜로 하나님을 알지 못하므로 하나님께서 전도의 미련한 것으로 믿는 자들을 구원하시기를 기뻐하셨도다"(고전 1:21)

하나님은 완전히 타락하여 아예 멸망시키셨던 이스라엘조차도 최후에는 구원의 손길을 내미시며 저들을 구원하시기를 지극히 기뻐하신다고 스바냐를 통하여 말씀해주셨다. 이미 말한 바 있지만 성경 속의 하나님의 말씀은 절대적이다. "내가 기뻐한다."고 말씀하셨다면 정말로 기뻐하시는 것이다. 다른 형용사가 필요 없다. 그런데 하나님은 그냥 기뻐하시는 것이 아니라 기쁨을 이기지 못하실 정도로 기뻐하신다고 하셨다. 기쁨에 겨워 즐거이 부르며 기뻐하신다는 것이다. 왜 안 그러시겠는가? 하나님께서 직접 창조하신 인간이 타락했을 때 얼마나 하나님께서 한탄하셨겠는가? 하나님께서 그들을 미워하셨겠는가? 아니다. 안타까움으로 한탄하셨지만 여전히 인간을 사랑하셨다. 그러니까 저들이 하나님께로 돌이킬 때에는 그 기쁨이 배가되는 것이 아니겠는가? 우리는 하나님의 이런 기쁨을 이해하고 경험해야 한다.

"너의 하나님 여호와가 너의 가운데에 계시니 그는 구원을 베푸실 전능자이시라 그가 너로 말미암아 기쁨을 이기지 못하시며 너를 잠잠히 사랑하시며 너로 말미암아 즐거이 부르며 기뻐하시리라 하리라"(습 3:17)

하나님께서 잃어버리셨던 백성을 구원하실 때에 그토록 기뻐하셨다면, 그러면 그 다음으로 기쁘실 때는 언제일까? 두말할 필요 없이 돌이킨 백성들과 친밀한 교제를 나누실 때일 것이다. 구약에서는 제사를 통하여 백성들과 교제하셨다. 물론 하나님은 선지자들을 통하여 백성들에게 말씀하셨다. 하지만 공동체적으로는 제사를 통하여 공식적인 교제를 베푸셨다. 그렇다면 신약에 와서는 무엇으로 교제하시는가? 그것은 영적 예배이다. 구약에서 눈에 보이는 것으로 교제하셨다면 신약에 와서는 눈에 보이지 않는 영적 예배를 통하여 교제하신다. 하지만 그것을 위해서는 성도 스스로가 산 제물이 되어야 한다. 제물이란 살아 있다가 누군가를 위하여 죽는 존재이다. 그렇다면 산 제물이란 스스로 죽는 성도들이어야 한다. 하나님 앞에서 자기가 죽지 못하고 살아있으면 그는 산 제물이 되지 못한다. 자기 생각, 고집, 자랑, 물질,

영광을 다 버려야 비로소 하나님께서 기뻐하시는 거룩한 산 제물이 되는 것이다. 하나님은 산 제물로서의 성도들을 보시기를 기뻐하신다. 우리가 하나님의 기쁨을 누리려면 우리 자신이 죽지 않으면 안 되는 것이다. 내가 죽는 고통을 넘어가야 하나님의 기쁨을 이 땅에서 누릴 수 있는 것이다.

"그러므로 형제들아 내가 하나님의 모든 자비하심으로 너희를 권하노니 너희 몸을 하나님이 기뻐하시는 거룩한 산 제물로 드리라 이는 너희가 드릴 영적 예배니라"(롬 12:1)

그런데 하나님께서 기뻐하시는 제사가 또 존재한다. 그것은 삶에서의 살아있는 제물이다. 그 제물은 우리 자신을 죽이는 것이 아니라 우리의 소유를 버려 이웃을 돕고 나누어주는 것이다. 여기에서의 소유는 물론 재물만을 뜻하는 것은 아니다. 하나님께서 나에게 베풀어주신 모든 재능, 인기, 능력, 힘들을 버려서 서로 나누어주는 것이다. 그것이 오직 선을 행함에 다 들어있는 것이다. 하나님은 나누어주는 제사를 기뻐하신다. 교회에서 헌금으로 우리의 신앙을 고백하는 일은 반드시 필요하지만, 곧 거룩한 산 제물로 우리 자신을 드리는 일은 반드시 필요하지만, 이웃에게 베풀고 나누어주는 제사도 반드시 필요하다. 교회에서 헌금을 정성껏 드리는 것만으로 물질생활을 다하고 있다고 생각하면 그것은 반쪽밖에 되지 않는다. 나머지 반쪽은 세상에서 이웃에게 베풀어준 제사로써만이 채워질 수 있는 것이다.

"오직 선을 행함과 서로 나누어 주기를 잊지 말라 하나님은 이 같은 제사를 기뻐하시느니라"(히 13:16)

이제 하나님의 기쁨은 성도들의 마음을 향하신다. 하나님은 정직한 마음을 기뻐하신다. 정직한 마음이란 그 마음 자체를 기뻐하시지만 그와 함께 모든 것을 하나님께 정직한 마음으로 드릴 때 하나님께서 기뻐하신다는 말이다. 곧 정직한 마음, 진실한 마음, 진정성 있는 마음은 거룩한 산 제물로서의 영적 예배와 나눔으로서의 제물 속에 공통적으로 충만해야 하는 조건이다. 바리새인들이 왜 예수님의 비판을 받았는가? 이 정직한 마음이 없었기 때문이다. 자기 자신을 죽이고 드리는 거룩한 산 제물로서의 성도, 자기 자신처럼 이웃을 사랑하는 또 다른 제물로서의 성도의 마음이 정직으로 충만할 때 하나님은 기쁨에 겨워 우리를 부르시는 것이다. 그것이 하나님 사랑, 이웃사랑의 모든 요구사항을 충족시키는 것이 아니던가?

> "나의 하나님이여 주께서 마음을 감찰하시고 정직을 기뻐하시는 줄을 내가 아나이다 내가 정직한 마음으로 이 모든 것을 즐거이 드렸사오며 이제 내가 또 여기 있는 주의 백성이 주께 자원하여 드리는 것을 보오니 심히 기쁘도소이다"(대상 29:17)

하지만 우리가 마음을 새롭게 함으로 변화를 받지 않으면 결국 바리새인들의 실수를 반복할 뿐이다. 지금 현대 교회가 대부분 바리새화되어 있지 않은가? 우리는 새롭게 변화되지 않으면 하나님께서 기뻐하시는 뜻이 무엇인지를 분별할 수 없다. 마음을 새롭게 한다는 말은 하나님의 마음을 이해할 수 있게 된다는 말이다. 하나님의 마음을 이해하지 못하면 참된 변화를 만들어내기는 어려울 것이다. 하나님의 마음을 조금이라도 이해하려면 이 세대를 본받지 말고 하나님의 말씀에 순종해보아야 한다. 하나님을 경험하지 못하면 하나님의 마음을 결코 이해할 수 없는데, 하나님을 경험하려면 순종해보는 수밖에는 없다. 자기 생각이나 경험이나 지식과는 달라도 하나님의 말씀에 복종해봄으로써만이 하나님을 경험할 수 있게 되는 것이다. 마음으로 하나님을 섬기지 못하면 하나님을 기쁘시게 할 수 없다. 우리가 이 땅에서 천국을 누리려면 하나님의 기쁨이 무엇인지에 대한 뚜렷한 경험과 인식이 있어야 한다. 그래야 변화될 수 있고 하나님께 기쁨이 되어드릴 수 있는 것이다.

> "너희는 이 세대를 본받지 말고 오직 마음을 새롭게 함으로 변화를 받아 하나님의 선하시고 기뻐하시고 온전하신 뜻이 무엇인지 분별하도록 하라"(롬 12:2)

예수님의 기쁨

앞서 이야기한 대로 예수님은 제자들이 이 땅에서 살면서 예수님이 스스로 간직하고 계시던 기쁨을 소유할 수 있기를 원하셨다. 주님의 기쁨이란 어떤 것인가? 아니, 그 전에 주님은 무엇을 통해 주님의 기쁨을 성도들에게 주실 수 있는가? 주님의 기쁨을 말씀하시기 전에 예수님은 제자들에게 주님의 사랑 안에 거할 것을 먼저 주문하신다. 예수님께서 하나님 아버지의 계명을 지킴으로써 하나님의 사랑 안에 거하시는 것처럼 제자들도 주님의 계명을 지키면 주님의 사랑 안에 거하게 된다는 것이다. 그리고 아주 중요한 한 말씀은 그 계명이란 과연 무엇인가 하는 점이다. 그 계명은 주님께서 제자들을 사랑하신 것처럼 제자들끼리도 서로 사랑하라는 것이다. 그래서 주님의 기쁨을 성도들이 어떻게 누릴 수 있는가에 대한 이야기부터 하게 되는 것이다.

> "내가 아버지의 계명을 지켜 그의 사랑 안에 거하는 것 같이 너희도 내 계명을 지키면 내 사랑 안에 거하리라 …내 계명은 곧 내가 너희를 사랑한 것 같이 너희도 서로 사랑하라 하는 이것이니라"(요 15:10, 12)

그렇게 주님의 계명을 지키라고 명하시는 이유를 예수님은 친히 설명하신다. 곧 주님께서 제자들을 사랑하신 것처럼 제자들도 서로 사랑하면 주님의 사랑이 그들 속에 거하게 되고 그럼으로써 제자들은 주님의 기쁨으로 충만하게 하시기 위함이었던 것이다. 그러니까 아버지 하나님의 기쁨은 타락한 사람들 중에서 구원하시기를 기뻐하시며, 그렇게 구원하신 사람들은 자신을 버림으로써 거룩한 산 제물이 되고 이웃을 사랑함으로써 또 다른 제물이 되어 하나님의 기쁨이 될 수 있는데, 그렇게 하나님의 기쁨이 된 사람들은 서로 사랑함으로써 그들 안에 천국의 기쁨을 충만하게 만들 수 있다는 말씀인 것이다.

"내가 이것을 너희에게 이름은 내 기쁨이 너희 안에 있어 너희 기쁨을 충만하게 하려 함이라"(요 15:11)

이제 영으로써 누려야 할 또 다른 종류의 기쁨이 있다. 그것은 온갖 박해와 고난에도 결코 굽히지 않고 믿음을 지켜내는 사람이 누릴 수 있는 기쁨이다. 이것은 우리가 감정적으로 느낄 수 있는 기쁨은 아니다. 그야말로 진정한 영적인 기쁨이다. 박해가 오는데 기뻐 뛰놀 수 있는 사람은 없다. 이제 성도들로부터 느끼실 수 있는 하나님의 기쁨은 더 깊은 교제로 들어간다. 하나님의 기쁨은 산 제물로 드려지는 영적 예배와 이웃사랑이라는 제물로써 드려지는 삶의 예배를 지나, 모든 박해에도 하나님과의 교제를 결코 포기하지 않는 제3의 제물로써 드려지게 되는 것이다. 그러므로 하늘의 기쁨은 이제 천국의 상에 대한 소망으로써 이 땅에서 누릴 수 있게 되는 것이다. 참으로 하늘의 기쁨은 더욱 더 깊어지고 다양해지며 모든 상황 가운데서 누릴 수 있는 기쁨으로 진전되는 것이다.

"인자로 말미암아 사람들이 너희를 미워하며 멀리하고 욕하고 너희 이름을 악하다 하여 버릴 때에는 너희에게 복이 있도다 그 날에 기뻐하고 뛰놀라 하늘에서 너희 상이 큼이라 그들의 조상들이 선지자

들에게 이와 같이 하였느니라"(눅 6:22-23)

이제 예수님의 기쁨은 어떤 결과물로 인하여 기뻐하시는 것이 아니라 하나님의 뜻에 순종하는 기쁨으로 더욱더 나아가게 된다. 귀신이 쫓겨나가고 불치병이 치유되고 풍랑을 말씀으로 제압하며 죽은 자를 살리고 빵 몇 개로 적어도 1만 명 이상을 먹이시는 것으로 인한 기쁨이 아니라 하나님의 뜻에 육신을 굴복시키는 기쁨으로 나아가게 된다. 물론 이 기쁨이 감정적으로 느낄 수 있는 기쁨은 아니다. 하지만 우리의 육신이나 정신이 맛볼 수 없는 전혀 다른 종류의 기쁨을 누리시는 예수님이신 것이다. 우리가 어디에서 이런 증거를 얻을 수 있을까? 감정이 느낄 수 없는 기쁨, 육신으로는 맛볼 수 없는 그 기쁨을 어디에서 찾아볼 수 있을까? 아마도 예수님은 열두 군단도 더 되는 천사들을 동원하여 로마 식민지의 작은 군대 정도를 쓸어버리실 수 있는데도 불구하고 그런 무력을 사용하지 않으시고 세상의 권력에 순순히 복종하시는 거기에서 느끼는 기쁨 같을 것이다.

> "예수와 함께 있던 자 중의 하나가 손을 펴 칼을 빼어 대제사장의 종을 쳐 그 귀를 떨어뜨리니 이에 예수께서 이르시되 네 칼을 도로 칼집에 꽂으라 칼을 가지는 자는 다 칼로 망하느니라 너는 내가 내 아버지께 구하여 지금 열두 군단 더 되는 천사를 보내시게 할 수 없는 줄로 아느냐"(마 26:51-53)

이 구절 어디에 예수님의 기쁨이 표현되어 있느냐고 말할 수 있을 것이다. 그러나 예수님의 기쁨은 이제 감정적이거나 육체적인 기쁨을 넘어서서 영으로 기뻐할 수 있는 깊이를 보여주시게 된다. 물론 예수님은 애초부터 이런 기쁨을 가지고 계셨다. 그러나 우리들에게 일종의 간접적인 증거로 보여주시는 그런 순간이라는 말이다. 글쎄, 이 기쁨을 어떻게 설명할 수 있을까? 아마도 가장 쉽게 설명하자면 극도의 만족감 정도로 말할 수 있을지 모르겠다. 하나님과 하나 됨으로 인한 충만감, 하나님의 뜻이 이루어지는 것으로 인한 포만감, 영적으로 마지막 부분까지 가득 채워지는 충일감 등으로 표현할 수 있을 것이다. 놀랍게도 세례 요한이 예수님의 이런 기쁨을 말한 적이 있었다.

> "신부를 취하는 자는 신랑이나 서서 신랑의 음성을 듣는 친구가 크게 기뻐하나니 나는 이러한 기쁨으로 충만하였노라 그는 흥하여야 하겠고 나는 쇠하여야 하리라 하니라"(요 3:29-30)

세례 요한의 이 기쁨이 언제 일어났는지 모두가 알고 있을 것이다. 감정적으로나 육체적으로는 전혀 기쁨의 상황이 아니었다. 왜냐하면 세례 요한을 따르던 많은 제자들이 다 예수님께로 몰려갔기 때문이다. 세례 요한의 제자들은 사람들이 전부 메시야 예수님께로 가더라는 식으로 보고했다. 당시는 예수님께서 움직이기 시작하시기 전이었으므로 이스라엘의 모든 관심을 세례 요한 혼자서 받고 있었던 때였다. 사람들은 심지어 세례 요한을 가리켜 메시야다, 그리스도다 하고 기대를 크게 하고 있었다. 그러니까 모든 백성들이 세례 요한에게서 세례를 받기 위하여 요단강으로 날마다 몰려오던 때였다. 그런데 그렇게 세례 요한을 따르던 백성들이 이제는 예수님께로 다 가버리는 것이었다. 아무리 하나님 중심적인 선지자라 하더라도 감정적으로나 육체적으로는 기쁨이 있을 리가 없었다. 그러나 세례 요한은 오히려 메시야의 사역이 이루어지는 것을 더 기뻐했던 것이다.

> "그들이 요한에게 가서 이르되 랍비여 선생님과 함께 요단 강 저편에 있던 이 곧 선생님이 증언하시던 이가 세례를 베풀매 사람이 다 그에게로 가더이다"(요 3:26)

예수님의 기쁨은 이런 종류의 기쁨이었던 것이다. 생각해보라. 예수님께서 이런 기쁨을 누리지 못하셨다면 십자가 고난사역을 온전하게 감당하실 수 있었겠는가? 물론 예수님은 그리스도이시다. 하지만 완전한 사람이기도 하셨다. 그리스도인들도 이런 종류의 기쁨을 누리지 못한다면 수많은 유혹과 미혹과 박해와 영적인 공격을 견딜 수 있겠는가? 단순히 일이 성취되거나 열매가 풍성하게 거두어지거나 사람들이 많이 알아줌으로써 얻을 수 있는 조건적인 기쁨만으로는 세상을 이길 수가 없다. 우리가 예수님께서 소유하시고 누리시던 이 기쁨을 이해조차 하지 못한다면 어떻게 우리를 그리스도인이라고 부를 수 있겠는가? 예수님께서 우리에게 풍성하게 채워주기를 원하시는 기쁨은 다른 사역적인 기쁨과 함께 이렇게 하나님과 하나 되는 기쁨, 하나님의 뜻에 복종하는 기쁨, 나를 하나님 뜻에 무릎 꿇게 함으로써 얻어지는 그런 기쁨이 아니겠는가?

마지막으로 예수님의 또 다른 기쁨을 엿볼 수 있는 부분이 바로 사마리아 여인과의 대화에서 주시는 예수님의 말씀이다. 예수님은 육체의 먹을 것보다 영적인 채워짐을 진정한 양식으로 선포하셨다. 영적인 채워짐이란 무엇인가? 사람들에게 영적인 양식을 먹이는 기쁨이다. 물론 본문에서 기쁨에 대해서는 한 구절도 나오지 않는다. 하지만 육체적으로 말하자면, 예수님께서는 영적으로 너무나 기쁘셔서 육체적으로 배고픔조차도 느끼지 못하신 것이라고 한다면 과한 설명일까? 안 먹어도 배부를 정도의 기쁨을 예수님은 사마리아 여인과의 대화에서 얻으셨던 것이다. 물론 하나님의 일을 행하는 그 기쁨을 말씀하신 것이지만 여기에서는 더 구체적으로 복음을 갈구하던 죄인인 한 여인에게 생명의 양식을 공급하신 일이 예수님의 기쁨이며 영적인 양식이라고 말씀하신 것이다.

"여자가 물동이를 버려 두고 동네로 들어가서 사람들에게 이르되 내가 행한 모든 일을 내게 말한 사람을 와서 보라 이는 그리스도가 아니냐 하니 그들이 동네에서 나와 예수께로 오더라 그 사이에 제자들이 청하여 이르되 랍비여 잡수소서 이르시되 내게는 너희가 알지 못하는 먹을 양식이 있느니라 제자들이 서로 말하되 누가 잡수실 것을 갖다 드렸는가 하니 예수께서 이르시되 나의 양식은 나를 보내신 이의 뜻을 행하며 그의 일을 온전히 이루는 이것이니라"(요 4:28-34)

이것을 예수님은 하늘에서의 기쁨으로 정리하여 말씀하셨다. 죄인 한 사람이 회개하는 일은 한 마디 문장으로 설명할 수는 없다. 한 사람이 회개하기까지의 모든 과정을 생각해보아야 하기 때문이다. 성도가 그리스도인으로서 성도답게 살아가는 일도 죄인 한 사람의 회개에 깊은 영향을 줄 수 있다. 직접 복음을 전하여 회개하게 만드는 것만이 전부는 아니다. 성도답게 물질을 나누며 사는 일, 어려운 이웃을 섬기며 사는 일, 양보하며 사는 일들도 전부 죄인 한 사람의 회개에 깊은 영향을 줄 수 있다. 이런 모든 신앙행위와 삶을 통하여 어떤 한 사람이 회개하기에 이르게 되는 것이다. 예수님의 회개에 대한 말씀은 바로 이런 모든 행위의 복합적인 산물인 것이다. 그리고 죄인 한 사람이 회개하는 일을 중심으로 그리스도인의 삶은 돌아가게 되는 것이다. 예수님의 이 근원적인 기쁨은 곧 우리 성도들의 삶의 형태에 많은 영향을 줄 수 있다. 그렇게 하여 성도는 예수님의 기쁨을 이 땅에서 누리며 살 수 있는 근거를 만들어내게 되는 것이다.

"내가 너희에게 이르노니 이와 같이 죄인 한 사람이 회개하면 하늘에서는 회개할 것 없는 의인 아흔아홉으로 말미암아 기뻐하는 것보다 더하리라"(눅 15:7)

기쁨을 잃어버렸을 때

그렇다면 이제 우리가 이 세상에서 누려야 할 저 천국의 기쁨에 대해서는 이야기가 거의 다 된 것 같다. 우리가 누려야 할 기쁨은 근원적으로 아버지 하나님께서 느끼실 수 있는 그런 기쁨이며, 그리스도 예수님께서 직접 이 땅에서 누리셨을 그런 기쁨의 범주에 들어가야 할 것이다. 하지만 우리는 이 모든 것을 너무나도 잘 알면서도 기쁨을 완전히 빼앗길 때가 많다. 기쁨을 누린다는 것이 그렇게 말처럼 쉽겠는가? 어떻게 보면 우리가 누리는 기쁨은 많은 경우에 거짓 기쁨인지도 모르겠다. 왜냐하면 어떤 조건이 충족되었을 때나 혹은 가시적인 열매를 거두었을 때 무한한 기쁨을 누리게 되기 때문이다. 물론 그렇다고 하더라도 그리스도인으로서 느끼는 기쁨의 근원이나 종류는 세상에서 느끼는 것과 전혀 다른 것이다. 문제는 그 기쁨을 잃어버렸을 때이다. 지속적으로 가시적인 기쁨을 누릴 수만 있다면 얼마나 좋겠는가? 우리는 지금 많은 상황 가운데에서도 어떻게 하늘의 기쁨을 누릴 수 있겠는가를 생각해보고 있다.

신실한 그리스도인이 하늘의 기쁨을 잃어버릴 때는 언제인가? 몇 가지 경우들이 있겠지만 우선적으로 생각해볼 수 있는 것은 그리스도인으로서 기대하던 바가 이루어지지 못했을 때, 곧 하나님의 일이 중단되거나 일에 실패하거나 일이 가로막혔다고 생각될 때가 될 것이다. 아무리 사람과 세상에 대한 기대를 버린 사람이라고 해도 일단 사람인 이상 사람으로부터 오는 지지나 격려는 반드시 필요하다. 성령님으로부터 오는 하늘의 기쁨을 날마다 맛보고 있는 사람일지라도 세상 속에서 하나님의 사람으로 살려면 지지나 격려는 반드시 필요하다. 대개의 경우 이 기대가 무너졌을 때 우리는 낭패감을 맛보고 좌절감을 경험할 수밖에 없다. 이럴 때 우리가 지니고 있던 기쁨은 메말라버리고 괴로움이 우리를 지배하게 될 것이다.

더구나 더 큰 문제는 그 일로 인하여 하나님께 대한 확신이 흔들려버리게 되는 일이다. 물론 하나님의 지지에 대한 확신이 흔들리는 일은 좀처럼 일어나지 않을 것이다. 이미 하늘의 기쁨이 무엇인지를 알고 있으며 그 기쁨을 누리고 있는 사람이기 때문이다. 하지만 하나님께서 주신 사명에 대한 확신이 흔들리게 되면 많은 부분에서 열정도 감동도 능력도 힘도 다 잃어버리게 된다. 하나님의 사명에 대한 또는 사역에 대한 확신을 잃어버리게 되면 그 때부터는 모든 혼란과 괴로움과 무기력감이 그를 휩싸게 되고 만다. 어떤 상황 속에서도 누릴 수 있어야 할 하늘의 기쁨도 이 무기력감과 함께 흔적도 없이 사라져버리게 되는 것이다. 그렇게 되면 천국시민으로서의 정체성마저도 흔들리게 된다. 참된 그리스도인으로서의 특징을 잃어버린 시간들이 닥쳐올 뿐이다.

그렇다면 이럴 때 우리는 어떻게 해야 하늘의 기쁨을 빨리 회복할 수 있을까? 중요한 것은 우리가 어떤 기대를 어디에 두고 있었는가를 진단해보는 일일 것이다. 어떤 상황의 변화나 스스로 기대하던 결과가 자신의 기대치에 터무니없이 낮게 나타날 때 우리가 실망하고 힘을 잃어버리게 된다면 해답은 그 기대를 버리는 것이 될 것이다. 곧 하나님의 일을 하면서 최선을 다해 충성할 때 기대하는 결과가 있는데 그 결과가 거기에 미치지 못한다면 그 기대하던 대상을 내려놓아야 한다는 이야기이다. 다시 하늘의 기쁨을 소유하고 누리기 위해서는 하나님께 대한 참소망 외에는 다 버려야 한다는 이야기이다. 이것은 예수님의 제자가 되기 위해서는 모든 것을 버려야 한다고 하시는 말씀과 동일하다. 자신의 기대치와는 너무나도 다른 결과를 받아들일 때 낙심하거나 기쁨을 잃어버린다는 것은 어쩌면 이미 하나님께 대한 소망의 일부를 잃어버리고 있다는 말과 같은 것이다. 다시 하나님께 대한 전적인 소망을 회복하려면 하나님 이외에 자신도 모르게 기대하고 있던 소망을 끊어버려야 한다. 그러면 다시 하늘의 기쁨을 회복할 수 있을 것이다.

"이와 같이 너희 중의 누구든지 자기의 모든 소유를 버리지 아니하면 능히 내 제자가 되지 못하리라"(눅 14:33)

어떤 사람이나 단체에 대한 기대가 실망으로 바뀌었다면 그 직책이나 지위를 버리는 것도 좋은 방법이다. 왜냐하면 신실한 그리스도인이라면 하나님께 대한 소망보다 더 중요한 것은 없기 때문이다. 그래서 사람이나 단체에 대해서 소망을 끊어버림으로써 하나님께 대한 신뢰도와 집중도를 높여야 할 것이다. 물론 그렇게 한다고 해서 그 즉시 하늘의 기쁨이 회복되는 것은 아니다. 이미 상처를 입었기 때문이다. 어떤 상처이든지 상처가 생기면 회복되는 데 시간이 걸리게 되어 있다. 심각한 상처일수록 회복되는 기간도 길어질 것이다. 다만 상처가 좀 더 쉽고 빠르게 회복될 수 있도록 만들어주는 조치는 있어야 한다. 그것이 기대하던 대상 자체를 버리는 것이다. 우선적으로 외부에서 영향을 미칠 수 있는 수단을 제거해버려야 하는 것이다.

그리고 우리가 가져야 하는 또는 가지고 있던 소망을 다시 바라볼 수 있어야 한다. 우리의 원래 소망은 무엇인가? 저 하늘에 대한 소망이다. 하늘에 대한 소망 중에서 우선적인 소망은 부활의 소망이다. 이 땅에서 아무리 큰 상을 받는다고 해도 부활의 상보다는 못하다. 아무리 화려하고 유명하고 부유하게 될지라도 성도의 부활과 맞바꿀 수는 없다. 아무리 크게 기대하던 결과가 눈앞에 닥칠지라도 부활의 결과보다 더 기쁠 수는 없다. 하늘의 기쁨을 누린다는 말은 어떤 의미에서는 부활의 소망을 누린다는 말과 같다. 물론 하늘에서 베풀어주실 각종 상에 대한 소망으로 말미암아 우리가 기쁨을 누릴 수 있다. 부활의 소망은 그 모든 소망의 출발점이다. 기독교의 시작은 어디에서 비롯되었는가? 제자들이 부활승천하시는 예수님을 뵙고 나서 시작된 것이 아닌가? 실망이나 낙심이 되었을 때 그 대상을 버리고 부활의 소망을 더욱 충만하게 가져야 할 것이다.

> "축복하실 때에 그들을 떠나 하늘로 올려지시니 그들이 그에게 경배하고 큰 기쁨으로 예루살렘에 돌아가 늘 성전에서 하나님을 찬송하니라"(눅 24:51-53)

하늘의 기쁨을 잃어버리는 상황은 또 얼마든지 있을 수 있다. 뜻밖의 고난이 닥치거나 갑작스러운 환난을 만날 때에도 낙심하고 기쁨을 잃어버릴 수 있다. 사업이 망했을 때에도 낙심하고 기쁨을 잃어버릴 수 있다. 잘 감당하던 하나님의 사명을 접어야 할 때에도 하늘의 기쁨을 잃어버릴 수 있다. 갑자기 무거운 짐을 떠맡아야 할 때에나 뜻하지 않은 큰 변화를 감당해야 할 때에도 하늘의 기쁨을 잃어버릴 수 있다. 하늘의 기쁨은 한 번 잃어버리면 쉽게 회복하기 어렵다. 물론 작은 상처를 입을 때도 많이 있지만 그럴 때는 그래도 비교적 쉽게 하늘의 기쁨을 다시 누릴 수 있다. 그러나 그것보다 더 심각한 경우에는 쉽게 판단하여 이야기할 수 없을 것이다. 어떤 경우에든지 우리는 하늘에 우리의 이름이 기록될 것에 대한 기대를 버리면 안 된다. 눈앞의 결과보다 더 중요한 것은 우리의 눈에는 보이지 않아도 하늘에는 반드시 기록될 우리의 이름이다. 우리가 그 어려운 상처를 견디고 회복할 때에 우리는 하늘의 상을 기대할 수 있을 것이다. 그것을 바라보면서 우리는 우리의 기쁨을 최대한 유지할 수 있게 되는 것이다.

"그러나 귀신들이 너희에게 항복하는 것으로 기뻐하지 말고 너희 이름이 하늘에 기록된 것으로 기뻐하라 하시니라"(눅 10:20)

다른 의미에서 보자면 우리가 하늘의 기쁨을 잃어버렸을 때가 오히려 하늘의 기쁨을 더욱 배가시킬 수 있는 기회가 된다는 사실도 결코 놓쳐서는 안 된다. 왜냐하면 우리가 세상과 죄에 대하여 너무나도 무능함으로 말미암아 예수 그리스도의 십자가에 의지하는 것이기 때문이다. 곧 바울의 말대로 우리가 약할 그 때가 오히려 더 강하게 되는 기회가 되기 때문이다. 실망하고 낙심하고 하늘의 기쁨을 잃어버렸을 때 우리는 우리의 연약함에 대하여 더 심각하게 느끼고 깨닫게 된다. 우리가 실패했을 때 우리의 실체를 더 정확하게 깨닫게 되는 것이다. 실패할 수밖에 없는 존재로 다시 한 번 자신의 내면을 바라볼 때 우리는 더욱 더 하나님을 의지할 수밖에 없게 된다. 하늘의 기쁨을 소유하고 누리기 위해서는 결국 하나님만 바라보아야 한다는 사실을 경험으로 알게 되는 것이다. 사도 바울은 이것을 더욱 역설적으로 설명했다. 약한 것과 능욕과 궁핍과 박해와 곤고를 기뻐하는데 그 이유는 약함을 느낄 때 더욱 하나님을 의지함으로써 스스로 이루어낼 수 없던 능력으로 승리하게 되기 때문이라는 것이다. 이것은 여러 차례의 실천적인 체험이 없으면 고백할 수 없는 것이다.

"그러므로 내가 그리스도를 위하여 약한 것들과 능욕과 궁핍과 박해와 곤고를 기뻐하노니 이는 내가 약한 그 때에 강함이라"(고후 12:10)

물론 그 상처로 말미암아 오히려 하나님으로부터 더 멀어질 수도 있을 것이다. 그러나 그리스도인은 그것을 극복하지 못하면 결코 참된 믿음을 소유할 수 없다. 그리고 우리는 그런 모든 힘들이 성령님으로부터 기인한다는 사실을 명확하게 인지하고 있어야 한다. 어떤 의미에서 우리가 누려야 할 하늘의 기쁨은 전부 다 성령님이 주셔야만 하는 기쁨이다. 특별히 성도가 하늘의 기쁨을 늘 유지하기 위해서는 하나님의 말씀이 전제되어야 할 것이다. 그리스도인은 언제나 말씀의 지배를 받아야 평안이든 기쁨이든 누릴 수 있는데, 그 힘의 원천이 바로 성령님인 것이다. 성령님이 아니면 말씀을 깨달을 수조차 없다. 하나님께 집중하지 못하게 만드는 모든 것을 버려야 함은 물론이지만, 예수님의 십자가와 부활로 돌아가야 하는 것도 물론이지만, 거기에 성령님께서 주시는 기쁨과 말씀의 능력이 빠진다면 모든 노력은 단지 인간의 의지 밖에는 안 될 것이다. 환난이든 고난이든 말씀의 능력과 성령님의 충만하심으로 말미암아 든든히 세워져 가게 되는 것이다.

"또 너희는 많은 환난 가운데서 성령의 기쁨으로 말씀을 받아 우리와 주를 본받은 자가 되었으니 그러므로 너희가 마게도냐와 아가야에 있는 모든 믿는 자의 본이 되었느니라"(살전 1:6-7)

그리스도인의 참된 정체성의 외적인 모습은 이 땅에서 얼마나 천국을 누리고 있는가를 통하여 나타난다. 아무리 큰 사역을 감당하고 있는 사람이라 할지라도 천국의 기쁨을 누리고 있지 못하다면 빨리 모든 것을 내려놓고 본질로 돌아와야 한다. 우리는 세상 것들을 위하여 존재하는 사람들이 아니다. 그리스도 예수님을 위하여 존재하고 있다. 그것이 그리스도인의 본질이고 정체성이다. 예수님을 위한 존재로서의 삶을 충실하게 사는 사람일수록 저 영원한 나라에서는 큰 상을 준비해놓고 계신다. 모든 초점을 그리스도 예수님께만 맞추고 달려 나가야 한다. 그것이 모든 것을 가진 그리스도인들이 되는 길인 것이다.

"근심하는 자 같으나 항상 기뻐하고 가난한 자 같으나 많은 사람을 부요하게 하고 아무 것도 없는 자 같으나 모든 것을 가진 자로다" (고후 6:10)

4. 땅에서 천국 누리기

그리스도인과 유대인의 정체성

사도 바울은 로마서에서 유대인들의 정체성에 대해서 이야기한 바가 있다. 바울이 유대인들의 정체성을 이야기하게 된 것은 그들이 가진 정체성이 거짓 정체성임을 밝히고 구원이 믿음에서 난다는 사실을 강조하기 위함이었지만, 유대인의 정체성을 오늘날 그리스도인들의 정체성으로 바꾸어서 이야기하면 아주 정확한 설명이 될 수 있을 것 같다. 물론 유대인들에 대한 정의는 유대인들의 정체성 자체가 문제가 아니라 그런 정체성을 가지고 있다고 스스로 이야기하지만 실제 삶의 역사는 그 주장과는 정반대로 나타나고 있다는 점을 설명하고 있다. 먼저 바울이 이야기한 유대인의 정체성을 한번 살펴보자.

> "유대인이라 불리는 네가 율법을 의지하며 하나님을 자랑하며 율법의 교훈을 받아 하나님의 뜻을 알고 지극히 선한 것을 분간하며 맹인의 길을 인도하는 자요 어둠에 있는 자의 빛이요 율법에 있는 지식과 진리의 모본을 가진 자로서 어리석은 자의 교사요 어린아이의 선생이라고 스스로 믿으니"(롬 2:17-20)

유대인들이 자부심을 가지고 선민의식으로 무장한 내용을 살펴보면 하나님께서 유일하게 허락하신 율법을 의지하고 여호와 하나님만을 자랑하며 그 율법의 교훈으로 말미암아 하나님의 뜻과 계획을 안다고 했다. 더 나아가 지극히 선한 것을 분별하고 맹인의 길을 인도하고 어둠에 있는 자의 빛이요 어리석은 자의 교사요 어린아이의 선생임을 스스로 굳게 믿고 있다고 했다. 글자 그대로 하면 아주 훌륭한 정체성을 가진 하나님의 선민이다. 물론 그 다음에 그럼에도 불구하고 그들은 그들이 가르치는 바와 정확하게 반대로 행하고 있음을 이야기한다. 유대인들이 자신들이 가지고 있다고 생각하는 정체성 자체는 정확하게 파악하고 있고 놀라운 자부심을 가지고 있지만 사실 그 정체성은 거짓 정체성이다. 정체성 자체가 거짓이 아니라 그들이 가지고 있는 정체성 의식이 가짜라는 것이다.

"그러면 다른 사람을 가르치는 네가 네 자신은 가르치지 아니하느냐 도둑질하지 말라 선포하는 네가 도둑질하느냐"(롬 2:21)

심지어 바울은 유대인들의 그런 모든 행동으로 말미암아 하나님의 이름이 그들 때문에 이방인들 중에서 모독을 받고 있다고까지 강하게 비판한다. 거짓 정체성을 가지고 있을 때 나타날 수도 있는 최악의 모습을 보여주고 있었던 것이다. 일찍이 아브라함을 통하여 이삭을 낳기까지 길이 참으셨고, 야곱의 열두 아들을 통하여 애굽에서 민족을 일으키셨고, 유대인의 수가 채워지자 출애굽을 통하여 젖과 꿀이 흐르는 가나안 땅으로 인도하셨으며, 그 와중에 하나님의 백성들에게만 허락하시는 율법을 모세를 통하여 내려주시고, 이스라엘의 역사를 통하여 일일이 간섭하시고 인도하셨던 하나님께서 오죽하면 이스라엘을 버려 이방인의 말발굽에 짓밟히게 하시고 나라를 잃어버리게 만드셨겠는가? 그들의 거짓된 정체성으로 말미암아 오히려 하나님은 이방인들 중에서 모독을 받으실 정도까지 되어버렸기 때문인 것이다.

"기록된 바와 같이 하나님의 이름이 너희 때문에 이방인 중에서 모

독을 받는도다"(롬 2:24)

　율법이 종교가 되는 순간 자동적으로 거짓 정체성을 소유할 수밖에 없게 된다. 율법은 종교의식이 아니며 하나님과 인간 사이에 살아있는 사귐을 위하여 허락해주신 살아있는 하나님의 말씀이다. 하지만 하나님께서 복음으로 허락하셨던 율법이 종교의식 속에 갇혀버리자 하나님은 오히려 세상에서 모독을 받으시게 되어 버리는 것이다. 진리는 사라졌고, 살아계신 하나님은 마치 죽은 것처럼 되어 버렸으며, 율법은 단순한 법률로 전락해버리게 된 것이다. 복음도 마찬가지이다. 복음이 종교 속에 갇혀버리게 되면 유대인이 하나님을 모독한 것과 똑같은 현상이 일어난다. 그 종교는 다른 종교들과 전혀 다를 것이 없는 현세의 번영으로 변질되어 버린다. 지금 복음이 살아있는가? 마치 유대인들이 확신하고 있었던 것과 같은 거짓 정체성만 잔뜩 품고 있는 것은 아닌가? 복음은 힘과 능력을 잃어버렸고 교회는 살아계신 하나님의 몸으로서의 기능을 거의 감당하지 못하고 있으며 번영주의, 물질주의로 잔뜩 채워져 있지 않은가? 그래서 정체성에 대한 이런 시도가 반드시 필요해지는 것이다. 유대인들의 정체성을 비판하는 것이 아니라 그 정체성이 거짓 것이 되도록 만들어버린 유대인 자신들이 비판받아야 하는 것이 아닌가?

　우리는 그리스도인으로서의 정체성을 다시 세워야 한다. 아니, 그 정체성을 소유할 수 있도록 많은 노력을 기울여야 한다. 물론 노력만으로 될 수 있는 것은 아니다. 그러나 성령님의 인도하심을 의지하여 다시 정체성을 회복해야 한다. 우리들이 현재 가지고 있는 현실적인 정체성이 아니라 원래 그리스도께서 우리에게 주셨던 그 정체성으로 돌아가야 한다. 이 책은 바로 그 이야기가 아닌가? 우리들이 오해하거나 교회생활 속에 우리도 모르게 숨겨져 있던 거짓 정체성을 발견해내기 위해서 이 책을 쓰는 것이다. 우리는 원래 그리스도인이 지니고 있었고 삶 속에 녹아있던 그 정체성으로 다시 돌아가야 한다. 그것을 다른 말로 개혁, 갱신, 회복이라고 하는 것이 아닌가? 그래서 사도 바울이 유대인들의 오류에 대해서 설명하기 위해 제시했던 유대인의 정체성을 다시 한 번 살펴보고자 한다. 앞서 로마서 2:17-20의 말씀을 그리스도인을 주인공으로 하는 정체성으로 바꾸어서 한번 살펴보자.

> "그리스도인이라 불리는 네가 복음을 의지하며 하나님을 자랑하며 성경의 교훈을 받아 하나님의 뜻을 알고 지극히 선한 것을 분간하며 맹인의 길을 (생명으로) 인도하는 자요 (사탄이 주관하는) 어둠에 있는 자의 빛이요 (생명의) 복음에 있는 지식과 진리의 모본을 가진 자로서 어리석은 자의 교사요 어린아이의 선생이라고 스스로 믿으니"(롬 2:17-20, 변형)

여기에 그리스도인의 정체성의 실제적인 부분이 고스란히 잘 들어있다. 유대인은 율법을 받아 가진 민족이고, 그리스도인은 복음을 받아 보존하는 사람들이다. 유대인은 살아계신 여호와 하나님을 자랑하는 사람들이고 그리스도인은 살아계신 하나님과 그리스도 예수님을 전파하는 사람들이다. 유대인은 율법의 뜻을 받아 하나님의 뜻을 아는 사람들이고, 그리스도인은 성경의 말씀을 따라 하나님의 구원계획을 분별하는 사람들이다. 유대인은 지극히 선한 것을 분간하는 사람들이고 그리스도인은 그리스도의 선하신 뜻을 정확하게 분별하는 사람들이다. 유대인은 맹인의 길을 인도하는 사람들이고 그리스도인은 영적으로 어두워 아무 것도 볼 수 없는 사람들을 생명으로 인도하는 사람들이다. 유대인은 어둠에 있는 사람들의 빛이고 그리스도인은 멸망으로 치닫고 있는 사람들에게 빛의 사명으로 살아야 하는 사람들이다.

유대인은 율법에 있는 지식과 진리의 모본을 가진 사람들이고, 그리스도인은 생명의 복음에서 제시하는 삶의 원형을 보여주는 사람들이다. 유대인은 어리석은 자의 교사요 어린아이의 선생이고, 그리스도인은 세상의 소금으로 녹아서 영적으로 어두워있고 신앙적으로 무지한 사람들의 인도자인 것이다. 이렇게 본다면 유대인들이 스스로 가지고 있는 정체성 개념과 그리스도인이 마땅히 가지고 있어야 할 그리스도인의 정체성 개념은 동일한 원리를 따르는 것이라고 할 수 있다.

우리는 이제 바울이 유대인의 정체성에서 제시하는 그리스도인의 정체성을 따라 나가보려고 한다. 물론 우리는 그 동안 그리스도인의 정체성에 대해서 깊이 살펴본 바 있다. 그리스도인의 결국은 하늘의 천국을 이 땅에서 누리고 살아야 할 사람들이다. 이 세상에서 부분적이라도 천국을 누리지 못하고 있다면 그의 그리스도인으로서의 정체성은 거짓이 될 우려가 높아진다. 그래서 그리스도인의 정체성 전체를 어떤 흐름을 따라 설명함으로써 이 책을 마무리하려고 한다. 그 핵심은 복음이다. 그리스도인이 새로운 피조물, 신인류가 되는 핵심적인 이유가 바로 복음을 소유하고 있기 때문인 것이다. 따라서 그리스도인은 복음을 어떻게 대하느냐에 따라 그 믿음이 결정되는 것이다. 복음을 중심으로 그리스도인의 정체성을 설명해나간다면 그것은 그리스도인의 보존성, 전달성, 실천성, 개혁성, 준비성으로 살펴볼 수 있겠다.

그리스도인의 보존성

그리스도인이란 하나님께서 허락하신 복음의 진리를 받아 가지고 있는 사람들이며 그 복음이 훼손되지 않도록 보존해야 하는 사람들이다. 그리스도인으로서의 출발점인 이 사실을 인식하고 있지 못하다면 사실상 그리스도인으로서의 진정한 정체성을 소유하고 있지 못한 사람일 수 있다. 유대인들에게는 하나님께서 직접 율법을 주셨지만, 우리 그리스도인들에게는 직접 주신 것이 아니라 우리를 복음 속으로 부르신 것이다. 하나님은 예수 그리스도를 인류에게 허락하셨고 그 복음을 받아들이는 사람들에게 복음의 소유권을 주신 것이다. 이제 그리스도인들은 복음을 소유한 사람들이 된 것이다. 이 같은 진리는 구약의 이사야 선지자에 의해 이미 예언된 것이었다. 갑자기 밑도 끝도 없이 하늘에서 뚝 떨어진 것이 아니기 때문에 이것이 하나님께서 죄인 된 인간에게 주시는 선물이라는 사실을 알 수 있는 것이다.

> "이는 한 아기가 우리에게 났고 한 아들을 우리에게 주신 바 되었는데 그의 어깨에는 정사를 메었고 그의 이름은 기묘자라, 모사라, 전능하신 하나님이라, 영존하시는 아버지라, 평강의 왕이라 할 것임이라 그 정사와 평강의 더함이 무궁하며 또 다윗의 왕좌와 그의 나라에 군림하여 그 나라를 굳게 세우고 지금 이후로 영원히 정의와 공의로 그것을 보존하실 것이라 만군의 여호와의 열심이 이를 이루시리라"(사 9:6-7)

이미 우리 그리스도인들은 기존의 인간과는 전혀 다른 새로운 인류라고 설명한 바가 있다. 하나님을 믿지 않는 사람들과 그리스도인들의 근본적인 차이가 바로 복음을 소유하고 있는가 그렇지 못한가에 있는 것이 아닌가? 하지만 교회에 열심히 다니는 성도들조차 스스로 복음을 소유하고 있는 데 따르는 자기의식이 없는 경우가 대부분이다. 거짓된 정체성을 가지고 있었던 유대인들은 선민의식이 대단하여 타 민족들을 전부 개처럼 취급했던 사람들이었다. 물론 기독교인들 중에서도 마치 유대인들의 선민의식처럼 강력한 자부심으로 뭉친 사람들이 있다. 이런 사람들은 그릇된 의식 속에 숨어있던 유대인들과 전혀 다를 것이 없는 사람들이다. 이들은 오히려 교회에 대한 세상의 비판을 불러일으키고 하나님을 모독하게 만드는 바리새인적인 사람들이라는 사실을 반드시 알고 있어야 하겠다. 율법을 소유하고 있다는 자부심으로 똘똘 뭉친 바리새인들이 지금 어디에 있는가? 지금도 이스라엘에는 그런 전통으로 무장한 종교인들이 많이 있지만, 그들의 결국은 하나님과는 반대편에 서 있는 것과 마찬가지인 것이다.

그러면 그들은 왜 율법을 소유하고 있으면서도 하나님을 모독하게 만들게 되었는가? 우리 그리스도인들이 이 부분을 정확하고 상세하게 알고 있지 못하면 기독교라는 종교 속에 복음의 진리는 묻혀버리게 될 것이다. 그들은 율법을 소유하고는 있었지만 그 율법을 살아있는 하나님의 말씀이 아니라 단지 겉으로만 지키면 다 된다는 규칙으로만 생각했던 것이다. 그들은 그 율법이 유대인들뿐 아니라 모든 세상에 주신 하나님의 복음이라는 사실을 완전히 망각했고, 하나님께서 이스라엘을 통하여 인간에게 복된 소식을 전하기 위해 율법을 주셨다는 사실을 오해했던 것이다. 하나님께서 이스라엘에 율법을 주신 것은 하나님께서 인간을 사랑하시는 방법과 원리를 가르쳐주신 것이었다. 다른 민족들은 하나님을 알려고도 하지 않고 여호와 하나님을 다른 잡신들과 똑같이 생각했지만, 이스라엘은 하나님께서 택하심으로 말미암아 하나님의 말씀을 들을 수 있는 유일한 민족이었기 때문이다. 이스라엘을 통하여 온 세상에 말씀하기 원하시는 그 마음을 이스라엘은 외면했던 것이다. 그 결과 복음으로 주신 율법이 오히려 그들을 그 속에 갇혀버리게 만들었던 것이다.

우리 그리스도인들도 마찬가지이다. 이스라엘에 율법을 주신 것과 마찬가지로 그리스도인들에게는 구원의 복음을 진리로 주셨다. 하지만 그 복음은 나 혼자 죄 사함 받고 구원받고 거듭나서 잘 살라고 주신 것이 아니었다. 그 복음을 품고 그 원형의 복음을 간직하면서 살라고 주신 것이다. 또한 그 복음을 원형 그대로 세상에 보임으로써 만인에게 그리스도를 드러내라고 주신 것이다. 복음을 속으로만 품고 믿음으로 축복을 받고 간절하게 기도함으로써 소원을 이루고 어려움을 인내로써 극복하여 인간승리를 이룩하라고 복음을 주신 것이 결코 아니다. 복음은 그 복음을 통하여 그리스도 예수님의 빛을 비추라고 허락하신 것이다. 그런데 복음을 소유하고 있는 것으로 만족하고 개인의 번영과 평안을 누리기만을 지향한다면 그 복음은 복음으로서의 기능을 상실하게 되어 버리는 것이다. 복음을 품고만 있으면 복음은 복음으로서의 빛을 잃어버리게 되는 것이다. 복음을 복음 되게 하는 일은 그 복음을 진리 그대로 간직하고 세상의 삶으로 그것을 드러내는 것이다.

"너희는 세상의 빛이라 산 위에 있는 동네가 숨겨지지 못할 것이요 사람이 등불을 켜서 말 아래에 두지 아니하고 등경 위에 두나니 이러므로 집 안 모든 사람에게 비치느니라"(마 5:14-15)

또 한 가지 복음을 소유하고 보존하는 일에 있어서 아주 중요한 일은 복음이 변질되지 않게 해야 한다는 것이다. 삶을 통하여 복음이 복음 되게 하는 일이 복음이 가려지지 않게 하는 데에 뜻이 있다면, 복음이 변질되지 않게 하는 일은 각종 이단이나 말씀을 훼손하려는 사이비로부터 복음을 수호하는 일이다. 교리가 왜 필요한가? 교리 자체가 생명은 아니지만 교리는 복음을 복음 그대로 지키는 데에 가장 효과적이라고 할 수 있는 것이다. 처음에 종교의 형식을 띠지 않던 기독교가 어떻게 종교의 형식을 갖추게 되었는가? 복음을 수호하기 위해서인 것이다. 신약성경의 많은 부분은 그리스도의 복음을 복음 되게 만드는 데 절대적인 역할을 감당했었다. 당시 기독교를 공격하던 율법주의와 영지주의로 인하여 사도 바울이 얼마나 투쟁적으로 활동했었던가? 사도 바울은 복음을 변질시키려고 공격하는 세력들에 대해서 아주 강하게 대처했던 것이다.

> "다른 복음은 없나니 다만 어떤 사람들이 너희를 교란하여 그리스도의 복음을 변하게 하려 함이라 그러나 우리나 혹은 하늘로부터 온 천사라도 우리가 너희에게 전한 복음 외에 다른 복음을 전하면 저주를 받을지어다"(갈 1:7-8)

초기 기독교의 역사는 결국 복음을 제대로 지켜내기 위한 투쟁의 역사가 아닌가? 물론 그 와중에 인간의 욕심이나 심지어 국가권력까지 개입하여 정죄하고 억울하게 죽기도 하고 또 경우에 따라서는 다소 인간적인 내용이 교리에 포함되기도 했지만, 그 모든 과정들을 통하여 복음이 교리로써 완성되어 갔던 것이다. 결국 끝까지 수호하려고 했던 진리는 무엇인가? 오늘날 우리가 고백하는 사도신경의 내용을 지켜내기 위한 것이 아니었던가? 실로 사도신경은 그리스도 복음의 결정체인 것이다. 지금도 예수님의 신성을 부인하려는 움직임은 지속되고 있다. 초대교회 시대에 횡행하던 예수님의 신성을 훼손하려는 움직임은 계몽주의 시대 이후 자유주의로 흐르면서 더욱 기승을 부리고 있다. 그것은 교묘하게 예수님의 육체의 부활을 부인하거나 성경 속의 기적을 과학적으로 해석하려는 노력들인 것이다. 더 나아가 오늘날 이단들의 극악한 활동들은 교회에 다니는 기독교인들조차 무너뜨리기 위해 기를 쓰고 있는 실정이다. 성도들뿐 아니라 목회자들까지도 저들의 밥이 되는 것이 너무나도 안타까운 오늘의 현실이다.

그리스도인들이 복음을 소유한다는 것은 이런 모든 것들을 포함하여 그 생명의 복음을 수호하는 일까지도 의미하는 것이다. 진리의 복음을 지켜내기 위해 최선을 다하는 일이 오늘날 그리스도인들의 사명이다. 물론 기독교 전체 역사의 많은 부분은 이 복음이 흐려지지 않고 훼손되지 않도록 투쟁하는 역사였다. 그것은 심지어 가톨릭과의 싸움까지도 포함되는 것이다. 종교개혁은 바로 이 복음의 순수성을 지켜내려는 개혁가들의 희생으로 이루어낸 결과물인 것이다. 지금도 교회는 종교다원주의와 싸우고 있다. 일반 성도라고 해서 이런 싸움에서 자유로운 것은 결코 아니다. 복음을 분별할 줄 아는 사람들이 되어야 하는 것이다. 물론 교회 지도자들을 통하여 많은 부분을 얻고 교회활동을 통하여 배우게 되는 것은 틀림없는 사실이지만, 진리가 아닌 것을 분별할 줄은 알아야 하지 않겠는가? 인간적인 부딪침 등에 지나치게 민감하여 반발하기보다는 어떤 것이 진리이고 본질인지를 분별하는 그리스도인들이 되어야 한다. 그래서 복음의 보존성을 지닌 그리스도인이 될 수 있을 것이다.

그리스도인의 전달성

두 번째 그리스도인의 정체성의 흐름은 복음의 전달성에 있다. 복음은 가슴 속에 품고 흐려지지 않고 변질되지 않게 지켜내는 것에만 있는 것이 아니라 온 세상에 널리널리 전파되어야 하는 전달성에 그 가치가 있는 것이다. 복음을 수호한다고 하여 꽁꽁 숨겨둔다면 오히려 그 복음은 더 흐려지거나 변질되기 쉬워진다. 왜냐하면 복음은 새롭게 전달받는 사람이 있어야 본질을 계승할 수 있기 때문이다. 그리고 그런 과정 중에서 성령님의 강력한 역사하심으로 말미암아 복음의 본질이 수호되는 것이다. 그리스도인에게서 순수한 복음의 본질이 사라진다면 그는 이미 그리스도인이 아니다. 본질적인 복음은 자꾸자꾸 온 세상으로 퍼져나가야 한다. 살아있는 순수한 복음이 사람들에게 전파되면서 성령님의 역사로 온 세상에 퍼질 때 그리스도 예수님께서 이 땅에 오신 목적이 성취될 수 있는 것이다. 그래서 이 복음이 온 세상 끝까지 전파될 때 그 때 하나님의 때가 다시 오게 되는 것이다. 그것이 복음을 흐려지지 않고 변질되지 않게 지켜내는 방식인 것이다.

"이 천국 복음이 모든 민족에게 증언되기 위하여 온 세상에 전파되리니 그제야 끝이 오리라"(마 24:14)

그래서 예수님께서 부활승천하시면서 제자들에게 내리신 최후의 명령이 바로 이 복음을 전파하라는 것이 아니었던가? 복음의 전달성에 대한 의식이 없다면 그리스도인으로서 충분하지 못하다. 물론 우리는 교회에서 각종 전도 프로그램이나 세미나 등을 통하여 전도훈련을 받거나 아니면 이웃초청전도에 힘쓰고 있을 것이다. 성도들에게 있어서 가장 부담이 되는 일이 전도일 것이며, 제대로 하지 못해서 가장 마음 쓰이는 일도 전도일 것이다. 교회에서 전도에 대해 강조하고 시상을 하는 일들은 반드시 필요한 일이다. 다만 그 근원을 강조하지 못한다면 실컷 전도해놓고도 하늘의 상을 놓칠 수 있다. 그것은 전도의 본질은 복음전파라는 사실이다. 교회에 데려다 앉혀놓는 일 이전에 대상자에게 복음이 들어갈 수 있도록 힘쓰는 것이 기본이라는 것이다. 초점은 교회부흥이 아니라 영혼구원이라는 사실을 깊이 인식하고 있어야 한다는 말이다. 앞으로 살펴보겠지만 교회초청이나 사영리 제시를 넘어 전 삶의 영역에서 이루어지는 것이 복음전파라는 사실도 함께 인식하고 있어야 한다. 이 모든 일이 종합적으로 이루어지는 것이 복음전파의 참뜻이라는 말이다.

> "또 이르시되 너희는 온 천하에 다니며 만민에게 복음을 전파하라 믿고 세례를 받는 사람은 구원을 얻을 것이요 믿지 않는 사람은 정죄를 받으리라"(막 16:15-16)

만민에게 복음을 전파하라는 말씀을 더욱 세밀하게 설명한 본문이 마태복음의 말씀이다. 성경학자들 중에는 이 구절이 나중에 마태복음에 첨가된 부분이라고 하여 적극적으로 복음을 전파하며 제자 삼는 일을 부정하는 경우가 있지만, 그렇다고 해서 복음의 본질이 달라지는 것은 아니다. 하나님은 성령님의 능력을 따라 사람을 통하여 일하시기 때문이다. 제자들이 아니라면 어떻게 복음이 전파될 수 있겠으며, 성령님의 감동으로 제자 삼는 일을 문서에 덧붙인다고 해서 아무것도 달라지는 것은 없다. 오히려 그리스도의 복음이 더욱 효과적으로 세상에 전파되기 위해서는 제자 삼는 일이 반드시 필요해지는 것이다. 제자를 삼으라는 말은 실생활에서 복음을 살아내야 한다는 말씀이다. 한 번 구원의 복음을 전파하여 회개하게 만든다고 해도 예수님의 제자로서 본받을 만한 삶이 따라주지 않는다면 그 복음은 어쩌면 반쪽짜리 복음밖에는 되지 않을 수도 있다. 율법을 주신 하나님의 마음을 삶에 반영하지 못한 거짓 정체성의 유대인들처럼 될 수도 있을 것이다.

> "그러므로 너희는 가서 모든 민족을 제자로 삼아 아버지와 아들과 성령의 이름으로 세례를 베풀고 내가 너희에게 분부한 모든 것을 가르쳐 지키게 하라 볼지어다 내가 세상 끝 날까지 너희와 항상 함께 있으리라 하시니라"(마 28:19-20)

하나님께서 사람을 구원하시는 방식은 구약과 신약이 완전히 다르다. 구약에서는 율법과 선지자로써 이스라엘의 구원을 이루어주셨다.

하나님께서 이스라엘이라는 한 민족을 대상으로 율법을 주시고 선지자들을 통하여 하나님의 말씀을 백성들에게 전달하셨다. 그러나 신약에 와서는 구원을 받는 방식이 완전히 달라졌다. 구약 시대와는 달리 사람을 통하여 복음이 전파되지 않으면 복음은 전달되기가 어려워지게 된 것이다. 물론 성령님께서 특별하게 역사하셔서 복음이 아직 전파되지 않은 곳에 강권적으로 전해지는 이야기들도 종종 듣지만, 그런 경우에라도 복음은 그 사람을 통하여 전파되는 것이다. 하나님나라의 복음은 그리스도인들을 통하여 전파되고 그것을 받아들이는 사람들에게 천국은 보장되는 것이다.

"율법과 선지자는 요한의 때까지요 그 후부터는 하나님나라의 복음이 전파되어 사람마다 그리로 침입하느니라"(눅 16:16)

아무튼 복음은 그리스도인들을 통하여 전달되어야 한다. 사도 바울은 세상 모든 사람들이 하나님을 알고 예수 그리스도의 구원의 복음을 받아들이게 하기 위해서는 반드시 전파하는 사람이 있어야 할 것을 분명하게 이야기했다. 복음이란 누군가에게서 들어야 깨달아질 수 있는 것인데 전달하는 사람이 없이 어떻게 들을 수 있겠느냐는 말이다. 부지런히 세상을 돌아다니면서 복음을 부르짖으라는 말이 아니라 내가 사는 주변에서 입을 열어 복음을 담대하게 전파하지 못한다면, 또는 그런 사역에 적극적으로 협력하지 못한다면 그 사람의 정체성은 부족할 수밖에 없을 것이다. 복음은 말로든지 글로든지 책으로든지 삶으로든지 초청으로든지 어떤 방식으로라도 그리스도인에 의해 전달되어야 하는 것이다.

"누구든지 주의 이름을 부르는 자는 구원을 받으리라 그런즉 그들이 믿지 아니하는 이를 어찌 부르리요 듣지도 못한 이를 어찌 믿으리요 전파하는 자가 없이 어찌 들으리요 보내심을 받지 아니하였으면 어찌 전파하리요 기록된 바 아름답도다 좋은 소식을 전하는 자들의 발이여 함과 같으니라"(롬 10:13-15)

예수님도 이 구원의 생명의 복음을 전달하기 위해서 이 땅에 오셨다. 물론 예수님은 복음의 원형을 십자가 고난을 통해서 친히 온 세상에 보여주셨다. 그리고 제자들을 통하여 그 생명의 복음이 온 세상에 전파되기를 원하셨다. 예수님께서 제자들을 부르셨던 것처럼 예수님의 제자들도 수많은 제자들을 만들어 그들을 통하여 복음이 땅 끝까지 전파되기를 명하셨다. 복음의 전달성을 인정하고 한 사람에게라도 구원의 복음을 전달하기를 원하고 있지 못하다면 근원적으로 다시 생각해보아야 할 것이다. 그리스도인의 중요한 정체성은 반드시 복음과 직접적으로 연결되어야 하는데 복음의 전달성을 느끼고 깨닫지 못하고서는 그리스도인으로서의 올바른 정체성을 소유하기는 어려울 것이다. 예수님도 지상사역의 핵심을 하나님나라의 복음 전파에 두셨다. 복음전파를 위해서 보내심을 받으셨다고 말씀하셨다. 더구나 예수님께서 부활하신 후에 40일 동안 이 땅에 계시면서 주로 하신 일이 무엇인가? 그것도 하나님나라에 관한 이야기들이었다. 참된 그리스도인이라면 어떻게 구원의 복음을 전할 것인가를 날마다 궁리하는 사람이어야 한다. 그것이 그리스도인으로서의 정체성을 누리는 길이 되는 것이다.

"예수께서 이르시되 내가 다른 동네들에서도 하나님의 나라 복음을 전하여야 하리니 나는 이 일을 위해 보내심을 받았노라 하시고"(눅 4:43)

"그가 고난 받으신 후에 또한 그들에게 확실한 많은 증거로 친히 살아 계심을 나타내사 사십 일 동안 그들에게 보이시며 하나님나라의 일을 말씀하시니라"(행 1:3)

그리스도인의 실천성

오늘날 전도의 열심이 많이 식었다. 과거처럼 전도를 열심히 해도 열매를 얻기가 심히 어려운 시대가 되었다. 많은 이유가 있겠지만, 삶을 통하여 전달되는 복음이 쇠퇴한 것도 중요한 이유 중의 하나가 아닐까 생각한다. 복음을 살아내지 못하고 말로만, 교리로만 전파되기 때문일 것이다. 또한 교회생활에 모든 것을 집중하는 삶이기 때문이기도 할 것이다. 그리고 종교예식으로 모든 것을 대체하려는 의식 때문이기도 할 것이다. 이 모든 현상을 한 마디로 정리한다면 그리스도인의 실천성, 곧 복음의 실천적인 면이 많이 퇴보했기 때문이라고 할 수 있을 것이다. 복음은 문서나 언어에만 있는 것이 아니다. 복음은 복음의 삶이 함께 뒤따라야 참된 복음이다. 복음의 삶이 뒤따르지 못한다는 것은 유대인들이 정체성을 정확하게 가지고 있었지만 그 정체성에 합당한 삶을 전혀 보여주지 못한 현상과 동일하다. 복음 자체는 완전하고 거기에 실천이 따라야 한다는 말이 아니라 복음에는 원래 실천성이 포함되어 있다는 말이다. 실천성이란 전도를 말하는 것이 아니라 복음이 가르치는 삶을 사는 것을 말한다.

예수님은 이 땅에 오셔서 3년의 공생애를 사시고 십자가에 못 박히셨다. 왜 3년 동안 이스라엘 땅에서 삶을 사셔야만 했을까? 제자들을 두시고 그들을 가르치시고 비록 십자가 고난 때 다 도망할지라도 이후에 성령님으로 말미암아 작은 예수로서의 삶을 살도록 하기 위해 그렇게 하신 것이다. 물론 거기에는 그리스도인의 전달성의 성격을 부여하시고 그 제자들로 하여금 복음이 만방에 퍼져나가도록 하신 것이다. 하지만 복음이라는 것이 단순히 예수의 이름을 부르면 구원받는다, 예수님을 영접함으로써 거듭남이 이루어진다는 단순한 도식만을 전파하는 것이라면 예수님께서 굳이 3년 동안의 공생애의 삶을 사실 필요는 없었을 것이다. 복음은 예수님의 3년간의 삶을 포함하는 것이다. 만약에 복음이 죄 사함과 거듭남이라는 구원의 도리만을 가르치는 것이라면 예수님은 그냥 이 세상에 오셔서 선포하시고 십자가에 못 박히시고 인간의 죄를 짊어지시고 죽으셨다가 부활하심으로써 죄와 사망을 이기기만 하시면 모든 것이 완벽할 것이다. 그러나 예수님은 3년여 동안 전파와 선포와 고침과 가르침과 영적 싸움 등 그리스도의 복음에 뒤따라오는 모든 삶의 원리를 실제로 보여주셨다. 복음은 이 모든 것을 전부 포함하는 것이다. 이 모든 생활의 모습을 복음의 실천성이라고 부르는 것이다.

복음은 모든 것을 버리는 것이다. 실제로 제자들은 모든 것을 버려두고 예수님을 따라나섰다. 복음이란 자신이 의지하던 모든 것을 버리지 않으면 성립될 수 없다. 물론 당장 집을 팔고 길을 떠나라는 이야기는 아니다. 그러나 마치 직업군인처럼 언제라도 떠날 각오를 하고 있어야 하는 것은 맞는 말이다. 당장 가족과 집과 삶의 터전을 완전히 버리는 것이 아니라 군인을 필요로 하는 전쟁이 터지는 곳에 국가의 부름이 있다면 모든 것을 버리고 떠난다는 말이다. 이와 마찬가지로 주님께서 필요로 하실 때에는 모든 것을 버린다는 결단으로 사는 사람들이 그리스도인들이다. 그래서 복음을 받아들이는 첫 번째 조건이 모든 것을 버리는 것이다. 복음과 세상 가치는 정반대의 개념이다. 복음을 받아들인다는 것은 이런 개념을 수용한다는 말이다. 반대되는 가치를 따라간다면서 기존에 가지고 있던 개념을 그대로 가지고 따를 수는 없다. 이 세상의 썩어질 것들을 다 포기할 때에 비로소 생명의 복음을 소유하고 천국으로 향할 수 있게 되는 것이다.

"이와 같이 너희 중의 누구든지 자기의 모든 소유를 버리지 아니하면 능히 내 제자가 되지 못하리라"(눅 14:33)

복음에 합당한 삶이란 영원한 가치를 위하여 세상의 사라질 것들을 다 포기한다는 말이다. 복음이 가르치는 삶은 세상이 지향하는 것과는 전혀 다른 모습이다. 세상은 세상을 영원한 것처럼 생각하고 세상에서의 번영과 성공을 추구하게 되어 있다. 그러나 복음적인 가치는 주를 위하여 다른 모든 것들을 포기하는 것이다. 용서하고 버리고 나누고 의를 위하여 싸우고 전하고 가르치고 섬기고 전파하는 모든 그리스도인의 삶의 모습이 바로 복음의 실천성인 것이다. 제1부에서 설명한 그리스도인의 정체성의 모습이 바로 여기에 해당되는 것이다. 그리스도인의 정체성은 예수님께서 이 땅에서 사시면서 보여주셨던 삶의 원리를 세상에서의 삶에서 그대로 적용하는 데에서 찾을 수 있다. 복음의 한 쪽 면인 관념적, 교리적, 예전적 신앙에 매몰되다 보니까 복음의 또 다른 실천적인 면을 무시하거나 망각하거나 건너 뛰어버리는 현상이 발생하게 되는 것이다. 복음은 삶으로 연결되어야 참 복음이다.

"오직 너희는 그리스도의 복음에 합당하게 생활하라"(빌 1:27上)

복음을 복음대로 살려고 애를 쓰면 세상의 칭찬을 받게 되어 있다. 사도행전에 보면 예루살렘 초대교회 성도들의 삶의 모습을 보고 온 백성들이 칭송했다는 구절이 나온다. 물론 이런 모습은 초대교회에서 나타난 특별한 현상으로 복음의 극대화된 모습이지만, 그리스도인은 이런 삶의 원리를 따라 살아가야 하는 사람들이다. 이들이 이렇게 할 수 있었던 이유가 무엇일까? 이 세상의 것들은 결국 썩을 것들이고 그런 물질로 복음을 소유할 수 없으며 물질은 그리스도의 사랑을 실천할 수 있는 수단에 불과하다는 인식이 컸기 때문에 가능한 일이었다. 비록 사회체제가 완전히 변하여 예루살렘 교회처럼 그렇게 똑같이 행하기는 어렵다고 할지라도, 물질을 나누고 공동체로서 한 몸 의식을 가지며 함께 뜨거운 마음으로 교회에 자주 모여서 예배하고 지역에 봉사하는 그런 모습은 틀림없는 복음의 실천적인 모습인 것이다. 꼭 교회를 통해서만이 아니라 각자가 삶의 현장에서 이런 복음의식을 가지고 살아가는 것이 그리스도인의 실천적인 모습인 것이다. 그럴 때 많은 사람들이 우리를 복음의 소유자들로 알아 하나님을 만나게 되고 그리스도의 사람으로 변화되는 역사가 크게 일어날 것이다. 이것이 빠진 채 기독교가 종교 세력화되었기 때문에 세상으로부터 온갖 비판을 받게 되는 것이다.

> "믿는 사람이 다 함께 있어 모든 물건을 서로 통용하고 또 재산과 소유를 팔아 각 사람의 필요를 따라 나눠 주며 날마다 마음을 같이하여 성전에 모이기를 힘쓰고 집에서 떡을 떼며 기쁨과 순전한 마음으로 음식을 먹고 하나님을 찬미하며 또 온 백성에게 칭송을 받으니 주께서 구원 받는 사람을 날마다 더하게 하시니라"(행 2:44-47)

물론 복음으로 사는 사람은 칭찬도 받지만 박해도 받게 되어 있다. 보편적인 인간의 삶과는 다르게 마치 천국과도 같은 삶을 이 세상에서 구현해 보인다면 모든 사람들이 칭찬해야 할 텐데, 이런 사실을 칭찬하는 사람들만큼이나 반대하고 박해하는 사람들도 나타나게 된다. 왜냐하면 그리스도인의 삶의 원리는 세상의 삶의 원리와 정확하게 반대편이 되기 때문이다. 복음에 합당한 삶을 살면 세상의 부패와 부딪친다. 복음의 실천적인 모습을 그대로 행하면 세상의 죄와 부딪친다. 아무리 조용하게 살려고 해도 그리스도인들이 복음대로 살려고 하면 할

수록 세상을 거스르게 되어 있는 것이다. 세상으로부터 아무런 불이익이나 박해를 받고 있지 않다면 어쩌면 복음의 실천성이 결여된 사람일 가능성이 크다. 세상과 부딪치고 비판을 받고 박해를 받음으로 말미암아 고난과 환난을 만난다고 할지라도 복음을 포기하지 않는 그리스도인이 참 그리스도인인 것이다.

> "무릇 그리스도 예수 안에서 경건하게 살고자 하는 자는 박해를 받으리라"(딤후 3:12)

복음은 말로나 글로나 종교의식으로만 전부 설명할 수 있는 것은 아니다. 복음을 복음대로 행하려고 할 때 온갖 능력도 따라오게 되어 있다. 만약에 복음의 실천성이 빠진 채 성령님의 능력이 온다고 해도 어떨 때는 오히려 복음의 훼방이 될 때도 생길 수 있다. 실천성은 복음의 능력의 전제조건인 것이다. 아무리 신령한 은사와 능력으로 성도들이 신비를 행한다고 해도 복음의 실천성이 누락된다면 그것은 겉껍데기 포장에 불과한 것이 되는 것이다. 결국은 그리스도인들이 어떤 사람인가를 세상은 바라보고 있는 것이다. 그리스도인의 삶의 방식이 세상을 변화시키는 것이다.

> "이는 우리 복음이 너희에게 말로만 이른 것이 아니라 또한 능력과 성령과 큰 확신으로 된 것임이라 우리가 너희 가운데서 너희를 위하여 어떤 사람이 된 것은 너희가 아는 바와 같으니라"(살전 1:5)

그리스도인의 개혁성

복음은 개혁성을 가진다. 물론 기본적으로는 복음이 복음의 소유자들을 개혁해야 하는 것이지만, 여기에서는 복음이 세상을 어떻게 바꾸는가를 살펴보려고 한다. 지금까지 기독교 역사가 말해주듯이 복음은 세상을 완전히 바꿀 수 있다. 물론 역사 속에서 온갖 불필요한 모습들이 등장했었지만 그럼에도 불구하고 그런 과정들을 통하여 복음은 보존되어 왔던 것이다. 복음이 세상을 개혁하지 못하면 세상이 복음을 변질시켜 버리게 되는 것이다. 하지만 복음이 세상을 살기 좋은 천국으로 만들어야 한다는 뜻은 아니다. 복음은 복음으로 세상 '사람'들을 바꾸어야 하는 것이다. 곧 복음은 세상의 정치체제나 사회구조를 바꾸는 것이 아니라 사람 자체를 개혁하고 변화시키는 것이다. 사람의 변화가 세상의 변화인 것이다. 복음이 어떻게 세상을 바꾸었는가? 사람들을 그리스도인으로 바꿈으로써 세상을 바꾸었던 것이다. 사람들을 구원하는 것이 세상을 개혁하는 것이다.

> "하나님이 그 아들을 세상에 보내신 것은 세상을 심판하려 하심이 아니요 그로 말미암아 세상이 구원을 받게 하려 하심이라"(요 3:17)

하나님은 세상에 하나님의 왕국을 일으키기 위해 예수님을 보내신 것이 아니다. 여기에 대해 오해하면 마치 기독교가 세상에 왕국을 일으키려는 사회운동인 것으로 착각할 수도 있다. 기독교가 세상을 변화시키고 개혁해야 하는 것은 맞지만, 세상에 정치권력이나 사회체제의 변화를 통하여 세상을 인류의 이상적인 천국으로 만들어야 하는 것은 아니다. 마지막 때에 새 하늘과 새 땅이 내려오지 않는 한, 세상에 온전한 천국이 이루어지는 것은 아닌 것이다. 만약에 세상을 복지천국으로 만드는 것이 하나님의 뜻이었다면 예수님은 애초에 십자가에 달리실 필요조차도 없었을 것이다. 만약에 예수님의 십자가 사건이 일어나지 않은 채 세상 천국이 이루어진다면, 물론 불가능한 이야기이지만, 그것은 하나님의 은혜가 아니라 혁명가나 정치인의 공로로 치부되어 버릴 것이다. 거기에 하나님의 은혜가 개입할 여지가 없어져 버리게 되는 것이다.

"예수께서 대답하시되 내 나라는 이 세상에 속한 것이 아니니라 만일 내 나라가 이 세상에 속한 것이었더라면 내 종들이 싸워 나로 유대인들에게 넘겨지지 않게 하였으리라 이제 내 나라는 여기에 속한 것이 아니니라"(요 18:36)

세상에는 혁명이라는 것이 있다. 어떤 정치권력이나 군사력으로 세상을 정복하고 혁명을 일으키거나 수많은 군중들의 힘으로 세상을 바꾸어 놓기도 한다. 하지만 세상에서는 성공한 혁명이란 존재하지 않는다. 정치 주체가 바뀐 것일 뿐이다. 계몽운동 등을 통하여 삶의 모습을 완전히 바꾸는 경우도 인류 역사에서 찾아볼 수 있다. 그렇다고 해서 사람들의 의식이 천국백성처럼 변하는 것은 아니다. 발전이나 성장은 있을지라도 인간의 근원적인 문제는 언제나 존재할 수밖에 없다. 인간을 완전히 바꿀 수 있는 것은 복음밖에는 없다. 인간은 아무리 큰 대혁명을 일으켜도 여전히 소외되고 아프고 상처받은 사람이 나타날 수밖에 없다. 정도의 차이는 있겠지만 근본적으로 변화될 수 있는 것은 아니기 때문이다. 하지만 복음이 들어가면 의식이 완전히 달라진다. 물론 영적으로는 새 생명으로 거듭난 새로운 피조물이 되는 것이다. 성경은 복음이 전파되면서 일어날 수 있는 과정을 소상하게 설명하고 있다. 세상의 모든 죄악에서 사람들을 해방시킨다는 것이다. 문자적으로도 해석할 수 있지만 사실은 그것은 영적이 의미가 더 큰 것이다. 만약에 그렇지 않다면 정말로 가난한 모든 사람들이 전부 부자가 되고 감옥에 갇힌 사람들이 다 풀려나고 모든 눈 먼 자가 다 눈을 떠야 하기 때문이다. 그러므로 그것은 죄로 인한 모든 속박에서 복음으로 말미암아 자유롭게 되는 것을 설명하고 있는 것이다.

"주의 성령이 내게 임하셨으니 이는 가난한 자에게 복음을 전하게 하시려고 내게 기름을 부으시고 나를 보내사 포로 된 자에게 자유를, 눈 먼 자에게 다시 보게 함을 전파하며 눌린 자를 자유롭게 하고"(눅 4:18)

그러므로 세상을 개혁한다는 의미는 복음으로 사람들을 바꿈으로써 세상에서의 삶의 방식을 바꾸는 것을 뜻하는 것이다. 진정으로 주변의 세상을 개혁하고 싶은가? 그렇다면 복음의 실천적인 면으로 살기 위해 애를 써야 한다. 삶의 방식을 복음과 일치시키고 우리 자신을 위해서가 아니라 주를 위한, 복음을 위한, 타인을 위한 방식으로 바꾸면 세상은 개혁되는 것이다. 이것이 복음의 개혁성의 원리이다. 복음은 모든 것을 걸어야 하는 것이다. 심지어 목숨까지 걸어야 복음이 복음다워지는 것이다. 목숨 거는 결단으로 자기 인식을 바꾸고 생활패턴을 바꾸고 복음을 위하여 생명까지도 투자할 때 복음은 세상을 개혁할 수 있는 것이다.

"누구든지 자기 목숨을 구원하고자 하면 잃을 것이요 누구든지 나와 복음을 위하여 자기 목숨을 잃으면 구원하리라"(막 8:35)

하지만 아무리 그리스도인이라고 하더라도 그런 삶을 살기는 결코 쉽지 않다. 앞서 그리스도인의 모습 중에서 싸우는 그리스도인이라는 주제로 설명한 바와 같이 스스로와 싸우고 세상과 싸우지 않으면 세상은 결코 개혁될 수 없다. 칼과 몽치로, 권력으로, 힘으로, 숫자로 세상과 싸우라는 이야기가 아니라 복음을 온전하게 보존함으로써 세상과 싸워야 하는 것이다. 복음을 전파함으로써, 복음을 실천함으로써 세상과 싸워야 하는 것이다. 왜 그것을 싸움이라고 말해야 하는가? 틀림없이 마귀의 훼방이 극심할 것이기 때문이다. 틀림없이 세상 사람들의 저항에 강하게 부딪힐 것이기 때문이다. 그래서 세상을 개혁하려면 반드시 세상을 이겨야 한다. 세상을 이기는 방법은 복음을 복음답게 만드는 것으로써만 가능하다. 그래서 사도 요한은 복음의 핵심을 간직한 사람은 반드시 세상을 이기게 되어 있다고 강조하는 것이다. 세상을 이김으로써 그리스도인 자신에게는 하늘의 놀라운 상급으로 나타나게 되어 있고, 주님의 몸 된 교회에는 놀라운 참된 부흥을 가져오게 되며, 세상은 개혁되고 변화시킬 수 있게 되는 것이다.

> "무릇 하나님께로부터 난 자마다 세상을 이기느니라 세상을 이기는 승리는 이것이니 우리의 믿음이니라 예수께서 하나님의 아들이심을 믿는 자가 아니면 세상을 이기는 자가 누구냐"(요일 5:4-5)

세상을 바꾸는 일은 오직 그리스도인에게만 주어진 사명이라는 사실을 다시 한 번 깨달아야 하겠다. 그리고 또 다른 측면에서 세상을 바꾸는 일은 세상에 복을 전달해주는 것이라는 사실도 알고 있어야 하겠다. 관점을 복음으로 세상을 개혁하거나 변화시킨다는 개념에서 복음으로 세상을 복되게 하는 것이라는 방향으로 바꿀 수 있어야 하겠다. 축복의 통로가 아니라 복음의 통로, 예수님 마음의 통로가 되는 것이야말로 세상을 개혁하는 강력한 수단이 되는 것이다. 그리스도인의 개혁성은 이렇게 그 정체성을 삶 가운데 실현해내는 것으로 드러낼 수 있는 것이다. 우리 그리스도인들에게 이런 뚜렷한 의식이 많이 결여되어 있다. 교회개혁이란 바로 이런 정체성의 회복을 뜻하는 것이어야 한다. 우리는 복음의 통로이며 수단이며 세상을 바꾸는 통로가 되어야 함을 더욱 깊이 의식하고 푯대를 그리스도인의 정체성을 삶으로 성취해 내는 것으로 집중할 수 있어야 할 것이다.

> "또 하나님이 이방을 믿음으로 말미암아 의로 정하실 것을 성경이 미리 알고 먼저 아브라함에게 복음을 전하되 모든 이방인이 너로 말미암아 복을 받으리라 하였느니라"(갈 3:8)

그리스도인의 준비성

　이제 마지막으로 제4부에서 설명하는 천국을 이 땅에서 누리는 일의 결론적인 부분을 이야기해야 한다. 복음의 흐름으로 우리 그리스도인의 정체성을 설명한다고 해도 결론은 동일하다. 아무리 복음의 보존성, 전달성, 실천성, 개혁성을 향하여 나아간다고 해도 천국을 이 땅에서 누릴 수 없다면 그리스도인으로서의 정체성을 충실하게 끝까지 성취할 수 없다. 천국을 누리는 일은 우리들의 삶속에 나타나는 현상이기도 하지만 동시에 세상을 이기는 능력이 되기도 하기 때문이다. 천국을 바라보고 천국을 누리지 못한다면 아무리 의지가 강하고 믿음이 좋다고 해도 끝까지 인내할 수 없다. 그것은 동시에 우리가 가서 누릴 천국을 훈련하는 것이기도 하다. 다른 의미에서 천국을 누린다는 것은 저 영원한 천국에서 영생할 준비를 하는 것이고, 그래서 이것을 그리스도인의 준비성이라고 명명하는 것이다. 결국 복음의 결말은 하늘의 천국이며 그 천국에서 하나님께서 준비해두신 상급이 되어야 할 것이다. 복음이 단순히 복음에서 그치는 것이 아니라 그 복음으로 인하여 영원한 세상에서 영원토록 누릴 수 있는 것이 결정되는 것이다.

　만약에 그리스도인들에게 천국소망이 없다면 세상에서 조금 의롭게 사는 것으로 만족해야 할 것이다. 그렇게 된다면 복음도 필요가 없고 그리스도인의 정체성도 필요가 없다. 사는 의미나 목적이나 가치가 세상과 다를 것이 없기 때문이다. 복음을 소유하지 못한 사람은 그냥 세상 사람일 뿐이다. 새로운 피조물도 아니고 거듭난 백성도 아니고 택하신 족속도 아니고 왕 같은 제사장도 아니고 거룩한 나라도 아니고 하나님의 소유가 된 백성도 아니다. 우리를 어두운 데에서 불러내신 것도 아니고 그리스도의 아름다운 덕을 선포할 수 있는 능력도 자격도 없는 죄인들 중 한 사람이 될 뿐이다.

"그러나 너희는 택하신 족속이요 왕 같은 제사장들이요 거룩한 나라요 그의 소유가 된 백성이니 이는 너희를 어두운 데서 불러내어 그의 기이한 빛에 들어가게 하신 이의 아름다운 덕을 선포하게 하려 하심이라"(벧전 2:9)

우리는 이 땅에서 천국을 누려야 하는 사람들임과 동시에 천국에 들어갈 준비를 하는 사람들이다. 우리가 누려야 하는 저 천국은 환상도 아니고 꿈도 아니고 현실이어야 한다. 어떻게 이 땅에서 천국의 평안과 기쁨을 누릴 수 있을 것인가? 이미 상세하게 살펴보았지만 다시 한 번 복음의 흐름을 따라 설명한다면 그것은 흔들리지 않는 소망이라고 말할 수 있을 것이다. 물론 우리가 소망하는 것은 보이는 소망이 아니라 보이지 않는 소망이다. 복음의 준비성으로 설명할 수 있는 천국 누림은 보이지 않는 소망을 붙잡아야 하는 것이다. 보이는 것이라면 그것을 굳이 소망이라고 말할 필요가 없다. 우리는 보이지 않는 저 천국에서의 삶과 상급을 소망으로 삼는 사람들이다. 사실 구원이라는 것도 눈으로 보이는 것은 아니다. 믿음으로 구원을 받는데 그것을 눈으로 볼 수 있거나 손으로 만질 수 있는 것이라면 그것은 이미 믿음이 아니다. 눈에 뻔히 보이는 것을 누가 믿지 못하겠는가?

"우리가 소망으로 구원을 얻었으매 보이는 소망이 소망이 아니니 보는 것을 누가 바라리요"(롬 8:24)

그래서 복음의 천국준비성은 그 소망을 얼마나 굳게 붙잡고 있느냐에 따라 결정될 수 있는 것이다. 우리가 이 땅에서 천국의 평안과 기쁨을 누릴 수 있는 근거도 바로 그 소망의 확실성에 있는 것이다. 생각해

보면 소망이 흔들리면 아무 것도 이루어낼 수가 없다. 결국 믿음이 얼마만큼 확고한가에 따라 세상을 사는 방식도 결정되는 것이 아니겠는가? 히브리서 저자는 아주 중요한 비유를 이야기했다. 소망을 영혼의 닻으로 설명한 것이다. 이는 우리 인생을 언제라도 심하게 흔들릴 가능성이 큰 배라고 볼 때 아주 적절한 비유라고 할 수 있다. 만약에 선박에 닻이 없다면 상당히 심각해질 것이다. 잠시라도 어디에 고정시킬 수가 없을 것이다. 하지만 닻이 있다면 아무리 큰 배라도 깊은 바다 속에 닻을 내리고 흔들리지 않고 고정시킬 수가 있는 것이다.

"우리가 이 소망을 가지고 있는 것은 영혼의 닻 같아서 튼튼하고 견고하여 휘장 안에 들어가나니"(히 6:19)

우리 그리스도인에게 있어서 닻의 기능을 하는 것이 무엇인가? 그것이 바로 소망이 아닌가? 그리스도인의 준비성은 바로 소망에 있는 것이다. 소망이 확실할수록 천국에 대한 준비는 더욱 철저하게 이루어질 수 있을 것이다. 소망이 확실하면 천국의 평안은 더욱 우리 삶을 지배할 수 있을 것이다. 소망이 분명하면 천국의 기쁨을 잠시 잃어버린다고 해도 즉시 회복할 수 있을 것이다. 기본적으로 복음이란 눈에 보이는 것이 아니다. 복음의 모든 면은 전부 소망으로 이루어져 있다. 그렇지 않은가? 물론 복음의 증거들을 삶 속에서 다양하게 발견할 수 있지만 그렇다고 해도 복음이 성취된 것은 아니다. 복음의 성취는 저 영원한 천국에서 영생의 삶을 살기 시작할 때 성취되는 것이다. 그 이전에는 전부 소망으로 채워져 있을 뿐이다. 그래서 바울은 복음의 소망이라는 표현을 사용한 것이다.

"만일 너희가 믿음에 거하고 터 위에 굳게 서서 너희 들은 바 복음의 소망에서 흔들리지 아니하면 그리하리라 이 복음은 천하 만민에게 전파된 바요 나 바울은 이 복음의 일꾼이 되었노라"(골 1:23)

소망을 이 땅에 두는 사람이라면 그는 그리스도인이 아니다. 그런데 오늘날 성도들의 삶을 보면 거의 이 땅에 소망을 두고 살아가는 사람들 같이 보인다. 목회자들 중에도 이 땅의 소망에 사로잡혀 눈앞의 욕심을 따라 행하는 사람들을 볼 수 있다. 목회자가 저 천국이 아니라 이 땅에 소망을 두는 모습을 보인다면 일반 성도들에게서 천국소망을 어떻게 찾아볼 수 있을까? 천국에 소망을 두고 살아가는 사람이 아니라면 그는 천국의 평안이나 기쁨을 결코 누릴 수 없다. 그것은 그리스도인으로서의 정체성을 잃어버린 사람의 모습일 뿐이다. 그리스도인이라고 하면서도 천국소망을 상실한 채 세상의 소망을 쫓아가는 사람은 마치 유대인으로서의 정체성을 이야기하지만 사실은 전혀 그 정체성을 가지지 못한 사람과 똑같다. 그는 오히려 세상에 소망을 두고 살아가는 세상 사람보다 더욱 불쌍한 사람이다.

"만일 그리스도 안에서 우리가 바라는 것이 다만 이 세상의 삶뿐이면 모든 사람 가운데 우리가 더욱 불쌍한 자이리라"(고전 15:19)

그리스도인은 복음을 소유한 사람이고, 복음을 소유한 사람은 복음이 가지고 있는 특징적인 삶을 살고 있는 사람이다. 그것이 그리스도인의 정체성이다. 정체성은 인식하고 있는 것이 중요하지만 인식하고 있더라도 그 정체성을 삶으로 드러내지 못한다면 그는 거짓 정체성을 가지고 있는 사람일 뿐이다. 그리스도인이 회복해야 할 것은 그리스도인으로서의 정체성이다. 비록 그 정체성에 합당한 삶을 살고 있지 못하더라도 그 정체성과 같은 방향으로는 살고 있어야 한다. 우리나라의 모든 그리스도인들이 마치 영혼의 닻처럼 흔들리지 않는 천국소망을 가지고 천국시민으로서의 삶을 누릴 수 있기를 간절하게 원한다.

[맺는 말]

다시 맑은 물을 마시기 위하여

여러 마을의 주민들이 식용으로 사용하는 개울이 있었다. 이 개울이 그 동안 맑은 물을 제공하고 있어서 음식이나 음료를 만들 뿐 아니라 빨래나 목욕물로도 잘 사용하고 있었다. 개울이 흐르는 몇몇 마을 사람들에게는 이 개울이 생명수의 역할을 톡톡히 하고 있었다. 그런데 언제부터인지 명확하지는 않지만 개울물이 약간씩 흐려지더니 십몇 년 전부터는 개울물을 그냥 먹을 수 없을 정도로 오염되기 시작했다. 그래서 주민들은 물을 끓여 먹기 시작했고, 빨래나 목욕을 하기 위해서 물을 받아두었다가 불순물을 가라앉히고 나서 사용할 정도가 되었다. 그러더니 한두 해 전부터는 오염도가 더 심해져서 이제는 그 물을 생활용수로 사용할 수 없을 지경에까지 이르렀다. 그래서 이제는 빗물을 받아서 사용하기 시작했고 마실 물은 다른 마을들에서 길어서 먹기 시작했다.

이미 오래 전부터 이런 상황을 걱정하는 사람들은 많았지만 주민들의 뜻을 모으지는 못했고, 일부 주민들이 몇몇 사람들을 설득하여 그 원인과 대책을 논의하기에 이르렀다. 그들이 우선 결정한 것은 개울가를 깨끗하게 정비해 보자는 것이었다. 굽이굽이 흐르는 개울들의 흐름이 멈추어 있는 구석진 부분들에서 오염이 시작되었을 것이라고 생각했던 것이다. 실제로 곡괭이와 삽을 들고 상류로 거슬러 올라가자 곳곳에서 흐름이 멈추어 있는 후미진 곳이 있었고, 거기에는 어김없이 물찌꺼기나 식물이 썩은 것, 심지어는 죽은 새가 떠 있는 곳도 있을 지경이었다. 열심히 썩은 것들을 걷어내고 돌멩이를 가져다가 메우고 하여 물의 흐름을 조금은 원활하게 만들었다. 그리고 부지런히 마을로 내려와서 물이 맑아졌는가를 점검해 보았다. 하지만 물은 조금도 맑아지지 않았다.

이번에는 다른 사람의 의견에 귀를 기울였다. 구석진 곳에 고인 물때문이 아니라면 개울 물 속에 많이 자라 있는 썩은 식물들을 다 걷어내면 물이 깨끗해질 것이라는 이야기였다. 실제로 물이 오염되지 않은 곳에는 이끼라든가 부유물이 없고 물속 식물도 더러워지지 않은 것은 사실이었다. 그래서 바지장화를 구해서 몇몇 사람들이 그것을 신고 손에 손에 낫을 들고 상류로 거슬러 올라가면서 물속의 부유물이나 오염된 식물, 물이끼 같은 것들을 제거하는 작업을 열심히 했다. 그렇게 열심히 땀을 흘리고 부지런히 마을로 내려와서 물이 어떻게 되었나 확인해 보았지만, 그들의 수고의 보람도 없이 물은 오염된 그대로였다.

이제는 방법이 없었지만 또 다른 사람이 의견을 내놓았다. 물이 오염되면서 청정수에만 사는 물고기나 다른 생물들이 거의 사라져버렸는데, 깨끗한 물에 사는 물고기들을 다른 강에서 잡아다가 상류에 풀어놓으면 물이 맑아질지도 모른다는 의견이었다. 과거 같으면 무시되었을 의견이었지만 워낙 사안이 중대하기 때문에 그 주장은 그럴 듯하게 들렸다. 그래서 평소에 천렵을 좋아하는 사람들이 모여 다른 지역의 개울을 찾아가서 1급수에서만 서식하는 물고기들과 다슬기 등까지도 잡아올 수 있었다. 그리고 상류로 올라가서 그 물고기들과 생물들을 다 풀어놓았다. 그리고 큰 기대감을 가지고 마을로 돌아왔다. 하루 아침에 맑아지는 것은 아니라고 생각하면서 며칠 후에 확인해보자고 했다. 그러나 다음 날 아침에 되자 상류에 풀어놓았던 물고기들이 죽은 채로 떠내려오는 것을 발견했다. 이것도 실패였다.

그 동안 나이 많아 거동을 힘들어하던 몇몇 어르신들이 몇 마디씩 하곤 했었다.
"그거 상류로 올라가서 수원지를 봐야 해. 수원지에 가서 확인해봐야 왜 물이 오염되는지 알 수 있는 거야."
사람들은 혼자 중얼거리듯이 말씀하시는 어르신들의 불분명한 말에 귀를 기울이지 않았다. 동네 늙은 어르신들은 상류 꼭대기에 있는 수원지에 가보아야 한다는 사실을 잘 알고 있었지만, 앞장서서 이끌어갈 힘도 없고 젊은 사람들을 지휘해서 직접 가 볼 수도 없었다. 그런데 마을 사람들이 물을 깨끗하게 하겠다고 나선 후에 연거푸 실패해서 실의에 잠겨있을 때, 늙은 어르신 한 분이 수원지로 올라가 보라는 흐릿한 말씀을 한 것을 기억해낸 젊은이가 한 사람 있었다.
"우리 한 번 수원지에 올라가보죠. 혹시 오염된 원인을 알 수 있을지도 모르잖아요?"

주민들은 이제는 해 볼 도리도 없고 해서 혹시나 하는 마음으로 상류로 상류로 거슬러 올라갔고, 마침내 수원지라고 불릴 만한 저수지 같은 곳에 도착했다. 개울물의 100%는 아니지만 이 저수지에서 거의

90% 이상이 마을을 향해 흐르고 있는 중요한 상수원이었다. 축대로 쌓여져 있는 저수지 둔턱으로 올라서는 순간 주민들은 넋을 잃고 말았다. 저수지 물이 흐릿하고 시꺼멓게 죽어가고 있었던 것이었다. 주민들은 두 패로 나뉘어서 양쪽으로 흩어져 저수지 주변을 면밀하게 훑어보기로 했다.

왼쪽으로 간 패는 몇 가지 중대한 오염원인을 찾아낼 수 있었는데 하나는 돼지 농장이었다. 돼지 배설물들과 썩은 음식물들이 도랑을 따라 그대로 수원지로 흘러들어가고 있었던 것이다. 오른쪽으로 간 패는 무슨 공장을 발견했는데 공장에서 흘러나오는 푸르른 기름기가 떠있는 액체가 도랑을 따라 수원지에 그대로 흘러들어가고 있었다. 그리고 양쪽 모두 중간 중간에 쓰레기들이 저수지 물가에 쌓여 있어서 거기에서 직접 썩은 물이 흘러들어가고 있었고, 심지어 짐승들이 물가로 물을 먹으러 왔다가 똥을 싸놓고 목욕한 자국들이 발자국들과 함께 넓게 펼쳐진 진흙구덩이들도 군데군데에 만들어져 있었다. 뿐만 아니라 사이사이에 도랑 같은 것들이 많이 있었는데 그 도랑을 통해서도 생활하수들이 그대로 저수지로 흘러들어가고 있었다. 수원지 물이 깨끗해질 수가 없는 환경이었다.

이제 분명해졌다. 선발대로 올라갔던 주민들이 다시 마을로 돌아와서 필요한 기구들을 챙기고 보충인원들까지 총동원하여 수원지로 향했다. 우선 돼지농장을 찾아가서 농장주인에게 분뇨 처리를 확실하게 할 것을 요구했다. 한두 사람 정도가 찾아왔으면 농장주인도 거세게 나왔을 것이지만 열댓 명이 찾아가서 압력을 가하니까 순순하게 정리하겠다고 약속했다. 다른 한 패는 공장으로 찾아가서 깨끗하게 처리해

줄 것을 요구하였고, 공장 사장도 거의 20여명이 찾아와서 압박하니까 순순히 그렇게 하겠다고 약속했다. 그 날은 일단 마을로 돌아왔다. 다음 날 아침이 되어 개울로 나가보았더니 어제보다는 많이 깨끗해진 물을 발견하고 매우 기뻐했다. 단지 하루 동안만 돼지 오물과 폐수를 막았을 뿐인데 효과는 엄청났던 것이었다.

주민들은 구체적으로 계획을 세우고 준비해서 거의 보름 정도 작업을 해나갔다. 돼지농장과 공장의 일도 조금씩 도와가면서, 몰래 버리던 쓰레기들도 한 곳에 모을 수 있도록 작업을 했고, 숲속 짐승들이 뻘처럼 만들어놓았던 진흙구덩이들도 거의 제거할 수 있었다. 그리고 짐승들이 물을 먹던 곳에는 목책을 만들어서 물만 먹을 수 있도록 정비를 잘 해 놓았고, 수원지로 흘러들어오던 생활하수들도 다시 정비하여 더 이상 더러워지지 않게 만들어 놓았다. 그리고 보름 정도 오르락 거리면서 고된 작업을 마친 주민들은 이제는 살았다고 하는 안도감과 함께 저마다 콧노래를 부르면서 가벼운 발걸음으로 돌아오게 되었다. 그리고 개울물은 다시 깨끗하게 되었고, 얼마 지나지 않아서 1급수 물고기들은 다시 돌아와서 맑은 물속에서 헤엄치고 있었다.

이 비유의 이야기는 기독교 복음, 기독교 신앙에 대한 이야기이다. 개울은 말할 것도 없이 기독교 전체를 뜻한다. 개울물은 기독교인들의 삶의 모습들이다. 개울물이 오염되어 있다는 이 비유는 기독교가 더러워져 있고 오염되어 있다는 것을 뜻한다. 개울물을 맑게 만드는 일은 기독교를 개혁하는 일이다. 어떻게 하면 맑은 물이 흐르게 하여 주민들에게 생명수를 공급하고 유익을 끼치고 영향력을 회복할 수 있을까?

개울가를 보수하고 정비하는 일은 교회개혁을 뜻한다. 마을로 흘러 들어오는 개울가를 정비하는 일은 언제인가는 해야 될 일이지만 개울가를 보수하는 것만으로 물이 맑아지는 것은 아니다. 물속에 있는 식물들이나 이끼처럼 더러운 부분을 치우는 것은 윤리도덕운동을 뜻한다. 사실 더러운 물에서 사는 식물들은 물이 깨끗해지면 저절로 사라지게 되어 있다. 이것 역시 전혀 효과가 없는 것은 아니지만 오염된 것을 전부 치울 수도 없거니와 힘만 많이 들었다. 1급수 물고기들을 개울 상류에 풀어놓는 것은 순서가 많이 뒤바뀐 일이다. 물이 깨끗해지면 오지 말라고 해도 깨끗한 물고기들이 올라오게 되어 있다. 1급수 물고기들은 상황을 따라 생긴 신학사조들을 뜻한다. 자유주의신학, 해방신학, 민중신학, 빈민신학 등을 들 수 있다. 그 의미야 물론 분명하지만 개울물을 깨끗이 하는 일, 곧 기독교를 기독교 본래의 모습으로 회복하는 일에는 큰 영향을 끼치지 못했다. 이런 여러 가지 방법들과 조처들은 나름대로 의미 있는 부분들이지만 개울물을 깨끗하게 하기 위한 근원적인 방법들은 되지 못했다.

개울을 깨끗하게 만들기 위해서는 수원지로 올라가야 한다. 수원지에 올라가니 돼지농장이라는 기복신앙, 물질주의가 침투해 있었다. 공장이라는 성공주의, 번영신학이 자리 잡고 있었다. 들짐승들의 진흙구덩이와 같은 세속주의, 쾌락주의도 흘러들어와 있었다. 쓰레기더미와 같은 인본주의, 영적 혼탁이 쌓여 있었다. 생활하수와 같은 자기중심, 이기주의적 신앙이 날마다 흘러들어오고 있었다. 순수신앙을 흐리게 만들어버리는 이런 것들을 조금씩이라도 하나씩하나씩 해결해 나가야 한다. 한꺼번에는 안 되겠지만 뜻있는 분들이 이런 작업들을 지도해 나가야 한다. 이런 구체적인 활동을 펼치는 뜻있는 지도자들이 많이 나와야 한다. 안타깝게도 개울 자체를 정비하고 불순물을 걷어내고 새로운 시도를 펼치는 운동들은 있지만 수원지로 직접 올라가서 사태를 파악하고 구석에서라도 수원지를 깨끗하게 하려고 노력하는 운동들은 찾아보기 힘든 상태이다. 개울을 정비하는 활동들이 아무 소용없다는 것은 아니다. 그러나 뚜렷한 한계에 부딪칠 수밖에 없다. 스스로도 잘 알고 있다. 하지만 근원으로 돌아가려는 시도를 하기에는 현실의 사역이 너무 바쁘다. 실질적으로 개울의 상태는 눈에 즉각 들어오지만 수원지의 상태에 대해서는 눈에 띄지 않기 때문에 별로 관심이 없다. 안타까운 현실이다.

수원지 주변을 정비하고 오염원이나 찌꺼기들을 제거하여 맑은 물로 만드는 작업이 신앙개혁운동이다. 신앙개혁이나 신앙갱신이나 신앙회복이나 다 똑같은 뜻이다. 신앙개혁운동의 핵심이 될 수 있는 중요한 시도 중 하나가 그리스도인의 본질적인 정체성을 회복시키는 일이다. 원래의 맑은 수원지 물이 개울의 정체성이다. 그런데 여러 가지 인본주의, 물질주의, 자유주의, 신비주의, 번영주의가 그리스도인의 정체성을 완전히 오염시킨 것이다. 정체성을 오염시킨 요소들을 하나하나 제거해 나가야 수원지 물은 깨끗하게 되돌아갈 수 있는 것이다. 그렇게 되면 교회와 신앙인의 삶의 모습은 자연스럽게 깨끗해질 수밖에 없다. 기독교의 본래의 깨끗한 모습을 사람들이 볼 수 있다면 그 개울 근처로 사람들이 몰려들 수밖에 없다. 마실 물, 씻을 물이 풍부하게 흐르고 1급수에서만 노는 물고기와 강의 자원이 풍족한 개울이라면 기존의 마을이 더 커질 수도 있고 그 개울을 중심으로 새로운 마을이 형성될 수도 있을 것이다. 그래서 우리는 본질적인 정체성을 회복해야 하는 것이다.

수원지 물을 1급수로 만들어내기 위해서는 본래의 맑은 물을 되찾겠다는 의식이 필요하다. 그렇게 하려면 원래 1급수가 어떤 상태였는가를 기억해내야 한다. 본래의 정체성을 되찾으려면 말로만 하는 것이 아니라 썩은 풀을 하나라도 뽑아내야 한다. 더러운 찌꺼기를 걷어내야 한다. 행동으로 시작해야 한다. 수원지의 상황은 분석하지 않아도 한 눈에 알 수 있다. 지시하는 사람이 아니라 직접적으로 힘을 보태는 사람들이 많아져야 한다. 신앙개혁, 정체성회복 없이 아무리 개울을 정비하고 썩은 물풀들을 걷어내도 소용이 없다. 잠시 깨끗해지는 것 같지만 금방 다시 더러워져 있을 수밖에 없다. 우리 모든 그리스도인들은 원래의 본질적인 복음의 정체성을 회복해야 한다. 수원지의 상태를 전혀 기억하지 못하고 있다면 맑은 물을 맛볼 수 없듯이 그리스도인의 진정한 정체성을 깨닫고 그리로 돌아가려고 하지 못한다면 서구교회의 전철을 고스란히 밟아갈 수밖에 없을 것이다. 한국교회에 정체성 회복으로 새로운 길이 열리기를 너무나도 간절하게 기도드린다.